U0727103

法考精神体系

考点覆盖 知识精讲

民法 62 专题

体系贯通 强化应试

张 翔 ◎ 编著 | 厚大出品

中国政法大学出版社

学非探其花　要自拔其根

2024年厚大社群服务清单

主题班会
每月一次，布置任务，总结问题

学情监督
记录学习数据，建立能力图谱，针对薄弱有的放矢

备考规划
学习规划，考场应急攻略，心理辅导策略

干货下载
大纲对比、图书勘误、营养资料、直播讲义等

同步小测
同步练习，当堂讲当堂练
即时检测听课效果

单科测试
全真模拟，摸底考试
考试排名，知己知彼

专业答疑
语音、图片、文字多方式提问
专业专科答疑

扫码获取专属服务

主观破冰
破译主观题的规律和奥秘，使学员
对主观题从一知半解到了如指掌

模拟机考
全真模拟，冲刺法考，进阶训练，突破瓶颈

高峰论坛
大纲解读，热点考点精析，热点案例分析等

法治思想素材
精编答题素材、传授答题套路，使考生对论述题
万能金句熟记于心

主观背诵金句
必背答题采分点，"浓缩"知识，择要记忆
法言法语，标准化答题

代总序

做法治之光

—— 致亲爱的考生朋友 ☆

如果问哪个群体会真正认真地学习法律，我想答案可能是备战法考的考生。

当厚大的老总力邀我们全力投入法考的培训事业，他最打动我们的一句话就是：这是一个远比象牙塔更大的舞台，我们可以向那些真正愿意去学习法律的同学普及法治的观念。

应试化的法律教育当然要帮助同学们以最便捷的方式通过法考，但它同时也可以承载法治信念的传承。

一直以来，人们习惯将应试化教育和大学教育对立开来，认为前者不登大雅之堂，充满填鸭与铜臭。然而，没有应试的导向，很少有人能够真正自律到系统地学习法律。在许多大学校园，田园牧歌式的自由放任也许能够培养出少数的精英，但不少学生却是在游戏、逃课、昏睡中浪费生命。人类所有的成就靠的其实都是艰辛的训练；法治建设所需的人才必须接受应试的锤炼。

应试化教育并不希望培养出类拔萃的精英，我们只希望为法治建设输送合格的人才，提升所有愿意学习法律的同学整体性的法律知识水平，培育真正的法治情怀。

厚大教育在全行业中率先推出了免费视频的教育模式，让优质的教育从此可以遍及每一个有网络的地方，经济问题不会再成为学生享受这些教育资源的壁垒。

最好的东西其实都是免费的，阳光、空气、无私的爱，越是弥足珍贵，越是免费的。我们希望厚大的免费课堂能够提供最优质的法律教育，一如阳光遍洒四方，带给每一位同学以法律的温暖。

没有哪一种职业资格考试像法考一样，科目之多、强度之大令人咂舌，这也是为什么通过法律职业资格考试是每一个法律人的梦想。

法考之路，并不好走。有沮丧、有压力、有疲倦，但愿你能坚持。

坚持就是胜利，法律职业资格考试如此，法治道路更是如此。

当你成为法官、检察官、律师或者其他法律工作者，你一定会面对更多的挑战、更多的压力，但是我们请你持守当初的梦想，永远不要放弃。

人生短暂，不过区区三万多天。我们每天都在走向人生的终点，对于每个人而言，我们最宝贵的财富就是时间。

感谢所有参加法考的朋友，感谢你愿意用你宝贵的时间去助力中国的法治建设。

我们都在借来的时间中生活。无论你是基于何种目的参加法考，你都被一只无形的大手抛进了法治的熔炉，要成为中国法治建设的血液，要让这个国家在法治中走向复兴。

数以万计的法条，盈千累万的试题，反反复复的训练。我们相信，这种貌似枯燥机械的复习正是对你性格的锤炼，让你迎接法治使命中更大的挑战。

亲爱的朋友，愿你在考试的复习中能够加倍地细心。因为将来的法律生涯，需要你心思格外的缜密，你要在纷繁芜杂的证据中不断搜索，发现疑点，去制止冤案。

亲爱的朋友，愿你在考试的复习中懂得放弃。你不可能学会所有的知识，抓住大头即可。将来的法律生涯，同样需要你在坚持原则的前提下有所为、有所不为。

亲爱的朋友，愿你在考试的复习中沉着冷静。不要为难题乱了阵脚，实在不会，那就绕道而行。法律生涯，道阻且长，唯有怀抱从容淡定的心才能笑到最后。

法律职业资格考试不仅仅是一次考试，它更是你法律生涯的一次预表。

我们祝你顺利地通过考试。

不仅仅在考试中，也在今后的法治使命中——

不悲伤、不犹豫、不彷徨。

但求理解。

厚大®全体老师　谨识

　　本书的定位是"民法理论卷"，是国家法律职业资格考试民法部分的全部知识的汇集，已经融入了 2021 年 1 月 1 日《民法典》生效前后，最高院所有关于《民法典》物权、建设工程合同、担保、婚姻、继承等方面的司法解释规定。在法律职业资格考试民法部分系列用书中，本书所涵盖的知识最为全面，对知识的讲解也最为细致。法律职业资格考试对于民法部分的考查，一直存在着"有限的考题"与"众多的考点"之间的冲突。这一冲突，导致"单位考点得分率低"成了民法部分考试的显著特征。在此背景下，尽可能全面地掌握民法部分的知识，是平稳应对民法部分考试最为可靠的方法。所以，将本书的知识作为"功底"，是我们一直以来对考生应对民法部分考试的建议。

　　本书的定位是"法考用书"，以帮助考生通过法律职业资格考试的民法部分为写作目的。作为一本"法考用书"，本书具有如下几个特点：

　　第一，本书以法律职业资格考试所需要的知识为内容，包括基本概念、基本原理、我国民法与司法解释的条文规定以及对条文规定的逻辑演绎。相应地，与法律职业资格考试内容关联性不大的其他问题，如制度的历史沿革、国内外理论学说、国内外立法模式的比较分析等，则被屏蔽于本书之外。

　　需要说明的是，无论是以往的司法考试，还是现在的法律职业资格考试，都会时常出现"观点展示"的考题，即超越基本原理和条文规定的、以理论学说为答案的考题。在历年的考试中，此类考题所占分值不超过民法分值的百分之五六，对民法部分考试的成败无足轻重。反之，如果要主动关注此类考题，就不得不对民法中的每一个理论争议加以展开，从而增加考生百分之五六十的学习工作量，性价比过低。因此，本书对这类考题的应对方法是，将已经出现过的"观点展示"考题，收录于本书内容之中；对尚未考过且存在理论争议的问题，则不予关注。

第二，本书以"成品呈现"为写作方法。在法律职业资格考试民法部分所需要的知识中，"交织"二字为其最大的特点：基本原理和条文交织、法律条文和司法解释条文交织、考点之间逻辑关系交织、大纲范围和超纲考题交织。针对这一特点，本书的写作所采取的对策是，对于理论与条文之间、条文与条文之间相互交织的知识点进行讲解，追求"成品呈现"的效果，在书中直接呈现梳理、归纳完成后的"成品"，而将梳理、归纳的过程隐去。借此削减法律职业资格考试民法部分学习内容的繁杂性，并使得本书中的知识内容得以清晰明了。

第三，本书以"以面代点"为写作方法。法律职业资格考试的考题，所蕴含的要素有二：一是考点，二是考法。无论是考点，还是考法，均是"点"状的。与此同时，法律知识的讲述，则必须以制度为单位来进行，即是"面"状的。为了在"面"的讲解中突显"点"的存在，本书在知识的讲述过程中，插入了大量的"总结""提示"以及"注意"，对所讲述的知识不断加以总结，对考点及考法不断加以提示，从而避免考生在学习中发生"眉毛胡子一把抓"而不得要领的情况。

第四，本书以"原理与示例相结合"为写作方法。显而易见，法律职业资格考试，最终摆在考生面前的是考题，而知识、考点、考法不过是作出考题的工具。这就要求考生在知识的学习过程中，不能将知识作为抽象的逻辑来学习，而必须始终将所学知识具体化为生活事实。为此，与本书知识讲解同步的，是作者精心安排的大量的、具体表现知识点的示例（即本书"实例精粹"）。反过来讲，如果考生直接阅读知识点下面的实例精粹，亦可对知识点加以掌握。

由于作者水平有限，本书若有不足、疏漏、错误之处，敬请读者、同仁批评指正。

张 翔

2023 年 10 月

CONTENTS 目录

第 *3* 编　债与合同法

第4编 担保法

第5编 人格权法

第6编 侵权责任

第一编

民法总则

第 *1* 讲 ◀◀◀
民法基本原则、民事法律关系与民事权利

专题 01
——— 民法基本原则与民事法律关系 ———

一、民法基本原则

民法基本原则，是指效力贯穿于民法始终的民事立法、司法及民事活动必须遵守的根本准则。在民法制度存在法律漏洞或法律冲突的情况下，法院可以依据民法基本原则对案件进行审理。《民法典》中，民法的基本原则共有六项：

（一）平等原则

1. 含义

平等原则，是指在民事关系中，当事人的法律人格相互平等。

2. 平等原则的违反

（1）特权与歧视。例如，某商场向社会公告，只有本地处级以上领导干部才有权购买本商场的至尊茅台酒。

（2）出于公共利益、公序良俗需要的区别对待，不构成"特权""歧视"，不违反平等原则。

> 📖 **实例精粹**
>
> 案情：A 机场规定，军人可以优先登机。
> 问题：该项规定是否违反平等原则？
> 回答：否。该规定是出于公共利益和公序良俗的需要。

——— 💡 **提 示** ———

民法上的平等原则，以"民事领域"为限，不涉及"公共领域"。

（二）自愿原则

1. 含义

自愿原则，是指在民事法律关系中，当事人作出的意思表示需出于自愿，且需依法接受自己选择的结果。自愿原则是平等原则的延伸。

2. 自愿原则的违反

（1）因欺诈、胁迫、乘人之危、显失公平，作出与内心意愿不相符的意思表示；

（2）"未经同意"的，由于"未同意"的一方并未作出意思表示，故不违反自愿原则。

实例精粹

案情：甲将自己的电脑交乙保管，乙擅自将该电脑出卖给丙。

问题：乙未经甲的同意出卖甲的电脑，是否违反了自愿原则？

回答：否。甲并未作出意思表示，无所谓是否自愿。

（三）公平原则

1. 含义

公平原则，是指在民事法律关系中，当事人交易结果中的权利、义务的配置，在利益上应当均衡。

2. 公平原则的违反

（1）原则上，自愿即公平；

（2）在一方当事人别无选择、只能就范的情况下，双方达成在利益上失衡的交易，违反公平原则。

实例精粹

案情：承运人在春运期间，以坐票的价格出售站票。乘客为了回家过年，别无选择、只得购买。

问题：此项交易是否违反公平原则？

回答：是。乘客别无选择、只能就范，且交易的利益失衡。

（四）诚信原则

1. 含义

诚信原则，即诚实信用原则，是指在民事法律关系中，当事人应当本着遵约守信、与人为善的主观心态与对方进行交往。

总 结 诚信原则的两大要求：

Ⓐ 遵约守信；

Ⓑ 与人为善。

2. 诚信原则的违反

（1）当事人一方违反约定，未向对方当事人履行自己的义务；

（2）当事人一方恶意加害对方，即损人不利己。

📖 实例精粹

案情：乙因琐事多次与甲争吵而郁闷难解，便沿二人宅基地的边界线靠己方一侧，建起高5米的围墙，使甲在自家院内却有身处监牢之感。

问题：（1）乙的行为是否违反平等原则？
（2）乙的行为是否违反自愿原则？
（3）乙的行为是否违反公平原则？
（4）乙的行为是否违反诚信原则？

回答：（1）否。本题中并未出现歧视、特权等平等原则的对立内容。
（2）否。甲对乙建墙的行为并未作出意思表示，不存在意思表示的不自愿问题。
（3）否。甲、乙之间并不存在交易关系，更不存在甲别无选择、只能就范的要素。
（4）是。乙建墙的行为旨在恶心甲，违反了诚信原则中"与人为善"的要求。

（五）公共秩序与善良风俗原则

1. 含义

公共秩序与善良风俗原则，即公序良俗原则，是指民事法律关系的内容，需符合社会的公共秩序与良好的道德风尚。公序良俗原则是民法对于民事活动内容的道德要求，表明当事人从事民事活动，不仅需向法律负责，还需向道德负责。

2. 公序良俗原则的违反

（1）损害公共秩序。

📖 实例精粹

案情：法官甲接受作为自己正在审理中的案件的律师朋友乙送的生日礼物。

问题：该行为是否违反公序良俗原则？

回答：是。损害公共秩序。

（2）违背善良风俗，如代孕合同、对婚外情人的财产赠与合同、不得生育或必须生育的约定等。

（六）节约资源、保护生态环境原则

节约资源、保护生态环境原则，是指民事法律关系的内容，需遵循人与自然和谐相处的方针，不得以浪费资源、破坏生态环境为代价获取民事利益。节约资源、保护生态环境原则，是我国民法上的"绿色原则"。

二、民事法律关系

民事法律关系，是指具有民事权利、义务内容的社会关系。民事法律关系由民事法律事实所引起，具有民法上的约束力。

（一）民事法律关系的辨析

1. "是不是民事法律关系"之辨析

民事法律关系之构成，需要具备如下两个要素：

（1）该关系应当具备法律意义，即具有法律上的约束力；

（2）该关系的法律约束力，应当是民法上的约束力。

实例精粹

问题：（1）订婚能否形成民事法律关系？

（2）税收关系是不是民事法律关系？

回答：（1）不能。订婚不具备法律意义，没有法律上的约束力。

（2）不是。尽管税收关系具有法律上的约束力，但该约束力并不是民法上的约束力。

2. "是何种民事法律关系"之辨析

（1）厘清发生在特定当事人之间的法律事实，即搞清楚"他们之间发生了哪些事情"；

（2）根据所厘清的法律事实，界定当事人之间的民事法律关系的性质；

（3）在分析特定当事人之间的民事法律关系时，应剥离其他无关当事人。

实例精粹

案情：甲从乙处买房，并将所买房屋抵押给丙。

问题：（1）甲、乙、丙之间发生了哪些法律事实？

（2）甲、乙、丙之间所发生的法律事实，分别引起了何种民事法律关系？

（3）分析甲、乙之间的法律关系时，是否需要考虑丙？

（4）分析甲、丙之间的法律关系时，是否需要考虑乙？

回答：（1）①甲、乙之间订立了房屋买卖合同；②乙为甲办理了过户登记手续；③甲、丙之间订立了房屋抵押合同；④甲为丙办理了抵押登记手续。

（2）①甲、乙之间订立房屋买卖合同，引起了房屋买卖合同之债法律关系；②乙为甲办理过户登记手续，引起了所有权法律关系；③甲、丙之间订立房屋抵押合同，引起了房屋抵押合同之债法律关系；④甲为丙办理抵押登记手续，引起了抵押权法律关系。

（3）不需要。

（4）不需要。

（二）民事法律关系的要素

民事法律关系的要素，是指民事法律关系的构成要件，其包括主体、内容、客体三项。

1. 主体

民事法律关系的主体，是指民事法律关系的参与者。其包括三种类型：

（1）自然人；

（2）法人；

（3）非法人组织，也就是"其他组织"，如合伙企业、个人独资企业、个体工商户、农村承包经营户等。

> 💡📖 **提 示**
>
> Ⓐ 有民事权利能力的主体：自然人、法人；
> Ⓑ 无民事权利能力的主体：非法人组织。

2. 内容

民事法律关系的内容，是指主体所享有的民事权利、承担的民事义务。民事权利、义务的产生依据有二：

（1）法律的直接规定，如侵权法律关系；

（2）当事人的约定，如合同法律关系。

3. 客体

民事法律关系的客体，是指民事权利、义务所共同指向的对象。不同的民事法律关系，具有不同的客体。

法律关系类型	客 体
物权法律关系	（1）原则上为物； （2）特殊情况下为民事权利。
债权法律关系	（1）给付（债务人履行债务的行为）； （2）包括作为，也包括不作为。
知识产权法律关系	智力成果（作品、专利技术、商标图案文字）。
人身权法律关系	（1）人格利益； （2）身份利益。

专题 02

民事权利及其私力保护

一、支配权与请求权

（一）支配权

支配权，又称为绝对权、对世权，是指权利人直接支配权利客体并获得支配利益的权利，如人格权、物权、知识产权、继承权等。

（二）请求权

请求权，又称为相对权、对人权，是指权利人请求义务人为某种行为或不为某种行为的权利。

（三）特征比较

	支配权	请求权
义务人	权利人以外的任何人	相对人
权利实现方式	直接实现	需要义务人协助
排他性	具有排他性	不具有排他性

二、债权请求权、物权请求权与占有保护请求权

（一）债权请求权

1. 含义

债权请求权，是指以债权为依据，请求他人给付的权利，即"要他人东西的权利"。在这里，"他人的东西"既包括"他人的财产"，也包括"他人的劳务"。

2. 消耗物给付请求权

消耗物，如金钱、汽油等，具有"占有即所有"的法律属性。因此，在任何法律关系中，请求他人给付消耗物的权利，均属于债权请求权。

（二）物权请求权

1. 含义

物权请求权，是指以物权为依据，请求对方恢复物权圆满支配状态的权利，即"要自己东西的权利"。

2. 权利内容

物权请求权的内容，包括返还原物、排除妨害、消除危险三项。

3. 主张依据

物权请求权，以"我是物权人"为依据。

（三）占有保护请求权

1. 含义

占有保护请求权，是指以占有为依据，请求对方恢复占有圆满支配状态的权利，即"要自己占有的东西的权利"。

2. 权利内容

与物权请求权相同，占有保护请求权也包括返还原物、排除妨害、消除危险三项内容。

3. 主张依据

与物权请求权不同，占有保护请求权的主张需以"我是占有人"为依据。

	含 义	权利内容	主张依据
债权请求权	"你把你的给我"	给 付	债 权
物权请求权	"你把我的给我"	返还原物、排除妨害、消除危险	物 权
占有保护请求权	"你把我占有的给我"		占 有

📖 实例精粹

1. 案情：甲捡到乙遗失的 100 元钞票。

问题：（1）该钞票是谁的？

（2）乙是否有权请求甲返还该钞票？

（3）乙请求甲返还该钞票的请求权是什么请求权？

回答：（1）甲的。钞票为消耗物，占有即所有。

（2）有权。甲占了乙的便宜，且无法律依据，构成不当得利，应予返还。

（3）债权请求权。乙向甲要甲的钞票，即"要他人的东西"，为债权请求权。

2. 案情：甲捡到乙遗失的一只羊。

问题：（1）该羊是谁的？

（2）乙是否有权请求甲返还该羊？

（3）乙请求甲返还该羊的请求权是什么请求权？

回答：（1）乙的。羊为非消耗物，不存在"占有即所有"的问题。

（2）有权。甲占有了乙的羊，且无占有的权利，构成无权占有，应予返还。

（3）物权请求权。乙向甲要自己的羊，即"要自己的东西"，为物权请求权。

3. 案情：甲将自己的电脑 A 出租给乙。在乙租赁期间，丙抢走电脑 A。

问题：（1）甲能否请求丙返还电脑 A？

（2）乙能否请求丙返还电脑 A？

回答：（1）能。甲可凭物权或间接占有，请求丙返还电脑 A。

（2）能。乙可凭直接占有，请求丙返还电脑 A。

三、返还原物请求权、排除妨害请求权与消除危险请求权

（一）返还原物请求权

1. 依据之一：物权

（1）基于物权，可主张返还原物。此时，该请求权称为"物权返还原物请求权"。

（2）作为返还原物请求权依据的物权，是"现在的物权"。

（3）因抵押权、地役权不具有占有权能，故不得基于抵押权、地役权，主张返还原物。

> **•总 结** 物权返还请求权的依据
>
> Ⓐ 我享有可以占有该物的物权，该物被你抢了，我可以凭该物权让你返还原物；
>
> Ⓑ 我不享有可以占有该物的物权，该物被你我不享有可以占有该物的物权，该物被你抢了，我不可以凭该物权让你返还原物。

📖 实例精粹

案情：甲将自己的机器设备 A 抵押给乙银行。在抵押期间，机器设备 A 被丙抢走。

问题：（1）甲能否依据所有权，请求丙返还原物？

（2）乙银行能否依据抵押权，请求丙返还原物？

回答：（1）能。甲可凭物权或占有，请求丙返还原物。

（2）不能。抵押权不得作为物权返还原物请求权的依据。

2. 依据之二：占有

（1）基于占有，也可主张返还原物。此时，该请求权称为"占有返还原物请求权"。

（2）作为返还原物请求权依据的占有，是"过去的占有"。

（3）占有保护请求权，应在"侵占发生之日起1年内"主张；否则，该请求权消灭。

实例精粹

案情：甲将自己的电脑A出租给乙。在乙租赁期间，丙抢走电脑A。现1年时间已过。

问题：（1）甲能否请求丙返还电脑A？

（2）乙能否请求丙返还电脑A？

回答：（1）能。甲可凭物权，请求丙返还电脑A。但甲原本对丙享有的占有返还原物请求权已经消灭。

（2）不能。乙原本对丙享有的占有返还原物请求权已经消灭。

3. 返还原物请求权的对象

返还原物请求权的对象为无权占有人。

（1）返还原物请求权，只能向占有人主张。向非占有人主张返还原物，并无意义。

（2）占有人可以是直接占有人，也可以是间接占有人。

（3）占有人需为无权占有人，即占有人对返还原物请求权人，并无拒绝返还的权利。

实例精粹

案情：甲的电脑A被乙偷去，乙将电脑A出租给丙，并向丙交付。

问题：（1）甲能否请求乙返还电脑A？

（2）甲能否请求丙返还电脑A？

回答：（1）能。乙为间接占有，且没有任何对甲拒绝返还的权利，对甲构成无权占有。

（2）能。丙为直接占有，虽享有租赁权，但因其为债权，只能对乙主张，不能对甲主张，故丙也没有对甲拒绝返还的权利，对甲构成无权占有。

请求依据		请求对象
物权	**占有**	**（无权占有人）**
现在的物权	过去的占有	• 占有（直接占有、间接占有）
抵押权、地役权除外	侵占发生之日起1年内主张	• 无权（没有对返还请求权人主张的权利）

实例精粹

案情：甲给乙修理电脑A，因乙不支付修理费，电脑A被甲留置。后丙从甲处偷走电脑A。

问题：（1）甲能否对丙主张物权返还请求权？

（2）甲能否对丙主张占有返还请求权？

回答：（1）不能。丙偷走电脑A后，甲丧失占有，留置权消灭。

（2）能。甲是电脑 A 过去的占有人，过去的占有可以作为甲占有返还请求权的依据。

（二）排除妨害、消除危险请求权

1. 依据

（1）物权。基于物权，可主张排除妨害、消除危险。此时，该请求权称为"物权排除妨害请求权""物权消除危险请求权"。

（2）占有。基于占有，也可主张排除妨害、消除危险。此时，该请求权则称为"占有排除妨害请求权""占有消除危险请求权"。

2. 对象

基于物权请求权、占有保护请求权主张排除妨害、消除危险，相对人有二类：

（1）行为妨害人，即具体实施妨害、造成危险之人。

（2）状态妨害人，即放任妨害、危险存在的人。状态妨害人是对行为妨害人有法律上的控制能力的人。

请求依据	请求对象
物　权	• 行为妨害人
占　有	• 状态妨害人

🗒 实例精粹

案情：甲将房屋出租给乙。乙每晚在房屋内练习卡拉 OK 直至深夜，导致楼下的丙彻夜难眠。

问题：（1）丙能否向乙主张排除妨害？

　　　（2）丙能否向甲主张排除妨害？

回答：（1）能。乙是行为妨害人，丙可基于物权或占有，请求乙排除妨害。

　　　（2）能。甲是状态妨害人，丙可基于物权或占有，请求甲排除妨害。

（三）过错问题

1. 返还原物、排除妨害、消除危险请求权的成立，不问相对人有无过错。

2. 相较而言，侵权损害赔偿请求权的成立，原则上适用过错原则，需以相对人的过错为条件。

返还原物、排除妨害、消除危险请求权	侵权损害赔偿请求权
不问过错	一般为过错原则

🗒 实例精粹

案情：甲、乙房屋比邻。一日地震，乙家的鸡飞进了甲的卧室，甲家的大树倾倒，压垮了乙家的厨房，且堵住了乙家的大门。此外，甲家的墙体松动，乙面临遭受侵害的危险。

问题：（1）甲对上述事件的发生有无过错？
　　　（2）乙能否请求甲返还飞到甲家的鸡？
　　　（3）乙能否请求甲拖走倾倒的大树？
　　　（4）乙能否请求甲赔偿厨房的损失？
　　　（5）乙能否请求甲加固松动的墙体？

回答：（1）无。上述事件是由地震引起的。
　　　（2）能。返还原物请求权的主张，不问相对人有无过错。
　　　（3）能。排除妨害请求权的主张，不问相对人有无过错。
　　　（4）不能。损害赔偿请求权的主张，要区分归责原则。林木折断致人损害的损
　　　　　害赔偿责任，采取过错推定原则，故需要以致害人有过错为前提。
　　　（5）能。消除危险请求权的主张，不问相对人有无过错。

四、抗辩权

（一）抗辩权的概念

抗辩权，是指请求权的义务人以请求权依据以外的事由，拒绝对方请求的权利。

> **· 总 结** 请求权如"矛"，抗辩权如"盾"。

（二）抗辩与否认的区分

1. 承认对方有请求权，但基于其他理由拒绝履行的，为抗辩。
2. 不承认对方有请求权，故拒绝履行的，为否认。

实例精粹

案情：甲遗失100元。甲认为是乙捡的，遂请求乙返还。

问题：（1）乙表示："我并未捡你的钱。"乙是抗辩还是否认？
　　　（2）乙表示："我的确捡了你的钱，但捡到的钱不用还。"乙是抗辩还是否认？
　　　（3）乙表示："诉讼时效已过，不还。"乙是抗辩还是否认？

回答：（1）乙不承认甲有权向自己要，为否认。
　　　（2）乙不承认甲有权向自己要，为否认。
　　　（3）乙承认甲有权向自己要，但基于其他理由（诉讼时效届满）拒绝，为抗辩。

提 示

判断被请求一方是抗辩还是否认，仅看其拒绝请求的逻辑，不问法律上该逻辑是否成立。

五、形成权

形成权，是指权利人以单方意志决定特定法律关系是否存续、变更、消灭的权利。在民法上，解除权、变更权、追认权、拒绝权、决定权、抵销权、选择权、撤销权等，均属

于形成权。

（一）形成权需行使

当事人享有形成权后，必须通过"行使形成权"的行为，才能引起相应的法律后果。否则，形成权的法律后果不能自动产生。

实例精粹

> 案情：甲、乙订立食用油买卖合同，后甲用劣质食用油冒充优质食用油出卖给乙。合同成立后，乙得知甲欺诈的事实。
>
> 问题：（1）乙是否享有撤销权？
> 　　　（2）甲、乙之间的买卖合同是否归于无效？
>
> 回答：（1）是。甲欺诈乙的事实，导致乙享有撤销权。
> 　　　（2）否。乙尚未行使撤销权，故尚未发生合同撤销的后果。

（二）行使形成权的方式

形成权是一种单方决定权，其行使不以对方当事人同意为条件。在此基础上，形成权的行使方式包括：

1. 诉讼、仲裁

法律要求以诉讼、仲裁等特定方式行使形成权的，应当依法定方式行使形成权。

2. 单方通知

法律未要求以诉讼、仲裁等特定方式行使形成权的，应当以单方通知的方式行使形成权。

3. 默示

法律规定，在特定情况下，当事人的不作为可以构成形成权之行使的，不作为也可以作为行使形成权的方式。

（三）除斥期间

形成权不能永远存在，而应受时间的约束。在民法上，约束形成权的法律期间，即为除斥期间。

1. 除斥期间可以来自于法律的直接规定，也可以来自于当事人的约定。

2. 除斥期间为不变期间，不存在中止、中断的问题。

3. 形成权人应当在除斥期间内行使形成权；否则，除斥期间届满，形成权消灭。

六、权利的私力保护

（一）紧急避险

1. 紧急避险的构成要件

紧急避险，是指为避免较大的民事权益遭受损害，不得不对较小的民事权益所做的牺牲。紧急避险的构成要件是：

（1）在危险环境下，情况紧急，且别无选择；

（2）所保全的权益与所牺牲的权益之间有明显的差异，如人身损害与财产损失、较大的财产损失与较小的财产损失。

2. 紧急避险的后果

（1）紧急避险所造成的损害，由引起危险的人承担赔偿责任；

（2）在不可归责于特定人的原因引起危险时，由受益人向受损人予以适当补偿；

（3）对于紧急避险不当所造成的损害，紧急避险人根据其过错，承担适当赔偿责任。

实例精粹

案情：司马光与小伙伴在老王的大水缸附近玩耍。

问题：（1）小孩甲被小孩乙推入水缸，司马光急中生智，砸缸救人。老王的损失，怎么办？

（2）小孩甲因雪天地滑跌入水缸，司马光急中生智，砸缸救人。老王的损失，怎么办？

（3）小孩甲跌入水缸，司马光急中生智，砸缸救人，却发现缸里没水。老王的损失，怎么办？

回答：（1）小孩乙及其父母承担赔偿责任。

（2）小孩甲及其父母予以适当补偿。

（3）司马光及其父母承担适当赔偿责任。

（二）正当防卫

1. 正当防卫的含义

正当防卫，是指为避免自己或者他人正在遭受的人身或财产不法侵害，而对不法侵害人造成损害的权利私力保护手段。正当防卫不应超过必要限度，否则即构成防卫过当。

2. 防卫过当的界定

（1）防卫过当，是指防卫人对不法侵害人造成了"不应有的损失"；

（2）防卫行为未对不法侵害人造成"不应有的损失"，仅防卫人采取的反击方式和强度与不法侵害不相当的，不构成防卫过当。

3. 防卫过当的后果

防卫人防卫过当的，仅就造成的对方"不应有的损失"的范围承担赔偿责任。

实例精粹

案情：甲正在偷乙的西瓜，乙抄起 AK47 冲锋枪对甲一通扫射。甲受惊吓晕倒，手臂轻微擦伤。

问题：乙是否构成防卫过当？

回答：否。乙并未造成不应有的损失。

（三）自助保护

1. 自助保护的含义

自助保护，是指民事权利受到他人侵害，权利人来不及寻求国家机关的公力救济时，法律允许其通过个人的力量，对权利侵害人的人身或财产予以强制，从而达到保护自己合法权利的目的。

2. 自助保护的意义

判断是否构成自助的意义，在于区分自助与侵权：如果构成自助，则该行为不构成侵权；如果不构成自助，则该行为构成侵权。

3. 自助保护的构成要件

（1）权利受到他人侵害；

（2）情况紧急，权利人来不及寻求国家机关的公力救济；

（3）对权利侵害人的人身、财产所采取的强制，以保留保护权利的机会为限，不应超过限度。

需要注意的是，自助行为完成后，应尽快起诉或报警，纳入公力救济途径加以解决。但是，"尽快纳入公力救济"本质是自助行为完成后的法律要求，而非自助行为本身的构成要件。

⧉ 实例精粹

案情：甲开车超速将乙撞伤。甲欲开车离去，乙奋起拦车，夺走车钥匙。

问题：（1）乙是否有权夺走车钥匙？

（2）因乙夺走车钥匙，导致甲错过飞机，造成重大损失。乙是否应向甲承担赔偿责任？

（3）乙夺下车钥匙后，怎么办？

回答：（1）有权。乙构成自助。

（2）否。乙构成自助，不构成侵权。

（3）打电话报警，纳入公力救济途径。

专题
03

—————— 民事权利能力、民事行为能力与自然人的监护 ——————

一、民事权利能力

（一）民事权利能力的含义

1. 概念

民事权利能力，是指民事主体享有民事权利、承担民事义务的资格。在民法上，具有民事权利能力的主体有两类，即自然人与法人。

2. 意义

民事主体只有拥有民事权利能力，才能拥有"自己的"权利、义务、责任。不具有民事权利能力的民事主体，则不能拥有"自己的"权利、义务、责任。

（二）自然人的民事权利能力

1. 自然人的民事权利能力始于出生、终于死亡。

2. 胎儿的保护

（1）原则上，胎儿不具有民事权利能力；

（2）涉及胎儿利益保护，如胎儿的继承、对胎儿的赠与、对胎儿的侵权，未来胎儿出生的，溯及法律关系成立时，胎儿即具有民事权利能力。

胎儿时（A点）	娩出时（B点）	后　　　　果
• 继承	活　　体	溯及 A 点，权利即产生
• 赠与	活体，后死亡	溯及 A 点，权利即产生 + 发生以孩子为被继承人的继承关系
• 侵权	死　　体	溯及 A 点，权利未产生

📖 **实例精粹**

案情：甲、乙为夫妻，乙怀孕。丙将一块玉石赠与胎儿，并向甲、乙交付。

问题：（1）乙尚未分娩，甲、乙能否代理胎儿受领丙的交付？

（2）如果胎儿娩出时为死体，那么该玉石归属于谁？

（3）如果胎儿娩出时为活体，那么：

①该玉石归属于谁？

②婴儿自何时起取得该玉石的所有权？

（4）如果胎儿出生后旋即死亡，那么该玉石归属于谁？

回答：（1）能。胎儿娩出之前，胎儿的法定代理人可以代理胎儿行使相关权利。

（2）丙。因胎儿娩出时为死体，赠与不成立，故甲、乙应向丙返还该玉石。

（3）①婴儿。

②自丙向甲、乙交付完成时即取得。

（4）甲、乙。此时，该玉石为婴儿的遗产，由婴儿的继承人甲、乙继承。

3. 死者人格利益的保护

（1）死者不享有民事权利能力。

（2）自然人死亡后，其人格或者遗体遭受侵害的：

❶死者的配偶、父母和子女可以向法院起诉，请求精神损害赔偿；

❷没有配偶、父母和子女的，其他近亲属可以向法院起诉，请求精神损害赔偿。

二、民事行为能力

民事行为能力，是指民事主体通过民事法律行为，创设权利、义务的能力。民事行为能力以人的心智程度为基础。

民事法律行为	要求具有民事行为能力
事实行为	不要求具有民事行为能力

实例精粹

案情：甲今年12周岁，不具有完全民事行为能力。

问题：（1）甲以6000元的价格购买老师乙的iPhone15手机。甲不具有完全民事行为能力的事实，对买卖行为的法律后果是否会产生影响？

（2）甲见6岁的丙落入河中，遂跳入河中将丙救了上来。甲不具有完全民事行为能力的事实，对救人行为的法律后果是否会产生影响？

回答：（1）会产生影响。买卖合同为民事法律行为，要求行为人具有民事行为能力。故甲、乙的买卖合同并非有效，而是效力待定。

（2）不会产生影响。救人行为是事实行为，不要求行为人具有民事行为能力。故无论甲是否具有完全民事行为能力，均不影响由此产生的无因管理之债的后果。

（一）完全民事行为能力

1. 认定

（1）18周岁以上、心智正常的自然人；

（2）16 周岁以上不满 18 周岁、以自己的劳动收入为主要生活来源的自然人。

2. 法律意义

（1）原则上，完全民事行为能力人无需代理，可以独立实施任何民事法律行为；

（2）由于婚姻法律行为对婚龄有特殊规定，故自然人独立实施婚姻法律行为的，需达到婚龄。

（二）限制民事行为能力

1. 认定

（1）8 周岁以上、心智正常的未成年人；

（2）不能完全辨认自己行为的成年人。

2. 法律意义

（1）可以理解的民事法律行为

❶数额小、交易简单、纯获利益（如接受赠与、继承、遗赠）的民事法律行为，限制民事行为能力人可以理解；

❷限制民事行为能力人未经代理，独立实施的能够理解的民事法律行为，有效。

（2）不能理解的民事法律行为

限制民事行为能力人未经代理，独立实施的不能理解的民事法律行为，效力待定。

❶监护人追认的，该行为自始有效；

❷监护人拒绝追认的，该行为自始无效。

（三）无民事行为能力

1. 认定

（1）不满 8 周岁的未成年人；

（2）8 周岁以上，但因精神疾病而不能辨认自己行为的未成年人；

（3）不能辨认自己行为的成年人。

2. 法律意义

无民事行为能力人未经代理，独立实施的任何民事法律行为，均无效。

	限制民事行为能力人	无民事行为能力人
独立实施的民事法律行为	能理解的，有效；不能理解的，效力待定	无　效
独立实施的纯获利益的民事法律行为	能理解的，有效	无　效

📖 实例精粹

案情：学生甲将自己的 iPad 赠送给同桌乙，乙表示接受。

问题：（1）如果甲、乙均为 10 周岁，那么：

　　　　①甲能否作出赠与的表示？

　　　　②乙能否作出接受赠与的表示？

　　　　③甲、乙之间的赠与合同效力如何？

　　　（2）如果甲、乙均为 7 周岁，那么：

　　　　①甲能否作出赠与的表示？

②乙能否作出接受赠与的表示？

③甲、乙之间的赠与合同效力如何？

回答：（1）①不能。赠与iPad的行为超越了甲的民事行为能力范围，故需经甲的监护人追认。

②能。限制民事行为能力人可以独立实施纯获利益的民事法律行为，故无需乙的监护人追认。

③效力待定。甲的意思表示需经监护人追认，故该合同效力待定。

（2）①不能。无民事行为能力人不得独立实施任何民事法律行为，故纵然甲的监护人追认也不行。

②不能。无民事行为能力人不得独立实施任何民事法律行为，故纵然乙的监护人追认也不行。

③无效。无民事行为能力人独立实施的民事法律行为，无效。

三、自然人的监护

在民法上，限制民事行为能力人、无民事行为能力人需要监护人。监护人对被监护人负有保护、约束的义务，且依法享有被监护人的代理权。

（一）监护人资格与监护能力

1. 有资格担任监护人的主体

有资格担任监护人的主体包括近亲属、其他个人、有关组织。

2. 监护能力

监护能力，是指有资格担任监护人的主体实际担任监护人的能力。

（1）确定依据

❶个人的年龄、身心健康状况、经济条件；

❷组织的资质、信用、财产状况。

（2）监护能力的法律意义

❶不具有监护能力的人，纵然有资格担任监护人，也不得担任监护人；

❷监护人丧失监护能力的，经申请，可以撤销其监护人资格。

📖 实例精粹

案情：甲10岁时，父亲病故，其随母亲乙生活，由乙担任甲的监护人。现乙被判刑。

问题：（1）乙是否仍为甲的监护人？

（2）如果乙的父母生活拮据，那么乙的监护人资格被撤销后，乙的父母能否担任甲的监护人？

回答：（1）是。但乙丧失了监护能力，意味着可以撤销乙的监护人资格。

（2）不能。尽管乙的父母有担任监护人的资格，但其不具有监护能力，故不能担任监护人。

（二）监护人的确立

监护人的确立，是指依法为需要监护人而没有监护人的限制民事行为能力人、无民事行为能力人确立监护人的法律制度。可见，监护人的确立前提是需要监护的人没有监护人，而非监护人不履行监护职责。监护人的确立，依如下框架步骤进行：

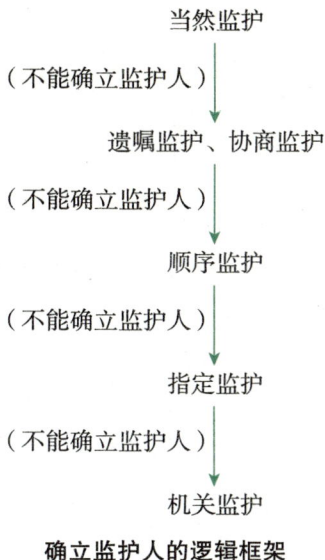

当然监护

（不能确立监护人）↓

遗嘱监护、协商监护

（不能确立监护人）↓

顺序监护

（不能确立监护人）↓

指定监护

（不能确立监护人）↓

机关监护

确立监护人的逻辑框架

1. 当然监护

（1）含义

当然监护，是指理所应当成立的监护，即无需任何法律手段、程序即可确定的监护。

（2）当然监护人

❶ 未成年人的父母为未成年人的当然监护人。

❷ 夫妻离婚后，无论是否与未成年子女共同生活，均为未成年子女的当然监护人。

💡 提 示

限制、无民事行为能力的成年人，没有当然监护人。

---

❸ 未成年人有当然监护人的，因不产生监护问题，故不涉及遗嘱监护、协商监护、顺序监护、指定监护等问题。

实例精粹

案情：甲、乙婚后，乙生子丙。丙5岁时，甲死亡。丙7岁时，乙带丙改嫁。甲父要求做丙的监护人。

问题：甲父的主张是否于法有据？

回答：否。丙有当然监护人。

2. 遗嘱监护与协商监护

（1）遗嘱监护

❶ 被监护人的父母担任监护人的，可以通过遗嘱指定监护人。

💡 提 示

有权通过遗嘱设立监护人的人，其条件有二：

🅐 是父母；

🅑 是监护人。

上述两个条件，缺一不可。

📖 **实例精粹**

案情：未成年人甲的父母在国外工作，现由其舅舅担任监护人。

问题：（1）甲的父母是否有权订立遗嘱，为甲确定监护人？

（2）甲的舅舅是否有权订立遗嘱，为甲确定监护人？

回答：（1）无权。甲的父母不是监护人，无权通过订立遗嘱来为甲确定监护人。

（2）无权。甲的舅舅不是父母，也无权通过订立遗嘱来为甲确定监护人。

❷ 遗嘱生效后，被指定的人不愿意担任监护人的，适用其他监护人设立的规则。

（2）协商监护

❶ "为自己" 的协商监护

具有完全民事行为能力的成年人，可以与其近亲属、其他愿意担任监护人的个人或者有关组织事先协商，以书面形式确定 "自己的" 监护人。

第一，在被监护人丧失完全民事行为能力之前，任何一方均有权解除该协议；

第二，在被监护人丧失完全民事行为能力之后，监护人无正当理由的，无权解除该协议。

📖 **实例精粹**

案情：甲有配偶乙和成年子女丙。甲与保姆丁订立书面协议，约定若甲丧失完全民事行为能力，则由丁担任甲的监护人。

问题：（1）该协议是否有效？

（2）在甲丧失完全民事行为能力之前，甲、丁可否解除该协议？

（3）在甲丧失完全民事行为能力之后，丁可否解除该协议？

（4）如果丁是甲的情人，该协议是否有效？

回答：（1）有效。非近亲属的个人、组织，也可作为事先协商监护的监护人。

（2）可以。

（3）若无正当理由，不可以。

（4）无效。该协议违反公序良俗原则。

❷ "为子女" 的协商监护

未成年人的父母作为监护人（当然监护）的，可以与被监护人的近亲属、其他愿意担任监护人的个人或者有关组织事先协商，以书面形式来确定 "未成年子女" 的监护人。

3. 顺序监护

（1）含义

按照法定的亲疏远近顺序来确定监护人，即由顺序在先者担任监护人。

（2）未成年人的监护人顺序

❶祖父母、外祖父母；

❷兄、姐；

❸其他愿意担任监护人的个人或者组织，但是须经未成年人住所地的居民委员会、村民委员会或者民政部门同意。

（3）无民事行为能力、限制民事行为能力的成年人的监护人顺序

❶配偶；

❷父母、子女；

❸其他近亲属；

❹其他愿意担任监护人的个人或者组织，但是须经被监护人住所地的居民委员会、村民委员会或者民政部门同意。

4. 指定监护

（1）含义

具有监护资格的当事人之间发生争议的，可以通过有关机关在具有监护资格的个人、组织中指定监护人。

💡 提 示

对谁当监护人存在争议，是指定的前提。没有监护人争议的，不存在指定问题。

📖 实例精粹

案情：甲、乙婚后，生子丙。丙5岁时，甲、乙离婚，对谁与丙共同生活发生争议。

问题：甲、乙可否申请住所地的居民委员会指定？

回答：不可以。甲、乙之意发生争议的是抚养权，而非监护权，故未发生监护争议，不适用指定监护。

（2）指定程序

指定监护环节，当事人可以任意选择以下两种程序：

❶"一步走"程序

当事人可以直接请求法院指定监护人。

❷"两步走"程序

当事人申请被监护人住所地的居民委员会、村民委员会或者民政部门指定监护人，对指定不服的：

第一，应在接到指定通知之日起30日内申请法院指定监护人；

第二，当事人在接到指定通知之日起30日后申请法院指定监护人的，法院应当按照变更监护关系处理。

（3）指定规则

❶按照最有利于被监护人的原则。

❷法院指定的监护人一般应当是一人。但是，由数人共同担任监护人更有利于保护被监护人利益的，也可以是数人。

5. 机关监护

（1）含义

在需要监护的未成年人、成年人依法没有具有监护资格的人的情况下，适用机关监护。

（2）机关监护人

机关监护人为民政部门或者被监护人住所地的居民委员会、村民委员会。

（三）其他个人、有关组织担任监护人的，被监护人住所地的居民委员会、村民委员会、民政部门的同意问题

1. 基本原理

（1）其他个人、有关组织的地位

其他个人、有关组织具有担任监护人的资格，但不承担监护人的义务。

（2）其他个人、有关组织担任监护人的条件

基于这种"有资格、无义务"的地位，其他个人、有关组织担任监护人，需要具备两个条件：

❶经其同意；

❷有人把关。

2. "有人把关"的情形

（1）遗嘱监护；

（2）协商监护；

（3）指定监护。

上述三种情形，其他个人、有关组织担任监护人的，由于立遗嘱人、被监护人、指定机关已经把关，故无需征得被监护人住所地的居民委员会、村民委员会或者民政部门同意。

3. "无人把关"的情形

（1）事后协商监护；

（2）顺序监护。

上述两种情形，其他个人、有关组织担任监护人的，由于事先无人把关，故需征得被监护人住所地的居民委员会、村民委员会或者民政部门同意。

（四）监护职责

1. 尊重被监护人的自治权。

2. 对被监护人财产的保护

（1）勤勉义务。监护人对被监护人财产的保护，应尽到谨慎管理的注意义务。监护人给被监护人造成财产损失的，应当赔偿损失。

（2）忠诚义务。监护人除为维护被监护人利益外，不得处分被监护人的财产。

（五）监护人资格的撤销

监护人资格的撤销，是指因监护人不履行监护职责或不能履行监护职责，经撤销权人的申请，法院撤销其监护人资格，并指定新的监护人的法律制度。

1. 撤销事由

（1）实施严重损害被监护人身心健康的行为；

（2）怠于履行监护职责，或者无法履行监护职责且拒绝将监护职责部分或者全部委托给他人，导致被监护人处于危困状态；

（3）实施严重侵害被监护人合法权益的其他行为。

2. 撤销权人

（1）其他依法具有监护资格的人员。

（2）有关组织，包括：

❶被监护人住所地的居民委员会、村民委员会。

❷学校、医疗机构。

❸妇女联合会、残疾人联合会、未成年人保护组织、依法设立的老年人组织。

❹民政部门。民政部门为行使撤销权的第一责任人。上述人员和民政部门以外的组织未及时向法院提出撤销监护人资格申请的，民政部门应当向法院提出申请。

3. 撤销后果

（1）原监护人的监护资格消灭，法院根据最有利于被监护人的原则依法指定新监护人；

（2）依法负担被监护人抚养费、赡养费、扶养费的父母、子女、配偶等，被撤销监护人资格后，应当继续履行负担的义务。

（六）监护人资格的恢复条件

监护人资格的恢复，是指原监护人的监护资格被撤销后，依法恢复其监护人资格的法律制度。

1. 身份条件

如下两种监护人资格被撤销后，方有恢复之可能：

（1）父母对子女的监护资格；

（2）子女对不具有完全民事行为能力的父母的监护资格。

2. 事由条件

（1）监护人对被监护人故意实施犯罪的，其资格撤销后，不得恢复；

（2）在被监护人为限制民事行为能力人的情况下，是否恢复监护资格，需尊重被监护人的真实意愿。

专题 **04**

宣告失踪、宣告死亡与住所

一、宣告失踪

宣告失踪，是指自然人下落不明满法定期间，经利害关系人的申请，法院宣告其为失踪人的法律制度。这一制度的目的在于通过为失踪人设立财产代管人，使陷于停滞的财产法律关系得以正常运行。

（一）宣告失踪的条件

1. 自然人需持续下落不明满 2 年。下落不明期间的起算点：

（1）原则上，为自然人离开最后居住地后失去音讯的次日；

（2）战争期间下落不明的，为战争结束之日的次日或者有关机关确定下落不明之日的次日。

2. 利害关系人向失踪人住所地基层法院提出宣告申请。

（1）身份利害关系人，包括：

❶ 被申请人的近亲属，包括配偶、父母、子女、祖父母、外祖父母、孙子女、外孙子女、兄弟姐妹；

❷ 对被申请人尽了主要赡养义务的丧偶儿媳、丧偶女婿；

❸ 被申请人的代位继承人。

（2）财产利害关系人

❶ 原则。与被申请人有民事权利义务关系的债权人、债务人、合伙人等，为利害关系人。

❷ 例外。不申请宣告失踪不影响其权利行使、义务履行的除外。

3. 法院公告

失踪人住所地的基层法院受理失踪宣告申请后，应当发出寻找下落不明人的公告，公告期为 3 个月。

4. 失踪宣告

公告期满，被申请人仍然下落不明的，法院作出失踪宣告判决。

（二）宣告失踪的法律后果

1. 为失踪人设立财产代管人

（1）无民事行为能力人、限制民事行为能力人失踪的，其监护人即为财产代管人；

（2）完全民事行为能力人失踪的，其财产由失踪人的配偶、父母、成年子女或者其他愿意担任财产代管人的人代管。

提 示

Ⓐ 宣告失踪的后果，既不变更财产关系，也不变更身份关系；

Ⓑ 婚姻关系一方被宣告失踪，可以构成离婚的法定事由。

---

2. 财产代管人的职责

（1）行使失踪人的债权，履行失踪人的债务；

（2）因代管职责引发诉讼的，财产代管人为原告或被告。

3. 财产代管人违反职责的法律后果

（1）失踪人的其他利害关系人可以向法院请求变更财产代管人。

（2）财产代管人因故意、重大过失致代管财产损害的，应当承担赔偿责任。需要注意的是，基于代管行为的无偿性，财产代管人承担损害赔偿责任，以其具有故意或重大过失为条件。

实例精粹

案情： 甲、乙为夫妻，共有房屋 A。甲被宣告失踪，法院指定乙为财产代管人。

问题：（1）甲、乙的婚姻关系是否存续？

（2）房屋 A 是否仍由甲、乙共有？

（3）如果乙将房屋 A 卖给丙，乙的行为是有权处分还是无权处分？

回答：（1）是。宣告失踪并不变更身份关系。

（2）是。宣告失踪也不变更财产关系。

（3）视情况而定。①乙如果是出于财产代管人职责的需要，则其为有权处分；②乙的行为如果与财产代管人的职责无关，则其为无权处分。

（三）失踪宣告的撤销

1. 失踪宣告撤销的条件

（1）实体条件：被宣告失踪的人重新出现或者确知其下落。

（2）程序条件：利害关系人的申请。在这里，利害关系人的范围也包括失踪人本人。

2. 失踪宣告撤销的法律后果

失踪宣告撤销后，财产代管人应当及时向本人移交代管财产，报告财产代管情况。

二、宣告死亡

宣告死亡，是指自然人下落不明满法定期间，经利害关系人的申请，法院宣告其死亡的法律制度。这一制度的目的在于通过拟制被宣告人死亡，来终止婚姻关系、启动继承关系，使陷于停滞的社会关系终止或者得以运行。

（一）宣告死亡的条件

1. 自然人持续下落不明满法定期间。

（1）原则上，下落不明需满 4 年；

（2）因意外事件下落不明的，需满 2 年；

（3）因意外事件下落不明，经有关机关证明该自然人不可能生存的，不需要下落不明时间的经过。

上述 4 年、2 年失踪期间的起算，与宣告失踪制度相同。

2. 利害关系人向失踪人住所地基层法院提出宣告死亡申请。

（1）身份利害关系人，包括：

❶ 被申请人的配偶、父母、子女。

❷ 对被申请人尽了主要赡养义务的丧偶儿媳、丧偶女婿。

❸ 被申请人的其他近亲属、代位继承人，具备如下条件之一的，为利害关系人：

第一，被申请人的配偶、父母、子女均已死亡或者下落不明的；

第二，不申请宣告死亡不能保护其相应合法权益的。

📖 实例精粹

案情：老甲生子大甲、小甲。小甲与乙结婚，生子 A。小甲去世后，因大甲在外地工作，乙对老甲尽了主要赡养义务。现老甲下落不明已满 4 年。

问题：（1）大甲是否有权申请宣告老甲死亡？

（2）乙是否有权申请宣告老甲死亡？

（3）A 是否有权申请宣告老甲死亡？

（4）如果乙生活困顿，A 面临失学可能，那么 A 是否有权申请宣告老甲死亡？

回答：（1）是。被申请人的子女为宣告死亡的利害关系人。

（2）是。对被申请人尽了主要赡养义务的丧偶儿媳、丧偶女婿为宣告死亡的利害关系人。

（3）否。原则上，被申请人的代位继承人不可以申请宣告死亡。

（4）是。此时，不申请宣告老甲死亡，即无法保护 A 的合法权益，A 作为代位继承人，有权申请宣告老甲死亡。

（2）财产利害关系人

❶ 原则。与被申请人具有财产权利义务关系的债权人、债务人、合伙人等，不是利害关系人。

❷ 例外。不申请宣告死亡不能保护其相应合法权益的除外。

利害关系人范围对比

	宣告失踪	宣告死亡
配偶、父母、子女	可 以	可 以
好媳妇、好女婿		
其他近亲属		①被申请人的配偶、父母、子女均已死亡或下落不明，或②不宣告死亡无法保护其合法权益的，可以
代位继承人		

续表

	宣告失踪	宣告死亡
财产利害关系人	● 原则：可以 ● 例外：不宣告失踪不影响其权利主张、义务履行的，不可以	● 原则：不可以 ● 例外：不宣告死亡无法保护其合法权益的，可以

3. 法院公告

失踪人住所地基层法院受理死亡宣告申请后，应当发出寻找下落不明人的公告。公告期的时间长度为：

（1）原则为 1 年；

（2）因意外事件下落不明，经有关机关证明该公民不可能生存的，宣告死亡的公告期间为 3 个月。

4. 死亡宣告

公告期满，被申请人仍然下落不明的，法院作出死亡宣告判决。此时，被宣告人死亡时间的确定规则是：

（1）原则上，判决作出之日为其死亡的日期；

（2）因意外事件下落不明宣告死亡的，意外事件发生之日视为其死亡的日期。

📖 实例精粹

案情：甲、乙为夫妻。2015 年 6 月 10 日，甲乘船渡海发生意外。有关部门经搜救无果，于 2015 年 6 月 20 日宣布甲不可能生还。

问题：（1）有关部门宣布甲不可能生还后，甲、乙的婚姻关系是否存续？

（2）乙欲申请宣告甲死亡，可于何时提出申请？

（3）如果法院于 2018 年 2 月 20 日对甲作出死亡宣告判决，则甲的死亡时间为何时？

回答：（1）是。甲尚未被宣告死亡，甲、乙的婚姻关系存续。

（2）2015 年 6 月 20 日之后即可申请，无需下落不明时间的经过。

（3）2015 年 6 月 10 日，即意外发生之日。

（二）宣告死亡的法律后果

1. 被宣告人与其配偶的婚姻关系即告终止，被宣告人遗产的继承开始。

2. 被宣告人未死亡的处理

（1）本人或利害关系人可申请法院撤销宣告死亡的判决。

（2）在本人或利害关系人申请撤销之前，宣告死亡的判决依然有效。死亡宣告被撤销的法律后果，并不会自动发生：

❶不自动发生对被宣告人的财产返还；

❷不发生被宣告人婚姻关系的自行恢复。

（3）除此之外，被宣告人依然按照"活人"对待。这意味着：

❶ 被宣告人的人身、财产依然受到保护；

❷ 死亡宣告期间，被宣告人所实施的民事法律行为，如所订立的合同、遗嘱等，其效力不受死亡宣告的影响。

实例精粹

案情：甲、乙为夫妻。甲被宣告死亡后，乙与丙相恋。现甲突然归来，但尚未申请撤销死亡宣告。

问题：（1）甲、乙的婚姻关系是否存在？

（2）如果乙与丙办理了结婚登记手续，乙、丙的婚姻是否有效？

回答：（1）否。因死亡宣告并未被撤销，死亡宣告依然有效。

（2）是。

·总　结 宣告死亡后，人还活着的，按死人算，还是按活人算？

🅐 继承开始、婚姻终止的后果，按死人算；

🅑 继承开始、婚姻终止以外的后果，按活人算。

（三）死亡宣告的撤销

1. 死亡宣告的撤销条件

（1）实体条件：被宣告人并未死亡。

（2）程序条件：利害关系人申请。在这里，利害关系人包括被宣告人本人。

2. 撤销死亡宣告的法律后果

（1）财产返还

被撤销死亡宣告的人有权请求依照继承法取得其财产的民事主体返还财产；无法返还的，应当给予适当补偿。

❶ 返还义务人

"依照继承法"，即依照《民法典》继承编；取得被宣告人财产的人，包括继承人和受遗赠人，为返还义务人。

提　示

非"依照继承法"取得被宣告人财产的人，死亡宣告撤销后，不负返还义务。

"依照继承法"取得被宣告人财产的情形有二：

第一，直接取得，即继承人或受遗赠人直接依照《民法典》继承编取得了被宣告人的遗产。此时，继承人或受遗赠人为返还义务人。

实例精粹

案情：甲被宣告死亡后，车 A 由乙继承。现甲的死亡宣告被撤销。

问题：乙是否应向甲承担返还义务？

回答：是。乙是基于《民法典》继承编直接取得车 A 的人。

第二，间接取得，即继承人或受遗赠人取得了被宣告人的遗产后又死亡的，其继承人或受遗赠人又取得了其所取得的被宣告人的遗产。此时，最后的继承人或受遗赠人也为返还义务人。

💡 提 示

"间接取得"的特点是，被宣告人的财产多次流转，且每一个环节均是"依照继承法"。

📖 实例精粹

案情：甲被宣告死亡后，车 A 由乙继承，车 B 交丙抵债。

问题：（1）乙继承车 A 后死亡，车 A 由丁继承。现甲的死亡宣告被撤销，丁是否应向甲承担返还义务？

（2）车 B 交丙抵债后，丙死亡，车 B 由戊继承。现甲的死亡宣告被撤销，戊是否应向甲承担返还义务？

回答：（1）是。丁是依照《民法典》继承编间接取得车 A 的人。

（2）否。丙取得车 B 并非依照《民法典》继承编，故戊继承车 B 不属于间接取得，无需返还。

❷ 应予返还的财产

应予返还的财产，为宣告死亡时被宣告人的遗产。宣告死亡时不属于被宣告人遗产的，不属于返还范围。

📖 实例精粹

案情：甲被宣告死亡后，遗产由乙继承。乙与丙再婚后死亡，乙的遗产由丙继承。

问题：现甲的死亡宣告被撤销，丙是否应将其从乙处继承的全部遗产，均向甲返还？

回答：否。只有丙所继承的、乙从甲处继承的遗产，方向甲返还。

❸ 应予返还的范围

第一，原物在，返还原物。原物的实体在或价值在的，均属于"原物在"。

第二，原物不在，适当补偿。原物的实体不在，且价值也不在的，属于"原物不在"。

📖 实例精粹

案情：甲被宣告死亡。

问题：（1）乙继承其汽车 A 后，以 30 万元的价格出卖给丙。现甲的死亡宣告被撤销。

①丙是否对甲承担返还汽车 A 的义务？

②乙是否对甲承担返还汽车 A 的义务？

（2）乙继承其汽车 A 后，赠与丙。现甲的死亡宣告被撤销。

①丙是否对甲承担返还汽车 A 的义务？

②乙是否对甲承担返还汽车 A 的义务？

回答：（1）①否。丙取得汽车 A，非基于《民法典》继承编。

　　　　②是。乙构成依照《民法典》继承编的直接取得，应负返还义务。尽管汽车 A 的实体已不存在，但 30 万元的价值仍然存在，故乙应向甲返还 30 万元价金。

　　　（2）①否。丙取得汽车 A，非基于《民法典》继承编。

　　　　②是。乙构成依照《民法典》继承编的直接取得，应负返还义务。但因汽车 A 的实体与价值均不存在，故乙应向甲适当补偿。

（2）婚姻关系

❶原则上，被宣告人与其配偶的婚姻关系，自撤销死亡宣告之日起自行恢复，即无需办理结婚手续，其仍具有婚姻关系。

❷例外情况有二：

第一，配偶再婚的。被宣告人的配偶再婚的，纵然再婚后又离婚，被宣告人的死亡宣告被撤销后，婚姻关系也不可恢复。

第二，配偶向婚姻登记机关书面声明不愿意恢复的。

（3）恶意陷人于宣告死亡的侵权责任

❶含义

利害关系人明知被宣告人没有死亡，但为了继承被宣告人的遗产，故意隐瞒此信息，导致被宣告人被宣告死亡。

❷后果

该利害关系人应向被宣告人承担侵权损害赔偿责任：

第一，在死亡宣告撤销后，该利害关系人对于其所继承的被宣告人的遗产及其孳息，应予返还；

第二，对其所造成的被宣告人的损失予以赔偿。

	孳息的处理	无法返还的后果
一般的财产返还	最大返还值：原物	适当补偿
恶意陷人于宣告死亡	最大返还值：原物+孳息	赔偿损失

📑 **实例精粹**

案情：甲、乙为兄弟。甲被宣告死亡后，乙继承了甲的 100 万元存款和一辆价值 50 万元的汽车。乙将所继承的汽车赠送给丙。1 年后，甲的死亡宣告被撤销。

问题：（1）如果乙不存在恶意隐瞒甲未死亡的情形，那么：

　　　　①乙是否应向甲返还 100 万元存款的利息？

　　　　②乙是否应当向甲返还 50 万元的汽车价值？

　　　（2）如果乙存在恶意隐瞒甲未死亡的情形，那么：

　　　　①乙是否应向甲返还 100 万元存款的利息？

　　　　②乙是否应当向甲返还 50 万元的汽车价值？

回答：（1）①否。死亡宣告撤销后的财产返还，只需返还原物，无需返还孳息。

② 否。乙只需要适当补偿即可。

（2）① 是。恶意隐瞒的利害关系人，不仅应返还原物，还应返还孳息。

② 是。恶意隐瞒的利害关系人，需负赔偿责任。

（四）宣告失踪与宣告死亡的关系

1. 宣告失踪并非宣告死亡的必经程序。

2. 申请人只申请宣告失踪的，即使符合宣告死亡的条件，也只能宣告失踪。

3. 利害关系人中既有要求宣告失踪的，又有要求宣告死亡的，因各个申请均为有效申请，法院应当宣告死亡。

• 总 结 不告不理，告啥理啥。两个都告，宣告死亡。

三、住所

住所，是指自然人具有法律意义的空间归属，是自然人生活和进行民事活动的中心场所。自然人住所的确定方法是：

1. 原则上，自然人的住所地为户籍所在地。

2. 自然人由其户籍所在地迁出后至迁入另一地之前，没有经常居住地的，仍以其原户籍所在地为住所地。

3. 自然人的户籍所在地与经常居住地不一致的，以经常居住地为住所地。在这里，经常居住地，是指自然人离开住所地，最后连续居住 1 年以上的地方，但住院就医的地方除外。由此可见，经常居住地的构成要件有二：

（1）主观上有长期居住的意思；

（2）客观上连续居住 1 年以上。

实例精粹

案情： 甲的户籍在 A 地。甲辞职后，欲前往 B 地工作，遂将户籍由 A 地迁往 B 地。不料户籍从 A 地迁出后，迟迟不能迁入 B 地。

问题：（1）此时，甲的住所地是哪里？

（2）因 B 地工作机会丧失，甲赴 C 地自主创业。连续居住 3 年后，甲积劳成疾，到 D 地住院治疗 2 年。此时，甲的住所地是哪里？

回答：（1）A 地。甲将户籍由 A 地迁出之后，在迁入 B 地之前，没有经常居住地的，其住所地仍为 A 地。

（2）C 地。甲在 C 地连续居住 3 年，其住所由 A 地变更为 C 地。甲在 D 地住院看病，因无长期居住意思，故 D 地并非住所地。

专题05

——— 法 人 ———

一、法人的一般规则

（一）法人的独立性

1. 人格独立

法人享有民事权利能力，是民法上的另一种"人"。法人与包括其成员在内的所有人，均是"两个人"。

2. 财产独立

由于法人享有民事权利能力，所以法人名下的财产归属于法人，而不归属于法人以外的、包括法人成员的任何人。

3. 责任独立

由于法人享有民事权利能力，所以法人名下的债务、责任也归属于法人。法人应以其独立财产对外独立承担责任，而法人以外的、包括法人成员的任何人，无需对法人独立财产不能完全清偿的债务承担继续偿还的责任。

4. 意志独立

法人享有民事行为能力，即在民法上拥有认识自己行为及其后果的"心智"，即"头脑"。法人的"头脑"就是法人机关，法定代表人则是法人机关的组成部分。

📖 **实例精粹**

案情：甲、乙共同出资，设立公司。

问题：（1）此时，存在几个"人"？

（2）甲、乙出资于公司的财产是谁的？

（3）现公司欠丁银行100万元贷款。

①债务人是谁？

②用谁的财产偿还对丁银行的债务？

（4）公司所作出的决策是谁的意志？

回答：（1）三个"人"，即甲、乙、公司。这意味着，公司与甲、公司与乙，均为两个"人"。

（2）公司的。这意味着，出资财产既不是甲的，也不是乙的。

（3）①公司。这意味着，甲、乙均不是丁银行的债务人。

②公司的财产。这意味着，甲、乙对公司的债务没有偿还责任。

（4）公司的意志。这意味着，公司的法人机关依照法律或章程所作出的决策，体现的是公司的单一意志，而非法人机关组成人员的共同意志。

(二)法人登记

法人的实际情况与登记的事项不一致的,实际情况不得对抗善意第三人。对于善意第三人而言,其与法人的关系以法人登记为准。

实例精粹

案情:甲公司看到乙公司的法人登记记载的法定代表人是张某,遂与张某订立合同。乙公司以本公司的法定代表人半年前已经更换为李某,只是法人登记尚未变更为由拒绝接受该合同的约束。

问题:乙公司能否拒绝接受该合同的约束?

回答:不能。法人登记是法人重要事项的对外公示。法人的实际情况与登记的事项不一致的,实际情况不得对抗善意第三人。

(三)法人超越经营范围订立合同的效力

1. 原则。法人超越经营范围所订立的合同有效。

2. 例外。法人超越经营范围所订立的合同,违反法律、行政法规强制性规定的,该合同无效。

二、设立中的法人

设立中的法人,是指处于设立阶段、尚未取得法人资格的组织体。在学理上,设立中的法人,其性质为以设立人为成员的非法人组织。设立人为设立法人所实施的民事法律行为,其法律后果的归属规则是:

(一)法人成立前

设立人为设立法人所实施的民事法律行为的法律后果,在法人成立之前,由设立人承受;设立人共同实施民事法律行为的,由设立人承担连带责任。

(二)法人成立后

设立人为设立法人所实施的民事法律行为的法律后果,在法人成立之后,根据设立人实施民事法律行为的名义来判断承担人:

1. 设立人以"设立中的法人名义"从事民事活动,其法律后果由法人承受。

2. 设立人以"自己的名义"从事民事活动,第三人有权选择请求法人或者设立人承担责任。

法人未成立	法人成立	
设立人承担责任	以设立中的法人名义订立合同	以设立人的名义订立合同
	法人承担责任	相对人选择

实例精粹

案情:甲、乙为"华商电子有限公司"的设立人。为设立该公司,甲、乙与丙订立房屋买卖合同,为未来公司营业之用。

问题：（1）如果价金支付日届满，"华商电子有限公司"尚未成立，那么谁对丙承担付款义务？

（2）如果价金支付日届满，"华商电子有限公司"已经成立。

①经查，甲、乙与丙订立房屋买卖合同时，是以"华商电子有限公司（筹）"的名义，那么谁对丙承担付款义务？

②经查，甲、乙与丙订立房屋买卖合同时，是以自己的名义，那么谁对丙承担付款义务？

回答：（1）甲、乙应对丙连带承担付款义务。

（2）①公司应对丙承担付款义务。

②丙有权选择公司或者甲、乙承担付款义务。

三、有限责任与无限责任

（一）有限责任

1. 法人的出资人承担有限责任。

2. 在法人的财产不足以偿还法人的债务时，法人的出资人无需对法人不能偿还的债务承担继续偿还责任。

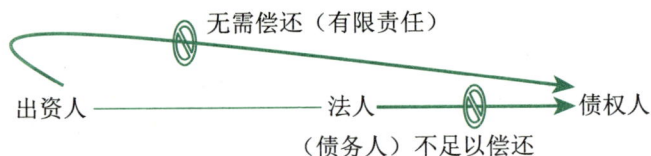

（二）无限责任

1. 非法人的出资人承担无限责任。

2. 在非法人的财产不足以偿还非法人的债务时，非法人的出资人需要对非法人不能偿还的债务承担继续偿还责任。

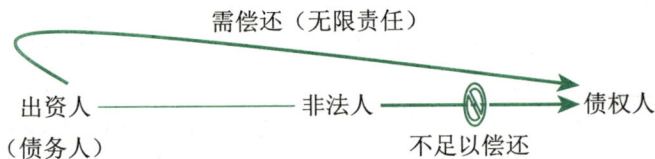

· 总 结

Ⓐ 有限责任、无限责任，是"出资人"的责任，而非"出资对象"的责任；

Ⓑ 有限责任、无限责任的核心，在于"出资对象"的财产不足以偿还其债务时，"出资人"是否承担继续偿还责任。

实例精粹

案情：甲、乙共同出资设立A企业。现A企业的财产不足以清偿其债务。

问题：（1）如果A企业是公司，那么甲、乙作为A企业的出资人，是否承担继续清偿责任？

(2) 如果 A 企业是合伙，那么甲、乙作为 A 企业的出资人，是否承担继续清偿责任？

回答：(1) 否。法人的出资人承担有限责任，即无需承担继续清偿责任。

(2) 是。非法人的出资人承担无限责任，即需要承担继续清偿责任。

四、法定代表人

法定代表人，又称法人代表，是指依据法律或章程，有权代表法人实施民事法律行为的人，其代表行为的后果，由法人承受。通常，法定代表人为法人的主要负责人。

（一）法人代表与法人代理的区分

1. 行为人以法人名义所实施的民事法律行为，具有两种可能性：①法人的代表行为；②法人的代理行为。其区分标准如下：

(1) 法定代表人以法人名义所实施的民事法律行为，为"代表行为"；

(2) 法定代表人以外的任何人以法人名义所实施的民事法律行为，均为"代理行为"。

	以法人名义实施的民事法律行为
法定代表人实施	代　表
非法定代表人实施	代　理

2. 法人是否承受代表行为或代理行为的法律后果，仅看行为人是否享有代表权、代理权。是否加盖法人公章、加盖的是否为真章、所盖之章是否与备案公章相一致等问题，在所不问。

📖 实例精粹

案情：甲公司法定代表人张某以甲公司的名义，与乙公司订立买卖合同，购买乙公司生产的机器设备。乙公司法定代表人在合同书上签字，并加盖乙公司的印章；而张某在合同书上签字，并未加盖甲公司的印章。

问题：甲公司是否应当承受张某行为的法律后果？

回答：是。

（二）法定代表人的代表行为与个人行为的区分

法定代表人所实施的民事法律行为，具有两种可能性：①代表行为；②个人行为。其区分标准如下：

1. 法定代表人以法人名义所实施的民事法律行为，是代表行为，后果由法人承担。

2. 法定代表人以自己名义所实施的民事法律行为，是个人行为，后果由个人承担。

💡 提　示

"以法人名义"与"以自己名义"的判断

不是从行为人的目的以观，而是从相对人的认知以观。

📖 实例精粹

1. **案情**：甲公司法定代表人张某从乙公司借款100万元。经查，张某向乙公司表示，是甲公司借款，但事实上，所借款项由张某个人使用。

   问题：（1）张某的借款行为，是以法人名义，还是以自己名义？

   （2）借款合同的当事人双方是谁？

   回答：（1）以甲公司的法人名义。

   （2）甲公司与乙公司。

2. **案情**：甲公司法定代表人张某与乙公司订立借款合同，约定甲公司从乙公司处借款100万元，甲公司法定代表人承担连带还款责任。借款到期前，张某卸任，王某继任甲公司法定代表人。现借款到期未能偿还。

   问题：（1）乙公司是否有权请求甲公司偿还借款？

   （2）乙公司能否请求原法定代表人张某承担连带还款责任？

   （3）乙公司能否请求现法定代表人王某承担连带还款责任？

   回答：（1）有权。原法定代表人张某为甲公司借款的意思表示，为代表行为，甲公司应承担后果。

   （2）能。张某作出的法定代表人承担连带责任的意思表示，为个人行为，其个人承担后果。

   （3）不能。张某作出的法定代表人承担连带责任的意思表示，为个人行为，王某对张某的个人行为不承担后果。

（三）越权代表

1. 原则

（1）法定代表人超越权限，以法人名义与相对人订立的合同，相对人善意的，该代表行为有效，法人应承担法定代表人越权代表行为的后果。

（2）相对人知道或应当知道法定代表人越权代表的，为恶意；反之，则为善意。

2. 违反"章程规定"的越权代表

（1）法定代表人所越之权，源于法人的内部规章制度的，推定相对人为善意；

（2）此时，法人证明相对人为恶意的，越权代表行为无效，法人无需接受越权代表所订立合同的约束。

3. 违反"法律规定"的越权代表

《公司法》第16条[1]规定，公司的法定代表人以公司名义为他人债务提供担保的，需经公司决议。据此，公司法定代表人擅自以公司名义，为他人债务提供担保的，即构成违反"法律规定"的越权代表。

（1）公司法定代表人擅自以公司名义，为他人债务提供担保的，推定相对人为恶意。

---

[1]《公司法》第16条规定："公司向其他企业投资或者为他人提供担保，依照公司章程的规定，由董事会或者股东会、股东大会决议；公司章程对投资或者担保的总额及单项投资或者担保的数额有限额规定的，不得超过规定的限额。公司为公司股东或者实际控制人提供担保的，必须经股东会或者股东大会决议。前款规定的股东或者受前款规定的实际控制人支配的股东，不得参加前款规定事项的表决。该项表决由出席会议的其他股东所持表决权的过半数通过。"

（2）此时，相对人能够证明自己是善意的，如提供了公司的相关决议（包括伪造、变造的决议），或提供了上市公司的公开披露的信息，则担保合同有效，公司应承担担保责任。

▤ 实例精粹

案情：甲公司法定代表人张某擅自与乙银行订立抵押合同，将甲公司的房屋向乙银行设立抵押，担保丙公司在乙银行的贷款。现甲公司以张某越权代表为由，拒绝承担担保责任。

问题：（1）如果无证据证明乙银行善意、恶意，则抵押合同效力如何？

（2）如果乙银行证明张某曾出具甲公司的"同意担保"的股东会决议，经查，该决议系张某伪造，则抵押合同效力如何？

回答：（1）无效。因该情形属于违反法律规定的越权代表，故推定乙银行为恶意。

（2）有效。乙银行为善意，担保合同有效，甲公司需承担抵押担保责任。

（3）例外

在以下情况下，未经公司表决程序，公司对外担保的，担保合同有效：

❶金融机构开立保函或者担保公司提供担保。但是，金融机构或担保公司的分支机构未经授权提供担保的除外。

❷公司为其全资子公司开展经营活动提供担保，但上市公司除外。

❸担保合同系由单独或者共同持有公司 2/3 以上对担保事项有表决权的股东签字同意，但上市公司除外。

❹一人公司为其股东提供担保。

五、法人分支机构

（一）法人分支机构的概念和性质

1. 概念

法人分支机构，是指法人的派出营业机构，如分公司。

2. 性质

（1）法人分支机构拥有自己的名称，可以以自己的名称从事民事活动。

（2）法人分支机构不具有民事权利能力，没有法人资格。故分支机构的财产、权利、义务、责任，最终归属于法人。

▤ 实例精粹

案情：甲公司设立 A、B 两个分支机构。

问题：（1）如果 A 分支机构从银行获取的贷款未偿还，银行可否执行甲公司及 B 分支机构的财产？

（2）如果甲公司从银行获取的贷款未偿还，银行可否执行 A、B 分支机构的财产？

回答：（1）可以。甲公司需对 A 分支机构的债务承担无限责任，而 B 分支机构的财产归属于甲公司。

（2）可以。甲公司需以自己的财产承担还款责任，而 A、B 分支机构的财产归属于甲公司。

（二）法人分支机构与法人的关系

1. 法人分支机构以自己名义订立的合同，权利行使、义务履行、责任承担也以自己名义为之。

2. 法人分支机构与他人订立的合同，和法人与他人订立的合同，效果上是相同的。

📖 **实例精粹**

案情：甲公司设立 A 分公司。李四为购买 A 分公司的机器设备，与 A 分公司订立《买卖合同》。

问题：（1）如果 A 分公司到期未交付货物，李四应起诉谁？

（2）如果《买卖合同》订立后，李四又与甲公司订立《补充协议》，将《买卖合同》的内容加以变更。《补充协议》能否变更《买卖合同》的内容？

回答：（1）A 分公司。《买卖合同》是 A 分公司以自己的名义订立的，故责任的承担主体也是 A 分公司。

（2）能。李四与甲公司订立《补充协议》，和李四与 A 分公司订立《补充协议》，效果相同。

六、法人分立、撤销时的债权、债务承受

（一）法人分立时的债权、债务承受

法人分立，是指一个法人分立为 2 个或 2 个以上法人的情形。法人分立前所享有的债权、承担的债务，在法人分立后，应由分立后的各个法人享有、承担。

1. 有外部约定的，从其约定

分立后的各个法人与外部的债权人、债务人之间有约定的，从其约定。

2. 没有外部约定的，对外连带

分立后的各个法人与外部的债权人、债务人之间没有约定的，对外按照连带关系处理，即对于原法人的债权、债务，分立后的各个法人对外可享有全部债权，应承担全部债务。

3. 内部约定，内部效力

分立后的各个法人之间有约定的，该项内部约定不得对外部的债权人、债务人主张，其仅具有内部效力，可作为对外承担连带责任之后的内部追偿依据。

📖 **实例精粹**

案情：甲公司欠 A 银行 100 万元，在此债务清偿前，甲公司分立为乙、丙两家公司，甲公司归于消灭。

问题：（1）如果乙、丙公司与 A 银行之间约定，由乙公司承担此笔债务，则 A 银行能否请求丙公司偿还债务？

（2）如果乙、丙公司之间约定，由乙公司承担此笔债务，则：

①A 银行能否请求丙公司偿还债务？

②丙公司对 A 银行偿还债务后，可否向乙公司追偿？

回答：（1）不能。外部约定，具有外部效力。

（2）①能。内部约定，不具有外部效力。故在对外关系上，因无外部约定，乙、丙公司应对 A 银行承担连带责任。

②可以。内部约定，具有内部效力，其表现为对内的追偿关系。

（二）机关法人被撤销后的权利、义务承受

1. 有继任的机关法人的，由继任的机关法人享有和承担。

2. 没有继任的机关法人的，由作出撤销决定的机关法人享有和承担。

第3讲 ▶▶▶
民事法律行为

专题 06

—— 民事法律事实、意思表示、实践行为与要式行为 ——

一、民事法律事实

（一）含义

民事法律事实，是指能够引起民事法律关系产生、变更、消灭的客观事实。例如，结婚可引起婚姻法律关系的产生、侵权行为可引起侵权损害赔偿责任的产生，结婚、侵权行为就是民事法律事实。

（二）民事法律事实与非民事法律事实的区分

1. 具有民法意义的事实，即可以产生民法后果的事实，为民事法律事实。

2. 不具有民法意义的事实，即不可以产生民法后果的事实，不是民事法律事实。

（三）磋商意向与签约意向

1. 磋商意向

（1）含义

磋商意向是当事人之间的一种合意，内容是约定双方于未来"磋商"某一合同。

（2）性质

磋商意向没有法律意义，不属于民事法律事实。因此，当事人双方达成磋商意向后，一方不愿意与对方进行磋商的，不需要承担任何法律上的责任。

2. 签约意向

（1）含义

签约意向也是当事人之间的一种合意，内容是约定双方于未来"订立"某一合同。

（2）性质

签约意向属于民事法律事实，构成预约合同。

（3）预约与本约

❶ 预约与本约是两个合同。

❷本约订立，不仅意味着本约的成立，还意味着预约的履行。

❸本约未订立，不仅意味着本约没有成立，还意味着预约没有履行。在构成预约违约的情况下，违反预约的当事人应当承担预约上的违约责任。

实例精粹

案情：甲与乙订立《协议一》，约定双方于 1 个月后订立《协议二》。

问题：（1）《协议一》《协议二》的性质分别是什么？

（2）甲、乙在《协议一》中享有的债权、承担的债务分别是什么？

（3）如果甲、乙订立了《协议二》，那么对于《协议一》而言，意味着什么？

（4）如果乙无故拒绝与甲订立《协议二》，则其后果是什么？

回答：（1）《协议一》为预约，《协议二》为本约。

（2）甲、乙双方均享有请求对方订立《协议二》的债权，并承担应当与对方订立《协议二》的债务。

（3）《协议一》得到履行。

（4）甲可追究乙《协议一》上的违约责任。

（四）好意施惠

1. 含义

好意施惠，又称情谊行为，是指双方在没有产生合同法律关系意思的前提下，一方向对方施予好处或便利，对方接受的"约定"。

2. 好意施惠的类型化

在民法中，搭便车、请客、陪同、无偿帮工等，均为好意施惠。

3. 法律意义

（1）好意施惠约定的违反，不产生合同责任。

（2）好意施惠的履行中，施惠人对受惠人构成侵权的，依然要承担侵权责任；施惠人、受惠人与第三人构成其他法律关系的，依然具有法律后果。

（3）非营运机动车发生交通事故造成无偿搭乘人损害，属于该机动车一方责任的，应当减轻其赔偿责任。但是，机动车使用人有故意或者重大过失的除外。

实例精粹

案情：甲与乙约定，乙搭甲的便车去机场。

问题：（1）如果甲开车去机场，忘了搭载乙，则乙能否追究甲的违约责任？

（2）如果甲搭载乙去机场，则是否应当交高速过路费？

（3）如果甲搭载乙去机场，路上撞到栏杆，致乙损害，则甲是否要向乙承担赔偿责任？

（4）如果甲搭载乙去机场，因甲一边开车一边刷抖音而在路上撞到栏杆，致乙损害，则能否减轻甲的责任？

回答：（1）不能。好意施惠的约定不是法律事实，没有法律意义。

（2）是。好意施惠的约定没有法律意义，并不意味着在好意施惠的履行中，施惠人、受惠人不能与第三人产生合同关系。

(3) 是。好意施惠的履行中，施惠人对受惠人构成侵权的，依然要承担侵权责任。但是，因甲为好意施惠，应减轻甲的责任。

(4) 不能。甲具有重大过失，不能减轻责任。

（五）先行行为导致义务时的损害事实

1. 含义

先行行为导致义务，是指由于一方的行为，使另一方处于危险境地时，行为人应承担安全保障的救助义务。

2. 法律后果

先行行为的行为人未尽保护义务的，需对另一方的损失承担损害赔偿责任。

> 🔖 **实例精粹**
>
> 案情：甲应乙之邀前往水库游泳。
>
> 问题：(1) 若甲溺水身亡，则乙是否应承担赔偿责任？
>
> (2) 若甲因抽筋溺水身亡，则乙是否应承担赔偿责任？
>
> 回答：(1) 是。推定为乙违反了救助义务。
>
> (2) 否。推定为乙未违反救助义务。

（六）夫妻之间的约定

夫妻之间的约定是否具有法律约束力，要从两个方面加以考察：

1. 是否违反公序良俗原则、婚姻自由原则，违反该原则的约定，系属无效。

> 🔖 **实例精粹**
>
> 案情：甲、乙为夫妻，二人约定，离婚后，任何一方3年内不得再婚；离婚3年之后可以再婚，但不得生育子女。
>
> 问题：(1) "3年内不得再婚"的约定，是否有效？
>
> (2) 再婚后"不得生育子女"的约定，是否有效？
>
> 回答：(1) 无效。违反婚姻自由原则。
>
> (2) 无效。违反公序良俗原则。

2. 是否依托于法律的授权性规定，即法律直接允许夫妻之间进行约定的事项，以及附着于法律允许约定事项的补充性约定，则属有效。

> 🔖 **实例精粹**
>
> 案情：甲、乙为夫妻，生子丙。甲、乙在离婚协议中约定，如果离婚后任何一方再婚，则丙由对方抚养。
>
> 问题：该约定的效力如何？
>
> 回答：有效。甲、乙的约定并未违反婚姻自由原则及公序良俗原则，且民法允许配偶对离婚后的子女抚养作出安排。

（七）预言、对他人预言结果的传达

预言，是指对未来特定事实是否会发生的判断。在法律上，预言没有法律意义，预言者判断错误也不会导致其民事责任的承担。相应地，对他人预言结果的传达，同样没有法律意义，没有民法上的责任可言。

（八）运气

运气，是指导致某一法律后果产生的偶然性因素。在法律上，运气不是法律事实，不具有法律意义。

（九）神童、奇才

神童、奇才没有法律意义。对于作为神童、奇才的未成年人，应当按照法律的一般规则确定其民事行为能力。

二、意思表示与合意

（一）意思表示

1. 含义

意思表示，是指行为人民法效果意思的对外表达。

2. 构成要件

意思表示由"民法效果意思"和"表示"两个要素组成。

> **·总　结** 意思表示＝民法效果意思＋表示。

（1）民法效果意思

❶民法效果意思，是指欲追求民法上法律后果的主观意愿，如买卖、赠与、遗嘱、抛弃权利等意愿的表达。

❷反之，当事人表达的意思没有法律意义，或者其法律意义不在民法领域的，其所表达的就不是民法效果意思，不构成意思表示。例如，好意施惠的约定、表达爱慕、提起上诉等意愿的表达，都不属于意思表示。

（2）表示

意思表示中的"表示"，是指将民法效果意思表达于外。表示的方式包括：

❶明示。即以口头、书面等方式，可以表达当事人的民法效果意思。

❷默示。即以积极的行为，表达当事人的民法效果意思。

❸推定。即在有法律明文规定的情况下，当事人纯粹的不作为，表达其民法效果意思。

3. 法律意义

意思表示是民事法律行为的一般成立要件，不构成意思表示的，民事法律行为不成立。

（二）合意

1. 含义

合意，是指各行为人意思表示达成一致。

> **·总　结** 合意＝各意思表示＋达成一致。

合意的构成要件有二：

(1) 各行为人均需作出意思表示；任何一方未作出意思表示的，合意不成立。

实例精粹

案情：教授甲出版新书，向学生推销，在教学楼设立广告牌，写明欲购买该书的，就在笔记本上签字。甲在广告牌上标注了书名、价格、内容简介。学生乙以为是报名参加春游，遂在笔记本上签字。

问题：(1) 教授甲是否作出了意思表示？

(2) 学生乙是否作出了意思表示？

(3) 教授甲与学生乙是否达成了合意？

回答：(1) 是。出卖意愿的表达，具有民法法效意思，是意思表示。

(2) 否。参加春游意愿的表达，不具有民法法效意思，不是意思表示。

(3) 否。任何一方未作出意思表示的，合意不成立。

(2) 达成一致

❶ "达成一致"的判断标准，在于具备了各行为人"说好了"的外观；

❷ 行为人的意思表示不真实，不影响合意的成立，只会导致合意的可撤销。

实例精粹

案情：教授甲出版新书，向学生推销，在教学楼设立广告牌，写明欲购买该书的，就在笔记本上签字。甲在广告牌上标注了书名、价格、内容简介。学生乙在笔记本上签字。

问题：(1) 经查，学生乙签字的同时，表明"8折就买"。

① 教授甲、学生乙是否均作出了意思表示？

② 教授甲与学生乙是否达成了合意？

(2) 经查，学生乙误以为教授甲在赠书，才签的字。

① 教授甲、学生乙是否均作出了意思表示？

② 教授甲与学生乙是否达成了合意？

回答：(1) ① 是。教授甲的出卖意愿、学生乙的购买意愿，均是意思表示。

② 否。双方的意思表示没有达成一致。

(2) ① 是。教授甲的出卖意愿、学生乙的受赠意愿，均是意思表示。

② 是。因学生乙签字，双方具有了合意外观。学生乙的重大误解，不影响合意的成立，只会导致合同的可撤销。

2. 法律意义

合意是双方、多方法律行为的成立要件，当事人未达成合意的，双方、多方法律行为不成立。

(三) 虚假意思表示与隐藏意思表示

1. 虚假意思表示

(1) 含义：双方当事人均无法效意思，却作出意思表示，如订立假合同；

（2）效力：行为人与相对人以虚假意思表示实施的民事法律行为无效。

2. 隐藏意思表示

（1）含义：被虚假意思表示所掩盖的另一真实的意思表示；

（2）效力：以虚假意思表示隐藏的民事法律行为的效力，依照有关法律规定处理。

📖 实例精粹

案情：甲、乙订立汽车 A 买卖合同，约定甲以 20 万元的价格将汽车 A 出卖给乙。合同订立后，乙将 20 万元交付给甲。经查，汽车 A 根本不存在，甲、乙均知道此事。

问题：（1）甲、乙的买卖合同，性质是什么？效力如何？

（2）甲、乙交易的真实意思是什么？效力如何？

回答：（1）虚假意思表示，买卖合同无效。

（2）20 万元的金钱赠与，其构成隐藏意思表示，合法则有效，不法则无效。

（四）戏谑行为

戏谑行为，即开玩笑，是指一方的行为具有意思表示的外观，但行为人内心并不具有民事效果意思。戏谑行为无效，不产生法律后果。戏谑行为的认定方式是：

1. 相对人知道或应当知道行为人戏谑意思的，按照戏谑行为认定；反之，按照意思表示认定。

2. 相对人是否知道或应当知道行为人戏谑意思的认定方式：

（1）内容。看表达内容是否夸张、不合情理。

（2）场所。看是在公共场所还是私密场所作出的表达。

（3）方式。看作出的表达是否采取了郑重的形式。

📖 实例精粹

案情：甲表示，在其出版的著作中发现错别字的，给予奖励。

问题：（1）经查，甲是在好友吃饭时作出上述表示，且赏格为别墅 1 套/字。甲的行为是意思表示，还是戏谑行为？

（2）经查，甲在电视节目中作出上述表示，且赏格为 100 元/字，并与主持人击掌为誓。甲的行为是意思表示，还是戏谑行为？

回答：（1）甲作出的表达是在私密场合，形式随意、内容夸张，为戏谑。

（2）甲作出的表达是在公开场合，形式郑重、内容合理，为意思表示。

三、实践行为与要式行为

（一）实践行为

1. 诺成行为与实践行为

（1）诺成行为，又称不要物行为，是指当事人达成合意即可成立的民事法律行为。原则上，民事法律行为均为诺成行为。

（2）实践行为，又称要物行为，是指在当事人达成合意之后，还需要完成相关标的物的交付，才能够成立的民事法律行为。

> **·总 结** 标的物未交付，实践行为不成立。

在我国民法中，实践合同包括五种类型：

❶借用合同；

❷保管合同；

❸自然人之间的借贷合同；

❹定金合同；

❺履行期届满前达成的以物抵债合同。

2. 实践行为中"标的物的交付"的意义

实践行为中，标的物的交付，其性质为实践合同的成立要件，而非义务的履行。

（1）实践行为达成合意后，一方拒绝交付标的物的，对方不得追究其违约责任；

（2）如果拒绝交付标的物的一方违背诚实信用原则，导致对方损失，则应当承担缔约过失责任。

📋 实例精粹

案情：甲欲买房，急需资金，甲欲从朋友丙处借款，并与丙订立了书面的借款合同。

问题：（1）甲与丙的借款合同是否成立？

（2）丙是否承担交付借款的义务？

（3）丙未如约将借款交付予甲，其后果如何？

回答：（1）否。自然人之间的借款合同为实践合同，标的物尚未交付的，合同不成立。

（2）否。丙交付借款，在合同成立之前，故为合同的成立要件，而非合同的债务。

（3）甲不得请求丙交付借款，不得诉请法院强制执行，不得追究丙的违约责任。但是，若甲因此遭受损失，则可追究丙的缔约过失责任。

（二）要式行为

1. 要式行为与不要式行为

（1）不要式行为，是指法律与当事人均未对形式作出特别要求的民事法律行为。在我国民法中，原则上，民事法律行为都属于不要式行为。

（2）要式行为，是指根据法律规定或者当事人约定，应当采取"特定形式"的民事法律行为。

> **·总 结** 原则上，形式要件未具备，要式行为不成立。

在我国民法中，依法必须采取书面形式的民事法律行为类型包括：

❶不动产交易合同；

❷金融借款合同；

❸融资租赁合同；

❹建设工程合同；

❺技术合同；

❻担保合同；

❼遗嘱。

2. 要式行为中的"形式要件"

要式行为依法或依约所需具备的"特定形式"，不以书面形式为限，也包括完成特定手续，如办理公证、办理有关登记手续。

3. 要式行为中"形式要件"的法律意义

（1）要式行为达成合意后，一方反悔，拒绝采取法定或约定形式的，另一方不得追究其违约责任。

（2）如果拒绝采取形式要件的一方违背诚实信用原则，导致对方损失，则应当承担缔约过失责任。

实践行为	说给不给	• 没有违约责任
要式行为	说签不签	• 但有缔约过失责任

（3）在要式合同中，纵然形式要件未能具备，但若一方履行了主要义务，对方接受的，则民事法律行为成立。

• 总　结

Ⓐ合意+形式要件=要式行为成立；

Ⓑ合意+履行接受=要式行为成立。

实例精粹

案情：甲、乙进行缔约磋商，就所有条款协商一致后，约定签订合同书，合同成立。现甲反悔，不愿意在合同书上签字。

问题：（1）后果如何？
　　　（2）如果乙向甲交付合同价款，甲接受，则后果如何？

回答：（1）乙无权请求甲签字，也无权请求甲承担违约责任。但是，若乙因此遭受损失，则有权请求甲承担缔约过失责任。
　　　（2）甲、乙之间的合同成立，甲应当履行交付货物的义务。

专题 07

—— 民事法律行为的有效、生效与效力瑕疵 ——

一、民事法律行为的生效

（一）有效与生效的关系

1. 民事法律行为有效，是指已经成立的民事法律行为合法，即所谓的"合法有效"。

2. 民事法律行为生效，是指有效的民事法律行为，权利可以主张、义务需要履行。

（二）民事法律行为的"未生效"

1. 原则：有效的民事法律行为，成立时即告生效。

2. 例外：在一些特殊情况下，有效的民事法律行为成立时却"未生效"。具体情形包括：

（1）附延缓条件的民事法律行为；

（2）附始期的民事法律行为；

（3）依法需要审批的民事法律行为；

（4）遗嘱行为。

> **总 结** 民事法律行为何时生效？用"排除法"来加以把握——

🅐 在具备上述四种情形时，有效的民事法律行为"未生效"；

🅑 不存在上述情形时，有效的民事法律行为一概"成立即生效"。

实例精粹

案情：甲与乙订立房屋买卖合同，约定甲将房屋 A 以 100 万元的价格出卖给乙。甲、乙在房屋买卖合同上签字，但甲尚未向乙交付房屋 A，也未办理房屋过户登记手续。

问题：甲、乙的房屋买卖合同是否生效？

回答：是。不具备"未生效"的四种情形，民事法律行为成立即生效。

3. 合同"未生效"的法律意义

（1）"未生效"的合同，不能履行。

（2）"未生效"的合同，不得随意反悔。由于"未生效"的民事法律行为合法有效，依然具有法律约束力，故当事人不得擅自撤销、解除。

二、无效的民事法律行为

民事法律行为的效力瑕疵，是指已经成立的民事法律行为，因主体、意思表示、标的不合法，行为人意思表示中的"民法效果意思"在法律上不能完全实现或完全不能实现的情形。

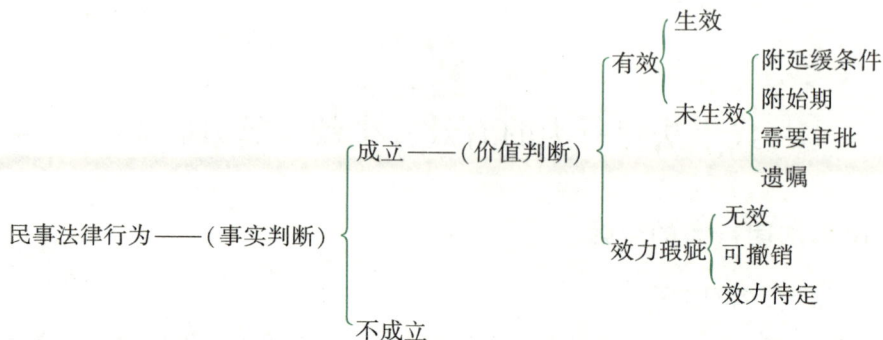

```
                                          ┌ 生效
                                   ┌ 有效 ┤         ┌ 附延缓条件
                                   │      │         │ 附始期
                                   │      └ 未生效 ┤ 需要审批
              成立 ──（价值判断）┤                 └ 遗嘱
              │                    │         ┌ 无效
民事法律行为 ┤                    └ 效力瑕疵┤ 可撤销
  （事实判断）│                             └ 效力待定
              │
              └ 不成立
```

（一）无效的概念

1. 无效，是指民事法律行为因具有根本性违法事由而自始、当然、确定地不发生行为人"民法效果意思"所追求效果的效力瑕疵情形。

2. 全部无效与部分无效

民事法律行为具有根本性违法事由即可导致无效。但是，根据该违法事由是否"感染"到行为的全部内容，无效又可区分为全部无效、部分无效。

（1）若民事法律行为的无效事由导致整个行为均具有违法性，则该行为全部无效；

（2）若民事法律行为的无效事由仅导致行为的一部分内容违法，而另一部分内容不具有违法性，则该行为违法部分无效，合法部分依然有效。

实例精粹

案情：甲、乙订立婚前协议，约定婚后财产归各自所有，且自结婚之日起 3 年内，任何一方不得提出离婚。

问题：甲、乙之间的协议效力如何？

回答：部分无效。此协议中的财产约定有效，不得离婚的约定无效。

（二）无效事由

1. 无民事行为能力人未经代理所实施的民事法律行为。

2. 违反法律、行政法规的强制性规定。

（1）只有法律、行政法规的强制性规定，才有可能导致民事法律行为无效。对地方性法规、行政规章的违反，并不会导致民事法律行为的无效。

（2）只有对"效力性强制性规定"的违反，才能导致民事法律行为无效；对"管理性强制性规定"的违反，则不导致法律行为的无效。效力性强制性规定与管理性强制性规定的区分方法是：

❶法律、行政法规禁止实施的民事法律行为，该禁止性规定为效力性强制性规定。

·总 结 常见的效力性强制性规定

Ⓐ 涉及金融安全、市场秩序、国家宏观政策等公共利益的；

Ⓑ 交易标的禁止买卖的，如人体器官、毒品、枪支等买卖；

Ⓒ 违反特许经营规定的，如场外配资合同；

Ⓓ 交易方式严重违法的，如违反招投标等竞争性缔约方式订立的合同；

Ⓔ 交易场所违法的，如在批准的交易场所之外进行期货交易。

❷法律、行政法规并未禁止实施的民事法律行为，但是要求"应当办理有关手续"的，该"应当办理有关手续"的规定，为管理性强制性规定，如未办理工商营业执照即售卖小吃的行为。

	内　　容	违反后果
效力性强制	这种交易不准做	做了，无效
管理性强制	这种交易可以做，但先办手续	未办手续，做了，有效

3. 恶意串通，损害国家、集体、他人利益

恶意串通的构成要件有二：

（1）主观要件：恶意串通的双方当事人应当知道自己的行为会损害第三人的利益，且双方当事人的行为目的正是以损害第三人的利益为代价，使一方或双方当事人获得其本不应当获得的利益。

（2）客观要件：恶意串通的行为具有不正常性，如弄虚作假、行贿受贿、不合常理。这是恶意串通与正常交易的分水岭。

📖 实例精粹

1. 案情：甲欠乙、丙的借款到期未还，且甲的财产已经不足以偿还乙、丙的借款。乙了解到这一情况后，带着礼物找到甲，希望甲向自己提供抵押，甲遂与乙订立了抵押合同。

问题：该抵押合同效力如何？

回答：无效。甲、乙均知道抵押合同会损害丙的利益，且抵押合同的订立具有不正常性（行贿、受贿），故构成恶意串通。

2. 案情：甲、乙订立房屋 A 买卖合同后，丙得知此事，遂向甲表示自己愿以更高的价格购买，甲便与丙订立了房屋 A 买卖合同。

问题：甲与丙的房屋 A 买卖合同效力如何？

回答：有效。尽管甲、丙均知道其买卖合同会损害乙的利益，但甲、丙的买卖不具有不正常性，不构成恶意串通，故为有效。

4. 民事法律行为违背公序良俗。

5. 不当免责条款。其包括：

（1）提供格式条款一方不合理地免除或者减轻其责任、加重对方责任、限制对方主要权利或排除对方主要权利的条款；

（2）当事人约定对造成对方人身损害的，或因故意或者重大过失造成对方财产损失的免责的条款。

三、可撤销的民事法律行为

（一）含义

可撤销，是指民事法律行为因意思表示不真实，行为人一方可以撤销其法律效力的效力瑕疵情形。意思表示不真实，包括欺诈、胁迫、重大误解和显失公平四种情形。

1. 可撤销的民事法律行为，成立时即具有法律约束力。

2. 在该行为被撤销之前，行为人均需接受该行为的约束。

3. 可撤销的民事法律行为一经撤销，其约束力视为自始未产生。

（二）撤销权

1. 可撤销的民事法律行为中的撤销权，其性质为形成权。撤销权人必须行使该权利，才会发生撤销的效果。

2. 可撤销的民事法律行为中的撤销权人，为行为人中意思表示不真实的一方。

3. 撤销期间

（1）短期撤销期间

❶在欺诈、显失公平两种情况下，意思表示不真实的当事人应当自知道或者应当知道撤销事由之日起 1 年内行使撤销权；

❷在重大误解的情况下，意思表示不真实的当事人应当自知道或者应当知道撤销事由之日起 90 日内行使撤销权；

❸意思表示不真实的当事人受胁迫的，应当自胁迫行为终止之日起 1 年内行使撤销权。

（2）最长撤销期间

当事人自民事法律行为发生之日起 5 年内未行使撤销权的，撤销权消灭。

4. 撤销权的行使方式

撤销权的行使，需以提起诉讼或申请仲裁的方式为之。以单方通知的方式行使撤销权的，视为撤销权未行使。

（1）以撤销事由主张抗辩

在民事诉讼中，一方请求另一方履行合同，另一方以合同具有可撤销事由为由提出抗辩的，法院应当对该合同是否可撤销作出判断，而不能仅以当事人未提起诉讼或者反诉为由不予审查或者不予支持。

（2）以撤销事由主张无效

在民事诉讼中，一方主张合同无效，依据却是可撤销事由的，法院可以直接判决撤销该合同。

（三）可撤销事由之一：欺诈

1. 含义

欺诈，是指行为人一方故意告知对方虚假情况或者故意隐瞒真实情况，致使对方当事人作出不真实意思表示的行为。

2. 构成欺诈的事由

（1）与交易无关事项的欺骗，不构成欺诈。

📖 实例精粹

案情：甲、乙订立汽车买卖合同，约定甲将汽车 A 以 80 万元的价格出卖给乙。

问题：（1）经查，在合同订立过程中，甲对乙隐瞒汽车 A 发生过重大交通事故的事实。甲是否构成欺诈？

（2）经查，在合同订立过程中，甲对乙隐瞒汽车 A 曾经是甲与其前妻共有财产的事实。甲是否构成欺诈？

回答：（1）是。乙有权据此撤销买卖合同。

（2）否。乙无权据此撤销买卖合同。

（2）一方对自己不具有完全民事行为能力、不享有处分权、不享有代理权等事实进行隐瞒、欺骗的，不构成欺诈。

3. 第三人欺诈

第三人欺诈的，只有在被欺诈方的相对人知道或者应当知道该欺诈行为时，受欺诈方才能享有欺诈的撤销权。

📖 实例精粹

案情：甲卖药，甲的朋友乙为了给甲帮忙，骗丙说此药极有疗效，丙遂与甲订立买卖合同。现丙发现该药疗效一般，并了解到乙骗自己的真相。

问题：（1）如果甲对乙的行为并不知情，则丙可否以受到乙的欺诈为由，请求撤销与甲的买卖合同？

（2）如果甲对乙的行为知情，则丙可否以受到乙的欺诈为由，请求撤销与甲的买卖合同？

回答：（1）不可以。

（2）可以。

（四）可撤销事由之二：重大误解

1. 含义

重大误解，是指行为人因对交易存在严重错误认识，使行为的后果与自己的意思相悖的行为。在重大误解的情况下，相对人是无辜的，重大误解的认识的形成，与相对人无关。

2. 构成重大误解的事由

构成重大误解的事由，涉及"错误"和"误解"两种情形。

（1）错误

❶写错、看错价格、单位等，构成"错误"；

❷基于"第三人传达错误"所作出的意思表示，也构成"错误"。

（2）误解

❶对交易性质的误解，如将对方出卖的意思误解为赠与的意思；

❷对交易对象的误解，如将他人误解为是自己所欲交易的对象；

❸对交易标的的误解，如买受人将赝品误解为真品而购买。

3. 重大误解与欺诈的关系

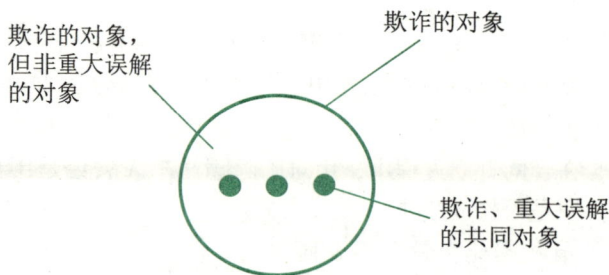

欺诈的对象，
但非重大误解
的对象

欺诈的对象

欺诈、重大误解
的共同对象

📖 实例精粹

1. 案情：甲有一幅名画真迹，价值 100 万元。

问题：（1）如果乙骗甲，称该画是赝品，甲信以为真，遂将其以 10 万元的价格出卖给乙，那么乙是否构成欺诈？

（2）如果甲误以为此画为赝品，遂将其以 10 万元的价格出卖给乙，那么甲是否构成重大误解？

回答：（1）是。"交易标的"与交易有关，构成欺诈的事由。

（2）是。对"交易标的"的误解，构成重大误解的事由。

2. 案情：甲电器商与乙订立电视买卖合同。

问题：（1）如果甲电器商骗乙，称该电视是全市最低价，那么甲电器商是否构成欺诈？

（2）如果乙误认为其所买的电视是全市最低价，那么乙是否构成重大误解？

回答：（1）是。"全市最低价"与交易有关，构成欺诈的事由。

（2）否。"全市最低价"不构成重大误解的事由。

误信对方具有完全民事行为能力、享有处分权或代理权的，不构成重大误解。

情　　　形	后　　　果
甲骗乙：自己有民事行为能力、处分权、代理权	甲不构成欺诈
乙误信：甲有民事行为能力、处分权、代理权	乙不构成重大误解

实例精粹

案情：甲与乙订立合同，约定甲将一枚钻戒以 10 万元的价格出卖给乙。

问题：（1）如果甲有精神病，那么：

①若甲向乙隐瞒自己患有精神病的事实，甲是否构成欺诈？

②若乙误信甲是完全民事行为能力人，乙是否构成重大误解？

（2）如果该钻戒归属于李四，那么：

①若甲向乙隐瞒该钻戒其实是归李四所有的事实，甲是否构成欺诈？

②若乙误信该钻戒归属于甲，乙是否构成重大误解？

（3）如果甲以李四代理人的名义与乙订立合同，但甲并无李四的代理权，那么：

①若甲骗乙说自己享有李四的代理权，甲是否构成欺诈？

②若乙误信甲享有李四的代理权，乙是否构成重大误解？

回答：（1）①否。对行为能力的欺骗，不构成欺诈。

②否。对行为能力的误信，不构成重大误解。

（2）①否。对处分权的欺骗，不构成欺诈。

②否。对处分权的误信，不构成重大误解。

（3）①否。对代理权的欺骗，不构成欺诈。

②否。对代理权的误信，不构成重大误解。

4. 第三人欺诈的事由为重大误解的事由（交易性质、交易对象、交易标的），相对人不知道且不应当知道第三人欺诈事实的，受欺诈人可依据重大误解享有撤销权。

📖 **实例精粹**

案情：甲有一幅价值 100 万元的名画。乙买通鉴定师丙，让丙对甲说，此画为赝品，只值 10 万元。

问题：（1）如果甲信以为真，与乙订立买卖合同，将此画出卖给乙，那么甲得知受骗后，可否撤销其与乙的买卖合同？

（2）如果甲信以为真，与丁订立买卖合同，将此画出卖给丁，那么甲得知受骗后，可否撤销其与丁的买卖合同？

回答：（1）可以。甲可以以欺诈为由，主张撤销与乙的合同。

（2）可以。甲可以以重大误解为由，主张撤销与丁的合同。

（五）可撤销事由之三：胁迫

1. 含义

（1）胁迫，是指行为人一方以给对方及其亲友的生命健康、荣誉、名誉、财产等造成损失或者以给法人的荣誉、名誉、财产等造成损害为要挟，迫使对方作出违背真实的意思表示的行为；

（2）胁迫既包括心理威胁，也包括身体强制，如强迫对方当事人签字画押。

2. 界定

胁迫的本质，是通过威胁、强制手段，迫使对方当事人与之达成合意，强迫成交。因此，胁迫的成立，以对方当事人享有"不成交自由"为逻辑前提。

📖 **实例精粹**

案情：在交易中，甲对乙实施威胁。

问题：（1）甲对乙说："你不在合同上签字，我弄死你。"乙遂签字。甲是否对乙构成胁迫？

（2）甲对乙说："你不还钱，我弄死你。"乙遂还钱。甲是否对乙构成胁迫？

回答：（1）是。因乙本有不签字的自由，故甲构成胁迫。乙有权撤销与甲的合同。

（2）否。因乙本就应当还钱，故甲不构成胁迫。乙无权撤销还钱行为。

3. 第三人胁迫

第三人胁迫的，受胁迫方有权请求人民法院或者仲裁机构予以撤销，而不问相对人是否知道或应当知道该胁迫行为。

第三人欺诈	被欺诈人撤销，需问相对人的主观认识
第三人胁迫	被胁迫人撤销，不问相对人的主观认识

（六）可撤销事由之四：显失公平

1. 含义

显失公平，是指一方当事人在别无选择、只能就范的情况下，无奈与他人发生的明显不利于自己的民事法律行为。

2. 界定

一方别无选择、只能就范的情形：

（1）一方利用自己在交易经验、经济地位上的优势；

（2）一方利用对方的危难处境。

📖 **实例精粹**

案情：甲在风景区游玩，回程时末班车已离开。开车路过的乙见状，表示愿意让甲搭乘，但需收费 200 元（正常车票为 30 元）。甲无奈同意。

问题：甲、乙的合同效力如何？

回答：构成显失公平，甲有权撤销该合同，向乙索回其多收的钱。

• **总 结** 醉酒签约

Ⓐ 一方利用对方的醉酒状态与对方所订立的明显不利于对方的合同，因该方系利用自己处于"清醒状态"的优势，故构成显失公平；

Ⓑ 醉酒方误以为是 A 合同，却在 B 合同上签字的，是对交易性质理解错误，故构成重大误解。

四、效力待定的民事法律行为

（一）效力待定的概念

1. 效力待定，因行为人"权利不足"所导致。"权利不足"包括：

（1）限制民事行为能力；

（2）无权处分；

（3）无权代理。

2. 效力待定的民事法律行为，成立时的效力悬而未决。

3. 效力待定的民事法律行为最终效力如何，需要行为人以外的他人追认或者拒绝。

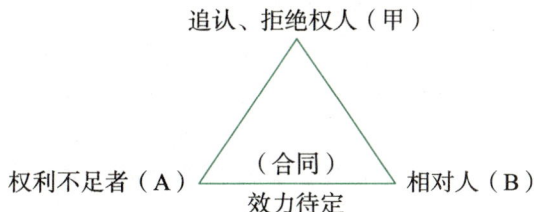

追认、拒绝权人（甲）

权利不足者（A）　（合同）　相对人（B）

效力待定

（二）效力待定事由

我国民法中，效力待定的法律行为主要有四种类型：

情　　形	效力待定的含义
限制民事行为能力人超越民事行为能力	是否有约束力，效力待定
无权代理	约束谁，效力待定

情　　形	效力待定的含义
无权处分	物权能否变动，效力待定
债务转让	债务能否转让，效力待定

五、民事法律行为的最终无效

（一）含义

1. 无效的民事法律行为，最终也无效，自不待言。

2. 可撤销的民事法律行为被撤销后，最终也归于无效。

3. 合同不成立时，所发生的财产返还和损害赔偿责任问题，参照适用民事法律行为无效的后果。

（二）民事法律行为最终无效的法律后果

1. 返还财产

（1）含义

民事法律行为无效，一方因该民事法律行为而取得的对方的财产，应当返还给对方当事人。需要注意的是，民事法律行为无效的财产返还后果，只考虑公平性，而不考虑当事人对民事法律行为最终无效的过错问题。

（2）双务法律行为无效后的标的物与价金的相互返还

❶标的物与价金的相互返还为对待给付，需同时返还，故可适用同时履行抗辩权。

❷标的物与价金的相互返还不计标的物的使用费，也不计价金的利息。换言之，一方的标的物使用费与对方的价金利息，相互抵销。

> 💡 **提　示**
>
> 租息相抵的前提
> Ⓐ钱货两清后，合同无效的，租息相抵；
> Ⓑ只交钱未交货，合同无效的，返还价金时，要支付利息；
> Ⓒ只交货未交钱，合同无效的，返还货物时，要支付使用费。

❸在标的物价值增值或贬值的情况下，其增值或贬值产生的收益或损失应在当事人之间合理分配或分担。

📖 实例精粹

案情：甲将一套房屋出卖给乙，并向乙交付。乙向甲支付了100万元的价金。现甲、乙之间的买卖合同无效，双方返还财产时，房屋增值至120万元。

问题：（1）甲、乙向对方返还价金和房屋时，可否主张支付使用费和利息？

　　　　（2）20万元的增值，应如何处理？

回答：（1）否。使用费和利息相互抵销。

（2）甲、乙合理分配，即法院可判令乙向甲返还房屋、甲向乙返还价金 110 万元。

2. 赔偿损失

（1）含义

民事法律行为被确认无效后，有过错的一方当事人应当赔偿对方由此所受到的损失；双方当事人都有过错的，应当各自承担相应的责任，该项责任的性质为"缔约过失责任"。

（2）上限

合同无效情况下，无过错方有权索赔的数额，不应超过若合同有效并履行时，无过错方可以获得的利益。

3. 收缴财产

当事人恶意串通，损害国家、集体或者第三人利益的，双方当事人已经取得和约定取得的财产应当收归国家所有，或者返还给受损的集体、第三人。

（三）法院对于民事法律行为最终无效案件的审理

1. 在民事诉讼中，当事人仅主张合同无效，而未主张相关合同无效的后果时，法院应予释明。一审法院未予释明，二审法院认为应当对合同无效的法律后果作出判决的，可以直接释明并改判。

2. 返还财产或者赔偿损失的范围确实难以确定或者双方争议较大的，也可以告知当事人通过另行起诉等方式解决，并在裁判文书中予以明确。

第4讲 ◀◀◀
代理与诉讼时效

专题08 —— 代 理 ——

一、代理

（一）代理的含义

代理，是指由代理行为人与相对人实施相应的行为，该行为的法律后果直接由被代理人承受的民事法律制度。

根据代理人是否以被代理人名义与相对人实施代理行为，代理可分为两种类型：

1. 显名代理，即代理人以被代理人的名义与相对人所实施的代理行为。

2. 隐名代理，即代理人以自己的名义与相对人所实施的代理行为。

被代理人

（代理权关系）△（代理后果承受关系）

代理人 ——（代理行为关系）—— 相对人

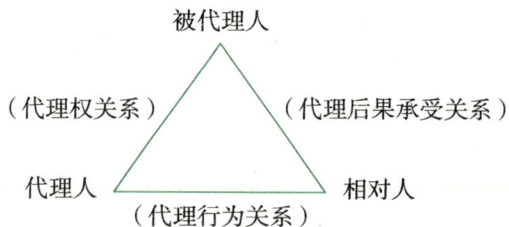

（二）代理的适用范围

1. 事实行为不得代理。

2. 具有人身专属性的民事法律行为不得代理，主要包括婚姻行为、收养行为、遗嘱行为等。

3. 代理的适用范围并不以民事法律行为为限，有些公法领域的行为，也可以适用代理，如诉讼代理、税务代理、专利申请代理等。

📖 **注 意**

公法上的代理，性质为"代理"或"公法代理"，而非"民事代理"。

二、代理权

（一）代理权的产生

代理权，是指代理人能够实施代理行为，并且使得该行为的后果由被代理人承受的权限。代理权包括法定代理权与委托代理权两种类型。

1. 法定代理权的产生

法定代理权，基于监护人身份、配偶身份而产生。故监护人对被监护人的代理权、配偶间相互享有的家事代理权，均为法定代理权。

2. 委托代理权的产生

委托代理权的产生，分为基础行为与授权行为两个步骤：

（1）基础行为

基础行为，是指能够导致委托人对受托人授予代理权的前提行为，如委托合同、雇佣合同。基础行为是双方法律行为，以委托人、受托人达成合意为成立条件。基础行为是代理授权行为的原因。

（2）授权行为

授权行为，是指在基础行为上，委托人向受托人授予代理权的行为。授权行为是单方法律行为，只需委托人的单方意思表示即可完成。授权行为完成后，委托代理权成立。

📖 **实例精粹**

案情：服装店主甲为雇人为其卖服装，与乙签订雇佣合同，并告知乙各类服装对外销售的底价。

问题：（1）甲、乙签订雇佣合同的行为，相对于乙的委托代理权产生而言，是什么行为？

（2）甲告知乙各类服装对外销售底价的行为，相对于乙的委托代理权产生而言，是什么行为？

回答：（1）基础行为。其为双方法律行为，需以双方意思表示达成合意为成立条件。

（2）授权行为。其为单方法律行为，只需甲作出单方意思表示即可成立。

· 总 结 委托代理权的产生

"一签合同、二授权"。前者是双方行为，后者是单方行为。

（二）代理权的滥用

代理权的滥用，是指代理人违反"以被代理人利益为出发点"的代理原则所实施的代理行为。

代理权的滥用，包括三种情形：

1. 自己代理

（1）含义。自己代理，是指代理人代理被代理人，与代理人自己实施代理行为。

（2）效力。代理人自己代理的，未经被代理人追认，代理无效。

（3）例外。在行纪合同中，行纪人"自买自卖"并不当然构成代理权的滥用。

2. 双方代理

（1）含义。双方代理，又称"一手托两家"，是指代理人同时受交易双方的委托，为双方的交易实施代理。

（2）效力。代理人双方代理的，未经双方被代理人追认，代理无效。

3. 恶意串通的代理

（1）含义。恶意串通的代理，是指代理人与相对人通谋损害被代理人利益的代理。

（2）效力

❶ 恶意串通的代理人、相对人，应对被代理人的损失承担连带赔偿责任；

❷ 恶意串通的代理人、相对人订立的合同，无效。

> **注　意**
>
> 代理权的滥用，以有权代理为前提。无权代理中不存在代理权的滥用。

三、无权代理

1. 无权代理，是指行为人在没有代理权、超越代理权、代理权终止的情况下，以被代理人名义与相对人实施代理行为的代理。

2. 数个委托代理人共同行使代理权，其中一人或者数人未与其他委托代理人协商，擅自行使代理权的，也构成无权代理。

3. 民法中的无权代理，是就显名代理而言的。因隐名代理原则上直接约束行为人和相对人，故讨论无权代理问题没有意义。

（一）狭义无权代理

1. 含义

狭义无权代理，是指没有表见事由的无权代理。

2. 效力

狭义无权代理，属于效力待定的民事法律行为。

（1）被代理人享有追认权和拒绝权

❶ 被代理人行使追认权，狭义无权代理行为自始有效，即被代理人自始承受该行为的法律后果；

❷ 被代理人行使拒绝权，狭义无权代理行为自始无效，即被代理人自始不承受该行为的法律后果，该法律后果在行为人与相对人之间产生约束力。

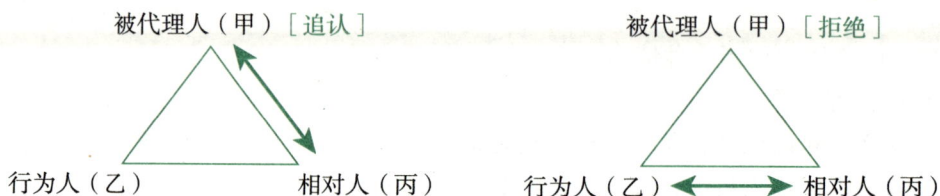

被代理人（甲）［追认］　　行为人（乙）　　相对人（丙）

被代理人（甲）［拒绝］　　行为人（乙）　　相对人（丙）

实例精粹

案情：乙不享有甲的代理权，却以甲的名义与丙订立买卖合同，购买丙的电脑 10 台，总价款为 5 万元。

问题：（1）如果甲表示追认，丙有权请求谁支付价款？

　　　（2）如果甲表示拒绝，丙是否丧失支付价款的请求权？

回答：（1）甲。

　　　（2）否。此时，丙可请求乙支付价款。

总结 狭义无权代理效力待定，不是指狭义无权代理行为是否具有约束力效力待定，而是指狭义无权代理行为是否约束被代理人效力待定。

（2）相对人享有催告权和撤销权

❶ 相对人的催告权

相对人的催告权，是指相对人告知被代理人情况，催告被代理人 30 日内予以追认的权利。被代理人逾期未作答复的，视为拒绝。

❷ 相对人的撤销权

相对人的撤销权，是指相对人撤销其与行为人民事法律行为的法律效力的权利。

实例精粹

案情：乙不享有甲的代理权，以甲的名义与不知情的丙订立买卖合同，购买丙的电脑 10 台，总价款 5 万元。

问题：现甲表示拒绝，而丙判断乙无力支付价款，丙怎么办？

回答：丙可以撤销该买卖合同。撤销权一经行使，乙、丙的买卖合同自始无效。

相对人行使撤销权的条件有二：

第一，被代理人未表示追认；

第二，相对人善意，即相对人与行为人从事交易时，不知道也不应当知道行为人系无权代理。

相对人行使撤销权的方式为单方通知，无需诉讼或仲裁。

总结 被代理人拒绝权与相对人撤销权的区分

Ⓐ 被代理人行使拒绝权，会导致被代理人不承受狭义无权代理的法律后果，但是该行为在行为人与相对人之间依然具有约束力；

Ⓑ 相对人行使撤销权，行为人与相对人之间的法律约束力归于消灭。

实例精粹

案情：乙不享有甲的代理权，却以甲的名义与丙订立合同，对丙谎称自己享有甲的代理权。

问题：（1）如果乙将劣质食用油冒充优质食用油出卖给丙，那么：

　　　①丙享有几项撤销权？

②若甲表示追认，则丙享有几项撤销权？

（2）如果丙对乙实施胁迫，那么：

①乙是否享有撤销权？

②丙是否享有撤销权？

③若甲表示追认，则会对乙、丙的撤销权产生何种影响？

回答：（1）①两项：一是狭义无权代理中相对人的撤销权，二是受欺诈人的撤销权。

②一项，即受欺诈人的撤销权。狭义无权代理中相对人的撤销权，因甲的追认而消灭。

（2）①是。乙享有被胁迫人的撤销权。

②是。丙享有狭义无权代理中相对人的撤销权。

③首先，因甲的追认，乙的被胁迫人的撤销权归属于甲，且乙可在甲的授权范围内代理行使；其次，因甲的追认，丙的狭义无权代理中相对人的撤销权消灭。

（二）表见代理

1. 含义

表见代理，是指存在表见事由的无权代理。

2. 表见事由

（1）表见事由以"相对人不知情"为前提。如果相对人知道行为人为无权代理，则不存在表见事由，也就没有表见代理可言。

（2）公章、证书、文件，如行为人持有被代理人的代理授权书、介绍信、工作证、空白合同书、合同专用章等，必须是真实的，方能构成表见事由。

情 形	规 则	虚假后果
公司擅自为他人的债务提供担保	相对人善意的，担保有效	伪造决议，相对人可构成善意
表见代理	具有表见事由的，为表见代理	伪造公章、证书、文件，不构成表见事由

（3）表见事由的类型不以上述证书文件为限。任何客观存在的事由，只要能够使相对人合理地相信行为人系有权代理的，如交易习惯、职务等，即可构成表见事由，进而成立表见代理。

🗂 实例精粹

1. **案情**：甲公司业务员张某长期负责甲公司与乙公司的业务往来，乙公司已经习以为常。张某辞职后的次日，以甲公司的名义与乙公司订立了买卖合同。

问题：（1）张某辞职后，其代理甲公司与乙公司所订立买卖合同的行为系有权代理还是无权代理？

（2）张某辞职后，其代理甲公司与乙公司所订立买卖合同的行为系何种无权代理？

回答：（1）无权代理。

（2）交易习惯可构成表见事由，故为表见代理。

2. 案情：甲公司对其总经理张某授权，约定签订超过 100 万元以上的合同，需经董事会表决。张某擅自与乙公司订立了 200 万元的合同。乙公司不知甲公司的授权，但知道张某是总经理。

问题：（1）张某代理甲公司与乙公司所订立的合同为有权代理还是无权代理？

（2）张某代理甲公司与乙公司所订立的合同为何种无权代理？

回答：（1）无权代理。

（2）职务可构成表见事由，故为表见代理。

3. 表见代理的效力

（1）表见代理有效。被代理人必须承受表见代理的法律后果，而不享有追认权和拒绝权。

（2）被代理人承担表见代理行为所产生的责任后，可以向无权代理人追偿因代理行为而遭受的损失。

专题 09

诉 讼 时 效

一、诉讼时效的概念和性质

（一）概念

诉讼时效，是指请求权人不行使权利的状态超过法定期间，义务人即享有抗辩权的法律制度。

（二）性质

诉讼时效制度为强行法制度，当事人不得约定延长或者缩短诉讼时效期间，或预先放弃诉讼时效利益。但是，债务人在诉讼时效届满后，放弃诉讼时效利益的，则不为法律所禁止。

二、诉讼时效的适用范围

（一）诉讼时效适用于请求权

诉讼时效适用于请求权，意味着请求权以外的其他民事权利，不存在适用诉讼时效的问题。例如，形成权的行使适用除斥期间，而不适用诉讼时效。

	适用的权利	是否存在中止、中断问题
诉讼时效	请求权	存 在
除斥期间	形成权	不存在

（二）不适用诉讼时效的请求权

1. 不适用诉讼时效的物权请求权

（1）不动产物权人的返还原物请求权。例如，房屋所有权人请求侵占人返还房屋的请求权，不适用诉讼时效。

（2）登记的动产物权人的返还原物请求权。例如，已办理所有权登记的车辆所有权人请求盗窃人返还汽车的请求权，不适用诉讼时效。

（3）停止侵害、排除妨碍、消除危险请求权。

由此可见，适用诉讼时效的物权请求权，仅限于"未经登记的动产物权人的返还原物请求权"。例如，电脑的所有权人请求盗窃人返还电脑的请求权，应适用诉讼时效。

物权请求权		是否适用诉讼时效
返还原物请求权	未登记的动产物权	适用诉讼时效
	登记的动产物权	不适用诉讼时效
	不动产物权	
停止侵害、排除妨碍、消除危险请求权		

2. 不适用诉讼时效的债权请求权

（1）抚养费、赡养费或者扶养费请求权。

（2）支付存款本金及利息请求权。

（3）兑付国债、金融债券以及向不特定对象发行的企业债券的本息请求权。

（4）基于投资关系产生的缴付出资请求权。需要说明的是，"基于投资关系产生的缴付出资请求权"应作广义解释，可扩展至业主大会请求业主缴付物业维修资金请求权。

团　体	成　员	给付请求权
公　司	股　东	缴付出资请求权
业主大会	业　主	缴付物业维修资金请求权

3. 人格权受到侵害的，受害人的消除影响、恢复名誉、赔礼道歉请求权，不适用诉讼时效的规定。

三、诉讼时效的类型

（一）普通诉讼时效

普通诉讼时效，是指在法律没有特别规定时，请求权所应当适用的诉讼时效。

1. 普通诉讼时效期间为 3 年。

2. 普通诉讼时效的起算点，为权利人知道或应当知道自己的权利受到侵害以及义务人之日。

3. 普通诉讼时效期间为可变期间，适用中止、中断的规则。

（二）特别诉讼时效

特别诉讼时效，是指特定债权不适用普通诉讼时效，而适用法律为其特别规定的诉讼时效。在民商法中，特别诉讼时效包括：

1. 以下合同债权的诉讼时效期间为 4 年：

（1）国际货物买卖合同；

（2）技术进出口合同。

2. 人寿保险合同的被保险人或者受益人向保险人请求保险人给付保险金的诉讼时效期间为 5 年。

特别诉讼时效自权利人知道或应当知道自己的权利受到侵害之日起计算。特别诉讼时效期间为可变期间，适用中止、中断的规则。

（三）权利最长保护期间

权利最长保护期间为 20 年。作为一种诉讼时效，权利最长保护期间从权利受到侵害之日起计算。同时，权利最长保护期间为不变期间，不适用中止、中断规则。

四、诉讼时效期间届满的法律后果

（一）权利人仍可起诉

诉讼时效期间届满，权利人仍然有权向法院提起民事诉讼，请求义务人履行义务。这意味着：

1. 法院不得以诉讼时效期间届满为由，不受理权利人的起诉。

2. 法院受理后，也不得以诉讼时效期间届满为由，裁定驳回起诉。

（二）法院需被动适用诉讼时效

法院适用诉讼时效制度，判决驳回原告的诉讼请求，必须以债务人被告提起诉讼时效抗辩为条件。

1. 债务人未提出诉讼时效抗辩的，法院不应对诉讼时效问题进行释明及主动适用诉讼时效的规定进行裁判。

2. 债务人在一审期间未提出诉讼时效抗辩，在二审期间提出的，法院不予支持。但基于"新的证据"能够证明权利人的请求权已过诉讼时效期间的情形除外。

3. 债务人在原审中未提出诉讼时效抗辩，以诉讼时效期间届满为由申请再审的，法院不予支持。

（三）债务人履行或允诺履行的，不得反悔

诉讼时效期间届满后，债务人向债权人作出同意履行义务的意思表示，或者自愿履行义务后，不得又以诉讼时效期间届满为由进行抗辩。

> **总 结**
>
> ⒜ 诉讼时效期间届满后，债务人全部履行，或同意全部履行的，全部不得反悔；
> ⒝ 诉讼时效期间届满后，债务人部分履行，或同意部分履行的，部分不得反悔。

五、普通诉讼时效和特别诉讼时效的起算

（一）原则

1. 诉讼时效是请求权的诉讼时效，故请求权的成立，是起算诉讼时效的首要前提。

实例精粹

案情：甲、乙为夫妻，甲将乙打伤住院。乙出院 3 年后向法院请求离婚，并以"实施

家庭暴力导致离婚的，无过错方有权请求损害赔偿"之规定，向甲主张精神损害赔偿。甲则以诉讼时效期间已经届满为由抗辩。

问题：本案中，诉讼时效期间是否届满？

回答：否。此时，乙的赔偿请求权刚刚成立，诉讼时效期间刚刚起算。

2. 权利人知道或应当知道自己的权利受到侵害以及义务人。在这里，"知道或应当知道"的对象采取"人、事结合"的原则：

（1）"知道或应当知道"自己的权利受到侵害，包括被侵害的程度、所造成损失的数额；

（2）"知道或应当知道"侵害自己权利的人。

以上两个方面均"知道或应当知道"的，普通诉讼时效、特别诉讼时效方才起算。

（二）五种诉讼时效起算的具体规定

1. 当事人约定同一债务分期履行的，诉讼时效期间从最后一期履行期限届满之日起计算。

这意味着：

（1）分期履行的债务，最后一期履行期限届满之前，整个债务的诉讼时效期间不起算；

（2）分期履行的债务，最后一期诉讼时效期间届满之前，整个债务的诉讼时效期间未届满。

实例精粹

案情：2013 年 1 月 1 日，甲与乙商场订立笔记本电脑分期付款买卖合同，约定按月付款，付款期间为 3 年，最后一笔价金于 2015 年 12 月 31 日交付。合同订立后，甲再未支付任何价金。及至 2018 年 10 月 30 日，乙商场向法院提起诉讼，请求甲支付价金，甲则提出诉讼时效抗辩。

问题：甲、乙商场的买卖合同诉讼时效期间是否届满？

回答：否。甲、乙商场的买卖合同诉讼时效期间应从 2016 年 1 月 1 日起算。

2. 未定期限的债权

（1）债务人要求宽限期的，诉讼时效期间从宽限期届满之日起计算；

（2）债务人在债权人第一次向其主张权利之日，明确表示不履行义务的，诉讼时效期间从债务人明确表示不履行义务之日起计算。

3. 合同被撤销后的返还财产、赔偿损失请求权的诉讼时效期间从合同被撤销之日起计算。

4. 被监护人对法定代理人的请求权诉讼时效期间

（1）原则。诉讼时效自"法定代理终止"之日起计算。

（2）例外。法定代理人的监护终止之后，新的监护人才知道或应当知道侵害事实的，诉讼时效自其知道或应当知道该事实之日起计算。

实例精粹

案情：甲患有老年痴呆，由侄女乙监护。乙对甲有虐待行为，且侵害甲的财产。后甲的外甥丙请求法院撤销了乙的监护人资格，并由自己担任监护人。

问题：（1）甲对乙的财产侵权损害赔偿请求权的诉讼时效期间自何时起计算？

（2）丙在担任甲的监护人4年后才知道乙侵害甲的财产之事。甲对乙的财产侵权损害赔偿请求权的诉讼时效期间自何时起计算？

回答：（1）自乙的监护人资格被撤销之日起计算。

（2）自丙知道或应当知道此事之日起计算。

💡 **提 示**

因被监护人抚养费、赡养费、扶养费请求权不适用诉讼时效，故这里的"被监护人对法定代理人的请求权"，是指抚养费、赡养费、扶养费之外的请求权。

5. 未成年人遭受性侵害的损害赔偿请求权的诉讼时效期间，自受害人年满18周岁之日起计算。

六、诉讼时效的中止

诉讼时效的中止，是指因发生权利人不能行使权利的客观障碍，诉讼时效期间暂停计算，待该客观障碍消除之后，诉讼时效期间继续计算的法律制度。

（一）诉讼时效的中止事由

诉讼时效的中止事由，即权利人不能行使权利的客观障碍。其包括：

1. 不可抗力。

2. 其他障碍

（1）权利被侵害的无民事行为能力人、限制民事行为能力人没有法定代理人，或者法定代理人死亡、丧失民事行为能力、丧失代理权；

（2）继承开始后未确定继承人或者遗产管理人；

（3）权利人被义务人或者其他人控制而无法主张权利；

（4）其他导致权利人不能行使请求权的障碍。

（二）诉讼时效发生中止的时间

只有当"中止事由的影响"存在于诉讼时效期间的"最后6个月"时，才会发生诉讼时效的中止。

1. 中止事由发生于诉讼时效期间的最后6个月之前，其影响持续到最后6个月之内的：

（1）诉讼时效的中止时间：最后6个月的第1天；

（2）待中止事由消除后，诉讼时效期间还剩6个月。

2. 中止事由发生于诉讼时效期间的最后6个月之内的：

（1）诉讼时效的中止时间：中止事由发生的时间；

（2）待中止事由消除后，诉讼时效剩余期间补足 6 个月。

中止事由发生时间	中止时间	中止事由消除后的剩余时间
发生于最后 6 个月之前，持续到最后 6 个月之内	最后 6 个月的第 1 天	6 个月
发生于最后 6 个月之内	发生时	

📖 **实例精粹**

案情：2013 年 12 月 31 日，甲欠乙的债务到期，乙一直未向甲主张权利。

问题：（1）如果 2016 年 4 月 1 日，乙住所地发生地震，导致乙无法主张权利，那么：
　　　　①诉讼时效何时中止？
　　　　②地震影响消除后，乙还有多长时间主张权利？
　　　（2）如果 2016 年 9 月 30 日，乙住所地发生地震，导致乙无法主张权利，那么：
　　　　①诉讼时效何时中止？
　　　　②地震影响消除后，乙还有多长时间主张权利？

回答：（1）①诉讼时效于 2016 年 7 月 1 日中止。
　　　　②6 个月。
　　　（2）①诉讼时效于 2016 年 10 月 1 日中止。
　　　　②6 个月。

七、诉讼时效的中断

诉讼时效的中断，是指因权利人不行使权利的状态被打破，经过的诉讼时效期间归于无效，诉讼时效期间重新计算的法律制度。

（一）诉讼时效的中断事由

1. 权利人"起诉"

（1）含义

作为诉讼时效的中断事由，"起诉"的含义是广义的，泛指权利人通过有关机关保护自己权利的一切行为。其具体包括：

❶权利人向人民法院提起民事诉讼。

❷权利人向人民法院或仲裁机构提出的其他保护自己权利的申请，包括：

第一，申请仲裁；

第二，申请支付令；

第三，申请破产、申报破产债权；

第四，为主张权利而申请宣告义务人失踪或死亡；

第五，申请诉前财产保全、诉前临时禁令等诉前措施；

第六，申请强制执行；

第七，申请追加当事人或者被通知参加诉讼；

第八，在诉讼中主张抵销；

第九，其他与提起诉讼或者申请仲裁具有同等诉讼时效中断效力的事项。

❸权利人向人民调解委员会以及其他依法有权解决相关民事纠纷的国家机关、事业单位、社会团体等社会组织提出保护相应民事权利的请求。

❹权利人向公安机关、人民检察院、人民法院报案或者控告，请求保护其民事权利。

（2）权利人"起诉"时诉讼时效的中断与重新计算

❶权利人向有关机关提出申请之日，诉讼时效中断。

💡 **提 示**

在此，诉讼时效是否中断，即已经过的诉讼时效期间是否归于消灭，取决于权利人的"向有关机关提出保护自己权利"的行为，而与有关机关是否受理无关。

❷有关机关决定不予受理的，诉讼时效期间自权利人知道或者应当知道该决定之日起重新计算。

❸有关机关决定予以受理的，诉讼时效期间自程序终结之日起重新计算。

📋 **实例精粹**

案情：甲因乙欠钱不还，向仲裁机关申请仲裁。

问题：（1）甲、乙之间债权关系的诉讼时效何时中断？

（2）1周后，如果仲裁机关决定不予受理，则甲、乙之间债权关系的诉讼时效期间何时重新计算？

（3）1周后，如果仲裁机关决定予以受理，则甲、乙之间债权关系的诉讼时效期间何时重新计算？

回答：（1）甲提起仲裁申请之日。

（2）诉讼时效期间自甲知道或应当知道该决定之日起重新计算。

（3）诉讼时效期间自仲裁裁决生效之日起重新计算。

2. 权利人请求

（1）含义

权利人请求，是指权利人直接请求义务人或其代理人履行债务的行为。在权利人请求的情况下，诉讼时效的中断日与重新计算日相连，即今日请求、今日中断，明日重新计算。

（2）部分权利请求的效力

权利人对同一权利中的部分权利提出请求的，诉讼时效中断的效力及于剩余权利，但权利人明确表示放弃剩余权利的情形除外。

3. 债务人同意

债务人同意，是指债务人向债权人或其代理人重申债务存在的行为。债务人作出分期履行、部分履行、提供担保、请求延期履行、制定清偿债务计划等承诺或者行为的，均可视为债务人同意。

💡 **提 示**

"债务人同意"的本质在于"重申"，换言之，只要债务人以任何方式表明债务存在的事实，即"重申债务"，就可引起诉讼时效的中断，而无需拘泥于债务人作出"同意履行"的表示。

债务人同意的情况下，诉讼时效的中断日与重新计算日同样相连，即今日同意、今日中断，明日重新计算。

	中断时间	重新起算时间
起诉（找机关）	找机关之日	不管的，知道不管决定之日
		管的，管完之日
请求（找债务人）	请求之日	请求之次日
同意（重申）	同意之日	同意之次日

（二）诉讼时效中断的三种特殊情况

1. 连带债权债务

对于连带债权人、债务人中的一人发生诉讼时效中断效力的事由，应当认定对其他连带债权人、债务人也发生诉讼时效中断的效力。

2. 债的移转

（1）债权转让的，诉讼时效从债权转让通知到达债务人之日起中断。

▣ 实例精粹

案情：甲对乙享有债权。5月20日，甲与丙订立债权让与合同。5月30日，甲对乙的通知到达。

问题：诉讼时效何时中断？

回答：5月30日。

（2）债务承担的，诉讼时效从债务承担意思表示到达债权人之日起中断。

▣ 实例精粹

案情：甲对乙享有债权。8月5日，乙与丙订立债务承担合同。8月10日，甲收到征询同意的信件。8月15日，甲对乙的债务转让行为表明了态度。

问题：诉讼时效何时中断？

回答：8月10日。

·总 结 债务承担情况下，债权人是否表示同意，与债务能否发生转移有关，而与诉讼时效能否发生中断无关。

3. 债权人行使代位权

债权人提起代位权诉讼的，应当认定对债权人的债权和债务人的债权均发生诉讼时效中断的效力。

▶▶▶ 第 5 讲

无因管理与不当得利

—— 无因管理 ——

无因管理，是指管理人为被管理人利益，在没有法律义务的情况下，管理被管理人事务的行为。无因管理作为一种法律事实，其所引起的债权债务关系，为无因管理之债。

一、无因管理的构成要件

（一）为他人之利益

1. 管理行为系为被管理人的利益，可以获得一般社会观念的认可。反之，被管理人的利益并不明确，无法获得一般社会观念认可的，不构成无因管理。

实例精粹

案情：甲见乙的汽车已经很脏了，遂帮乙把车洗了。
问题：甲是否构成无因管理？
回答：否。依据一般社会观念难以确定乙的车被洗了符合其利益。

2. 管理人误信他人事务为自己事务而加以管理的，不构成无因管理。

实例精粹

案情：甲、乙婚后，生子丙。甲将丙养至 5 岁，才知道丙是乙与丁所生。
问题：甲是否构成无因管理？
回答：否。误信他人事务为自己事务而加以管理的，不构成无因管理。

3. 管理人同时也有为自己利益之考量的，可以构成无因管理。

实例精粹

案情：甲见邻居乙的房屋失火，恐火势蔓延到自家，遂帮忙救火。
问题：甲是否构成无因管理？

回答：是。管理人同时也有为自己利益之考量的，可以构成无因管理。

4. 在如下情况下，尽管管理行为与被管理人意思不符，仍可构成无因管理：

（1）被管理人的意思违法；

（2）被管理人的意思违背公序良俗；

（3）被管理人获得管理利益。

（二）无因管理的客观要件

无因管理的客观要件是，管理人所管理的事务应为他人事务。

1. 管理人误信自己事务为他人事务而加以管理的，由于其所管理的是自己事务，故不构成无因管理。

2. 管理人误信他人甲的事务为他人乙的事务而加以管理的，由于其所管理的仍然是他人事务，故可以构成无因管理。

3. 管理人管理他人事务，即使未达到管理的效果，也不影响无因管理的构成。

（三）管理人没有法律上的义务

法律上的义务，既包括法定义务，也包括约定义务。管理人只有在没有法律上的义务的情况下，对被管理人的事务加以管理，才能构成无因管理。

二、三种特殊情况下的无因管理

（一）拾得遗失物

1. 原则上，遗失物拾得人具有返还意思的，构成无因管理。

2. 例外情况下，遗失物拾得人具有返还意思，但并未采取最有利于失主的方式返还的，不构成无因管理。

🔖 **实例精粹**

1. **案情**：甲捡到一个手机，到处寻找失主。

   问题：甲是否构成无因管理？

   回答：是。甲拾得遗失物并且想还。

2. **案情**：甲在商场捡到乙丢的手机，因嫌弃乙在商场捏方便面的行为，故交给商场失物招领处。

   问题：甲是否构成无因管理？

   回答：否。甲虽然拾得遗失物并且想还，但未采取最有利于失主的方式返还，不构成无因管理。

（二）无权代理

1. 如果无权代理人为被代理人的利益之考量，能够获得一般社会观念的认可，即具有公认性，则构成无因管理。

2. 如果无权代理人为被代理人的利益之考量，不能获得一般社会观念的认可，即不具有公认性，则不构成无因管理，仍然按照无权代理定性。

实例精粹

1. 案情：某日下大雪，甲觉得乙冷，遂以乙的名义，从商场购买了一件羽绒服。

问题：甲是否构成无因管理？

回答：否。是否需要羽绒服，只能由乙自己决定。

2. 案情：乙高血压，外出忘记带降压药（降压药需每日服用），甲遂以乙的名义，从药店购买了一盒降压药。

问题：甲是否构成无因管理？

回答：是。甲可以判断，乙的确需要降压药。

（三）复合利益主体

在他人事务涉及复合利益主体时，被管理人的确定方法仍需立足于管理人的心态，即管理人为谁的利益，谁就是被管理人。其判断方法是：

1. 案情中已经明确管理人心态的，按照案情确定。

2. 案情中未明确管理人心态的，根据外观利益确定，即推定所有人、占有人为被管理人。

实例精粹

案情：甲的房屋出租给张三、出卖给李四、抵押给王五，还在保险公司投保。一日，甲的房屋失火，乙因救火被烧伤，造成损失 1000 元。

问题：（1）如果经查，乙只知道房屋由张三居住，其他利益人一概不知，谁是被管理人？

（2）如果无法察知乙的主观心态，谁是被管理人？

回答：（1）张三为被管理人。

（2）推定房屋所有人甲、占有人张三为被管理人。

三、无因管理的效力

（一）管理人的义务

1. 管理人具有故意或重大过失，致被管理人损害的，负赔偿责任。

2. 中断管理

（1）原则上，管理人可以中断管理；

（2）中断管理对被管理人更为不利的，管理人无正当理由不得中断管理。

（二）被管理人的义务

1. 管理人因无因管理所支出的必要费用、负担的必要债务，有权请求被管理人偿还。

2. 管理人因无因管理所遭受的损失，有权请求被管理人适当补偿。

3. 管理人无权请求被管理人支付无因管理行为的报酬，即劳务费。

管理人的付出	被管理人的义务
必要费用、债务	偿 还
损 失	适当补偿
辛 苦	无（没有报酬）

（三）无因管理与委托合同

管理人管理事务经被管理人事后追认的，从管理事务开始时起，适用委托合同的有关规定，但是管理人另有意思表示的除外。

被管理人	管理人	后　果
事后追认	未拒绝	适用委托

专题 11
不当得利

一、不当得利的构成要件

不当得利，是指得利人在没有法律依据的情况下，以他人遭受损失为代价，获得利益的法律事实。

（一）积极要件

1. 得利人获得利益。"获得"具有双重含义：
（1）法律上获得，即取得所有权；
（2）事实上获得，即客观上取得了利益。

📖 **实例精粹**

1. 案情：甲捡到乙丢失的100元钞票。
　　问题：甲是否"获得"？
　　回答：是。甲在法律上获得，即取得了所有权，甲构成不当得利。
2. 案情：甲捡到乙丢失的羊。
　　问题：（1）甲是否"获得"？
　　　　　（2）若甲将该羊做了羊肉泡馍，甲是否"获得"？
　　回答：（1）否。甲不构成不当得利，但构成无权占有。
　　　　　（2）是。甲在事实上获得，表现为消费，构成不当得利。

2. 受损人遭受损失。
3. 获得利益与遭受损失之间，有因果关系。

📖 **实例精粹**

案情：乙欠甲1000元借款未还，乙偷了丙1000元，向甲偿还借款。
问题：谁对丙构成不当得利？
回答：乙。

4. 获得利益与遭受损失，均没有法律依据。

（二）消极要件

在以下情况下，纵然符合不当得利的积极要件，也不构成不当得利：

1. 为履行道德义务进行的给付。

实例精粹

案情：甲自幼被其父母送养。甲成年后，对其生父母进行赡养。

问题：（1）甲是否有赡养义务？

（2）甲的生父母是否构成不当得利？

回答：（1）否。子女被送养的，生父母子女间的法律关系消灭。

（2）否。为履行道德义务进行的给付，不构成不当得利。

2. 债务到期之前的清偿，债权人不构成不当得利。

3. 明知无给付义务而进行的债务清偿，受领人不构成不当得利。

（三）不当得利返还请求权的债权性质

不当得利是一种债之关系的发生根据，受损人对得利人的不当得利返还请求权，其性质是债权请求权。受损人请求得利人返还不当得利，是要"得利人"的东西。

实例精粹

案情：甲在马路边捡到一只羊，该羊是乙的。

问题：（1）甲捡到该羊后，是否构成不当得利？

（2）甲捡到该羊后，将其出卖，获得1000元。甲对该价金是否构成不当得利？

回答：（1）否。乙请求甲返还该羊是要乙自己的东西，为物权请求权，故甲对该羊构成无权占有，而非不当得利。

（2）是。乙请求甲返还价金是要甲的东西，为债权请求权，故甲对羊的价金构成不当得利。

二、不当得利的返还规则

（一）不当得利的返还范围

1. 不当得利产生利息的返还范围

不当得利之原物，在不当得利期间产生了新物时，得利人应当将不当得利之原物、新物一并返还。

得利时	返还时	返还规则
A	A+a	A：返还
		a：返还

• 总 结 不当得利的返还，只考虑得利人的利益额，不考虑受损人的损失额。

📖 **实例精粹**

案情：甲将价值 100 元的水杯交乙保管，乙将该水杯以 150 元的价格出卖给丙，并获得了该价金。

问题：甲可请求乙返还不当得利多少钱？

回答：150 元。

2. 不当得利毁损、灭失的返还范围

在不当得利期间，得利人所得的不当得利发生了全部或部分毁损、灭失的情况下，不当得利的返还范围是：

（1）善意得利人的返还范围

善意得利人，是指不知道也不应当知道自己已经获得不当得利的人，其返还范围以返还时的利益为限，即不负赔偿责任。

（2）恶意得利人的返还范围

恶意得利人，是指知道或应当知道自己已经获得不当得利的人，其返还范围以得利时的利益为限，即应负赔偿责任。

得利时	返还时	返还规则
A	A-a	善意不当得利：A-a（不负赔偿责任）
		恶意不当得利：A（负赔偿责任）

（二）不当得利返还请求权的对象

原则上，受损人有权请求得利人返还利益。但是，得利人已经将取得的利益无偿转让给第三人的，受损人可以请求第三人在相应范围内承担返还义务。

三、既构成不当得利又构成无因管理

一方（甲）对另一方（乙）既构成不当得利又构成无因管理的：

1. 根据不当得利的规则，甲应向乙返还利益。

2. 根据无因管理的规则，乙应向甲偿付必要费用、债务，或适当补偿损失。

3. 两相冲抵。

📖 **实例精粹**

案情：甲、乙是邻居，乙举家外出。现台风将至，甲看乙的房屋不敌台风，遂加固之，花费 1 万元。此外，甲将乙房屋置换下的建材出卖，价金 2000 元。

问题：后果如何？

回答：甲可请求乙返还 8000 元。

第二编

物 权 法

第**6**讲 ◀◀◀
物权法总论

专题 **12**
—— 物权变动之一：公示原则与公示方法 ——

物权，是指权利人直接支配于物，并排除他人非法干预的权利。我国民法中物权的体系是：

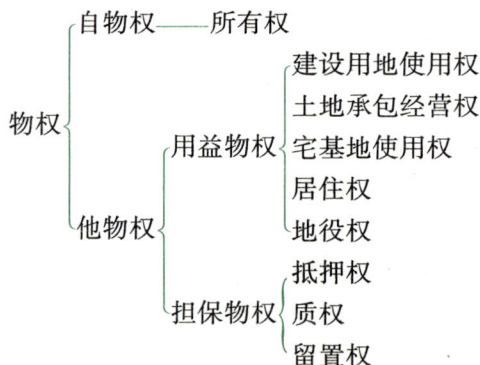

```
        ┌ 自物权——所有权
        │                    ┌ 建设用地使用权
        │                    │ 土地承包经营权
   物权 ┤              用益物权┤ 宅基地使用权
        │                    │ 居住权
        │                    └ 地役权
        └ 他物权┤             ┌ 抵押权
                             担保物权┤ 质权
                             └ 留置权
```

一、基于合同引起物权变动

（一）含义

1. 物权变动，是指物权的产生、变更和消灭。引起物权变动的法律事实具有多样性，民事法律行为、事实行为及事件，均可能引起物权的变动。

2. 在基于合同引起物权变动的情况下，如基于买卖合同、抵押合同引起所有权的转移、抵押权的设立，法律要求进行公示，即应当交付或者登记。

3. 一般而言，动产物权的公示方法是交付（占有），不动产物权的公示方法是登记。动产交付与不动产登记的公示意义在于"物权的外观"。

实例精粹

1. 案情：房屋 A 登记在甲的名下。

问题：房屋 A 是甲的，还是看起来像是甲的？

回答：看起来像是甲的。

2. 案情：电脑 B 在甲的占有之下。

问题：电脑 B 是甲的，还是看起来像是甲的？

回答：看起来像是甲的。

（二）公示成立原则与公示对抗原则

1. 公示成立原则

（1）合同的效力

❶ 合同生效，不能引起物权的变动。

❷ 合同生效，可以引起债权关系的产生。

第一，一方享有请求对方交付或登记的债权，对方则承担交付或登记的债务；

第二，未如约交付或登记，即为未履行合同，构成违约的，需承担违约责任。

（2）交付、登记的效力

❶ 完成交付或登记的，物权发生了变动；

❷ 完成交付或登记的，合同得到了履行。

实例精粹

案情：甲、乙订立买卖合同，约定甲将房屋 A 出卖给乙。

问题：（1）买卖合同订立后，甲尚未为乙办理过户登记手续。

①乙是否取得了房屋 A 的所有权？

②乙是否有权请求甲办理过户登记手续？

③如果甲未如约办理过户登记手续，则后果如何？

（2）现甲办理了过户登记手续。

①乙是否取得了房屋 A 的所有权？

②甲、乙的买卖合同是否得到履行？

回答：（1）①否。

②是。

③构成买卖合同上的违约。乙有权请求甲承担违约责任。

（2）①是。

②是。甲履行了过户登记的合同债务。

2. 公示对抗原则

（1）合同的效力

合同生效，物权即发生变动。

（2）登记的效力

公示对抗原则下的公示方式均为登记。

❶ 办理登记的，基于合同已经变动的物权，可以对抗第三人；

❷ 未办理登记的，基于合同虽可引起物权的变动，但该物权不得对抗善意第三人。

📖 **实例精粹**

案情：甲、乙订立抵押合同，约定甲将机器设备 A 抵押给乙，以担保甲对乙的借款。合同订立后，尚未办理抵押登记手续。

问题：（1）乙是否享有机器设备 A 上的抵押权？
（2）乙在机器设备 A 上的抵押权，是否具有对抗效力？

回答：（1）是。动产抵押，公示对抗。抵押合同订立，抵押权即告变动。
（2）否。该抵押权未经登记，不得对抗善意第三人。

	合同生效	公示（交付、登记）完成
公示成立	债权关系产生	合同履行+物权变动+对抗第三人
公示对抗	物权变动	对抗第三人

3. 公示成立原则与公示对抗原则的适用

基于合同引起物权变动时，何种情形属于公示成立，何种情形属于公示对抗，可以通过"排除法"的方式予以把握，即以公示成立为原则，以公示对抗为例外。作为例外，公示对抗的情形包括三类：

（1）动产抵押，如交通运输工具、正在建造的船舶或航空器、生产设备、原材料、半成品、产品等的抵押。

（2）土地承包经营权的流转，即从农村集体处获得土地承包经营权的人，将其土地承包经营权与第三人进行交易，具体包括：

❶ 土地承包经营权的互换、转让；

❷ 流转期限 5 年以上的土地承包经营权流转。

（3）地役权的设立。

（三）不属于公示成立与公示对抗的两种特殊情形

1. 土地承包经营权的设立

（1）土地承包经营权合同生效，不仅能引起物权变动、土地承包经营权设立，而且能够使土地承包经营权具有对抗第三人的效力；

（2）县级以上地方政府发放土地承包经营权证、登记造册，为纯粹的行政管理手段，不具备民法上的意义，其既不能引起土地承包经营权的设立，也不能赋予土地承包经营权以对抗效力。

	土地承包经营权合同	登 记
土地承包经营权的设立	土地承包经营权设立、具备对抗效力	非物权变动要件、非对抗要件

2. 交通运输工具的所有权变动

（1）交通运输工具买卖合同生效，产生债权债务关系；

（2）交付完成，交通运输工具的所有权转移，即物权变动；

（3）交通运输工具的登记，赋予变动的物权以对抗第三人的效力。

	买卖合同	交 付	登 记
交通运输工具所有权变动	债权效力	物权变动	对抗第三人

由上述交通运输工具所有权变动的"三要件"结构，可以得出如下交通运输工具的"二元判断视角"：

第一，静态的交通运输工具所有权归属之判断，以登记为依据；

第二，动态的交通运输工具在买卖中所有权是否转移之判断，以交付为依据。

实例精粹

案情：甲欲将汽车 A 出卖给乙。

问题：（1）乙凭什么相信汽车 A 归甲所有？

（2）甲、乙订立汽车 A 买卖合同后，乙何时取得汽车 A 的所有权？

回答：（1）汽车 A 登记于甲的名下。

（2）甲向乙交付汽车 A 时。

综上所述，基于合同引起物权变动的模式，规定较为繁琐。对这一问题，仍然按照"排除法"的逻辑予以把握，即以公示成立为原则，以公示对抗、特别规定为例外。凡是不属于公示对抗、特别规定五种情形的，均属于公示成立的类型。

一个原则	三个例外	两个特殊
公示成立原则	（1）动产抵押 （2）土地承包经营权的流转 （3）地役权的设立	（1）土地承包经营权的设立 （2）交通运输工具的所有权变动

二、基于合同引起物权变动的公示方法之一：登记

（一）不动产登记规则

1. 形式审查

不动产登记机关办理不动产登记，必要时可以实地查看。

2. 不动产登记机构不得有下列行为：

（1）要求对不动产进行评估；

（2）以年检等名义进行重复登记；

（3）超出登记职责范围的其他行为。

3. 权属证书与登记簿不一致

不动产权属证书与不动产登记簿记载不一致的，除有证据证明不动产登记簿确有错误外，以不动产登记簿为准。

4. 不动产登记簿的查阅

（1）权利人、利害关系人可以申请查询、复制不动产登记资料；

（2）利害关系人不得公开、非法使用权利人的不动产登记资料。

（二）不动产登记的赔偿责任

1. 当事人提供虚假材料申请登记，造成他人损害的，应当承担赔偿责任。

2. 因登记错误，造成他人损害的，登记机构应当承担赔偿责任。登记机构赔偿后，可以向造成登记错误的人追偿。

三、基于合同引起物权变动的公示方法之二：交付

（一）交付的主观要件

交付的构成，要求当事人具有物权变动的意思。否则，纵然动产标的物的直接占有发生转移，也不发生物权的变动。

📋 **实例精粹**

案情：出卖人甲与买受人乙订立电脑 A 买卖合同后，甲遇急事，将电脑 A 交乙之手，并嘱咐乙："帮我照看一下。"

问题：（1）电脑 A 买卖合同的物权变动，采取何种模式？

（2）乙是否取得了电脑 A 的所有权？

回答：（1）公示成立。因其不属于三种公示对抗和两种特别规定的情形，故属于公示成立。

（2）否。因甲将电脑 A 交予乙并非基于物权变动的意思，故甲未交付，乙不能取得电脑 A 的所有权。

（二）交付形态之一：现实交付

1. 含义

（1）现实交付，是指当事人基于物权变动的意思，完成标的物直接占有的转移；

（2）受让人未取得直接占有的，转让人未完成现实交付。

📋 **实例精粹**

案情：甲将 5 斤鸡蛋出卖给乙。甲将鸡蛋交给乙时，由于其在乙尚未拿稳之际即放手，鸡蛋落地摔碎。

问题：（1）摔碎的鸡蛋是谁的？

（2）甲是否履行了买卖合同中的交货义务？

回答：（1）甲的。

（2）否。

2. 拟制交付

拟制交付是一种特殊的现实交付方式，是指将动产标的物的象征物的现实交付，视为动产标的物本身的现实交付的情形。

📋 **实例精粹**

案情：甲将汽车 A 出卖给乙，并将汽车 A 的钥匙交给乙。

问题：乙是否取得汽车 A 的所有权？

回答：是。甲通过拟制交付，完成了汽车 A 的现实交付，故交付完成，汽车 A 所有权转移。

（三）交付形态之二：观念交付

观念交付，是指在动产标的物的占有外观不发生任何改变的情况下，仅凭当事人的意思，引起动产物权变动的交付。

1. 简易交付

（1）含义

简易交付，是指在动产标的物已先行转移于对方占有的情况下，通过与对方达成合意，引起物权变动的交付。

（2）物权变动时间

简易交付引起物权变动的时间点，为处分标的物的合意达成之时。

📖 **实例精粹**

案情：甲将电脑 A 出租给乙。

问题：（1）在租赁期间，乙表示愿意购买电脑 A，甲表示同意。乙自何时起，取得电脑 A 的所有权？

（2）在租赁期间，甲从乙处借款 2000 元，并表示愿将电脑 A 出质给乙，以担保自己还款债务的履行，乙表示同意。乙自何时起，取得电脑 A 的质权？

回答：（1）甲、乙买卖合同达成时。

（2）甲、乙质权合同达成时。

🔖 **总 结** 简易交付：我把你手里的动产，处分给你。

2. 占有改定

（1）含义

占有改定，是指在一方保留动产直接占有的情况下，向对方转移动产所有权的交付。

（2）物权变动时间

❶占有改定引起物权变动的时间点，为"变动物权合意"达成时。

❷"变动物权合意"，是指当事人之间所达成的"它是你的了"的合意。其表达方法包括：

—— "它是你的了。" —— "好！"

—— "借我用几天。" —— "好！"

—— "替你保管几天。" —— "好！"

—— "过几天还你。" —— "好！"

❸当事人之间所达成的"愿买愿卖的合意"，不能引起占有改定的发生。

📖 **实例精粹**

案情：12 月 10 日，甲与乙订立电脑 A 买卖合同，约定甲以 5000 元的价格将电脑 A 卖

给乙，12 月 15 日交货。12 月 15 日，甲、乙约定，延期交货 5 天。12 月 20
日，甲、乙约定，甲替乙再保管 5 天。12 月 25 日，甲将电脑 A 交到乙手中。

问题：乙何时取得电脑 A 的所有权？

回答：12 月 20 日。在 12 月 20 日，甲、乙之间达成了"物权变动的合意"，占有改定
完成。

> **总结** 占有改定：我把我手里的动产，处分给你。

（3）当事人可依占有改定转移动产的所有权，但不得依占有改定设立动产质权。否
则，视为质物未交付，物权不变动。

实例精粹

案情：12 月 10 日，甲与乙订立质押合同，约定甲将电脑 A 出质给乙，12 月 15 日交
付。12 月 15 日，甲、乙约定，延期交货 5 天。12 月 20 日，甲、乙约定，乙
取得质权，甲替乙再保管 5 天。12 月 25 日，甲将电脑 A 交到乙手中。

问题：乙何时取得电脑 A 的质权？

回答：12 月 25 日。尽管在 12 月 20 日，甲、乙达成了"乙取得质权"的约定，但因
动产质权的设立不得占有改定，甲在 12 月 20 日并未向乙交付质物，故乙于 12
月 25 日通过现实交付取得了电脑 A 的质权。

3. 指示交付

（1）含义

指示交付，是指在动产由第三人占有的情况下，通过转让对该第三人的返还请求权的
方式，引起物权变动的交付。

❶返还请求权让与合意。即转让人与受让人约定，转让人将其对占有人的返还原物请
求权，转让给受让人。

❷通知占有人。即转让人将返还请求权让与之事告知占有人。该项通知到达占有人时，
占有人对受让人承担返还义务；转让人未通知占有人的，占有人仅对转让人承担返还义务。

（2）物权变动时间

以指示交付变动物权的，当事人达成返还请求权让与合意时，物权变动。

实例精粹

案情：甲将电脑 A 出租给乙，租期 3 年。在租期内，甲与丙订立买卖合同，约定甲将
电脑 A 出卖给丙。

问题：（1）丙此时能否取得电脑 A 的所有权？

（2）如果甲与丙订立买卖合同，约定甲将电脑 A 出卖给丙的同时，还约定待乙租
期届满后，由丙请求乙返还电脑 A，那么：

①丙此时能否取得电脑 A 的所有权？

②若甲未将此事通知乙，租期届满后，乙将电脑 A 返还予甲，则乙的返还义
务是否消灭？

回答：（1）不能。此时甲、丙并未达成返还请求权让与合意。

　　　　（2）① 能。

　　　　　　　② 是。丙不得请求乙再次返还，只能请求甲返还。

● 总　结　指示交付：我把他手里的动产，处分给你。

专题 **13**

物权变动之二：非基于合同引起的物权变动、异议登记、预告登记

一、非基于合同引起物权变动

如前所述，在基于合同引起物权变动的情况下，适用公示原则。相应地，在非基于合同引起物权变动的情况下，就存在公示原则的例外。

（一）基于继承取得物权

1. 继承开始，物权即变动，无需登记或交付。

2. 继承人取得物权后，未经登记，向第三人处分物权的：

（1）债权合同有效；

（2）受让人不得取得物权。

📖 **实例精粹**

案情：老甲有一套房屋。现老甲死亡，其子甲为唯一继承人。

问题：（1）经查，此时房屋仍登记在老甲名下。房屋是谁的？

　　　　（2）如果甲未办理变更登记手续，即将该房屋出卖给乙，则：

　　　　　　　① 乙能否取得该房屋的所有权？

　　　　　　　② 甲、乙之间的买卖合同效力如何？

回答：（1）甲的。

　　　　（2）① 否。甲没有将房屋登记在自己名下，就无法给乙登记。

　　　　　　　② 有效。

（二）基于法律文书变动物权

1. 基本原理

（1）法律文书生效，无需登记或交付，物权即变动。

（2）基于法律文书取得物权后，未经登记，向第三人处分物权的：

❶ 债权合同有效；

❷ 受让人不得取得物权。

📑 **实例精粹**

案情：房屋 A 为甲、乙夫妻共有，登记在甲名下。现甲、乙离婚，法院判决房屋 A 归乙所有。

问题：（1）判决生效前，房屋 A 是谁的？
（2）判决生效后，房屋 A 仍登记在甲名下。房屋 A 是谁的？
（3）物权是否发生变动？
（4）如果乙未办理变更登记手续，即将房屋 A 出卖给丙，则：
①丙能否取得房屋 A 的所有权？
②乙、丙的买卖合同效力如何？

回答：（1）甲、乙共有的。
（2）乙的。
（3）变动了。由甲、乙共有变成了乙单独所有。
（4）①否。乙没有将房屋 A 登记在自己名下，就无法给丙登记。
②有效。

2. 能够引起物权变动的法律文书

在我国民法上，能够引起物权变动的法律文书包括如下三种类型：

（1）物权形成之诉（仲裁）的法律文书，即以变动物权为内容的法律文书，如法院将夫妻共有财产判归一方所有的法律文书，已如前述。

（2）民事执行中的法院拍卖、变卖成交裁定书。该裁定书送达买受人时，无需动产的交付或不动产的登记，拍卖物的所有权即发生转移。

（3）法院以物抵债裁定书。该裁定书送达债权人时，无需动产的交付或不动产的登记，抵债物的所有权即发生转移。

3. 不能引起物权变动的法律文书

（1）物权确认之诉的法律文书

物权确认之诉的法律文书，是指以确定物权归属的争议为内容的法律文书。其不具有变动物权的法律效力。

📑 **实例精粹**

案情：房屋 A 登记在甲名下，乙认为自己才是房屋 A 的所有权人，遂提起确权之诉。法院判决房屋 A 归乙所有，现判决已经生效。

问题：（1）判决生效前，房屋 A 是谁的？
（2）判决生效后，房屋 A 仍登记在甲名下。房屋 A 是谁的？
（3）物权是否发生变动？
（4）如果乙未办理变更登记手续，即将房屋 A 出卖给丙，则：
①丙能否取得房屋 A 的所有权？
②乙、丙的买卖合同效力如何？

回答：（1）乙的。

（2）乙的。

（3）否。始终是乙的。

（4）①否。乙没有将房屋 A 登记在自己名下，就无法给丙登记。

　　②有效。

（2）物权给付之诉的法律文书

物权给付之诉的法律文书，是指以责令债务人向债权人转让物权为内容的法律文书。其不具有变动物权的法律效力。

📖 实例精粹

案情：甲与乙订立房屋 A 买卖合同。因乙未如约办理过户登记手续，甲将乙诉诸法院，请求乙依约办理过户登记手续。现甲胜诉。

问题：（1）判决生效前，房屋 A 是谁的？

　　　（2）判决生效后，房屋 A 是谁的？

　　　（3）物权是否发生变动？

回答：（1）乙的。

　　　（2）乙的。

　　　（3）否。始终是乙的。

	案　　　　情	法律文书生效后果
物权形成之诉	分割共有财产	物权变动
物权确认之诉	物权发生争议	物权不变动
物权给付之诉	债务人不履行债务	物权不变动

（三）基于合法的房屋建造行为取得物权

1. 合法建造行为完成，无需登记，物权即产生。

2. 建造人取得物权后，未经登记，向第三人处分物权的：

（1）债权合同有效；

（2）受让人不得取得物权。

📖 实例精粹

案情：甲在自家宅基地上合法建造房屋一座。现房屋建成，但未办理所有权登记。

问题：（1）房屋是谁的？

　　　（2）如果甲未办理所有权登记手续，即将该房屋出卖给乙，则：

　　　　　①乙能否取得该房屋的所有权？

　　　　　②甲、乙的买卖合同效力如何？

回答：（1）甲的。

　　　（2）①否。甲没有将房屋登记在自己名下，就无法给乙登记。

　　　　　②有效。

	物权变动时间	未登记就处分
继　承	继承开始	• 债权合同有效 • 受让人不得取得物权
法律文书	文书生效	
合法建造	建造完成	

（四）基于房屋拆除行为消灭物权

1. 拆除行为完成，无需注销登记，物权即消灭。

2. 上述规则，可以扩张适用于因"事件"所引起的房屋毁损、灭失，如地震、海啸、泥石流等。

二、预告登记和异议登记

（一）买卖预告登记

不动产买卖合同 ＋ 过户登记 ＝ 所有权转移

买卖预告登记

1. 含义

（1）买卖预告登记，是指不动产买受人对其所买受的不动产债权的登记；

（2）买卖预告登记的目的在于阻止出卖人对买卖标的物的再次处分，以确保买受人债权的实现。

2. 效力

办理买卖预告登记后，出卖人未征得买受人同意，处分该不动产买卖物的：

（1）不发生物权变动的效力；

（2）合同的债权效力不受影响。

实例精粹

案情：甲与开发商乙订立房屋 A 买卖合同后，办理了预告登记。现乙未经甲的同意，将房屋 A 出卖给丙，并办理了过户登记手续。

问题：（1）丙能否取得房屋 A 的所有权？

（2）乙、丙的买卖合同是否有效？

回答：（1）否。甲已经办理了预告登记。

（2）有效。丙不能取得房屋 A 的所有权，但可以追究乙的违约责任。

3. 失效

（1）预告登记的不动产买受人的债权消灭的；

（2）自能够进行不动产登记之日起 90 日内未申请过户登记的，预告登记失效。

（二）抵押预告登记

1. 含义

（1）抵押预告登记，是指不动产抵押合同的预告登记，其所公示的是债权人对不动产抵押人所享有的办理抵押登记的债权；

（2）抵押预告登记原因在于，抵押人的不动产尚未办理所有权首次登记，导致其无法为抵押预告登记的债权人办理抵押登记。

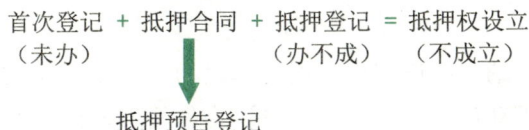

首次登记 + 抵押合同 + 抵押登记 = 抵押权设立
（未办）　　　　　　（办不成）　（不成立）

↓

抵押预告登记

2. 抵押预告登记的效力

（1）原则。抵押预告登记的债权人不享有抵押权，不得对抵押财产主张优先受偿权。

（2）例外。抵押人破产，经审查抵押财产属于破产财产，且具备如下条件之一的，抵押预告登记的债权人有权就抵押财产优先受偿：

❶抵押预告登记与法院受理破产申请间隔时间超过 1 年；

❷抵押人为债务人以外的第三人提供担保，即抵押人为担保他人之债务而为债权人设立抵押预告登记。

· 总 结

Ⓐ 抵押人破产 + 1 年外 = 优先受偿；

Ⓑ 抵押人破产 + 第三人 = 优先受偿。

3. 抵押预告登记的失效

抵押预告登记的失效事由，比照买卖预告登记的失效事由确定。

（1）债权人请求抵押人办理抵押登记的请求权消灭的，抵押预告登记失效；

（2）自可以办理首次登记之日起 90 日内未办理首次登记的，抵押预告登记失效。

4. 办理抵押预告登记后，办理所有权首次登记的：

（1）办理首次登记时，抵押预告登记未失效的，抵押权自预告登记之日起设立；

（2）办理首次登记时，抵押预告登记已失效的，抵押权自抵押登记之日起设立。

实例精粹

案情：甲与乙订立抵押合同，约定乙以房屋 A 为甲设立抵押。抵押合同订立后，因乙尚未办理首次登记，故乙为甲办理了抵押预告登记手续。

问题：（1）在乙尚未办理首次登记的情况下：

①现乙破产。经查，乙是在法院受理破产申请之日 1 年之前，为自己欠甲的债务办理的抵押预告登记。甲能否就房屋 A 主张优先受偿？

②现乙破产。经查，乙是在法院受理破产申请之日前 1 年之内，为张三欠甲的债务办理的抵押预告登记。甲能否就房屋 A 主张优先受偿？

（2）如果乙办理了首次登记，则甲在房屋 A 上的抵押权自何时成立？

回答：（1）①能。"抵押预告登记与法院受理破产申请间隔时间超过 1 年"，抵押人破产的，债权人可凭抵押预告登记主张优先受偿。

②能。"抵押人为债务人以外的第三人提供担保"，抵押人破产的，债权人可凭抵押预告登记主张优先受偿。

（2）因未出现抵押预告登记失效的事由，故甲的抵押权自办理抵押预告登记之日起成立。

（三）异议登记

1. 含义

异议登记，是指对不动产登记记载事项有异议的人，就其异议所为的登记。故异议登记的目的，在于宣示该不动产在权属上存在异议，进而阻止目前不动产登记人对该异议不动产的处分。

2. 办理条件

（1）异议人需先向登记机构提出更正登记的申请。符合下列条件之一的，对于异议人的更正登记申请，登记机构应当予以更正：

❶ 现不动产登记簿记载的权利人书面同意更正；

❷ 有证据证明登记确有错误。

（2）不具备上述条件，登记机构未予更正的，异议人可以申请异议登记。异议人申请异议登记，无需现登记人的同意。

> **总 结** 欲办异议登记，先办更正登记；更正登记不成，可办异议登记。

3. 效力

（1）异议登记成立时的效力

❶ 在异议登记成立的情况下，不动产登记人处分该不动产的，其性质为无权处分；

❷ 因异议人办理了异议登记，故受让人不能善意取得该不动产；

❸ 受让人在不能取得不动产上的物权时，有权追究处分人的违约责任。

（2）异议登记不成立时的效力

异议登记不当，造成现登记人损害的，现登记人可以向异议人请求损害赔偿。

📖 实例精粹

案情： 房屋 A 登记在甲的名下。乙认为自己才是房屋 A 的所有权人，遂申请更正登记。乙申请更正登记被驳回后，于 2 月 15 日申请了异议登记，并向法院提起物权确认之诉。3 月 15 日，甲将房屋 A 出卖给丙，并办理了过户登记手续。

问题：（1）如果 8 月 15 日，法院确认房屋 A 归甲所有，现法律文书已经生效，那么：

　　　　　①甲于 3 月 15 日出卖房屋 A 给丙的行为，是有权处分，还是无权处分？

　　　　　②丙能否取得房屋 A？

　　　　（2）如果 8 月 15 日，法院确认房屋 A 归乙所有，现法律文书已经生效，那么：

　　　　　①甲于 3 月 15 日出卖房屋 A 给丙的行为，是有权处分，还是无权处分？

　　　　　②丙能否善意取得房屋 A？

　　　　（3）如果乙没有办理异议登记，后果如何？

回答：（1）①有权处分。房屋 A 一直是甲的。

　　　　　②能。丙可以继受取得该房屋。

　　　　（2）①无权处分。房屋 A 一直是乙的。

②不能。乙已经申请了异议登记，丙应当知道房屋 A 的物权存在异议。

（3）丙不知道房屋 A 上有乙的异议存在，因房屋 A 登记在甲的名下，丙可相信甲是所有权人，故可善意取得。

4. 失效

（1）异议人在异议登记之日起 15 日内，不起诉请求法院审理异议、确认物权的，异议登记失效；

（2）异议登记失效的，不影响异议人确权之诉的提起。

第7讲 ►►►
所 有 权

专题14
——— 不动产所有权 ———

一、房地关系

土地与房屋，在民法上为两种不同的物，各自成立物权。但由于房屋与土地事实上紧密结合，故而房屋上的物权与土地上的物权之间，又有紧密的关系。

（一）房地一体化原则

房地一体化原则，是指土地使用权与土地上房屋的所有权，应当归属于同一权利人。其表现有二：

1. 静态表现。要拥有土地上房屋的所有权，需要以拥有土地所有权或使用权为前提。

2. 动态表现。土地使用权转让、抵押的，土地上房屋的所有权应随之转让、抵押；反之亦然。

（二）静态房地一体化原则的例外

静态房地一体化原则的例外，是指不享有地权或不享有完整地权的人，却拥有了房屋所有权的情形。其条件有二：

1. 实施了出资修建的行为。

2. 未构成对他人土地的侵占，如征得了地权人的同意，或者土地权利的共有人之一在共有土地上建造房屋。

> **·总 结** 在未构成土地侵占的情况下，一方盖，归一方；双方盖，归双方。

📖实例精粹

案情：甲公司、乙公司合作开发商品房，由甲公司提供土地乙公司提供资金，在甲公司享有使用权的土地上修建商品房。

问题：（1）该商品房是几方出资？

（2）乙公司在甲公司的土地上修建商品房，是否构成对甲公司的土地的侵占？

（3）该商品房是谁的？

回答：（1）甲公司、乙公司两方出资。

（2）否。甲公司是同意的。

（3）甲公司、乙公司共有的。

当不享有地权的人在他人土地上修建房屋，构成侵占他人土地时，适用房、地之间的附合规则。这一问题将在"所有权的原始取得之二：先占与添附"专题的"添附"问题中阐释。

二、业主的建筑物区分所有权

业主的建筑物区分所有权，是指一个建筑物及物业小区的业主，对建筑物专有部分享有所有权、对建筑物及物业小区共有部分享有共有权、对建筑物和物业小区的共同事务享有共同管理权的权利综合体。

（一）住宅用房改经营用房的条件

1. 需经"有利害关系的业主"的一致同意。

2. "有利害关系的业主"包括：

（1）本栋建筑物内的所有其他业主；

（2）本栋建筑物之外、能证明其房屋价值、生活质量"受到"或者"可能受到"不利影响的其他业主。

（二）业主的共有权之一：对建筑物共有部分的共有权

1. 建筑物共有部分的界定

建筑物共有部分，是指为业主专有部分之外的建筑物的组成部分。常见的建筑物共有部分有二：

（1）建筑物的"外壳"，如楼顶、外墙面；

（2）建筑物的"通道"，如走廊、电梯。

2. 业主对建筑物共有部分的权利、义务

（1）分摊共有部分的费用、分享共有部分的收益

❶分摊、分享的比例。有约定的，按照约定；没有约定或者约定不明确的，按照业主专有部分占建筑物总面积的比例确定。

❷不得以放弃权利为由不履行义务。

（2）业主对于共有部分的共有权，依附于专有部分的所有权。这意味着：

❶共有部分共有权不得脱离专有部分所有权而独立取得、独立转让、独立抛弃。

❷专有部分所有权转让的，共有部分共有权随之转让。此时，其他业主不享有共有人的优先购买权。

📖 实例精粹

案情： 甲购买 1 号楼 1808 号房屋。

问题：（1）甲是否享有本楼电梯的共有权？

（2）甲能否在保留 1808 号房屋所有权的同时，放弃电梯的共有权？

（3）甲将 1808 号房屋出卖给乙。

①乙能否取得本楼电梯的共有权？

②本楼其他业主作为电梯的共有人，可否主张共有人的优先购买权？

回答：（1）是。

（2）不能。

（3）①能。

②不可以。

（三）业主的共有权之二：对物业小区共有部分的共有权

1. 物业小区共有部分的范围

（1）建筑区划内的道路，属于业主共有，但属于城镇公共道路的除外；

（2）建筑区划内的绿地，属于业主共有，但属于城镇公共绿地或者明示属于个人的除外；

（3）建筑区划内的其他公共场所、公用设施和物业服务用房，属于业主共有。

2. 车位、车库

（1）规划用于停放汽车的车位、车库

❶业主与开发商在商品房买卖合同之外，另行协商；

❷在满足业主的需要的前提下，开发商可以对外租售。

（2）占用业主共有的物业小区共有部分用于停放汽车的车位

❶占用业主共有的道路或者其他场地用于停放汽车的车位，属于业主共有；

❷此类车位所得的利益，扣除合理的成本后，应用于业主的共有福利。

（四）业主对建筑物及物业小区共同事务的共同管理权

1. 业主有权组成业主团体，管理共同事务。

（1）业主团体包括两类：

❶业主大会，由全体业主组成；

❷业主委员会，由业主大会选举产生。

（2）业主与业主团体的关系

❶业主大会或者业主委员会的决定，对业主具有法律约束力；

❷业主大会或者业主委员会作出的决定侵害业主合法权益的，受侵害的业主可以在知道或者应当知道业主大会或者业主委员会作出决定之日起 1 年内，请求法院予以撤销。

2. 业主团体的表决规则

（1）参与表决人数

业主共同决定事项，应当由专有部分面积占比 2/3 以上的业主且人数占比 2/3 以上的业主参与表决，即"全体业主的双 2/3"。

（2）一般表决事项

❶事由

第一，制定和修改业主大会议事规则；

第二，制定和修改管理规约；

第三，选举业主委员会或者更换业主委员会成员；

第四，选聘和解聘物业服务企业或者其他管理人；

第五，使用建筑物及其附属设施的维修资金；

第六，有关共有和共同管理权利的其他重大事项。

❷通过比例

经参与表决专有部分面积过半数的业主且参与表决人数过半数的业主同意，即"参与业主的双过半"。

（3）特别表决事项

❶事由

第一，筹集建筑物及其附属设施的维修资金；

第二，改建、重建建筑物及其附属设施；

第三，改变共有部分的用途或者利用共有部分从事经营活动。

❷通过比例

经参与表决专有部分面积 3/4 以上的业主且参与表决人数 3/4 以上的业主同意，即"参与业主的双 3/4"。

三、相邻关系

相邻关系，是指不动产相邻的物权人之间，因不动产的支配而享有、承担的物权支配效力的适当扩张、受限的权利与义务关系。相邻关系由法律直接规定、创设，无需当事人的约定。相邻关系所满足的，是不动产支配的基本需求。

（一）合理使用型相邻关系

1. 情形

（1）相邻土地通行关系，即一方不利用邻人土地，就无法通行；

（2）相邻用水排水关系，即一方不利用邻人土地，就无法用水、排水；

（3）相邻建造、修缮建筑物以及铺设管线关系，即一方不利用邻人土地，就无法建造、修缮建筑物或铺设管线。

2. 权利与义务模式

（1）无需经邻人同意，即可直接利用其土地；

（2）对邻人土地的利用，应当采取影响最小的方式；

（3）如果仍不免造成邻人损失，则利用一方应负赔偿责任。

（二）现状维持型相邻关系

现状维持型相邻关系，即相邻建筑物通行关系。

其权利与义务的模式是：

1. 历史形成的相邻不动产支配格局，作为既成事实，原则上应予尊重，不得擅自改变。

2. 除非改变现状，是基于更合理的方案。

（三）妨害排除型相邻关系

1. 情形

（1）相邻截堵水流关系；

（2）相邻房屋滴水关系；

（3）相邻防险关系；

（4）相邻环保关系。

2. 权利与义务模式

一方不动产支配给相邻对方造成妨碍、危险时，对方有权请求其排除妨害、消除危险。

专题 15

所有权的原始取得之一：善意取得

一、原始取得与继受取得

（一）概念

1. 原始取得，是指不以前手的意志为条件，基于法律的直接规定而取得所有权。

2. 继受取得，是指基于前手的意志，从前手那里取得所有权。

（二）区分

1. 通过转让、继承而取得所有权的，为继受取得。

2. 通过转让、继承以外的方式取得所有权的，均为原始取得。

📖 实例精粹

案情：甲购得红纸剪成窗花。

问题：（1）甲对于红纸为何种取得？

（2）甲对于窗花为何种取得？

回答：（1）继受取得。

（2）原始取得。

二、善意取得

善意取得，是指无权处分人将他人之物处分予善意受让人的，善意受让人仍可依法取得该物物权的法律制度。

（一）善意取得的一般条件

善意取得的一般条件，是指无论对任何标的物发生善意取得，都必须具备的条件。

甲（所有权人）————乙（处分人）————丙（第三人）

1. 乙为无权处分。

乙向丙所实施的处分，是将甲（所有权人）之物处分给丙，为无权处分。

💡 **提 示**

无权处分是善意取得的基本前提。如为有权处分，则受让人的取得为继受取得，与善意取得无关。

2. 乙与丙之间的合同等价有偿且具有约束力。

（1）乙、丙之间的合同需等价有偿。反之，丙基于赠与，或未支付合理对价的买卖取得标的物的，不发生善意取得。

💡 **提 示**

抵押权、质权的善意取得，不考虑乙、丙之间的抵押合同、质押合同是否"等价有偿"这一问题。

（2）乙、丙之间的合同需具有法律约束力。

❶乙、丙之间的合同有效；

❷乙、丙之间的合同可撤销但并未被撤销。

3. 丙为善意。

（1）消极善意，是指丙不知道且不应当知道乙为无权处分。

（2）积极善意，是指丙基于对乙的"所有权人外观"，相信乙就是所有权人，为有权处分。乙的所有权人外观，是指乙向丙无权处分时：

❶乙为不动产的登记人；

❷乙为普通动产的占有人；

❸乙为交通运输工具的登记人。

💡 **提 示**

🅐 题目中未明确丙是否具有消极善意的，推定丙具有消极善意；

🅑 题目中明确乙有"所有权人外观"的，推定丙具有积极善意。

📖 **实例精粹**

案情：乙将甲停放在院子里的自行车出卖给不知情的丙，谎称车是自己的，车钥匙丢了。

问题：丙是否构成善意？

回答：否。乙没有钥匙，故并未占有该自行车。丙虽不知情，但不应当相信乙有权处分该自行车，故丙不能善意取得。

（3）对于动产受让人而言，其善意的构成，除需具备消极善意和积极善意外，还要求其在受让动产时，交易的对象、场所或者时机等符合交易习惯。

4. 乙向丙交付、登记。

（1）乙应向丙交付还是登记：

❶乙向丙无权处分不动产时，需为丙办理不动产登记；

❷乙向丙无权处分普通动产时，需向丙交付；

❸乙向丙无权处分交通运输工具时，需向丙交付。

（2）交付的方法

禁止以占有改定的方式完成善意取得。

📖 实例精粹

案情：甲的电脑交乙保管。

问题：（1）如果乙将电脑出租给不知情的丙后，乙、丙又达成电脑买卖合同，那么丙能否善意取得该电脑的所有权？

（2）如果乙在将电脑出租给丙后，又将电脑出卖给不知情的丁，且乙、丁约定，乙将租期届满后请求丙返还电脑的权利转让给丁，那么丁能否善意取得该电脑的所有权？

（3）如果乙与不知情的丙订立买卖合同，并且约定丙取得电脑所有权，但电脑由乙使用1个月后，交付给丙，那么：

①此时，丙能否善意取得该电脑的所有权？

②1个月后，乙将电脑交付予丙，丙能否善意取得该电脑的所有权？

回答：（1）能。丙通过简易交付善意取得了该电脑的所有权。

（2）能。丁通过指示交付善意取得了该电脑的所有权。

（3）①不能。丙不得通过占有改定善意取得该电脑的所有权。

②能。丙通过现实交付善意取得了该电脑的所有权。

（3）丙获得占有、登记的法律意义

❶丙获得占有、登记，是丙发生善意取得的时间点；

❷丙获得占有、登记，也是判断丙是否为善意的时间点。

（二）遗失物的善意取得

甲（所有人、失主）——乙（处分人、拾得人）——丙（第三人）

1. "2年能要"规则

遗失物被拾得人处分的，失主有权自知道或者应当知道遗失物受让人之日起2年内，请求受让人返还遗失物。

（1）在上述2年期间内，遗失物所有权归属于失主，受让人不能善意取得。

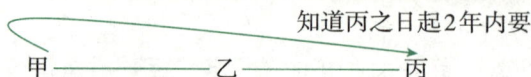

知道丙之日起2年内要

甲————乙————丙

（2）自失主知道或应当知道遗失物受让人之日起2年内，该受让人又将遗失物处分给次受让人的，失主有权自知道或者应当知道遗失物次受让人之日起2年内，请求次受让人返还遗失物。

知道丁之日起2年内要

甲 ———— 乙 ———— 丙 ———— 丁
（2年内处分）

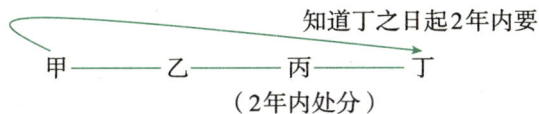

（3）遗失物上的留置权人，不承担返还义务。

实例精粹

案情：甲的电脑遗失，被乙拾得后，以合理对价出卖给不知情的丙，并向丙交付。

问题：（1）甲能否请求丙返还电脑？

（2）自甲知道或应当知道丙之日起2年内，丙又以合理的对价将该电脑出卖给不知情的丁，并向丁交付。甲能否请求丁返还电脑？

回答：（1）能。甲有权自知道或应当知道丙之日起2年内，请求丙返还电脑。

（2）能。甲有权自知道或应当知道丁之日起2年内，请求丁返还电脑。

2."有偿无偿"规则

（1）原则上，失主"自知道或者应当知道遗失物受让人之日起2年内"有权请求受让人返还遗失物，无需支付受让人所付的费用。

（2）在如下两种情况下，失主"自知道或者应当知道遗失物受让人之日起2年内"请求受让人返还遗失物的，应当向受让人支付取得时的费用：

❶受让人通过拍卖购得该遗失物；

❷受让人向具有经营资格的经营者购得该遗失物。

实例精粹

案情：甲的电脑遗失，被乙拾得后，以合理对价出卖给不知情的电脑销售商。1周后，电脑销售商又将该电脑以合理对价（4000元）出卖给不知情的丙。

问题：（1）甲是否有权请求丙返还该电脑？

（2）甲请求丙返还该电脑的同时，是否需要向丙支付4000元？

回答：（1）是。甲自知道或应当知道丙之日起2年内，有权请求丙返还该电脑。

（2）是。

3. 失主自知道或应当知道遗失物受让人之日起2年期满后，没有请求受让人返还原物的，受让人发生善意取得，失主的返还原物请求权消灭。

提 示

Ⓐ 遗失物的善意取得，受2年期间的限制；

Ⓑ 盗赃物不得善意取得；

Ⓒ 埋藏物、漂流物、失散动物的善意取得，适用遗失物善意取得的规则。

专题
16

————— **所有权的原始取得之二：先占与添附** —————

一、先占

先占，是指无主动产的最先占有人，可取得该无主物所有权的法律制度。不动产不适用先占。

（一）无主物的确定

1. 静态方式

无主物的静态确定方式，是指通过该动产所处的场所，来确定其是否为无主物。

（1）专属于国家的财产，非无主物；

（2）土地上的野生植物，一经与土地分离，即为土地上的天然孳息，非无主物；

（3）土地上的埋藏物，适用埋藏物规则，非无主物。

2. 动态方式

无主物的动态确定方式，是指通过抛弃行为产生无主物。抛弃行为的构成要件是：

（1）民事行为能力

抛弃行为作为一种处分物权的行为，是民事法律行为，故要求行为人具有与之相适应的民事行为能力。

❶具有相应民事行为能力的人，抛弃之物为无主物；

❷不具有相应民事行为能力的人，抛弃之物为遗失物。

（2）客观要件

行为人要完成抛弃，就必须对抛弃物脱离占有。

（3）主观要件

对于抛弃行为的实施，行为人应当具有抛弃的意思。

📖 **实例精粹**

案情： 甲将自己多年不穿的裤子扔进路边的垃圾桶，却不知他的妻子在裤子口袋里放着一张存单。

问题：（1）裤子是不是无主物？

（2）存单是不是无主物？

回答：（1）是。

（2）否。存单是遗失物。

（二）占有的构成

占有，是指占有人以占有的意思，将占有物置于自己控制范围的客观事实，是构成先占的第二条件。占有的构成要件是：

1. 客观要件。即占有人将占有物置于自己控制之下的事实。

2. 主观要件。即占有人具有占有此物的心态，如"据为己有""为我所用"的心态。

实例精粹

案情：陨石落在甲的承包地上，乙发现后捡了起来。

问题：（1）甲对陨石是否构成先占？

（2）乙对陨石是否构成先占？

回答：（1）否。甲没有占有的主观要件。

（2）是。乙兼具占有的客观要件和主观要件。

需要注意的是，先占为事实行为，不要求行为人具有民事行为能力。

二、添附

（一）添附的概念

添附，是指一方的物与另一方的物或者劳务相结合，成为一种新物的事实，包括附合、混合和加工三种情形。

1. 附合，即镶嵌，是指不同所有人的物，基于物理上的力凝结在一起，难以分割。

2. 混合，即搅拌，是指不同所有人的动产混杂在了一起，难以识别的事实。

3. 加工，是指一方的原材料，被另一方加工为新物的事实，即一方的物与另一方的劳务发生了添附。

（二）添附物的归属

1. 附合物的归属

（1）动产之间的附合

❶构成擅自附合的，新物归对方。

❷未构成擅自附合的，新物归价值较大的一方；价值相当的，归主物一方。

（2）动产与不动产的附合

附合于不动产上的动产，归不动产权利人。

（3）不动产之间的附合

附合于土地上的房屋，归土地权利人。

2. 混合物的归属

混合物的所有权，归属于价值较大的一方。

实例精粹

1. 案情：甲要卖给乙10台A型电脑。甲清点失误，将11台A型电脑交付给乙。

问题：（1）多交的1台A型电脑是谁的？

（2）甲请求乙返还多交的1台A型电脑的请求权，是什么性质的请求权？

回答：（1）乙的。乙基于混合取得。

（2）债权请求权。

2. 案情：甲要卖给乙 10 台 A 型电脑。甲清点失误，将 10 台 A 型电脑和 1 台 B 型电脑交付给乙。

问题：（1）多交的 1 台 B 型电脑是谁的？
（2）甲请求乙返还多交的 1 台 B 型电脑的请求权，是什么性质的请求权？

回答：（1）甲的。乙不能基于混合取得。
（2）物权请求权。

3. 加工物的归属

（1）原则上，加工物归属于原材料人；

（2）加工的价值远大于原材料价值的，加工物归属于加工人。

（三）添附中利益衡平的两项原则：不当得利返还与损害赔偿

1. 取得添附物的一方，因随之取得了对方之物，故构成不当得利，应向对方返还。

2. 擅自实施添附行为的一方，因有过错，故构成侵权，应赔偿对方因此遭受的损失。

📖 实例精粹

案情：甲将一块价值 2 万元的玉石交乙保管，乙将该玉石雕刻成一颗玉白菜，价值 20 万元。

问题：（1）玉白菜归属于谁？
（2）乙获得了甲的玉石的价值，怎么办？
（3）乙擅自加工甲的财产，给甲造成了损失，怎么办？

回答：（1）乙。
（2）乙向甲返还 2 万元不当得利。
（3）乙向甲承担损害赔偿责任。

专题 17
——共　有——

一、共有概述

共有，是指 2 个或 2 个以上共有人，对一个共有物的一个所有权的分享。共有分为按份共有与共同共有。

（一）按份共有与共同共有的含义和特征

1. 按份共有

按份共有，是指共有人根据各自的共有份额所形成的共有。按份共有的特征是：

（1）按份共有关系的产生，不以共有人之间存在特定的身份关系为前提。

（2）在按份共有中，存在"共有物"与"共有份额"两种财产。前者是"大家的"，后者是"自己的"。

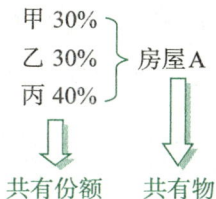

```
甲 30%  ⎫
乙 30%  ⎬ 房屋A
丙 40%  ⎭
   ⇩        ⇩
 共有份额   共有物
```

2. 共同共有

共同共有，是指共有人之间基于共同关系所形成的、无共有份额的共有。共同共有的特征是：

（1）共同共有关系的产生，理论上需以共有人之间存在共同关系为条件，包括夫妻关系、共同继承关系、家庭成员关系等；

（2）在共同共有中，只存在"共有物"一种财产，而不存在"共有份额"的概念。

（二）按份共有与共同共有的辨别

共有人究竟是按份共有，还是共同共有，其界定方式是：

1. 当事人有约定的，从其约定。由此可见，法律允许共有人自行约定其共有形态。

2. 在当事人没有约定或者约定不明确的情况下：

（1）如果共有人之间存在共同关系，则视为共同共有；

（2）如果共有人之间不存在共同关系，则视为按份共有。

3. 在按份共有中，共有人共有份额的确定方式是：

（1）按份共有人有约定的，从其约定；

（2）按份共有人没有约定或者约定不明确的，按照出资额确定；

（3）不能确定出资额的，视为等额享有。

二、共有的内部关系

共有的内部关系，是指共有人之间的、不涉及共有人之外的他人的法律关系。

（一）共有物的处分和重大修缮

共有人对共有物进行处分、重大修缮、变更性质或者用途，是对共有人共同之物事实上或法律上的处置，因此需征得其他共有人的同意。其规则是：

1. 共有人对共有物的处分、重大修缮有约定的，从其约定。

2. 共有人没有约定的：

（1）按份共有，应当经占份额 2/3 以上的按份共有人的同意。

（2）共同共有

❶应当经全体共同共有人同意；

❷在夫妻关系中，因日常生活需要而处理夫妻共同财产的，任何一方均有权决定，而无需夫妻双方共同决定。

（二）按份共有人转让共有份额

1. 按份共有人转让其共有份额，无需其他按份共有人的同意。

2. 按份共有人"对外转让"其共有份额时，其他共有人享有优先购买权。

（1）按份共有人对内转让其共有份额，其他按份共有人不得主张优先购买权；

（2）按份共有人的共有份额因继承、遗赠等原因发生变化的，其他按份共有人不得主张优先购买权。

	是否需其他共有人同意	未经同意转让的后果
转让共有物	未约定，份额2/3	（1）无权处分； （2）合同有效，受让人可善意取得
转让共有份额	无需同意	（1）有权处分； （2）对外转让的，其他共有人享有优先购买权

📖 实例精粹

案情：甲、乙、丙按照3∶3∶4的比例，按份共有房屋A。

问题：（1）如果甲将房屋A出卖给丁，那么：

①甲是有权处分，还是无权处分？

②丁能否取得房屋A的所有权？

③甲出卖房屋A给丁，乙、丙能否享有优先购买权？

（2）如果甲将自己的30%共有份额转让给丁，那么：

①甲是有权处分，还是无权处分？

②丁能否取得甲30%的共有份额？

③甲出卖30%共有份额给丁，乙、丙能否享有优先购买权？

回答：（1）①无权处分。共有物是共有人的财产，故共有人擅自处分共有物，其性质为无权处分。

②丁符合善意取得条件的，可以善意取得。

③否。

（2）①有权处分。按份共有人的共有份额，是共有人自己的财产。

②在乙、丙未行使优先购买权的情况下，能。

③能。按份共有人对其他按份共有人对外转让的共有份额，享有优先购买权。

3. 按份共有人的优先购买权，以"同等条件"为前提。

4. 共有人优先购买权的行使期间

（1）优先购买权的行使期间为转让通知到达之日起15日。

（2）转让通知中载明的行使期间长于15日的，从其通知。

（3）转让通知中未明确"同等条件"的：

❶自其他按份共有人知道或者应当知道最终确定的同等条件之日起15日；

❷其他按份共有人自共有份额权属转移之日起6个月内，未行使优先购买权的，该权利消灭。

5. 多个按份共有人的优先购买权

2个以上按份共有人均主张优先购买权且协商不成时，按照转让时各自份额比例行使优先购买权。

6. 侵害优先购买权的后果

按份共有人对外转让共有份额，侵害其他按份共有人优先购买权（例如，未通知其他按份共有人，导致其他共有人优先购买权未能主张）的：

（1）其他按份共有人有权请求转让份额的按份共有人赔偿损失；

（2）其他按份共有人不得主张共有份额转让合同无效。

三、共有的外部关系

1. 共有的外部关系，是指共有人基于共有物而与共有人之外的他人所产生的法律关系。

2. 无论是按份共有还是共同共有，共有人都连带享有因共有物所产生的债权，连带承担因共有物所产生的债务。

第**8**讲 ◄◄◄
用 益 物 权

专题 18
——— 土地承包经营权、建设用地使用权与宅基地使用权 ———

一、土地承包经营权

土地承包经营权，是指用地人向农村集体经济组织缴纳承包费，依法对其所承包的耕地、林地、草地以及其他用于农业的土地，从事种植业、林业、畜牧业等农业生产的用益物权。

（一）土地承包经营权的设立

土地承包经营权依土地承包经营权合同而设立。土地承包经营权合同的发包人为农村集体经济组织，承包人则为本集体经济组织的农户或其他承包人。

1. 土地承包经营权自土地承包经营权合同生效时设立，并同时获得对抗第三人的效力。

2. 县级以上地方人民政府向土地承包经营权人发放土地承包经营权证、林权证、草原使用权证，并登记造册，确认土地承包经营权的行为，其性质为纯粹的行政管理手段，既非土地承包经营权的设立条件，也非土地承包经营权的对抗条件。

（二）承包地的调整与收回

1. 承包地的调整

承包地的调整，是指在承包期内，集体经济组织对土地承包经营权人所承包土地作的变更。承包地的调整规则是：

（1）原则上，承包期内发包人不得调整承包地。

（2）承包期内，因自然灾害严重毁损承包地等特殊情形，需要适当调整承包的耕地和草地的，其程序要件是：

❶ 经本集体经济组织成员的村民会议 2/3 以上成员或者 2/3 以上村民代表的同意；

❷ 报乡（镇）人民政府和县级人民政府农业农村、林业和草原等主管部门批准；

❸ 承包合同中约定不得调整的，按照其约定。

2. 承包地的收回

承包地的收回，是指在承包期内，集体经济组织解除承包合同，收回承包地。承包地的收回规则是：

（1）原则上，承包期内发包人不得收回承包地。

（2）例外情况是：

❶国家保护进城农户的土地承包经营权。不得以退出土地承包经营权作为农户进城落户的条件。

❷承包期内，承包农户进城落户的，可按照自愿有偿原则，将承包地交回发包方，也可进行其他流转。

❸承包期内，承包方交回承包地或者发包方依法收回承包地时，承包方对其在承包地上投入而提高土地生产能力的，有权获得相应的补偿。

（三）土地承包经营权的流转

土地承包经营权的流转，是指已经获得土地承包经营权的承包人，在法定范围内，将其土地承包经营权再次处分。

1. 土地承包经营权的互换和转让

互换，是指不同土地承包经营权人互换承包地，并取得对方承包地上的土地承包经营权。转让，是指土地承包经营权人将其承包权转让给第三人，使第三人获得该承包地上的土地承包经营权。土地承包经营权的互换和转让，其物权变动，采取公示对抗的模式。

（1）土地承包经营权的互换、转让合同生效，即产生互换、转让的物权变动效力；

（2）在县级以上地方人民政府申请土地承包经营权变更登记的，互换、转让的土地承包经营权获得对抗第三人的效力。

2. 流转土地经营权

流转土地经营权，是指土地承包经营权人，在保留"土地承包权"的前提下，通过合同，将"土地经营权"流转予他人行使。土地经营权人有权自主开展农业生产经营并取得收益。土地经营权具有双重法律性质：

（1）流转期限为 5 年以下的土地经营权，其性质为债权，不存在登记制度。

（2）流转期限为 5 年以上的土地经营权，其性质为物权，采用公示对抗的物权变动模式。

❶土地经营权自流转合同生效时设立。

❷当事人可以向登记机构申请土地经营权登记；未经登记，不得对抗善意第三人。

3. 土地承包经营权的抵押

通过招标、拍卖、公开协商等方式承包农村土地，经依法登记取得权属证书的，可以依法采取抵押的方式流转土地经营权。土地承包经营权的抵押，采用公示成立的物权变动模式。

（1）土地承包经营权抵押合同生效，产生债权效力；

（2）办理土地承包经营权抵押登记，产生抵押权设立的物权变动效力。

需要注意的是，上述土地承包经营权的流转，应受如下两方面的限制：①流转的期限不得超过承包期的剩余期限；②未经依法批准，不得将承包地用于非农建设。

土地承包经营权物权变动模式

物权变动情形	物权变动的模式	物权变动模式的具体内容
土地承包经营权设立	特殊情形	（1）承包合同生效：物权变动+对抗效力 （2）设立登记：非物权变动效力；非对抗效力
土地承包经营权互换、转让、流转期限为5年以上的土地经营权	公示对抗	（1）互换、转让合同生效：物权变动 （2）流转登记：对抗第三人
土地承包经营权抵押	公示成立	（1）抵押合同：债权效力 （2）抵押登记：物权变动

二、建设用地使用权

建设用地使用权，是指自然人、法人享有的，依法对国家所有的土地占有、使用和收益，并利用该土地建造建筑物、构筑物及其附属设施的用益物权。

（一）建设用地使用权的分层设立

同一地块的地表、地上、地下，法律上为不同的国有之物，可以分别为不同主体设立建设用地使用权，新设立的建设用地使用权，不得损害已设立的建设用地使用权。

（二）建设用地使用权的划拨、出让

建设用地使用权的划拨与出让，是自然人、法人从国家取得建设用地使用权的两种方式，构成建设用地使用权的"一级市场取得"。

1. 建设用地使用权的划拨

（1）含义

建设用地使用权的划拨，是指经县级以上政府依法批准，使用权人缴纳补偿、安置等费用后取得或无偿取得建设用地使用权的方式。划拨取得，是通过行政审批，设立建设用地使用权的方式。

（2）适用条件

划拨作为一种建设用地使用权的"优惠取得"方式，其适用条件为以社会公共利益为目的的用地需要，且需经县级以上人民政府依法批准。

（3）划拨建设用地使用权人，办理使用权登记，取得划拨建设用地使用权。

2. 建设用地使用权的出让

（1）含义

建设用地使用权的出让，是指国家与用地人订立建设用地使用权出让合同，将建设用地使用权在一定年限内出让给使用权人，由使用权人向国家支付土地使用权出让金的建设用地使用权取得方式。出让取得，是通过民事合同，设立建设用地使用权的方式。

（2）出让建设用地使用权的物权变动

建设用地使用权的出让，采取公示成立的物权变动模式。

❶建设用地使用权出让合同生效，产生债权效力；

❷建设用地使用权出让的过户登记，产生物权变动效力。

（三）建设用地使用权的转让

建设用地使用权的转让，是指使用权人通过使用权转让合同，将其享有的建设用地使用权转让给他人的民事交易。建设用地使用权的转让，发生在国家以外的民事主体之间，为建设用地使用权的"二级市场取得"。

建设用地使用权的转让，采取公示成立的物权变动模式，即建设用地使用权转让合同生效，产生债权效力；建设用地使用权转让的过户登记，产生物权变动效力。

（四）建设用地使用权提前收回与期间届满的处理

1. 建设用地使用权的提前收回

（1）条件：因公共利益的需要。

（2）提前收回的补偿

❶ 对该土地上的房屋及其他不动产给予补偿；

❷ 退还相应的出让金。

2. 建设用地使用权期间届满的处理

（1）住宅建设用地使用权

❶ 住宅建设用地使用权期限届满的，自动续期。住宅建设用地使用权人无需办理申请延期手续，其使用权即可获得续期。

❷ 续期费用的缴纳或者减免，依照法律、行政法规的规定办理。

（2）非住宅建设用地使用权

❶ 土地使用权出让合同约定的使用年限届满，土地使用者需要继续使用土地的，应当至迟于届满前 1 年申请续期，除根据社会公共利益需要收回该幅土地的，应当予以批准。

❷ 经批准准予续期的，应当重新签订土地使用权出让合同，依照规定支付土地使用权出让金。

❸ 土地使用权出让合同约定的使用年限届满，土地使用者未申请续期或者虽申请续期但未获批准的，土地使用权由国家无偿收回。该土地上的房屋以及其他不动产的归属，有约定的，按照约定；没有约定或者约定不明确的，依照法律、行政法规的规定办理。

三、宅基地使用权

宅基地使用权，是指集体经济组织成员依法对本集体所有的土地"无偿地"占有、使用，并利用该土地建造住宅及其附属设施的用益物权。

宅基地使用权的取得，由集体成员向本集体经济组织提出申请，并经乡（镇）人民政府审核，由县级人民政府批准。

（一）"一户一宅"原则

1. 农村村民一户只能拥有一处宅基地。

2. 宅基地的面积不得超过省、自治区、直辖市规定的标准。

3. 宅基地因自然灾害等原因灭失的，宅基地使用权消灭。对失去宅基地的村民，应当依法重新分配宅基地。

（二）宅基地使用权的转让

1. 宅基地使用权的转让条件

（1）转让人与受让人应为同一集体经济组织内部的成员。

（2）受让人没有住房和宅基地，且符合宅基地使用权分配条件。

💡 **提　示**

宅基地使用权转让中，受让人需同时具备两个条件：

🅐 本集体内部成员；

🅑 符合分配宅基地的条件。

（3）转让行为须征得本集体经济组织同意。

（4）宅基地使用权不得单独转让，必须与合法建造的住房一并转让。

2. 宅基地使用权转让的后果

（1）宅基地使用权转让，转让人再申请宅基地的，不予批准；

（2）已经登记的宅基地使用权转让的，应当及时办理变更登记或者注销登记。

专题 19

居住权与地役权

一、居住权

（一）概念

居住权，是指一方对他人所有的住宅享有占有、使用，满足生活居住需要的用益物权。

（二）设立

居住权可依合同而设立，也可依遗嘱而设立。

1. 通过合同设立居住权

通过合同设立居住权，采取公示成立的物权变动模式。

（1）居住权合同具有债权效力，债权人有权请求债务人交付住宅，并办理居住权登记手续；

（2）居住权登记具有物权变动效力，登记完成，居住权设立。

2. 基于遗嘱设立居住权，参照适用基于合同设立居住权的规则。

（三）处分限制

1. 居住权不得转让、继承；否则，转让、继承无效。

2. 原则上，设立居住权的住宅不得出租；否则，租赁无效。但是当事人另有约定的除外。

二、地役权

(一) 地役权概述

地役权，是指一方为土地支配之便利，而支配对方土地的用益物权。

①需役地物权
②地役权 } 甲 ——地役权合同—— 乙 { ①供役地物权
②地役权义务

需役地 A   供役地 B

1. 地役权的设立

地役权的设立，采取公示对抗的物权变动模式。

(1) 地役权合同生效，就产生地役权设立的物权变动效力；

(2) 地役权登记，获得对抗第三人效力。

2. 地役权具有从属性与不可分性

(1) 地役权具有从属性

需役地物权为主权利，地役权为从权利。

(2) 地役权具有不可分性

在需役地物权为 2 个或 2 个以上的人共有的时候，每个人均享有完整的地役权。

(二) 地役权合同订立后的土地处分

转让←——①需役地物权
随之转让?←——②地役权 } 甲 ——地役权合同—— 乙 { ①供役地物权——→转让
②地役权义务——→随之转让?

需役地 A   供役地 B

1. 需役地转让的，地役权随之转让，不问地役权是否登记。

2. 供役地转让的：

(1) 地役权登记的，地役权义务随之转让；

(2) 地役权未登记的，善意受让人无需承受地役权义务。

📖 实例精粹

案情：A 地的权利人甲与 B 地的权利人乙订立合同，约定甲为进出 A 地的便利，有权在乙的 B 地上驱车通行。

问题：(1) 如果甲将 A 地上的物权处分给丙，则丙能否享有在乙的 B 地上驱车通行的权利？

(2) 如果乙将 B 地上的物权处分给丁，则甲能否继续享有在丁的 B 地上驱车通行的权利？

回答：(1) 能。需役地处分，地役权随之转移，且不问登记。

(2) 视情况而定。如果甲的地役权已经登记，则甲有权继续在丁的 B 地上驱车通行；如果甲的地役权未经登记，则甲不得继续在丁的 B 地上驱车通行。

（三）地役权与相邻关系的区别

1. 地役权是"在他人土地上的用益物权"，相邻权则是"自己土地上权利的适当扩张"。

2. 地役权以当事人之间的合意作为条件，而相邻关系直接基于法律规定而成立。

3. 地役权所满足的土地支配需求为高级需求，而相邻关系所满足的不动产支配需求为基本需求。

4. 为自己土地支配之目的，在他人土地的地表上修建固定设施的，为地役权。

实例精粹

案情：甲是 A 地的物权人，乙是 B 地的物权人。

问题：（1）如果甲不经过乙的 B 地就无法进出 A 地，甲通行于乙的 B 地，是否应经乙的同意？

（2）如果甲不经过乙的 B 地进出 A 地就不方便，甲通行于乙的 B 地，是否应经乙的同意？

（3）如果甲欲在乙的 B 地上修路驱车通行，是否应经乙的同意？

回答：（1）否。甲可基于相邻关系直接通行，但需采取对乙影响最小的通行方式。

（2）是。甲需与乙订立地役权合同。

（3）是。甲需与乙订立地役权合同。

占　有

专题 **20**

———— 占 有 概 述 ————

一、占有的成立与消灭

（一）占有的成立

占有，是指人对物（动产、不动产）加以控制、管领的事实。占有的构成要件有二：

1. 占有的事实，即人将物置于自己控制范围的事实。

2. 占有的心态，即人将物置于自己控制范围时所具有的据为己有、为我所用的主观意思。

—————💡 **提 示**—————

占有就是占有人以占有的心态占有标的物的事实。因此，占有本身的成立，与占有人对占有物是否享有权利、享有何种权利无关。

（二）占有的消灭

无论占有的消灭是否基于占有人意思，其占有消灭的时间，均为占有物脱离占有人控制范围的时间。

📖 **实例精粹**

案情：甲潜入乙家，拿起桌上乙的手机放入口袋后，翻窗逃离。

问题：乙丧失手机的时间是何时？

回答：甲离开乙家的时间。

二、占有的分类

（一）自主占有与他主占有

根据占有人是否以所有权人的心态占有标的物，占有可分为自主占有与他主占有。

1. 自主占有，是指以所有权人的心态占有标的物的占有。

2. 他主占有，是指以非所有权人的心态占有标的物的占有。

占有人是否以所有权人的心态占有标的物，具体的判断方法是，占有人有没有日后将占有物归还给他人的想法。

买受人占有	自主占有
承租人占有	他主占有
偷盗者占有	自主占有
拾得人占有	视情况而定

（二）直接占有与间接占有

根据占有人与标的物之间是否存在他人的法律阻断为依据，占有可分为直接占有与间接占有。

1. 直接占有，是指不以他人的直接占有为媒介的占有。间接占有，是指以他人的直接占有为媒介的占有。

2. 间接占有人享有（未来的）"返还请求权"，这是间接占有的基本特征。

出租人向承租人交付租赁物后	承租人直接占有，出租人间接占有
出质人向质权人交付质物后	质权人直接占有，出质人间接占有
出卖人向买受人交付买卖物后	买受人直接占有，出卖人丧失占有
失主之物被拾得、偷抢后	拾得人、偷抢人直接占有，失主丧失占有

3. 占有辅助人，是指基于占有人的命令、为了占有人的利益而持有标的物的人。此时，占有人对占有物并非间接占有，而依然是直接占有。

（三）合法占有与非法占有

根据占有是否是基于前手的自愿交付而获得，占有可分为合法占有与非法占有。

1. 合法占有，是指基于自愿交付所形成的占有。

2. 非法占有，是指非基于自愿交付所形成的占有，如通过拾得、盗抢所形成的占有。

（四）有权占有与无权占有

根据占有人是否享有可对返还原物请求权人主张的本权，占有可分为有权占有与无权占有。

1. 有权占有与无权占有的区分

（1）有权占有，是指占有人享有本权，且可向返还原物请求权人主张的占有；

（2）无权占有，是指占有人不享有本权，或虽享有本权，但不得向返还原物请求权人主张的占有。

2. 区分有权占有与无权占有的法律意义

（1）有权占有人，可以对返还原物请求权人主张有权占有的抗辩；

（2）无权占有人，不得对返还原物请求权人主张有权占有的抗辩。

| 返还请求权人 | | 请求对象 |
物　　权	占　　有	（无权占有人）
现在的物权	过去的占有	• 可对返还请求权人主张有权占有的，可抗辩之
抵押权、地役权除外	侵占发生之日起 1 年内主张	• 不可对返还请求权人主张有权占有的，不得抗辩之

3. 有权占有与无权占有的判断

（1）以物权为本权的占有，占有人可对任何人主张自己为有权占有。

（2）以债权为本权的占有

❶占有人可对债务人主张自己为有权占有；

❷占有人不得对第三人主张自己为有权占有。

（3）没有本权的占有，占有人不得对任何人主张自己为有权占有。

实例精粹

1. 案情：甲的电脑被乙偷去后，出租给丙。

问题：（1）丙相对于乙，是有权占有还是无权占有？

（2）丙相对于甲，是有权占有还是无权占有？

（3）谁有权请求丙返还电脑？

回答：（1）有权占有。

（2）无权占有。

（3）甲凭所有权，可请求丙返还电脑。

2. 案情：甲将房屋 A 出卖给乙，向乙交付后，甲又将房屋 A 出卖给丙，为丙办理过户登记。

问题：（1）乙相对于甲，是有权占有还是无权占有？

（2）乙相对于丙，是有权占有还是无权占有？

（3）谁有权请求乙返还房屋 A？

回答：（1）有权占有。

（2）无权占有。

（3）丙凭所有权，可请求乙返还房屋 A。

（五）无权占有：善意占有与恶意占有

根据无权占有人是否知道或应当知道自己为无权占有，无权占有可以进一步划分为善意占有与恶意占有。

1. 善意占有与恶意占有的区分

（1）善意占有，是指占有人不知道且不应当知道自己为无权占有的占有；

（2）恶意占有，是指占有人知道或应当知道自己是无权占有的占有。

2. 区分善意占有与恶意占有的法律意义

（1）在占有物发生毁损、灭失的情况下，善意占有人无需承担赔偿责任，而恶意占有人则应当承担赔偿责任；

（2）在无权占有期间产生费用的情况下，善意占有人享有费用返还请求权，而恶意占有人则不享有费用返还请求权。

> 💡 **提 示**
>
> Ⓐ 善意占有与恶意占有的区分意义，在于"损坏要不要赔""费用能不能要"；
> Ⓑ 善意占有与恶意占有均属于无权占有，而任何无权占有人均应承担返还义务。

三、占有的保护

占有的保护，直接以"占有"为依据，而无需以占有物上的"权利"为依据。

（一）占有的权利推定效力

在原告请求被告返还占有物的诉讼中：

1. 如果原、被告均不能证明自己享有诉争之物上的权利，因被告占有标的物，故法律推定被告享有标的物上的权利。

2. 如果原告举证证明标的物为自己原占有，则被告需证明自己现占有的来源；否则，法律推定原告享有标的物上的权利。

原　　　告	被　　　告	后　　　果
不能证明是自己的	无需证明是自己的	推定是被告的
证明了自己的原占有	需证明自己现占有的来源	否则，推定是原告的

📖 **实例精粹**

案情：甲向法院起诉，要求乙返还电脑 A，并声称电脑 A 是自己的。乙拒绝返还，也声称电脑 A 是自己的。

问题：（1）如果甲无法举出任何证据，则法院推定电脑 A 是谁的？

　　　（2）如果甲证明其于 1 周前占有电脑 A，而乙却无法证明自己对电脑 A 的占有来源，则法院推定电脑 A 是谁的？

回答：（1）乙的。

　　　（2）甲的。

（二）返还原物请求权人侵害无权占有

返还原物请求权人侵害无权占有，是指一方本有权请求对方返还原物，却采取了侵占对方占有的方式。其法律后果是：

1. 返还原物请求权人侵害无权占有的，依然构成"占有的侵害"。

2. 由于无权占有人本应返还原物，故其不得主张占有的保护。

📖 **实例精粹**

案情：甲的电脑被乙拾得，甲从乙处抢回电脑。

问题：（1）甲对乙是否构成占有的侵害？

　　　　（2）乙能否对甲主张占有返还请求权？

回答：（1）是。

　　　　（2）否。

─────

💡 提　示

非返还原物请求权人侵害无权占有

Ⓐ 构成占有的侵害；

Ⓑ 无权占有人可主张占有返还原物请求权。

─────

（三）物权人侵害有权占有

1. 物权人侵害有权占有的，构成"占有的侵害"。

2. 由于有权占有人本就无需向物权人承担返还义务，故在受到物权人侵害的情况下，其可以主张占有的保护。

📖 **实例精粹**

案情：甲的电脑被乙留置，甲从乙处偷回电脑。

问题：（1）甲对乙是否构成占有的侵害？

　　　　（2）乙能否对甲主张占有返还请求权？

回答：（1）是。

　　　　（2）能。

情　　形		甲侵害乙的占有之后果
甲 的	乙应当向甲返还（无权占有）	①甲构成占有的侵害；②甲无需向乙返还原物
	乙无需向甲返还（有权占有）	①甲构成占有的侵害；②甲应向乙返还原物

专题 **21**

── 无权占有的返还 ──

一、无权占有返还请求权的冲突

无权占有返还请求权的冲突，是指 2 个或 2 个以上的权利人，均对同一无权占有人主张返还请求权的情形。此时，无权占有人应当向"终极权利人"承担返还义务。

📖 **实例精粹**

案情：甲将电脑出租给乙，乙将电脑出借给丙。在甲、乙之间的租赁合同，乙、丙之间的借用合同均已到期后，甲、乙均向丙请求返还电脑。

问题：丙应向谁承担返还义务？

回答：甲作为所有权人，为"终极权利人"，故丙应向甲承担返还义务。

二、无权占有的返还规则

（一）无权占有之原物产生新物的返还规则

1. 前提

无权占有之原物，在无权占有期间产生了新物。

2. 规则

（1）原物，应当向返还请求权人返还；

（2）新物，也应向返还请求权人返还。

占有时	返还时	返还规则
A	A+a	A：返还
		a：返还

（二）无权占有之原物毁损、灭失时的返还规则

1. 前提

无权占有之原物，在无权占有期间发生了全部或部分的毁损、灭失。

2. 规则

（1）善意占有，无权占有人的返还，以返还时的范围为限，即不负赔偿责任；

（2）恶意占有，无权占有人的返还，以占有时的范围为限，即应负赔偿责任。

📖 **实例精粹**

案情：乙从甲处偷得 A、B 两台电脑，出卖给丙。1 个月后，甲请求丙返还，但是电脑 A 已经毁损。

问题：（1）甲能否请求丙返还电脑 B？

（2）甲能否请求丙赔偿电脑 A？

回答：（1）能。

（2）视情况而定。如果丙不知道电脑为盗窃物，无需承担电脑 A 的赔偿责任；反之，则需要。

占有时	返还时	返还规则
A	A-a	善意占有：A-a（不负赔偿责任）
		恶意占有：A（负赔偿责任）

（三）无权占有的费用偿付规则

无权占有的费用，是指无权占有期间，占有人为保管占有物所支付的必要费用。

1. 善意占有人，有权请求偿付必要费用。

2. 恶意占有人，不得请求偿付必要费用。

三、无权占有与不当得利

（一）相同之处

无权占有与不当得利的相同之处在于，均拿了人家的东西，且应予返还。

（二）不同之处

1. 拿了人家的东西后，是否取得不同。
（1）没取得的，构成无权占有；
（2）取得了的，构成不当得利。
2. 返还请求权的性质不同
（1）无权占有返还请求权为物权请求权或占有保护请求权；
（2）不当得利返还请求权为债权请求权。

▤ 实例精粹

案情：甲遗失提包，包里有 5000 元现金，被乙拾得。

问题：（1）关于提包：
　　　　　①提包是谁的？
　　　　　②乙对提包构成不当得利还是无权占有？
　　　　　③甲请求乙返还提包，是什么请求权？
　　　　　④如果乙将其所拾得的提包交丙还债，甲应请求谁返还提包？
　　　（2）关于现金：
　　　　　①现金是谁的？
　　　　　②乙对现金构成不当得利还是无权占有？
　　　　　③甲请求乙返还现金，是什么请求权？
　　　　　④如果乙将其所拾得的现金交丙还债，甲应请求谁返还现金？

回答：（1）①甲的。
　　　　　②无权占有。
　　　　　③物权请求权或占有保护请求权。
　　　　　④丙。此时丙为无权占有人。
　　　（2）①乙的。
　　　　　②不当得利。
　　　　　③债权请求权。
　　　　　④乙。此时乙为无权占有人。

四、无权占有与无因管理

（一）指向的问题

1. 无权占有期间，占有物发生毁损的，占有人是否应当赔偿损失？
2. 无权占有期间，占有物产生必要费用的，占有人能否主张返还？

（二）分析的路径

1. 占有人证明自己构成善意占有的，无需承担赔偿责任，且有权请求必要费用的返还。

2. 占有人想还的，构成无因管理。

（1）占有人没有故意或重大过失的，无需承担赔偿责任；

（2）占有人有权请求偿付必要费用。

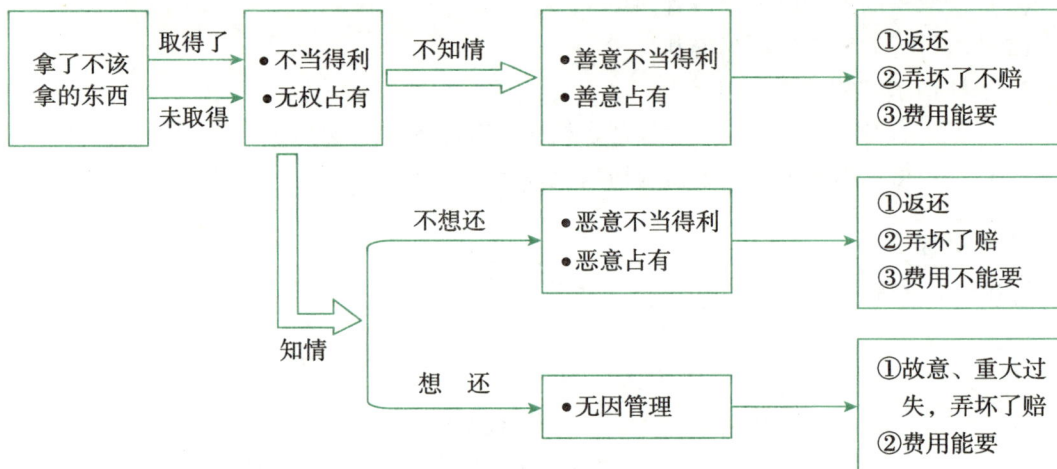

实例精粹

案情：甲请求乙返还羊 A。

问题：（1）经查，羊 A 是李四从甲处偷去后卖给乙的，乙不知情。

　　　　①如果乙饲养羊 A 花费 300 元，乙是否有权请求甲偿付该笔费用？

　　　　②如果羊 A 已经被老鹰抓走，乙是否承担赔偿责任？

　　　（2）经查，羊 A 是李四从甲处偷去后卖给乙的，乙知情。

　　　　①如果乙饲养羊 A 花费 300 元，乙是否有权请求甲偿付该笔费用？

　　　　②如果羊 A 已经被老鹰抓走，乙是否承担赔偿责任？

　　　（3）经查，乙发现甲的羊 A 在李四处，遂从李四处买下，打算返还给甲。

　　　　①如果乙饲养羊 A 花费 300 元，乙是否有权请求甲偿付该笔费用？

　　　　②如果羊 A 已经被老鹰抓走，乙是否承担赔偿责任？

回答：（1）①是。乙构成善意占有。

　　　　②否。乙构成善意占有。

　　　（2）①否。乙构成恶意占有。

　　　　②是。乙构成恶意占有。

　　　（3）①是。乙构成无因管理。

　　　　②否。乙构成无因管理，且无故意或重大过失。

03

第 三 编

债与合同法

第 *10* 讲 ◄◄◄
债 法 总 论

22
——— 债 的 分 类 ———

一、意定之债与法定之债

1. 意定之债，是指债权、债务的内容由当事人自主决定的债。意定之债包括：

（1）合同之债；

（2）单方允诺之债，如基于悬赏广告所产生的、以赏金支付为内容的债。

2. 法定之债，是指债权、债务的内容由法律直接规定的债。法定之债包括：

（1）不当得利之债；

（2）无因管理之债；

（3）侵权之债。

二、财物之债与劳务之债

根据债务人付出的是财产还是纯粹的行为，债可以分为财物之债与劳务之债。

1. 区分方法

（1）财物之债，是指以财产为标的的债，即债务人"付出财物""付出权利"的债，如买卖合同之债、侵权之债、不当得利之债；

（2）劳务之债，是指以劳务为标的的债，即债务人"付出劳务"的债，如委托合同之债、行纪合同之债、中介合同之债。

2. 区分意义

区分财物之债与劳务之债的意义在于，财物之债存在强制执行的可能性，而劳务之债不可能强制执行。

三、财物之债：特定之债与种类之债

根据债务人付出的财产是特定物还是种类物，财物之债可进而分为特定之债与种类

之债。

💡 **提　示**

劳务之债中，不存在特定之债与种类之债的区分。

---

1. 区分方法

（1）特定之债，是指以特定物给付为标的的债，即可以确定标的是"哪一个"的债；

（2）种类之债，是指以种类物给付为标的的债，即不能确定标的是"哪一个"的债。

2. 区分意义

（1）债务履行前，标的物毁损、灭失的，特定之债即发生履行不能，债务人继续履行的义务即告免除；

（2）种类之债则不会发生履行不能，债务人继续履行的义务不得因标的物毁损、灭失而免除。

四、单一之债与多数人之债

根据当事人一方人数是否为 2 人或 2 人以上，债可分为单一之债与多数人之债。

1. 单一之债，是指债的双方人数均为 1 人的债。

2. 多数人之债，是指债的一方或双方人数为 2 人或 2 人以上的债。

3. 债的一方为 2 人或 2 人以上，以"共同的名义"（如名称、商号）对外订立合同时，为单一之债。

📖 **实例精粹**

案情：甲、乙、丙为经商营业，现欲租房。

问题：（1）如果甲、乙、丙三人作为承租人与丁订立房屋租赁合同，此为单一之债，还是多数人之债？

　　　（2）如果甲、乙、丙三人组建名称为"阳光料理"的合伙企业，以"阳光料理"的名义与丁订立房屋租赁合同，此为单一之债，还是多数人之债？

回答：（1）多数人之债。

　　　（2）单一之债。

五、多数人之债：连带之债与按份之债

根据多数人一方的对外关系，多数人之债可进一步分为连带之债与按份之债。

（一）连带之债

连带之债，是指债之关系的多数人一方，每一人均得对外主张全部债权，或均需对外承担全部债务的债。

1. 连带债权

部分连带债权人就实际受偿部分，应按照内部份额比例，向其他债权人分配。

2. 连带债务

部分连带债务人履行的债务超过自己份额的，可享有"债权人的权利"，但不得损害债权人的利益。

债权人的权利	超额履行的连带债务人	不得损害债权人的权利
债 权	追偿权	（无）
债权的担保权	追偿权的担保权	债权的担保权优先于追偿权的担保权受偿

实例精粹

案情：甲、乙、丙与张三订立买卖合同，约定三人以100万元的价格购买张三的房屋，且连带承担价金债务。甲、乙、丙内部约定各自出资比例为3：3：4。李四以房屋A向张三设立抵押，并办理了抵押登记手续，担保三人价金债务的履行。现甲向张三支付了80万元价款。

问题：（1）张三是否继续享有房屋A上的抵押权？
（2）甲能否享有房屋A上的抵押权？
（3）在房屋A的价值上，张三的抵押权与甲的抵押权，受偿顺位如何？

回答：（1）是。张三还有20万元的债权尚未受偿。
（2）能。甲超额履行的50万元，可以向乙、丙追偿。此追偿权可受到房屋A抵押权的担保。
（3）张三的抵押权优先。追偿权人对债权人担保权的享有，不得损害债权人的利益。

提 示

部分连带债务人对债权人享有到期债权，且其对债权人行使抵销权的，后果与其偿还债务相同。

3. 部分连带当事人的债务免除

（1）部分连带债务人的债务被债权人免除的，在该连带债务人应当承担的份额范围内，其他债务人对债权人的债务消灭。

实例精粹

案情：甲、乙、丙对张三负连带债务100万元，内部约定各自比例为3：3：4。现张三免除甲的债务。

问题：此时，张三与甲、乙、丙的债之关系如何？

回答：乙、丙对张三承担连带债务70万元。

（2）部分连带债权人免除债务人债务的，在扣除该连带债权人的份额后，不影响其他连带债权人的债权。

🗐 实例精粹

案情：甲、乙、丙对张三享有连带债权 100 万元，内部约定各自比例为 3∶3∶4。现甲免除张三的债务。

问题：此时，甲、乙、丙与张三的债之关系如何？

回答：乙、丙对张三享有连带债权 70 万元。

（二）按份之债

1. 按份之债，是指按份债权人或按份债务人，按照自己的份额对外享有债权、承担债务的债。

2. 按份之债的多数人一方内部不存在分配或者追偿的问题。

六、简单之债与选择之债

（一）简单之债

简单之债，是指只有一种标的的债。在简单之债中，债务人只能按照一种确定的标的进行给付，而别无选择，否则即构成债务的不履行。

（二）选择之债

选择之债，是指存在多种标的以供选择的债。在选择之债中，债务人履行多种标的中的任何一种，即构成债务的履行。选择之债中所存在的多种标的之间，应当具有"质"的不同；当事人对于债务履行"量"上的灵活性约定，不构成选择之债，而为简单之债。

1. 选择权

（1）选择权的归属，当事人没有约定或约定不明的，归债务人，即由"给付选项的一方"择其方便者履行。

> **💡 提　示**
>
> 当事人未约定选择权的，"给啥要啥"。

（2）享有选择权的当事人在约定期限内或者履行期限届满未作选择，经催告后在合理期限内仍未选择的，选择权转移至对方。

🗐 实例精粹

案情：甲与乙订立买卖合同，约定甲将手机 A 或电脑 B 出卖给乙。买卖合同没有约定选择权的归属。

问题：（1）谁享有选择权？

　　　（2）如果甲逾期未作选择，经催告仍不选择，怎么办？

回答：（1）甲。当事人没有约定选择权的，由债务人选择。债务人是指给付选项的一方。

　　　（2）选择权归属于乙。

（3）当事人行使选择权应当及时通知对方，通知到达对方时，债务标的确定。非经对方同意，确定的债务标的不得变更。

2. 选择之债的履行不能

（1）原则上，可选择的债务标的之中发生不能履行情形的，享有选择权的当事人不得选择不能履行的标的。

（2）但是，该不能履行的情形是由对方造成的除外。此时，选择权人选择履行不能之选项的，合同构成履行不能，当事人均有权解除之。

实例精粹

案情：甲与乙订立买卖合同，约定甲将手机 A 或电脑 B 出卖给乙，由乙享有选择权。及至乙行使选择权时，电脑 B 已经毁损。

问题：（1）经查，电脑 B 因洪水而毁损。乙能否选择购买电脑 B？

（2）经查，电脑 B 因甲保管不善而毁损。乙能否选择购买电脑 B？

回答：（1）不能。

（2）能。此时，如果乙选择购买电脑 B，甲、乙之间的买卖合同构成履行不能，甲、乙均有权解除合同。

专题23 债的移转

一、债权让与

债权让与，又称债权转让，是指债权人与受让人订立债权让与合同，约定债权人将其对债务人的债权转让给受让人，并通知债务人的债的移转形式。

（一）债权让与的要件

1. 债权人与受让人订立债权让与合同

（1）债权让与合同成立时生效；

（2）债权让与合同一经生效，债权人对债务人的债权即转移至受让人。

2. 通知债务人

债权让与需通知债务人，而无需征得债务人的同意。因债权转让增加的履行费用，由债权人负担。

（1）通知债务人，是债权让与合同对债务人生效的条件。通知到达债务人时，债务人即应当对受让人履行债务。

（2）债权让与的通知到达债务人后，未经受让人同意的，不得撤销。

📖 实例精粹

案情： 甲借给乙1万元。甲与丙订立债权让与合同，约定甲将其对乙的债权转让给丙。

问题：（1）如果甲、丙之间的合同订立后，并未通知乙，那么：

　　　　①丙能否享有对乙的债权？

　　　　②如果乙到期向甲偿还了借款，丙能否请求乙向自己再次还款？

　　　　（2）如果甲、丙之间的合同订立后，通知了乙。1周后，甲又将债权转让给丁，并通知乙向丁履行债务，但未经丙的同意。现债务到期，乙应向谁履行债务？

回答：（1）①能。债权让与合同成立时，债权即发生转移。

　　　　②不能。因未通知乙，乙向甲还款，履行对象正确，乙的债务已经消灭。丙只能请求甲向自己返还不当得利。

　　　　（2）丙。债权让与的通知到达债务人后，未经受让人同意的，不得撤销。

（二）债权让与的后果

1. 部分债权转让

债权人将其部分债权转让给受让人的，债权人、受让人对债务人形成按份债权。

2. 债务未转让

在双务合同中，债权让与并不导致债务转移，债务主体不发生变化。

📖 实例精粹

案情： 甲、乙订立买卖合同，约定甲以1万元的价格将机器设备A出卖给乙。现甲将3000元价金债权转让给丙，并通知了乙。

问题：（1）现在法律关系如何？

　　　　（2）现在谁向乙承担交付机器设备A的债务？

回答：（1）甲、丙按照7∶3的比例对乙享有按份债权1万元。

　　　　（2）甲。债权让与并不导致债务的转让。

二、债务承担

债务承担，是指受让人对债务人所欠债务的承担。

（一）并存的债务承担

并存的债务承担，又称债务加入，是指在受让人承担债务的同时，债务人的债务并不因此消灭的债务承担形式。

1. 债务加入的通知到达债权人时，该债务加入生效。但是，债权人在合理期间内拒绝受让人加入债务的除外。

2. 债务加入生效后，受让人对债权人承担连带债务清偿责任。

📖 **实例精粹**

案情：甲借给乙10万元。丙向甲通知，愿意在6万元的范围内，与乙共同承担债务。

问题：（1）如果丙向甲偿还了2万元，现甲有权请求丙偿还多少钱？

　　　（2）如果乙向甲偿还了2万元，现甲有权请求丙偿还多少钱？

回答：（1）4万元。

　　　（2）6万元。

（二）免责的债务承担

免责的债务承担，又称债务转让，是指债务人与受让人订立债务承担合同，约定债务人将其对债权人的债务转让给受让人，且在债务承担的范围内，债务人债务归于消灭的债务承担形式。

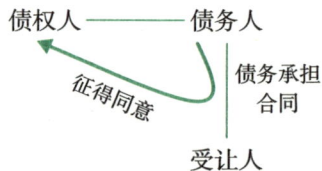

```
          债权人 ———————— 债务人
            ↖              │ 债务承担
    征得同意  ↖            ↓   合同
                 受让人
```

1. 要件

（1）债务人与受让人订立债务承担合同。该合同一经成立，效力待定。

（2）债权人同意的，债务转让合同自始有效，受让人成为新的债务人；债权人拒绝的，债务转让合同自始无效，受让人不能成为债务人。

（3）债务人或者第三人有权对债权人进行催告。债权人在催告后的合理期限内未作表示的，视为拒绝。

2. 法律后果

（1）部分债务转让

债权人同意债务人将其部分债务转让给受让人的，债务人、受让人对债权人形成按份债务。

（2）债权未转让

在双务合同中，债务转让并不导致债权转移，债权主体不发生变化。

📖 **实例精粹**

案情：甲、乙订立买卖合同，约定甲以1万元的价格将机器设备A出卖给乙。现乙将3000元价金债务转让给丙，甲表示同意。

问题：（1）现在法律关系如何？

　　　（2）现在谁享有请求甲交付机器设备A的债权？

回答：（1）乙、丙按照7∶3的比例对甲负担按份债务1万元。

　　　（2）乙。债务转让并不导致债权的转让。

三、抗辩权延续

（一）前提

债务人对债权人享有抗辩权。

$$债权人 \xleftarrow{\quad 抗辩权 \quad} 债务人$$

（二）债权转让，抗辩权延续

债务人对债权人享有抗辩权，债权人将债权转让给受让人并通知债务人的，债务人可继续对受让人主张抗辩权。

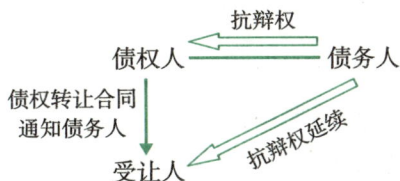

实例精粹

案情：甲与乙订立买卖合同，约定甲以 1 万元的价格将机器设备 A 出卖给乙。甲将对乙的 1 万元价金债权转让给丙，并通知了乙。现价金债权到期，丙请求乙支付价金。经查，甲向乙交付的机器设备 A 存在品质瑕疵，无法使用。

问题：乙能否以此为由拒绝向丙支付价款？

回答：能。乙对甲享有的双务合同抗辩权，乙可以对丙主张。

（三）债务转让，抗辩权延续

债务人对债权人享有抗辩权，债务人将债务转让给受让人且经债权人同意的，受让人可继续对债权人主张抗辩权。

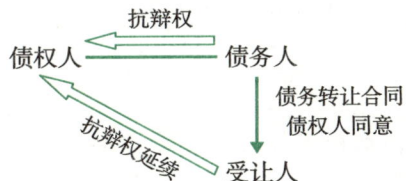

实例精粹

案情：甲与乙订立买卖合同，约定甲以 1 万元的价格将机器设备 A 出卖给乙。乙经甲同意，将价金债务转让给丙。现价金债务到期，甲请求丙支付价金。经查，甲向乙交付的机器设备 A 存在品质瑕疵，无法使用。

问题：丙能否以此为由拒绝向甲支付价款？

回答：能。乙对甲享有的双务合同抗辩权，丙可以对甲主张。

（四）债权转让、债务转让中的抗辩权延续

债务人对债权人享有抗辩权，债权人、债务人均将其债权、债务转让给受让人的，债务受让人可继续对债权受让人主张抗辩权。

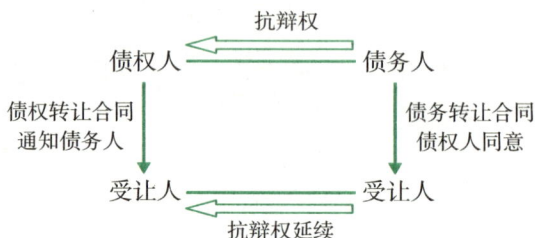

四、抵销权延续

（一）前提

债务人对债权人享有抵销权。其要件是：

1. 债务人在另一法律关系中对债权人享有债权。

2. 债务人对债权人的债权已经到期。

（二）债权转让中的抵销权延续

债权人将债权转让给受让人，通知债务人的，债务人可继续对受让人主张抵销权。

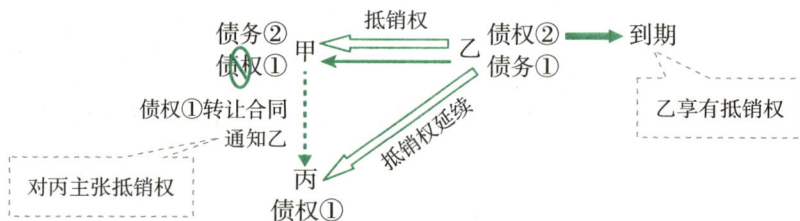

📖 实例精粹

案情：甲借给乙10万元，乙尚未偿还。此外，甲、乙还订立买卖合同，约定乙将机器设备A出卖给甲，甲应于8月20日交付价款10万元。买卖合同订立后，乙如约将机器设备A交付予甲。

问题：（1）如果及至8月20日，甲未如约向乙交付价款，且乙于8月30日收到了甲将对乙的借款债权让与丙的通知，那么：

　　　①乙自何时起对甲享有抵销权？

　　　②乙自何时起对丙享有抵销权？

（2）如果乙于8月5日收到了甲将对乙的借款债权让与丙的通知，那么：

　　　①此时，乙能否对丙主张抵销权？

②若及至 8 月 20 日，甲未如约向乙交付价款，此时，乙有权向谁主张抵销权？

回答：（1）①8 月 20 日。债务人对债权人的债权到期时，即享有对债权人的抵销权。

②8 月 30 日。债权让与的通知到达时，债务人享有对债权受让人的抵销权。

（2）①否。此时乙的债权未到期，乙尚不享有抵销权。

②丙。债权让与中抵销权延续的条件已经具备。

（三）债务转让中的抵销权不延续

债务人征得债权人同意，将债务转让给受让人的，受让人不得对债权人主张抵销权。

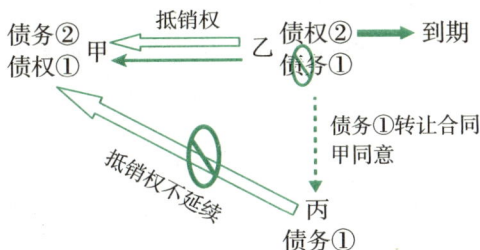

📖 实例精粹

案情： 甲借给乙 10 万元，乙尚未偿还。此外，甲、乙订立买卖合同，约定乙将机器设备 A 以 10 万元的价格出卖给甲。现甲未如约交付价款。

问题：（1）如果甲将借款关系中的债权转让给丙，并通知了乙。现丙请求乙偿还借款，乙能否对丙主张抵销权？

（2）如果乙经甲同意，将借款关系中的债务转让给丁。现甲请求丁偿还借款，丁能否对甲主张抵销权？

回答：（1）能。债权让与，抵销权延续。

（2）否。免责的债务承担，抵销权不延续。

	债务人对债权人享有抗辩权	债务人对债权人享有抵销权
债权转让，通知债务人	抗辩权延续	抵销权延续
债务转让，债权人同意	抗辩权延续	抵销权不延续

五、不得转让的债权与债务

（一）根据性质不得转让的债权与债务

根据性质不得转让的债权、债务，是指因具有人身专属性，而不得与债权人、债务人相分离的债权、债务。具有人身专属性的债权、债务主要包括：

以"特定人"为基础的债权、债务	基于"人身信任"所生之债权、债务
	不作为债务以及所对应的债权

续表

以"特定身份"为基础的债权、债务	基于家庭身份所生之债权、债务
	基于社会身份所生之债权、债务
以"血汗"为基础的债权、债务	基于人身损害所生之债权、债务
	劳动工资债权、债务

（二）约定不得转让的债权

债权人、债务人约定债权不得转让的：

1. 该约定具有内部效力。一方违反约定转让债权的，应向对方承担违约责任。

2. 该约定可否具有对外效力？

（1）当事人约定非金钱债权不得转让的，不得对抗善意第三人；

（2）当事人约定金钱债权不得转让的，不得对抗第三人。

实例精粹

案情：甲、乙订立买卖合同，约定甲将一台电脑出卖给乙，乙支付价金1万元，且双方的债权均不得转让。

问题：（1）如果乙将请求甲交付电脑的债权转让给丙，并通知了甲。甲能否以"债权不得转让"之约定为由，拒绝向丙交付电脑？

（2）如果甲将请求乙交付价金的债权转让给丙，并通知了乙。乙能否以"债权不得转让"之约定为由，拒绝向丙交付价金？

回答：（1）视情况而定。要看丙是否知道或应当知道甲、乙间"债权不得转让"之约定。

（2）不能。

（三）依照法律规定不得转让的债权与债务

根据法律的强制性规定禁止转让的债权、债务，不得转让。例如，主债权人在保留主债权的情况下，对外单独转让担保权；又如，经批准而生效的合同，当事人一方未经批准，即与他人订立债权让与合同或债务承担合同。

专题24

债的保全

债的保全，是指债务人责任财产的保全，即法律赋予债权人为自己债权的实现，保全债务人的责任财产充实，避免因债务人责任财产不足而导致债权不能实现的特殊法律手段。

一、代位权

债的保全制度中的代位权，又称债权人的代位权，是指债务人怠于向次债务人主张债权，有损于债权人的债权时，债权人直接对次债务人主张债务人的债权的权利。

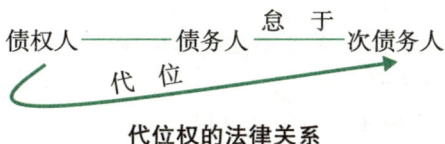

代位权的法律关系

（一）代位权的成立条件

1. 两个债权均到期。

（1）债权人对债务人的债权应当到期，否则，债权人主张代位权没有必要；债务人对次债务人的债权也应当到期，否则，债权人主张代位权没有可能。

（2）债权人的债权到期前，债务人对次债务人的债权存在下列紧急情况的，债权人可代位采取必要行动：

❶债务人的权利诉讼时效期间即将届满的，债权人可以代位向债务人的次债务人请求其向债务人履行；

❷次债务人破产，债务人未及时申报破产债权的，债权人可以代位向破产管理人申报破产债权。

2. 债务人构成"怠于"。

（1）债务人未以"诉讼"或者"仲裁"方式向次债务人主张债权，即构成"怠于"；

（2）至于债务人是否以其他方式主张债权，则在所不问。

3. 债务人所怠于主张的债权，必须是非专属于债务人的债权。

（1）债务人对次债务人的债权具有专属性的，债权人不得行使代位权。

如前文所述，专属于债务人的债权包括：

以"特定"债务人为基础的债权	基于"人身信任"所生之债权
	不作为债务以及所对应的债权
以债务人的"特定身份"为基础的债权	基于家庭身份所生之债权
	基于社会身份所生之债权
以债务人的"血汗"为基础的债权	基于人身损害所生之债权
	劳动工资债权

（2）债权人对债务人的债权是否具有专属性，则在所不问。

债权人对债务人的债权	债务人对次债务人的债权	后　　果
专属性		不影响代位
	专属性	不得代位

实例精粹

案情： 甲对乙的债权已经到期，乙对丙有债权且也已到期。乙未对丙提起诉讼或申请仲裁，也未向甲偿还债务。

问题：(1) 如果甲对乙的债权为借款债权，乙对丙的债权为人身损害赔偿债权，甲能否提起代位权之诉？

(2) 如果甲对乙的债权为人身损害赔偿债权，乙对丙的债权为借款债权，甲能否提起代位权之诉？

回答：(1) 不能。乙对丙的债权具有人身专属性。

(2) 能。乙对丙的债权不具有人身专属性，至于甲对乙的债权是否具有人身专属性，在所不问。

(3) 如果债务人所怠于主张的权利为物权请求权，也没有由他人代位主张的可能。

📖 实例精粹

案情：甲、乙订立买卖合同，约定甲购买乙的汽车 A。现因乙的汽车 A 被丙抢走，乙无法向甲交付。

问题：(1) 甲能否直接请求丙返还汽车 A？

(2) 甲能否对丙代位主张乙的返还原物请求权？

回答：(1) 否。甲的债权具有相对性，不能对丙主张。

(2) 否。物权请求权不得代位。

4. 有损债权。

(1) 有损债权实现，即债务人怠于主张债权，导致其责任财产不充实，进而导致债权人的债权因此不能实现；

(2) 题目中未明确是否有损债权的，推定为有损债权。

📖 实例精粹

案情：甲对乙的 10 万元借款债权已经到期，乙对丙的 10 万元价金债权也已到期。乙未对丙提起诉讼或申请仲裁，也未向甲偿还债务。

问题：(1) 甲能否对丙提起代位权之诉？

(2) 如果乙有可自由支配的现金资产 1000 万元，甲能否对丙提起代位权之诉？

回答：(1) 能。

(2) 不能。

(二) 代位权的行使规则

1. 代位权的行使，以诉讼方式为之。

(1) 代位权之诉的诉讼当事人

❶原告：债权人。债权人提起代位权之诉，要求以自己的名义。

❷被告：次债务人。

❸无独立请求权第三人：债务人。原告未列出的，法院可依职权追加。

(2) 代位权之诉的管辖法院

代位权之诉的管辖法院，为次债务人住所地法院。

2. 债权人主张代位的范围

债权人行使代位权，应以"债权人的债权"为限，即在债权人的"债权额"与债务人的"债权额"之间。行使代位权的数额，"就低不就高"。

（三）行使代位权的法律后果

1. 对次债务人履行的受领

（1）代位权之诉中，债权人胜诉的，次债务人直接向债权人履行清偿义务；

（2）在次债务人向债权人清偿的范围内，债权人与债务人、债务人与次债务人之间相应的债权债务关系即告消灭。

2. 行使代位权费用的承担

（1）诉讼费由次债务人承担，并可向债务人追偿；

（2）除此之外的其他必要费用，由债务人承担。

3. 代位权之诉中的抗辩权

（1）债务人对债权人有抗辩事由的，次债务人可以向债权人主张；

（2）次债务人对债务人有抗辩事由的，次债务人可以向债权人主张；

（3）在代位权之诉的诉讼过程中，次债务人还可以直接向债权人提出诉讼中的抗辩。

二、撤销权

债的保全制度中的撤销权，又称债权人的撤销权，是指债务人向第三人不当处分财产，导致其责任财产减少，有损于债权人债权时，债权人撤销债务人与第三人的不当处分行为的权利。

债权人 ———— 债务人 ——不当处分—— 第三人

撤 销

撤销权的法律关系

（一）撤销权的成立条件

1. 债务人向第三人实施"不当处分"行为。

（1）不当处分行为，是指导致债务人责任财产减少的行为。导致债务人责任财产未增加的行为，债权人不得撤销。

实例精粹

案情：甲借给乙 100 万元，乙到期未还。

问题：（1）如果乙将房屋 A 赠与丙，甲能否对乙的行为予以撤销？

（2）如果乙拒绝了丙向其赠与房屋 A 的表示，甲能否对乙的行为予以撤销？

回答：（1）能。

（2）不能。

（2）不当处分行为的类型

❶ 无偿处分行为

第一，无偿转让财产。

第二，放弃债权担保。

第三，放弃债权。此时，债权人应当"先撤销、后代位"；否则，第三人已非次债务人，债权人代位权无法行使。

第四，恶意延长到期债权的履行期。此时，债权人也应当"先撤销、后代位"；否则，第三人的债务尚未到期，债权人代位权无法行使。

第五，其他导致债务人责任财产减少的行为。

❷ 不等价处分行为

第一，以明显不合理的低价转让财产。债务人以未达到正常价格的70%的价格向第三人转让财产的，可认定为"明显不合理的低价"。

第二，以明显不合理的高价受让财产。债务人以超过正常价格的30%的价格受让第三人财产的，可认定为"明显不合理的高价"。

❸ 为他人债务担保

为他人债务提供担保的，构成不当处分，债权人可以撤销。

为他人债务提供担保的情形	后　　果
债务人为他人债务提供担保	不当处分，债权人可以撤销
公司为他人债务提供担保	需经股东会同意，法定例外情形除外

▤ 实例精粹

案情：甲银行借给乙公司100万元，乙公司到期未还。此时，乙公司将房屋A抵押给丙公司。

问题：（1）如果乙公司将房屋A抵押给丙公司，担保自己对丙公司的货款债务，那么：
　　　　①甲银行可否撤销该担保行为？
　　　　②乙公司的担保行为，是否需经乙公司股东会决议？
　　　（2）如果乙公司将房屋A抵押给丙公司，担保丁公司对丙公司的货款债务，那么：
　　　　①甲银行可否撤销该担保行为？
　　　　②乙公司的担保行为，是否需经乙公司股东会决议？

回答：（1）①不可以。
　　　　②不需要。
　　　（2）①可以。
　　　　②原则上需要，具有无需股东会决议的法定情形的除外。

2. 第三人恶意。

在不等价处分财产、为他人债务提供担保两种情况下，债权人撤销权的成立，以第三人"恶意"为条件，即第三人知道或应当知道自己与债务人的交易损害了债权人的债权。

	表　　现	备　　注
无偿处分	（1）无偿转让财产	（无）
	（2）放弃债权担保	

续表

	表　　现	备　　注
无偿处分	（3）债务人放弃债权	先撤销、后代位
	（4）债务人恶意延长到期债权的履行期	
不等价处分	（1）以明显不合理的低价转让财产	相对人需"恶意"
	（2）以明显不合理的高价收购财产	
为他人债务担保	为他人的债务提供担保	

3. 债务人对第三人的不当处分行为，发生在债权人的债权存续期间；如果债务人对第三人的不当处分行为发生在债权人的债权成立之前，其行为无损于债权，债权人没有撤销权。

实例精粹

案情：2016 年 5 月 1 日，甲借给乙现金 1 万元，现乙的债务未履行。经查，2016 年 2 月 1 日，乙将自己的房屋赠与丙。2016 年 7 月 1 日，乙将自己的汽车赠与丁。

问题：甲可以撤销乙的哪一项赠与行为？

回答：2016 年 7 月 1 日乙对丁的汽车赠与。

4. 有损债权。

（1）有损债权，是指不当处分行为导致债务人责任财产减少，进而导致债权人的债权因此不能实现；

（2）题目中未明确是否有损债权的，推定为有损债权。

（二）撤销权的行使规则

1. 撤销权的行使，以诉讼方式为之。

（1）撤销权之诉的诉讼当事人

❶原告：债权人。

❷被告：债务人。

❸无独立请求权第三人：第三人。原告未列出的，法院可依职权追加。

（2）撤销权之诉的管辖法院，为债务人住所地法院。

2. 撤销权之诉的提起时间

（1）债权人应自知道或者应当知道撤销事由之日起 1 年内，行使撤销权；

（2）债权人自债务人的不当处分行为发生之日起 5 年内未行使撤销权的，其撤销权消灭。

（三）撤销权行使的法律后果

1. 一经撤销，债务人对第三人的不当处分行为自始无效。这意味着：

（1）如果处分的标的物尚未交付，债务人不得向第三人交付。

（2）如果处分的标的物已经交付，第三人应予返还。此时，第三人向债务人返还标的物，充实债务人责任财产后，债权人再依据其债权请求债务人履行债务。

> **总结** 代位权之诉、撤销权之诉债权人胜诉后的履行
>
> Ⓐ 代位权之诉，债权人胜诉后，次债务人向债权人履行；
>
> Ⓑ 撤销权之诉，债权人胜诉后，第三人需要返还不当处分财产的，向债务人返还。

2. 债权人行使撤销权的费用承担：债权人行使撤销权所支付的律师代理费、差旅费等必要费用，由债务人负担。

专题25 债 的 消 灭

一、履行

（一）债务人负担数笔同种类债务

1. 界定的问题

债务人对债权人负债数笔，且标的相同，债务人履行了一部分，但是履行数额并不能导致其全部负债的清偿。在此种情况下，需要界定的是，债务人所履行的债务，是其所负担的"数笔"债务中的"哪一笔"？

2. 规则

（1）有约定，按约定	
（2）无约定，第一次看时间［到期、未到期］	优先抵充已到期的债务
（3）均到期，看担保	优先抵充缺乏担保或者担保数额最少的债务
（4）担保相同，看主债	优先抵充债务负担较重的债务
（5）债额相同，第二次看时间［先到期、后到期］	按照债务到期的先后顺序抵充
（6）到期时间相同，按比例抵充	

（二）债务人负担一笔复合内容的债务

1. 界定的问题

债务人对债权人所负担的债务只有一笔，但是该笔债务由本金（主债务）、利息和费用三部分组成。债务人履行了一部分，但是履行数额并不能导致其全部负债的清偿。那么，债务人所履行的债务，是其所负担的本金、利息还是费用？

2. 规则

（1）当事人有约定的，从其约定；

（2）当事人没有约定的，按照"费用——利息——本金"的顺序抵充。

（三）以物抵债

以物抵债，又称代物清偿，是指债权人与债务人约定，债务人以他种给付代替其所负

担的给付，从而使债消灭的情形。

1. 性质

以物抵债的本质是一种债务履行方式的变通，即债务人以 B 给付代替本来所应履行的 A 给付，而非债之双方废止旧债、缔结新债。

2. 分类

（1）履行期届满前达成的以物抵债协议

履行期届满前达成的以物抵债协议，为实践合同。债务人未将抵债物让渡给债权人的，债权人不得请求债务人履行该协议。

实例精粹

案情：甲借给乙 100 万元，约定 10 月 20 日还款。如果甲、乙于 10 月 5 日达成协议：若乙到期不还款，则以房屋 A 充抵债务。及至 10 月 20 日，乙既未还款，又未将房屋 A 交甲抵债。

问题：（1）甲能否请求乙偿还 100 万元借款？

（2）甲能否请求乙交付房屋 A 并办理过户登记手续？

回答：（1）能。

（2）不能。

（2）履行期届满后达成的以物抵债协议

履行期届满后达成的以物抵债协议，为诺成合同。债权人有权基于该协议，请求债务人交付抵债物。

实例精粹

案情：甲借给乙 100 万元，约定 10 月 20 日还款。及至 10 月 20 日，乙未如约还款，甲、乙遂于 10 月 25 日达成协议：乙以房屋 A 充抵债务。但乙又未将房屋 A 交甲抵债。

问题：（1）甲能否请求乙偿还 100 万元借款？

（2）甲能否请求乙交付房屋 A 并办理过户登记手续？

回答：（1）能。

（2）能。

	性　　　质	效　　　力
履行期届满前达成的以物抵债协议	实践合同	不得请求履行
履行期届满后达成的以物抵债协议	诺成合同	可以请求履行

二、提存

提存，是指在债权人迟延受领的情况下，债务人向法定的提存机关履行债务，以消灭自己对债权人负债的法律事实。在我国，法定的提存机关是债务履行地的公证机关。

（一）提存的条件

债权人迟延受领，即债权人没有正当理由，不接受债务人的履行，导致债务人无法履行债务的，债务人可以将标的物向提存机关提存。

（二）提存的效力

1. 债权人取得提存物的所有权。在提存期间，提存物产生孳息的，债权人取得孳息的所有权。

2. 债权人承担提存物上的风险。

3. 自提存之日起 5 年内，债权人有权随时领取提存物，但需承担提存费用。债权人向提存部门书面放弃领取权的，债务人承担提存费用后，提存物向债务人返还。

4. 自提存之日起 5 年后，债权人未领取提存物的，领取权消灭。此时：

（1）原则上，提存物扣除提存费用后，归国家所有；

（2）例外情况是，债权人未履行对债务人的到期债务的，债务人承担提存费用后，提存物由债务人取回。

> **总 结** 提存中的两个"债务人承担提存费用后，提存物由债务人取回"：
> Ⓐ 提存 5 年内，债权人书面放弃领取权；
> Ⓑ 提存 5 年后，债权人有到期债务未向债务人履行。

（三）提存关系中的双务合同抗辩权

提存关系中的双务合同抗辩权，是双务合同抗辩权原理在提存制度中的体现。其基本内容是：

1. 在双务合同中，当事人双方互负债务。一方的债务已经提存，而另一方的债务已经到期，但是尚未履行。

2. 经提存一方当事人的要求，提存机构在对方当事人未履行债务，且未提供适当担保的情况下，有权拒绝其领取提存物。

📖 实例精粹

案情：甲、乙订立电脑买卖合同，约定甲以 1 万元的价格购买乙的电脑 A。乙应于 8 月 10 日交货，甲应于 9 月 10 日付款。8 月 10 日，因甲迟延受领，乙遂将电脑 A 提存。及至 9 月 10 日，甲未如约支付价金。

问题：（1）乙有无办法让甲无法领取提存的电脑 A？

（2）如果在提存后第 2 年，甲向提存机关书面表示放弃领取权，那么：

①提存的电脑 A 如何处理？

②电脑 A 向乙返还后，甲、乙间电脑买卖合同的债权、债务如何？

（3）如果经乙反复催要，甲仍不支付价金，5 年时间已过，那么：

①提存的电脑 A 如何处理？

②电脑 A 向乙返还后，甲、乙间电脑买卖合同的债权、债务如何？

回答：（1）有。乙可以向提存机关提出申请，在甲未支付价金，且未提供适当担保的情况下，提存机关有权拒绝甲领取电脑 A。

(2) ① 乙承担提存费用后，电脑 A 向乙返还。

② 乙有权请求甲支付价金，但乙对甲交付电脑 A 的债务，在提存时即归
于消灭。

(3) ① 乙承担提存费用后，电脑 A 向乙返还。

② 乙有权请求甲支付价金，但乙对甲交付电脑 A 的债务，在提存时即归
于消灭。

三、抵销

抵销，是指当事人双方基于两个法律关系互负债务时，互负的债务相互充抵而归于消灭的法律事实。

（一）法定抵销

法定抵销，即抵销权抵销，是指在符合法律规定的条件下，一方当事人可行使抵销权，在无需对方同意的情况下，依据单方意思表示与对方债务相互充抵的抵销。

1. 法定抵销的条件

（1）一组当事人，在两个法律关系中，互享债权、互负债务。

· 总 结 民法中，双务合同制度与抵销制度均涉及"互负债务"的问题，但是其各自的含义不同：

Ⓐ 一组当事人，在"一个法律关系"中互负债务，为双务合同；

Ⓑ 一组当事人，在"两个法律关系"中互负债务，为抵销结构。

（2）当事人所互负债务的标的、种类相同。

实例精粹

案情：甲将电脑出卖给乙，乙又将手机出卖给甲。

问题：（1）甲交付电脑的债务与乙交付手机的债务，可否相互抵销？

（2）甲支付手机价金的债务与乙支付电脑价金的债务，可否相互抵销？

回答：（1）不可以。

（2）可以。

（3）债权到期。在一组当事人基于两个法律关系互享同种类标的债权、互负同种类标的债务的格局之下，"债权"到期的一方享有抵销权，有权主动与对方抵销。

实例精粹

案情：甲借给乙 10 万元，乙应于 5 月 10 日还款。甲、乙订立买卖合同，约定甲购买乙的一台机器设备，甲应于 6 月 10 日支付价金。

问题：（1）现在是 4 月 20 日，谁享有抵销权？

（2）现在是 5 月 20 日，谁享有抵销权？

（3）现在是 6 月 20 日，谁享有抵销权？

回答：（1）甲、乙均不享有抵销权。

（2）甲享有抵销权。

（3）甲、乙均享有抵销权。

（4）法定抵销权的消极条件

❶ 债务人享有抗辩权的，债权人的债权纵然到期，也不享有抵销权。

❷ 专属于债务人自身之债务，不得抵销。专属性的债务主要包括：

以"特定人"为基础的债务	基于"人身信任"所生的债务
	不作为债务
以"特定身份"为基础的债务	基于家庭身份所生之债务
	基于社会身份所生之债务
以"血汗"为基础的债务	基于人身损害所生之债务
	劳动工资债务

实例精粹

案情： 甲、乙订立买卖合同，约定甲以10万元的价格将机器设备A出卖给乙。现甲已经向乙交付机器设备A，而乙未如约付款。此外，乙对甲的一笔10万元的债权也已到期。

问题： （1）如果甲向乙交付的机器设备A质量不符合约定，无法使用，甲能否享有抵销权？

（2）如果乙对甲的债权是人身损害赔偿债权，甲能否享有抵销权？

回答： （1）否。乙享有价金债务的抗辩权。

（2）否。乙的债权具有人身专属性。

❸ 当事人约定不得抵销的债务，不得抵销。

2. 抵销权的行使及其后果

（1）抵销权行使的方式，可以是抵销权人向对方当事人进行通知，也可以采取抗辩或诉讼、仲裁的方式。

（2）抵销权的行使，不得附条件、附期限。

（3）行使抵销权的单方通知，一经到达对方当事人即发生抵销的法律后果，即当事人在两个法律关系中互负的债务，在抵销范围内同时归于消灭。如果有余额，一方当事人仅就此余额履行。

（二）约定抵销

约定抵销，是指基于当事人的合意，在两个法律关系中所互负的债务相互充抵的抵销。

1. 在约定抵销情况下，由于存在当事人合意的基础，因此，无论当事人互负的债务标的是否种类相同、债权是否到期、诉讼时效是否届满、相应债权债务是否具有人身专属性，均可通过抵销的约定，使当事人互负的债务归于消灭。

2. 在约定抵销情况下，当事人互负的债务归于消灭的时间，为抵销合意达成之时。

四、混同

混同，是指基于特定法律事实，一个法律关系中的债权、债务，由同一个人享有和承担。

1. 混同事实

混同事实是指导致混同发生的事实。常见的导致混同发生的事实包括以下三种：

（1）转让。向债务人转让债权或向债权人转移债务。

（2）继承。例如，债权人继承了债务人的债务，或债务人继承了债权人的债权。

（3）法人合并。例如，债权人法人与债务人法人合并后，新法人承受了原法人的债权、债务。

2. 混同后果

（1）原则上，混同的债权、债务归于消灭；

（2）涉及第三人利益的除外。

实例精粹

案情：甲公司向乙公司出具本票，乙公司将该票据出质给丙公司。现甲、乙公司发生合并，甲、乙公司归于消灭，丁公司成立。

问题：（1）丁公司成立后，甲、乙公司之间的本票债权、债务关系如何？

（2）混同于丁公司之一身的本票债权、债务是否归于消灭？

回答：（1）本票债权、债务集于丁公司之一身，发生混同。

（2）否。由于本票债权现为丙公司的质权的客体，故混同的本票债权、债务并不消灭。这意味着，丙公司的本票债权质权依然存在，并且可以基于本票债权质权，请求本票债务人丁公司履行本票债务。

3. 连带之债的混同

（1）在连带债务中，部分连带债务人的债务与债权人的债权归于同一人的，在扣除该债务人应当承担的份额后，债权人对其他债务人的债权继续存在。

实例精粹

案情：甲、乙、丙对张三负连带债务 100 万元，内部约定各自清偿比例为 3∶3∶4。现张三死亡，张三对甲、乙、丙的 100 万元债权由甲继承。

问题：此时，债权、债务关系如何？

回答：乙、丙对甲负连带债务 70 万元。

（2）在连带债权中，部分连带债权人的债权与债务人的债务归于同一人的，在扣除该债权人应当享有的份额后，债务人对其他债权人的债务继续存在。

实例精粹

案情：甲、乙、丙对张三有连带债权 100 万元，内部约定各自受偿比例为 3∶3∶4。现张三死亡，张三对甲、乙、丙的 100 万元债务由甲继承。

问题：此时，债权、债务关系如何？

回答：乙、丙对甲有连带债权 70 万元。

五、免除

免除，又称债务免除，是指债权人放弃自己的债权、免除债务人的债务的行为。

1. 免除是一种法律行为，故行为人需具有相应的民事行为能力。

2. 免除是一种单方法律行为，故只需要债权人单方作出免除的意思表示即可，不以债务人的同意为条件。但是，债务人在合理期间内，有权拒绝。

3. 免除是一种有特定相对人的法律行为，故免除的意思表示必须向债务人或其代理人作出，方能引起免除的法律后果。

> **·总 结** 权利有特定对象的，放弃权利的意思表示，应向该特定对象作出。

专题
26

——————— 合同的订立 ———————

一、合同概述

（一）合同的概念及其辨析

合同，是指当事人之间设立、变更、终止"债权债务关系"的双方或多方法律行为。这意味着，以下情形不是合同：

1. 单方法律行为。如遗嘱行为、放弃权利的行为、行使形成权的行为。

2. 物权法律行为。例如，伴随动产交付、不动产登记所达成的变动物权的合意，其所引起的法律后果是物权变动，而非债权债务关系。

3. 身份法律行为。例如，结婚、收养，其所引起的法律后果是身份法律关系的产生，而非债权法律关系。

4. 好意施惠的约定。例如，约定搭便车，其不产生任何法律后果，不是民事法律行为。

（二）悬赏广告

悬赏广告，是指悬赏人对外作出的、向完成指定行为的人支付赏金的意思表示，如载明赏金的寻物启事。

1. 悬赏广告的性质为单方允诺，而非要约。

2. 完成广告指定行为的性质为事实行为，而非承诺。

3. 行为人完成指定的行为，即有权请求悬赏人支付赏金，而无需以行为人具有相应的民事行为能力为条件。

悬赏广告性质	单方允诺	非要约
指定行为性质	事实行为	非承诺
赏金请求权	完成即可要赏金，不问行为能力	行为能力非必要

📖 实例精粹

案情：甲的手机遗失，甲发出广告，允诺谁将手机送回，就给予谁1000元酬谢。现

8 岁的乙将手机送还给甲。

问题：甲能否以乙是限制民事行为能力人为由，拒不支付酬金？

回答：否。因甲的悬赏广告的性质为单方允诺，故乙送还手机的行为是事实行为，不需要具有民事行为能力。

（三）无名合同

1. 含义

无名合同，是指在法律中没有明确规定的"四不像"合同。

2. 效力

根据合同自由原则，无名合同并不因法律未作出规定而无效。

3. 无名合同的法律适用

（1）适用《民法典》合同编第一分编"通则"中关于合同的一般性规定；

（2）参照适用《民法典》合同编第二分编"典型合同"中最相类似的有名合同的规定。

▣ 实例精粹

案情：甲、乙双方达成协议，约定甲的手机与乙的电脑所有权相互交换。

问题：（1）甲、乙的协议是什么合同？效力如何？

（2）甲、乙的协议如何适用法律？

回答：（1）无名合同。因其并不违反法律行为的效力要件，故有效。

（2）既可适用《民法典》合同编第一分编"通则"中的一般规则，也可参照适用《民法典》合同编第二分编"典型合同"中买卖合同的特殊规则。

（四）利他合同

1. 含义

利他合同与束己合同相对应。

（1）利他合同，是指订立合同的人承担合同的债务，而该方的债权则由第三人享有的合同。

（2）束己合同，是指订立合同的人享有合同债权、承担合同债务的合同。现实中，绝大多数合同均为束己合同。

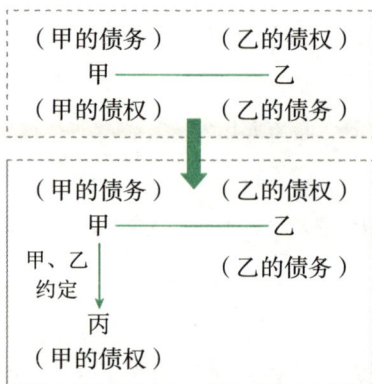

2. 利他合同的成立

（1）由第三人享有合同一方当事人的债权，无需征得该第三人的同意。

（2）第三人有权拒绝享有该债权。第三人表示拒绝的，该债权归属于订立合同的当事人。相应地，该合同即不再为利他合同，而回归为束己合同。

3. 利他合同的法律关系

（1）根据利他合同享有债权的第三人，有权直接向合同对方当事人主张自己的债权。在债务人违约时，第三人可追究债务人的违约责任。

（2）债务人对债权人的抗辩，可以向第三人主张。

实例精粹

案情：甲、乙订立买卖合同，约定甲以 10 万元的价格购买乙的汽车，甲先付款，乙后交车，且请求乙交付汽车的债权，由丙享有。

问题：（1）该合同是什么合同？

（2）如果乙未如约向丙交付汽车，那么：

①谁有权追究乙的违约责任？

②若乙未如约交付汽车是由于甲未如约交付价金，乙能否以此为由，拒绝向丙交付汽车？

（3）如果丙拒绝接受该债权，乙是否仍承担交付汽车的债务？

回答：（1）利他合同。甲这一方的付款债务由甲承担，交货债权设定给丙享有。

（2）①丙。

②能。乙对甲的抗辩，可以对丙主张。

（3）是。乙向甲承担交付汽车的债务。

二、要约

要约，是指要约人向受要约人作出的、愿意与之订立合同的意思表示。

（一）要约的对象

要约的对象即受要约人。其既可以是特定的人，也可以是不特定的人。例如，标价陈列、自动售货机、构成要约的商业广告，为受要约人不特定的要约。

（二）要约与要约邀请

要约邀请，是指诱使对方向自己发出要约的表示。要约邀请不是民事法律事实，不具有法律意义。要约与要约邀请的区分方法是：

1. 区分

（1）内容明确具体者，为要约；否则，为要约邀请。

实例精粹

案情：水果店老板甲对乙作出表示。

问题：（1）甲对乙说："水果便宜，要不？"甲的表示为要约，还是要约邀请？

（2）甲对乙说："西瓜 1 块钱 1 斤，要不？"甲的表示为要约，还是要约邀请？

回答：（1）要约邀请。

（2）要约。

（2）行为人未表示不愿接受约束者，为要约；否则，为要约邀请。

2. 法定的要约邀请形式

（1）寄送的价目表，即一方向对方寄送的，载明商品种类、价格的法律文件；

（2）拍卖公告，即拍卖人在拍卖开始前向社会公众发布的，告知拍卖召开时间、地点与拍卖物品，召集竞买人前来竞拍的法律文件；

（3）招标公告，即发标人在招标开始前向社会公众发布的，告知招标时间、地点、程序、投标人条件，召集投标人前来竞标的法律文件；

（4）招股说明书、债券募集办法、基金招募说明书，即公开发行股票、债券、基金前，就发行中的有关事项向公众作出披露的法律文件。

3. 商业广告的性质

（1）商业广告的要约与要约邀请的区分

商业广告，包括商业宣传，既有可能构成要约，也有可能构成要约邀请。其区分的方式，适用一般的要约与要约邀请的区分规则。

实例精粹

1. **案情**：甲公司发布商业广告，称现有一批 A 型进口汽车销售，价格为 30 万元/辆。乙见此广告后，带钱去甲公司买车。甲公司告知乙，该车已经售罄。

   问题：（1）甲公司的商业广告，性质是什么？

   （2）乙作出的买车的意思表示，性质是什么？

   （3）乙能否追究甲公司的违约责任？

   回答：（1）内容明确具体，且未说明不接受约束，为要约。

   （2）甲公司的商业广告是要约，乙的意思表示就是承诺。

   （3）能。乙构成承诺，买卖合同成立。甲公司不能履行交货义务，构成违约。

2. **案情**：甲公司发布债券募集办法，称将于 2023 年 4 月 1 日至 5 月 1 日发行公司债券，债期 1 年，利率 8%。乙见此说明书后，于 2023 年 4 月 10 日带钱去甲公司买债券。甲公司告知乙，债券已经售罄。

   问题：（1）甲公司的债券募集办法，性质是什么？

   （2）乙作出的购买债券的意思表示，性质是什么？

   （3）乙能否追究甲公司的违约责任？

   回答：（1）债券募集办法为要约邀请。

   （2）甲公司的债券募集办法是要约邀请，乙的意思表示就是要约。

   （3）不能。乙构成要约，甲公司并未作出承诺，债券购销合同并未成立，无约可违。

·总 结

Ⓐ 你是要约邀请，我同意，就是要约；

B 你是要约，我同意，就是承诺。

（2）构成要约的商业广告

构成要约的商业广告，性质为格式条款。这意味着：

❶ 受要约人一旦与该商业广告的发布人订立合同，广告内容即自动构成合同的条款；

❷ 如果发布人未实现其在广告中的允诺，将构成违约；

❸ 如果发布人发布虚假广告，合同构成欺诈，相对人有权撤销之。

实例精粹

案情：开发商甲在广告中说，小区内有百棵百年大树。乙注重绿化环境，遂购房。入住后发现大树并不存在。

问题：（1）乙能否解除合同？

（2）乙能否撤销合同？

回答：（1）能。开发商甲构成根本违约，乙有权解除商品房买卖合同，进而有权请求甲退房、还钱，并追究甲的违约责任。

（2）能。开发商甲构成欺诈，乙有权撤销商品房买卖合同，进而有权请求甲退房、还钱，并追究甲的缔约过失责任。

（三）要约的撤回与撤销

1. 要约的撤回

（1）含义

要约撤回，是指要约人阻止要约的生效。

（2）要件

撤回要约的意思表示先于要约到达，或者与要约同时到达受要约人的，要约即被撤回。

2. 要约的撤销

（1）含义

要约撤销，是指要约人撤销要约的效力。

（2）要件

❶ 撤销要约的意思表示后于要约到达受要约人的，要约即被撤销。

❷ 在如下情况下，要约不得撤销：

第一，在撤销意思表示到达受要约人前，受要约人已经作出承诺；

第二，要约人在要约中明示不得撤销；

第三，要约人在要约中规定了承诺期限；

第四，受要约人有理由认为要约不可撤销，并已经作了准备履约工作。

	含　　义	要　　　件	例　　外
要约撤回	阻止要约生效	先到或同时到	（无）
要约撤销	消灭要约效力	后　到	四项例外

实例精粹

案情： 10月10日上午，甲向乙发出第一封信函称："愿以10万元的价格购买你的A型设备。"信函发出后，甲反悔，遂于10月10日中午向乙发出第二封信函称："愿以10万元的价格购买A型设备的表示作废。"

问题： （1）如果第二封信函先于第一封信函到达乙处，那么：
　　①第二封信函的性质是什么？
　　②第一封信函能否作废？
　　（2）如果第二封信函后于第一封信函到达乙处，那么：
　　①第二封信函的性质是什么？
　　②第一封信函能否作废？

回答： （1）①要约的撤回函。
　　②能。要约已被撤回。
　　（2）①要约的撤销函。
　　②原则上能，但有四项例外。

（四）要约的失效

1. 含义

要约的失效，是指要约生效之后，其对要约人的约束力归于消灭，受要约人承诺的资格也就随之消灭。

2. 事由

（1）受要约人拒绝要约的通知到达要约人。

（2）要约人依法撤销要约。需要注意的是，要约的撤回，本质为阻止要约生效，其以要约尚未生效为前提，故要约的撤回，不属于要约失效的事由。

（3）承诺期限届满，受要约人未作出承诺。

（4）受要约人对要约的内容作出实质性变更。

实例精粹

案情： 10月10日，甲向乙发出要约称："愿以10万元的价格出售A型机器设备。"10月15日，甲收到乙的回复："不要。"10月20日，甲又收到乙的信函："愿以10万元的价格成交。"

问题： 乙的第二封信函的性质是什么？

回答： 新要约。

三、承诺

（一）受要约人有权承诺

1. 在要约人向不特定人发出要约的情况下，任何人均可作出承诺。

2. 在要约人向特定人发出要约的情况下，只有特定的受要约人方可作出承诺。

（二）承诺迟到

1. 含义

承诺迟到，是指承诺没有在承诺期限内到达要约人。

2. 法律后果

（1）迟发迟到：性质为新要约；

（2）早发迟到：承诺有效，但要约人及时通知受要约人因承诺超过期限不接受该承诺的除外。

实例精粹

案情：4 月 5 日，甲向乙发出书面要约称："愿以 10 万元的价格购买 A 型机器设备，请于 4 月 20 日前答复。"及至 4 月 30 日，甲收到乙的函件称："同意成交。"甲未置可否。

问题：（1）如果乙 4 月 25 日才发出该函件，该函件的性质为要约，还是承诺？

（2）如果乙 4 月 10 日即发出该函件，该函件的性质为要约，还是承诺？

回答：（1）新要约。

（2）承诺。甲未及时以迟到为由表示不接受。

（三）承诺的生效

1. 承诺生效的时间

（1）承诺到达要约人时，承诺生效；

（2）当事人一方通过互联网等信息网络发布的商品或者服务信息符合要约条件的，对方选择该商品或者服务并提交订单成功时合同成立，但是当事人另有约定的除外。

2. 承诺生效的法律意义

承诺一经生效，意味着要约人与受要约人达成了合意。

3. 承诺生效与合同成立的关系

（1）对于诺成、不要式合同而言，承诺生效时，合同成立；

（2）对于实践合同而言，在承诺生效之后、当事人交付标的物时，合同成立；

（3）对于要式合同而言，在承诺生效之后、法定或约定的形式要件具备时，合同成立。

	承诺生效	合同成立
实践合同		交付标的物，合同成立
要式合同	合意达成	具备形式要件，合同成立
诺成、不要式合同		合同成立

4. 合同成立的地点

（1）当事人约定合同签订地的，从其约定。即使当事人约定的合同签订地与实际签字或者盖章地点不符，仍以当事人约定的合同签订地为合同成立的地点。

（2）当事人未约定合同签订地的，双方当事人签字或者盖章的地点为合同成立的地点。双方当事人签字或者盖章不在同一地点的，应当认定最后签字或者盖章的地点为合同成立的地点。

四、格式条款合同

格式条款，是指由一方当事人事先制定的，对方当事人或者接受或者拒绝，而不得协商变更的合同条款。

格式条款合同，是指包含格式条款的合同。

（一）格式条款概述

1. 格式条款的表现形式具有灵活、多样性。其可以表现为书面合同文本中的打印体条款，也可以表现为店堂告示、标价单、服务细则、服务允诺、产品保修卡、构成要约的商业广告等形式。

2. 格式条款具有"自动构成合同内容"的特征。只要一方事先制定并加以公开，无论相对人在缔约时是否看到该条款的内容，也无论在缔约时当事人双方有无重申该条款的内容，该条款即自动成为合同的组成部分。

> **总 结**
> Ⓐ 商家对消费者的所有"规定""政策"，均为格式条款；
> Ⓑ 格式条款，公开就算，爱看不看。

实例精粹

案情：甲餐厅墙上挂有"服务允诺"，称："10分钟内上菜，否则顾客有权不付款。"乙来就餐时，甲餐厅对乙点的A菜未在10分钟内上桌。乙就餐完毕，才看到该"服务允诺"。

问题：乙是否有权不付A菜价款？

回答：是。

（二）格式条款合同的效力

1. 不当免责条款

（1）不当免责条款包括：

❶ 提供格式条款一方不合理地免除或者减轻其责任、加重对方责任、限制对方主要权利；

❷ 提供格式条款一方排除对方主要权利。

（2）不当免责条款的效力

❶ 不当免责条款无效；

❷ 不当免责条款也约束提供方的，有效。

实例精粹

案情：甲在乙健身房购买健身卡。健身卡记载："本卡使用期间为1年，任何一方主张顺延，需支付违约金1000元。"

问题：（1）甲在使用期间需要出国。甲主张顺延是否需支付违约金？

（2）乙健身房需要装修。乙健身房主张顺延是否需支付违约金？

回答：（1）不需要。"不得顺延"之约定，对甲无效。

（2）需要。"不得顺延"之约定，对乙健身房有效。

2. 正当免责条款

（1）含义

正当免责条款，是指格式条款的内容全部或部分免除提供一方的责任，限制了相对人的权利，但是却尚未导致当事人双方权利义务严重失衡的条款。

（2）效力

❶ 原则上，正当免责条款有效；

❷ 例外情况是，提供方未尽提示注意或说明义务的，该条款不构成合同的内容。

实例精粹

案情：甲购买乙通讯服务商的通话套餐，与乙通讯服务商订立格式条款合同。

问题：（1）如果合同约定："甲不得变更套餐。"该条款效力如何？

（2）如果合同约定："甲 30 年内不得变更套餐。"该条款效力如何？

（3）如果合同约定："甲 1 年内不得变更套餐。"该条款效力如何？

回答：（1）无效。排除对方主要权利，该条款无效。

（2）无效。不合理地限制对方主要权利，该条款无效。

（3）乙通讯服务商尽到提示注意、说明义务的，该条款有效；否则，该条款无效。

（三）格式条款的解释规则

当事人双方在对合同中格式条款的理解上产生分歧的：

1. 通常解释规则，即对格式条款的理解发生争议的，应当按照通常理解予以解释。

2. 不利解释规则，即通常解释不能，对格式条款有 2 种以上解释的，应当作出不利于提供格式条款一方的解释。

3. 非格式条款优先解释规则，即格式条款和非格式条款不一致的，应当采用非格式条款。

专题27

合同内容的确定

合同内容的确定规则，分为两个递进的步骤：①合同的解释；②法律的规定。

一、合同的解释方法

（一）文义解释

文义解释，是指在当事人对合同条款所使用的词句存在理解分歧的情况下，将一般社会观念对争议词句的最通常的理解作为该词句含义的合同解释方法。

实例精粹

案情：甲将房屋出租给乙，约定甲应当承担全部修缮费用，但是因"地震"引起房屋毁损的，修缮费用由甲、乙平摊。租期内，附近的加油站爆炸，引起地面剧烈震动，房屋毁损。甲认为发生了"地震"，乙表示反对。

问题：按照文义解释，是否发生了"地震"？

回答：否。按照文义解释，"地震"应是地壳内部的应力失衡所致，故加油站爆炸不构成"地震"。房屋的修缮费用应由甲全部承担。

（二）体系解释

体系解释，又称整体解释，是指依靠合同条款之间的逻辑联系，根据当事人明确约定的条款，推导出当事人未约定或未明确约定条款的合同解释方法。

实例精粹

案情：甲将其房屋出租给乙，合同的租金条款中约定："月租金 2000 元，总租金 4.8 万元。"

问题：按照体系解释，甲、乙租赁合同的租期是多久？

回答：由租金条款可以推知，租期为 24 个月。

（三）目的解释

目的解释，是指将当事人订立该合同所欲追求的目的，作为确定合同当事人未约定或者未明确约定的条款依据的合同解释方法。

实例精粹

案情：甲与乙教育培训机构就课外辅导达成协议，约定甲交费 5 万元，乙教育培训机构保证甲在接受乙教育培训机构的辅导后，高考分数能达到"二本线"。若未达到该目标，全额退费。结果甲高考成绩仅达到去年的二本线，与今年高考二本线尚差 20 分。

问题：甲是否有权要求退费？

回答：有权。根据目的解释，"二本线"应是指今年的二本线。

（四）习惯、惯例解释

习惯、惯例解释，是指将存在于法律规则之外的交易习惯、交易惯例，作为界定当事人权利、义务依据的合同解释方法。

实例精粹

案情：甲与乙订立买卖合同，约定甲购买乙的原材料，双方没有约定履行方式。现甲主张一手交钱、一手交货，乙表示反对，且证明了其与甲多次从事该原材料的买卖，都是先交钱、后交货。

问题：本次买卖如何履行？

回答：根据习惯、惯例解释，先交钱、后交货。

（五）诚实信用原则解释

诚实信用原则解释，是指从诚实信用原则对于合同当事人诚实守信、与人为善、不加害他人的要求出发，确定当事人未约定或未明确约定的内容的合同解释方法。

▣ 实例精粹

案情：甲与乙订立买卖合同，约定甲购买乙 200 万吨玉米，任何一方违约，应支付违约金 10 万元。现乙按期交货，但短缺 10 公斤。甲遂请求乙支付违约金 10 万元。

问题：甲的主张能否成立？

回答：否。根据诚实信用原则解释，10 万元违约金的约定，不应适用于本案中乙违约的情形。

二、法律对合同内容的规定

（一）对合同价格的规定

当事人对合同价款、报酬未为约定，且无法通过合同的解释加以明确的，按照订立合同时履行地的市场价格履行。

（二）对履行地点的规定

当事人对合同履行地点未为约定，且无法通过合同的解释加以明确的，按照如下规定确定：

1. 交付不动产的，在不动产所在地履行。

2. 给付货币的，在接受货币一方所在地履行。以支付金钱为内容的债，币种为履行地的法定货币。

3. 给付动产标的的，在履行义务一方，即交付动产标的一方所在地履行。

▣ 实例精粹

案情：A 地的甲与 B 地的乙订立买卖合同，约定甲将一台电脑出卖给乙，合同未约定履行地。

问题：（1）甲应将电脑运往 B 地交付给乙，还是乙应到 A 地甲处提取电脑？

（2）甲应到 B 地乙处收取价金，还是乙应将价金送往 A 地交付给甲？

（3）如果甲、乙也未约定电脑买卖价格，价格如何确定？

回答：（1）履行地为甲所在的 A 地（交货方所在地），故乙应到 A 地甲处提取电脑。

（2）履行地为甲所在的 A 地（收钱方所在地），故乙应将价金送往 A 地交付给甲。

（3）按照甲、乙订立买卖合同时，甲所在的 A 地的该类电脑的市场价格确定。

（三）对履行方式、履行费用的规定

当事人对合同履行方式、履行费用未为约定，且无法通过合同的解释加以明确的，按照如下规定确定：

1. 履行方式不明确的，按照有利于实现合同目的的方式履行。
2. 履行费用的负担不明确的，由履行义务一方负担。

实例精粹

案情：甲与乙约定，甲将一批玻璃器皿出卖给乙。双方未就包装、履行地点、运费作出约定。

问题：（1）甲是否应当对标的物妥善包装？
（2）甲包装所产生的费用，由谁来承担？
（3）甲将该批玻璃器皿送到乙处，还是乙到甲处提货？
（4）乙到甲处提货所产生的运费，由谁来承担？

回答：（1）是。按照有利于合同实现的方式履行。
（2）甲应承担包装费用。由履行义务一方承担履行费用。
（3）乙应到甲处提货。
（4）乙应承担运费。由履行义务一方承担履行费用。

（四）对履行期限的规定

当事人对合同履行期限未为约定，且无法通过合同的解释加以明确的，按照如下规定确定：

1. 一般原则
债务人可以随时履行，债权人也可以随时请求履行，但应当给对方必要的准备时间。
2. 买卖合同的价金支付时间
买受人应当在收到标的物或者提取标的物单证的同时，向出卖人支付价款。
3. 利息、租金的支付时间
（1）借款、租赁期限不满1年的，应当在返还借款、租赁期限届满时支付。
（2）借款、租赁期限1年以上的，应当在每届满1年时支付。剩余期间不满1年的，应当在返还借款、租赁期限届满时支付。

（五）电子商务中交付时间的规定

1. 订立的电子合同的标的为交付商品并采用快递物流方式交付的，收货人的签收时间为交付时间。
2. 电子合同的标的为提供服务的，服务凭证中载明的时间为交付时间。前述凭证没有载明时间或者载明时间与实际提供服务时间不一致的，实际提供服务的时间为交付时间。
3. 电子合同的标的物为采用在线传输方式交付的，合同标的物进入对方当事人指定的特定系统且能够检索识别的时间为交付时间。

合同的履行

一、双务合同履行抗辩权

双务合同具有对待给付，即一方债务的承担，系以对方债务的承担为条件，反之亦然。进而，如果一方当事人不履行债务，则对方当事人有权拒绝履行债务，这就是双务合同履行抗辩权。

（一）基本原理

1. 双务合同的认定

双务合同，是指双方在一个法律关系中互负义务的合同。在双务合同中，双方互负的义务为一组"双务"，其彼此间存在抗辩关系。

实例精粹

案情：甲借给乙一部手机，乙借给甲一台电脑。后乙到期未向甲返还手机。

问题：甲能否基于双务合同履行抗辩权，拒绝返还电脑？

回答：不能。甲、乙之间存在两个借用合同，故"返还手机债务"与"返还电脑债务"并非一组"双务"。

2. 双务合同中，一方所负债务为可分债务的，其之抗辩，应与对方不履行的数额相适应，即"等价抗辩"。

实例精粹

1. 案情：甲以 100 万元的价格将 100 箱货物出卖给乙，约定乙支付全部价款后，甲交货。

   问题：现乙只如约支付了 60 万元，甲在交货日届满时，能否拒绝交付全部货物？

   回答：不能。甲的债务为可分债务，适用等价抗辩原则，故甲只能拒绝交付 40 箱货物。

2. 案情：甲以 100 万元的价格将一辆汽车出卖给乙，约定乙支付全部价款后，甲交货。

   问题：现乙只如约支付了 60 万元，甲在交货日届满时，能否拒绝交付汽车？

   回答：能。甲的债务为不可分债务，不适用等价抗辩原则。

3. 双务合同履行抗辩权的行使，以抗辩权人的债务到期为前提。

（二）同时履行抗辩权

1. 履行顺序

双务合同中的当事人应同时履行。

2. 权利人

双方均可以对方未履行债务为由，拒绝履行自己的到期债务。

3. 违约责任

双方均享有同时履行抗辩权，故均不得追究对方的违约责任。

> **提 示**
>
> ❶ 有抗辩权而不履行的，不构成违约；
> ❷ 对方不得据此主张违约的后果，如违约责任、解除合同等。

（三）先履行抗辩权（顺序履行抗辩权）

1. 履行顺序

双务合同的当事人先后履行。

2. 权利人

后履行方有权以先履行方到期未履行债务为由，拒绝履行自己到期的债务。

3. 违约责任

因先履行方已经构成现实违约，故后履行方在享有先履行抗辩权的同时，还有权请求先履行方承担现实违约责任。

（四）不安抗辩权

1. 履行顺序

双务合同的当事人先后履行。

2. 权利人

先履行方有权以后履行方未来可能不履行债务为由，拒绝履行自己到期的债务。

3. 违约责任

后履行方在合理期限内未恢复履行能力且未提供适当担保的，先履行方有权解除合同，并追究对方的预期违约责任。

	抗辩权人	主张抗辩权的条件	对方的违约责任
同时履行抗辩权	双　方	双方债务到期，且对方未履行或履行不合格	无违约责任
先履行抗辩权	后履行方	对方债务到期，且未履行或履行不合格	现实违约责任
不安抗辩权	先履行方	自己债务到期，且能证明不安事由	预期违约责任

（五）多段履行

多段履行，是指在双务合同中，存在履行先后顺序的当事人一方或者双方，其债务履行方式为 2 次或者 2 次以上，并与对方债务的履行顺序交叉的情形。对于这种多段履行的情形，按照履行的先后顺序，以"分组把握"的方式来分析，确定当事人债务的履行顺序，并确定双务合同履行抗辩权的行使。

实例精粹

案情：甲、乙订立买卖合同，约定：①甲先交预付款；②乙后交货；③甲最后付余款。

问题：（1）如果甲未交预付款，乙是否有权拒绝交货？

（2）如果乙有可能无法交货，甲是否有权中止支付预付款？

（3）如果乙未交货，甲是否有权拒付余款？

（4）如果甲有可能不付余款，乙是否有权中止交货？

回答：（1）是。根据先履行抗辩权。

（2）是。根据不安抗辩权。

（3）是。根据先履行抗辩权。

（4）是。根据不安抗辩权。

二、第三人代为受领与代为履行

（一）一般原理

1. 含义

（1）第三人代为受领，是指债权人以外的第三人接受债务履行的行为；

（2）第三人代为履行，是指债务人以外的第三人履行债务的行为。

2. 第三人的法律地位

代为受领、代为履行中的第三人，均非当事人，不享有债权、不承担债务。

	相同之处	不同之处
代为受领	向第三人履行	第三人不是债权人
利他合同		第三人是债权人

📖 实例精粹

1. **案情**：云某从联合国以 300 万元的价格购买距离太阳系 286.5 光年的 DX3906 恒星，合同约定云某支付价款后，联合国制作记载程某姓名的恒星所有权证书，并交付给程某。

   问题：（1）程某是否为联合国的债权人？

   （2）若联合国未如约履行合同，谁有权追究联合国的违约责任？

   回答：（1）不是。恒星买卖合同并未约定将云某的债权设定给程某，故程某接受联合国的履行，为第三人代为受领。

   （2）云某。既然恒星买卖合同并未将云某的债权设定给程某，则云某依然为联合国的债权人。

2. **案情**：云某从联合国以 300 万元的价格购买距离太阳系 286.5 光年的 DX3906 恒星，合同约定云某支付价款后，联合国制作记载程某姓名的恒星所有权证书，并交付给程某，且约定云某的恒星所有权证书债权由程某享有。

   问题：（1）程某是否为联合国的债权人？

   （2）若联合国未如约履行合同，谁有权追究联合国的违约责任？

   回答：（1）是。恒星买卖合同约定将云某的债权设定给程某，故程某为债权人。该恒星买卖合同为利他合同。

   （2）程某。既然云某的债权设定给了程某，则程某为联合国的债权人。

（二）第三人代为履行的条件

1. 代为履行的第三人对履行该债务需具有合法利益。

2. 具有人身专属性的债务，不得代为履行。

3. 债权人、债务人约定禁止代为履行的，从其约定。

（三）第三人代为履行的后果

1. 代为履行正确

（1）债权人对债务人的债权、债务人对债权人的债务，均归于消灭。

（2）代为履行的第三人可享有"债权人的权利"。这意味着：

❶第三人可享有债权人对债务人的债权，对债务人享有追偿权；

❷第三人还可享有债权人的担保权，作为对追偿权的担保；

❸因代为履行，担保物上并存债权人的担保权与追偿权人的担保权的，债权人的担保权优先受偿。

📖 实例精粹

案情：甲借给乙100万元，丙以房屋A为甲设立抵押，并办理了抵押登记手续。丁替乙向甲偿还了80万元借款。

问题：（1）丁是否对乙享有追偿权？

（2）丁能否享有丙房屋A上的抵押权？

（3）丙的房屋A上甲的抵押权与丁的抵押权，受偿顺位如何？

回答：（1）是。丁可享有甲对乙的债权，故可以向乙追偿80万元。

（2）能。丁可享有甲在丙房屋A上的抵押权，并以此作为对乙80万元追偿权的担保。

（3）甲的抵押权优先于丁的抵押权受偿。

2. 代为履行不正确

（1）债权人对债务人的债权、债务人对债权人的债务，不能消灭。

（2）代为履行的第三人不能享有债权人的权利，即第三人不能对债务人享有追偿权，也不得享有债权人的担保权。

（3）因代为履行不正确，给债权人造成损失的：

❶债务人同意第三人代为履行的，债务人应承担违约责任；

❷债务人未同意第三人代为履行的，债务人不承担违约责任。

📖 实例精粹

案情：甲、乙订立买卖合同，约定甲出卖给乙100箱A型葡萄酒。及至交货日，丙将100箱A型葡萄酒向乙交付。乙将其对外销售后，消费者喝坏了肚子，乙承担赔偿责任，损失惨重。

问题：（1）乙是否仍有权请求甲交付A型葡萄酒？

（2）丙是否对甲享有追偿权？

（3）乙能否追究甲买卖合同上的违约责任？

回答：（1）是。丙代为履行不正确，乙的债权并未消灭。

（2）否。乙的债权并未消灭，甲对乙的债务依然存在。

（3）视情况而定。甲同意丙代为履行的，可以；否则，不可以。

专题29

—— 合同的解除 ——

合同的解除，是指基于合同当事人终止交易关系的意思表示，使合同的效力归于消灭。合同的解除是就有效的合同而言的，无效的合同不存在解除的问题。

类别Ⅰ	形　式	解除方法	类别Ⅱ
约定解除	约定解除条件、解除期限	条件成就、期限届满，合同自动解除	自动解除
	协议解除	协议达成，合同解除	双方解除
	约定解除权		单方解除（解除权解除）
法定解除	一般法定解除权	行使解除权，合同解除	
	特别法定解除权		

一、"约定解除权"与"约定解除条件"的区别

（一）约定解除权

1. 含义

约定解除权，是指当事人达成的若特定事实发生，则一方或者双方即享有合同解除权的约定。

2. 法律后果

约定解除权事由出现后：

（1）当事人享有解除权；

（2）当事人行使解除权的，合同解除。

（二）约定解除条件

1. 含义

约定解除条件，是指当事人达成的若特定事实发生，则合同解除的约定。

2. 法律后果

约定解除条件成就时，无需解除权的行使，合同自动解除。

	约定方式	后　果
约定解除权事由	若 A 事实出现，有权解除合同。	A 事实出现，解除权产生。若行使之，合同解除。
约定解除条件	若 A 事实出现，合同解除。	A 事实出现，合同解除。

二、一般法定解除权

任何合同中，存在如下事由的，当事人均有权解除合同：

（一）情势变更与不可抗力

1. 基本原理

（1）合同订立后、履行前，发生不可抗力的，当事人双方均有权解除合同；

（2）合同订立后、履行前，发生情势变更的，遭受不利的一方有权变更或解除合同。

2. 情势变更与不可抗力的区别

（1）情势变更的后果：对一方明显不公平或不能实现合同目的，即合同履行不公平；

（2）不可抗力的后果：合同履行不能。

3. 情势变更与正常风险的区别

（1）情势变更为当事人缔约时不可预见的市场异动。

（2）正常风险为当事人缔约时可以预见的市场正常波动。构成正常风险的，当事人不得主张变更或解除合同。

	相同点	区　　　别
情势变更与不可抗力	不可预见	情势变更：履行不公平；不可抗力：履行不能
情势变更与正常风险	市场变化	情势变更：不可预见（异动）；正常风险：可以预见（正常波动）

📖 实例精粹

1. 案情：甲、乙订立买卖合同后，甲以原材料价格上涨为由，主张涨价。

问题：甲能否主张涨价？

回答：不能。原材料价格上涨是正常风险，不具有法律意义。

2. 案情：甲、乙订立买卖合同后，因疫情导致原材料价格上涨至150%，甲以此为由主张涨价。

问题：甲能否主张涨价？

回答：能。此时，原材料价格上涨构成情势变更。

（二）债务人违约

1. 债务人债务到期前拒绝履行

（1）含义

债务人债务到期前拒绝履行，是指债务人在债务到期之前，所作出的拒绝履行债务的意思表示。其既可以明示，也可以默示。

（2）后果

债务人债务到期前拒绝履行的，债权人有权立即解除合同，并追究债务人预期违约责任。

📖 实例精粹

案情：甲、乙订立买卖合同，约定甲将生产的机器设备A出卖给乙。甲在债务到期前出卖了厂房、设备，并解散了工人。

问题：乙怎么办？

回答：乙可以等到甲的债务到期后，追究甲的现实违约责任；也可以立即解除合同，追究甲的预期违约责任。

2. 迟延履行

（1）含义

迟延履行，是指债务人超越债务履行期限，而未履行债务。

（2）要件

❶债务人所迟延履行的债务，为主要债务；

❷经债权人催告后，债务人在合理期限内仍不履行。

▤ 实例精粹

案情：甲与乙订立汽车买卖合同，约定甲将一辆汽车连同发票出卖给乙，乙支付价金10万元。现乙如约付款。

问题：（1）如果甲未如约将汽车交付给乙，乙次日能否解除汽车买卖合同？

（2）如果经乙催告后，甲在合理期限内仍未履行。乙能否解除汽车买卖合同？

（3）如果甲未如约交付发票，经乙催告后，甲在合理期限内仍未履行。乙能否解除汽车买卖合同？

（4）如果甲未如约交付发票，导致乙无法办理手续，汽车无法使用。经乙催告后，甲在合理期限内仍未履行。乙能否解除汽车买卖合同？

回答：（1）不能。乙未经催告。

（2）能。甲所迟延履行的是主要债务。

（3）不能。甲所迟延履行的是次要债务。

（4）能。甲所迟延履行的是主要债务。

3. 根本违约

（1）含义

根本违约，是指因债务人的违约，导致债权人的缔约目的落空，即订立合同所欲获得的利益不能实现。

（2）后果

债务人构成根本违约时，债权人无需催告即可解除合同，并追究债务人的违约责任。

▤ 实例精粹

案情：甲欲赴A地出差，需在A地过一夜，遂事先在A地乙酒店订好客房，并预交了住宿费。但乙酒店未如约提供客房，甲遂另寻住处，并提出解除合同，要求乙酒店退还房费。乙酒店认为，甲并未实施催告，故不得解除合同。

问题：乙酒店的主张是否于法有据？

回答：否。乙酒店并非构成迟延履行，而是构成根本违约，甲无需催告即可解除合同。

债务人违约	期前拒绝履行	债权人享有解除权
	迟延履行主要债务，经催告	
	根本违约	

（三）无需继续履行的非金钱之债

债务人承担非金钱给付义务的，在如下情况下，债务人有权拒绝继续履行合同债务：

1. 法律上或者事实上不能履行。

2. 债务的标的不适于强制履行。

3. 履行费用过高。

4. 债权人在合理期限内未请求履行。

在上述情况下，合同无法得以履行的，当事人双方均有权诉请解除合同。

三、解除权的行使

解除权的性质为形成权，权利人必须行使该权利，才能够引起合同解除的法律后果。

（一）解除权的行使方式

原则上，解除权的行使方式为单方通知。但是，如下两种解除权，需以诉讼或仲裁的方式为之：

1. 情势变更解除权。

2. 无需继续履行的非金钱之债的解除权。

（二）解除权的一般期间

在法律没有规定、当事人也未约定解除权行使期限的情况下，解除权期间的确定方法是：

1. 自解除权人知道或者应当知道解除事由之日起 1 年内不行使解除权的，解除权消灭。

2. 经对方催告后，解除权人在合理期限内不行使解除权的，解除权消灭。

（三）相对人的异议权

1. 相对人对解除权的行使有异议的，有权提出异议。

2. 异议权的行使期限，当事人有约定的，从其约定；当事人没有约定或者约定不明的，为相对人接到解除合同的通知之日起 3 个月。

3. 异议期间的法律意义

不享有解除权的一方向另一方发出解除通知，另一方即便未在异议期限内提出异议，也不发生合同解除的效果。

四、合同解除的时间和法律后果

（一）合同解除的时间

1. 解除权人对相对人解除合同的单方通知到达相对人时，合同解除。

2. 行使解除权的通知载明债务人在一定期限内不履行债务则合同解除的，合同解除的时间从其通知。

3. 当事人直接以提起诉讼或者申请仲裁的方式主张解除合同，法院或者仲裁机构确认该主张的，合同自起诉状副本或者仲裁申请书副本送达对方时解除。

实例精粹

案情：甲于 2 月 15 日对乙提起诉讼，乙于 2 月 20 日收到起诉状副本。10 月 20 日，法院确认甲享有解除权的判决生效。

问题：甲、乙之间的合同，自何时解除？

回答：2 月 20 日解除。

（二）合同解除的后果

1. 合同解除后到期的债务，终止履行。

2. 合同解除与违约责任

（1）在合同解除之前，债务人已经违约的，债权人请求债务人承担赔偿损失、违约金的违约责任请求权，不受影响。

（2）债权人享有担保权的，合同解除后，担保合同依然有效，担保人需继续担保债权人的赔偿损失、违约金请求权。

	担保合同效力	担保人责任
主合同无效	无 效	过错赔偿责任
主合同解除	有 效	担保责任

（3）解除权人通过诉讼主张解除合同，但未主张对方支付违约金或赔偿损失的，法院应予释明。

专题 **30**

——— 缔约过失责任 ———

一、缔约过失责任的含义

缔约过失责任，是指当事人违反先合同义务的法律后果。其中，先合同义务，是指依据诚实信用原则，缔约中的当事人向对方所承担的照顾、通知、协助、保护、保密及不加害等法定义务。

> **总　结**　违反先合同义务 = 缔约中 + 不诚信 = 承担缔约过失责任。

二、缔约过失责任的要件

（一）时间要件

1. 当事人违反先合同义务的行为，原则上发生于"缔约阶段"。
2. "缔约阶段"，是指要约生效之后、合同生效之前。
3. 合同成立之后、生效之前违反先合同义务的，也应当承担缔约过失责任。

📖 实例精粹

案情： 甲公司与乙公司订立买卖合同，约定如果丙公司同意与乙公司建立战略合作关系，乙公司就购买甲公司的机器设备。合同订立后，在乙、丙公司战略合作关系建立之前，甲公司将乙公司的商业秘密告知乙公司的竞争对手丙公司。

问题： 甲公司需对乙公司承担缔约过失责任，还是违约责任？

回答： 缔约过失责任。

（二）主体要件

作为一项合同责任，缔约过失责任也需遵守合同的相对性原理。因此，缔约过失责任的追究与承担，必须发生在缔约双方之间。

（三）责任形式

缔约过失责任的形态，为赔偿损失。

三、违反先合同义务行为的法定类型

1. 假借订立合同，恶意磋商。

📖 实例精粹

案情： 甲、乙同为儿童玩具生产商。六一节前夕，丙与甲商谈进货事宜。乙知道后向丙提出更优惠的条件，并指使丁假借订货与甲接洽，报价高于丙以阻止甲与丙签约。丙经比较与乙签约，丁随即终止与甲的谈判，甲因此遭受损失。

问题： （1）甲能否追究乙的缔约过失责任？
      （2）甲能否追究丙的缔约过失责任？
      （3）甲能否追究丁的缔约过失责任？

回答： （1）不能。甲、乙之间不存在缔约关系。
      （2）不能。尽管甲、丙之间存在缔约关系，但丙并无违背先合同义务的事实。
      （3）能。丁构成假借订立合同，恶意磋商。

2. 欺诈。即当事人一方在磋商过程中，故意隐瞒与订立合同有关的重要事实或者提供虚假情况，导致对方遭受财产损失。
3. 泄露、不正当使用对方的商业秘密。
4. 合同无效后的过错赔偿责任。
5. 其他违背诚实信用原则的行为。

专题 31

违约责任

一、违约责任的含义

违约责任，是指违反合同义务的法律后果。

二、违约责任的归责原则

（一）以严格责任为原则

1. 债务人违约的，即应承担违约责任，而不问债务人是否具有过错。

2. 因第三人原因导致债务人违约的，债务人仍向债权人承担违约责任。至于债务人与第三人之间的纠纷，按照相关法律规定或者约定来解决。

（二）严格责任原则的例外

1. 在无偿合同中，债务人具有"故意"或"重大过失"的，才承担违约责任。

2. 在如下四种有偿合同中，债务人违约责任的承担，需以过错为条件：

（1）有偿的保管合同；

（2）有偿的委托合同；

（3）客运合同，在旅客随身物品损害的情况下，承运人的违约责任；

（4）不动产抵押合同，因抵押人未办理抵押登记的违约责任。

三、无需继续履行的非金钱之债

（一）继续履行的含义

继续履行，是指在债务人构成违约的情况下，根据债权人的请求，债务人应当按照合同约定的内容，继续履行合同债务的违约责任形态。

（二）非金钱之债

在以下情况下，非金钱之债的债务人有权拒绝债权人继续履行的请求：

1. 法律不能或事实不能

（1）法律不能，是指基于法律上的原因，债务已经不可能继续履行；

（2）事实不能，是指基于事实上的原因，债务已经不可能继续履行。

2. 债务的标的不适于强制履行。

3. 债务的履行费用过高。

4. 债权人在合理期限内未请求履行。

如前文所述，在上述四种情形下，当事人有权请求法院或仲裁机构解除合同。

四、违约赔偿的范围

（一）直接利益损失

直接利益损失，又称"信赖利益损失"，是指因债务人违约给债权人已经造成的实际损失。

📖 **提 示**

直接利益损失的赔偿，无需以债务人缔约时的预见为条件。

📋 **实例精粹**

案情： 甲商场卖给王女士一盒化妆品，因化妆品质量存在缺陷，致王女士面部严重灼伤，花去医疗费10万元。这一后果为甲商场销售化妆品时无法预见。

问题：（1）王女士的10万元损失，属于直接利益损失，还是可得利益损失？

（2）甲商场是否应承担违约赔偿责任？

回答：（1）直接利益损失。

（2）是。直接利益损失的赔偿，不问预见。

（二）可得利益损失

可得利益损失，又称"期待利益损失"或"履行利益损失"，是指如果债务人正确履行债务，债权人由此本可得到、却未得到的利益损失。可得利益损失的赔偿条件是：

1. 债务人能够预见的债权人的可得利益，属于赔偿范围。

2. 债务人对债权人可得利益预见的时间，为合同订立时。

3. 债务人在合同订立时所预见到的债权人的可得利益，需具有合理性，即若债务人履行合同，债权人"必然"能够得到的利益。

🔖 **总 结** 违约可得利益赔偿的条件

债务人、缔约时、合理预见。

📋 **实例精粹**

案情： 甲与乙订立房屋买卖合同，约定甲将房屋A出卖给乙，且应于2月15日交房。乙与丙订立房屋租赁合同，约定乙将房屋A出租给丙，且应于2月16日交房，月租金2000元。现因甲向乙迟延交房3个月，导致乙向丙迟延交房3个月，乙因此向丙支付了违约金3000元。

问题：（1）乙能否请求甲赔偿自己的3000元违约金损失？

（2）乙能否请求甲赔偿自己3个月的租金损失？

（3）如果甲按时将房屋A交付给乙，而乙迟延交付100万元价金3个月，甲能否请求乙赔偿自己3个月的利息损失？

回答：（1）能。直接利益损失应予赔偿。

（2）视情况而定。如果甲与乙订立房屋买卖合同时知道乙向丙出租之事，则甲应予赔偿；反之，则无需赔偿。

（3）能。利息损失属于债务人缔约时的合理预见范围。

（三）债权人迟延受领

债务人按照约定履行债务，债权人无正当理由拒绝受领的：

1. 债务人可以请求债权人赔偿增加的费用。

2. 在债权人受领迟延期间，债务人无须支付利息。

五、加害给付

（一）含义

1. 加害给付，是指债务人的违约行为，造成了债权人人身、财产损失的情形。

2. 加害给付构成侵权责任与违约责任的竞合，债权人对因此所遭受的损害，既可依据违约责任寻求救济，也可依据侵权责任寻求救济，即"择一"主张。

（二）责任形态

1. 债权人主张侵权责任的，可请求债务人赔偿财产损失，但不包括可得利益损失。

2. 债权人主张违约责任的，可请求债务人赔偿财产损失，包括可得利益赔偿、违约金、重作、更换、降价。

> **提 示**
>
> 可得利益赔偿、违约金、重作、更换、降价，为违约责任所独有。

3. 债务人的违约行为损害债权人人格权并造成其严重精神损害的，债权人主张侵权责任时可以主张精神损害赔偿，主张违约责任时也可以主张精神损害赔偿。

总 结 基于违约责任的精神损害赔偿请求权 = 加害给付 + 走侵权也可以主张。

实例精粹

1. **案情**：甲从乙商场购买丙厂生产的热水壶，因其漏电，将甲灼伤。

   问题：（1）乙商场是否构成违约？

   （2）乙商场是否构成侵权？

   （3）甲基于违约责任，能否请求乙商场赔偿医疗费？

   （4）若灼伤严重，需截肢，甲基于违约责任，能否请求乙商场赔偿精神损害？

   回答：（1）是。乙商场交付的标的物质量不符合约定。

   （2）是。乙商场出售的商品致甲损害。

   （3）能。医疗费是乙商场违约给甲造成的直接利益损失。

   （4）能。乙商场构成加害给付，且基于侵权责任，乙商场也应承担精神损害赔偿责任。

2. **案情**：小牛在从甲小学放学回家的路上，将石块扔向路上正常行驶的出租车，致使乘客张某受伤，张某经治疗后脸上仍留下一大块伤疤。出租车为乙公司所有。

   问题：（1）乙公司是否构成违约？

（2）乙公司是否构成侵权？

（3）张某基于违约责任，能否请求乙公司赔偿医疗费？

（4）张某基于违约责任，能否请求乙公司赔偿精神损害？

回答：（1）是。承运人应当对运输过程中旅客的伤亡承担违约损害赔偿责任，但伤亡是旅客自身健康原因造成的或者旅客故意、重大过失造成的除外。本题中，不存在免责事由。

（2）否。乙公司并无侵权行为。

（3）能。医疗费是乙公司违约给张某造成的直接利益损失。

（4）不能。乙公司不构成加害给付。张某只能基于侵权责任，请求小牛及其监护人承担精神损害赔偿责任。

六、违约金与赔偿损失的关系

违约金，是指合同当事人所约定的，一方违约时应当向对方支付的一定数额的金钱。在当事人在合同中约定了违约金，且债务人违约造成债权人损失的情况下，债权人既享有违约金请求权，又享有赔偿损失请求权。此时：

（一）吸收

违约金吸收赔偿损失。债权人应主张违约金请求权，不再享有赔偿损失请求权。

（二）调整

1. 债权人申请调整

违约金"低于"应赔偿的损失的，债权人可申请增加违约金。

2. 债务人申请调整

违约金"过分高于"应赔偿的损失的，债务人可申请"适当减少"违约金。

（1）"过分高于"的认定

❶ 较之于应赔偿损失额：违约金超过造成损失的30%；

❷ 较之于标的额：违约金明显过高。

📋 **实例精粹**

案情：甲、乙订立合同，约定了违约金。现因甲违约，给乙造成损失。

问题：（1）如果合同约定的违约金为15万元，而乙的损失为10万元，违约金是否过高？

（2）如果合同的标的额为100万元，而约定的违约金为40万元，违约金是否过高？

回答：（1）是。违约金超过应赔偿之损失的30%，构成违约金过高，甲可请求法院适当减少。

（2）是。较之于标的额，违约金明显过高，甲可请求法院适当减少。

（2）违约金调整规则之例外

在债务人已经违约的情况下，债权人与债务人另行达成和解协议，并在和解协议中约定违约金，债务人对该和解协议又构成违约，债权人请求债务人承担和解协议之违约金的，债务人不得主张减少违约金数额。

（3）法院对债务人的释明义务

❶法院欲判令债务人承担违约金，债务人未主动申请适当减少违约金的，法院应予释明；

❷一审法院认为免责抗辩成立且未予释明，二审法院认为应当判决支付违约金的，可以直接释明并改判。

违约金调整规则

	是否"不告不理"	请求条件	请求效力	法院释明义务
债权人申请	不告不理	违约金"低于"损失	"增加"违约金	无需释明
债务人申请	不告不理	违约金"过分高于"损失	"适当减少"违约金	需要释明

七、违约金与定金的关系

在当事人在主合同中约定了违约金，又订立定金合同且交付定金的情况下，债务人违约的，债权人既享有违约金请求权，又享有定金罚则请求权，可择一主张。

（一）债权人选择定金

债权人选择定金的，适用定金罚则，违约金不再适用。

（二）债权人选择违约金

债权人选择违约金的，债务人支付违约金。接受定金一方，向对方单倍返还。

八、定金与赔偿损失

（一）背景

主合同当事人双方在主合同之外又订立定金合同，且交付了定金时，债务人违反主合同义务造成债权人损失的，债权人既享有定金罚则请求权，又享有赔偿损失请求权。

（二）处理

债权人主张定金罚则，其损害未能获得弥补的，债权人有权就未弥补的损害部分，请求债务人赔偿损失。

违约金+赔偿损失	吸收+调整
定金+违约金	择一主张
定金+赔偿损失	补充式并用

债务人赔偿损失、承担违约金责任或承受定金罚则，不能作为债务人无需继续履行的理由。

——— 买卖合同之一：无权处分、多重买卖 ———

买卖合同，是指当事人一方支付价款，交换对方当事人标的物所有权的合同。买卖合同的双方当事人为出卖人、买受人；买卖合同的标的物，包括动产、不动产，也包括无形的物，如电、水、气、热力等。

一、买卖中的无权处分

买卖中的无权处分，是指出卖人在没有标的物所有权，履行时也未获得标的物所有权的情况下，将标的物出卖给买受人的行为。

（一）合同有效

无权处分下，买卖合同有效，即依然具有债权效力。

（二）买受人取得的途径

1. 权利人追认的，买受人继受取得。
2. 符合善意取得条件的，买受人善意取得。

情 形	债权合同	买受人取得物权途径
买 卖		
动产质押	有效（具有债权效力）	• 权利人追认：继受取得 • 符合善意取得条件：善意取得
不动产抵押		

二、动产多重买卖的履行顺序

（一）普通动产多重买卖

不属于交通运输工具的动产，即为"普通动产"。在普通动产多重买卖中，每一个买卖合同均有效的情况下，出卖人的履行顺序如下：

1. 合法占有者优先。

2. 先支付价款者优先。

（1）支付价款的买受人，优先于未支付价款的买受人；

（2）先支付价款的买受人，优先于后支付价款的买受人。

3. 合同成立在先者优先。

（二）交通运输工具多重买卖

在车辆、船舶、航空器等交通运输工具多重买卖中，每一个买卖合同均有效的情况下，出卖人的履行顺序如下：

1. 合法占有者优先。

2. 过户登记者优先。

3. 合同成立在先者优先。

4. 占有优先于登记。即出卖人将标的物交付给买受人之一，又为其他买受人办理所有权转移登记的，已受领交付的买受人有权请求将标的物所有权登记在自己名下。

履行顺序	普通动产	交通工具
首　　先	合法占有者	合法占有者（占有优先于登记）
其　　次	先支付价款者	过户登记者
最　　后	合同成立在先者	合同成立在先者

专题 33

买卖合同之二：孳息收取、品质瑕疵担保责任、风险

一、买卖物的孳息收取

（一）基本原理

民法上的一般原则是，原物所生的孳息，归原物所有权人。

（二）买卖物的孳息收取规则

买卖标的物所产生的孳息，其收取权随标的物的直接占有的转移而转移，即标的物在直接占有转移之前产生的孳息，归出卖人所有；之后产生的孳息，归买受人所有。

> **总　结** 买卖物的孳息收取：不看所有看占有。

实例精粹

案情：甲将房屋出卖给乙，与乙订立了房屋买卖合同。

问题：（1）如果甲向乙交付了房屋，但并未办理过户登记手续。现乙将房屋出租给丙。谁有权收取租金？

（2）如果甲为乙办理了过户登记手续，但尚未向乙交付房屋。现甲将房屋出租给丙。谁有权收取租金？

回答：（1）乙。

（2）甲。

（三）占有改定后的孳息收取

动产买卖中，出卖人将动产向买受人占有改定的，占有改定完成之后，该动产所产生的孳息，由买受人收取。

📖 实例精粹

案情：甲将一只宠物狗出卖给乙，与乙约定：乙现在取得该狗的所有权，甲替乙保管半年后，向乙返还。在甲保管期间，该狗在甲处生下3只小狗。

问题：（1）占有改定完成后，甲、乙的法律关系是什么？

（2）在保管关系中，保管物所生的孳息，归属于谁？

回答：（1）保管关系。

（2）所有权人乙。

💡 提 示

买卖双方，在占有改定完成后，已不再是买卖关系，故适用一般的孳息收取规则。

二、标的物所有权转移与知识产权转移的关系

（一）原则

在买卖的标的物上存在出卖人知识产权的情况下，出卖人将标的物的所有权转移给买受人的，知识产权原则上并不发生转移。

（二）例外

1. 当事人另有约定，即当事人在买卖约定之外，另行达成了知识产权转让合意。

2. 根据法律的规定，作品原件的"展览权"随所有权的转移而转移。

📖 实例精粹

案情：甲创作了一幅画。

问题：（1）如果甲将该画出卖给乙，且向乙交付，但甲、乙未约定该画知识产权转移问题。该画的著作权归属于谁？

（2）如果甲将该画赠与乙，且向乙交付，但甲、乙未约定该画知识产权转移问题。随后，甲死亡，小甲是甲的唯一继承人。该画的著作权归属于谁？

回答：（1）甲。但展览权归属于乙。

（2）小甲。但展览权归属于乙。

三、出卖人的品质瑕疵异议期间

（一）"交付标的物"的义务（出卖人的一项主要给付义务）

在买卖合同中，出卖人不仅承担"移转所有权"的义务，而且承担"交付标的物"的义务。任何一项义务未履行，均会导致出卖人承担违约责任。

实例精粹

案情： 甲从乙网商处购买 A 型电脑一台。甲支付价款后，乙网商与丙快递公司订立货物运输合同，将一台 A 型电脑交丙快递公司运输。

问题：（1）现在该台 A 型电脑是谁的？

（2）如果丙快递公司在运输途中，不慎将电脑遗失。甲是否有权追究乙网商的违约责任？

回答：（1）甲的。出卖人将标的物交予承运人的，所有权转移。

（2）是。甲取得了电脑的所有权，但未获得该电脑。

（二）买受人的品质瑕疵异议期间的计算

品质瑕疵异议期间，又称检验期间、保质期间。出卖人将标的物交付给买受人之后，标的物质量、数量不符合约定的，买受人应当在异议期间内提出异议，方能够追究出卖人的品质瑕疵担保责任。

该异议期间的计算方式是：

1. 当事人有约定的，从其约定。当事人对于异议期间的约定，在如下两个方面受到法律的干预：

（1）当事人约定的检验期间过短，根据标的物的性质和交易习惯，买受人在检验期间内难以完成全面检验的：

❶ 当事人约定的期间依然有效，但视为买受人对标的物的"外观瑕疵"提出异议的期间；

❷ 买受人对隐蔽瑕疵提出异议的期间，为根据合同的具体情形所确定的"合理期间"。

（2）存在法定标准的情形

当事人约定的异议期间与法定期间，就长不就短。

2. 当事人没有约定异议期间的：

（1）买受人应当在发现或者应当发现标的物的数量或者质量不符合约定的"合理期间"内提出异议。但"合理期间"不得长于 2 年。

（2）买受人自收到标的物之日起 2 年内未提出异议的，之后不得提出异议。

（3）买受人签收的送货单、确认单等载明标的物数量、型号、规格的，除有相反证据外，推定买受人已经对外观瑕疵进行了检验，并予以认可，买受人不得再对标的物的外观瑕疵提出异议。

实例精粹

案情： 甲、乙订立买卖合同，约定甲将 300 台电脑出卖给乙，但未约定检验期间。甲将 300 台电脑交付给乙后，乙在载明数量、型号、规格的送货单上签字。

问题：（1）次日，乙发现电脑的数量只有 295 台。乙能否提出品质瑕疵异议？

（2）经查，乙在送货单上签字的同时，写明"3 天内完成数量清点、外观检验"。次日，乙发现电脑的数量只有 295 台。乙能否提出品质瑕疵异议？

（3）1 周后，乙发现电脑电路存在严重问题。乙能否提出品质瑕疵异议？

回答：（1）不能。乙在载明数量的送货单上签字，推定其当时已经清点数量。

（2）能。"当时已经清点"的推定被打破。

（3）能。乙在送货单上签字，并未确认产品不存在隐蔽瑕疵。

3. 品质瑕疵异议期间的排除

出卖人知道或者应当知道提供的标的物不符合约定的，买受人提出品质瑕疵异议，不受前述异议期间的限制。此时，只要未届满诉讼时效，买受人即可追究出卖人的违约责任。

（三）品质瑕疵异议期间的效力

1. 买受人在异议期间内提出异议，且异议成立的：

（1）出卖人履行不合格，应当承担品质瑕疵担保责任；

（2）除当事人另有约定外，买受人支付价款、确认欠款数额、使用标的物等事实，不构成买受人放弃异议权。

2. 买受人未在异议期间提出异议的：

（1）买受人不得再提出异议，出卖人的履行视为合格；

（2）出卖人自愿承担违约责任后，不得以异议期间经过为由反悔。

四、买卖标的物的风险承担

（一）理解

1. 风险承担

买卖关系中的风险，是指因不可归责于买卖双方当事人的事由，导致买卖标的物毁损、灭失的事实。由此产生的问题在于：买卖双方当事人之间"谁来承担损失""买受人是否还需要支付价金"。

> ● 总 结 "买卖风险题"的考法
>
> Ⓐ 买卖标的物毁损、灭失，谁承担风险？
>
> Ⓑ 买卖标的物毁损、灭失，谁承担损失？（而不是"谁承担责任"）
>
> Ⓒ 买卖标的物毁损、灭失，价金还要不要支付？

2. 风险转移

买卖合同中，在谁承担风险的时间内标的物发生毁损、灭失，就由谁承担损失。故风险转移，就是卖方承担风险的时间与买方承担风险的时间的过渡点。

买卖标的物毁损、灭失	发生在卖方承担风险的时间内	卖方承担损失，价金不能要
	发生在买方承担风险的时间内	买方承担损失，钱还要给

（二）买卖标的物的风险承担规则之一：直接易手

1. 直接易手的风险转移规则

直接易手，是指出卖人直接向买受人交付买卖物。

（1）当事人有约定的，从其约定。

（2）当事人无约定的，具备如下两个要件时，发生风险转移：

❶ 买卖合同关系成立；

❷ 标的物直接占有转移，即交货。

（3）因买受人迟延受领，导致出卖人未能按时交货的，风险转移予买受人。

💡 提 示 ───────────────────

直接易手的风险转移规则

Ⓐ 不区分动产、不动产；

Ⓑ 不考虑所有权是否转移。

📖 **实例精粹**

案情：甲与乙订立买卖合同，约定甲将物 A 出卖给乙。

问题：（1）如果甲将物 A 交付给乙，所有权尚未转移，物 A 因地震毁损，乙是否应当支付价金？

（2）如果乙未按期接收货物，物 A 因地震毁损，乙是否应当支付价金？

回答：（1）是。甲、乙订立了买卖合同，且直接占有转移，故风险已经转移。

（2）是。甲、乙订立了买卖合同，且乙构成受领迟延，故风险已经转移。

2. 直接易手的风险转移规则扩展

出卖人向买受人委托的第三人（如承运人、受托人）交付货物的，适用上述直接易手的风险转移规则。

出卖人向买受人交付	买卖合同 + 交货 = 风险转移
出卖人向买受人指定的第三人交付	买卖合同 + 受领迟延 = 风险转移

（三）买卖标的物的风险承担规则之二：间接易手

间接易手，是指出卖人未向买受人或其委托的第三人直接交货的情形。

1. 代办托运

代办托运，是指在买卖合同订立后，出卖人将标的物交予自己委托的第三承运人，由承运人将货物运抵买受人处或买受人指定之处的买卖标的物交割方式。

代办托运情况下的风险承担规则是：

（1）买卖合同的当事人双方明确约定承运人的交付地点的，出卖人将货物交付给承运人时，风险不发生转移。待承运人将标的物运抵该地点，交付给买受人时，风险由出卖人转移给买受人。

实例精粹

案情：甲开设网上商店，乙与甲订立买卖合同，购买甲销售的 A 旅游鞋，收货地为乙的居住地。合同订立后，甲将出售给乙的 A 旅游鞋交予丙快递公司承运。现丙快递公司在运输途中，不慎将该 A 旅游鞋毁损。

问题：乙是否需支付价金？

回答：否。

（2）买卖合同当事人双方未明确约定承运人的交付地点的，出卖人将货物交付给承运人时，风险由出卖人转移给买受人。

提 示

出卖人将标的物交予承运人时，无论风险是否发生转移，标的物的所有权原则上均发生转移。

		买卖合同 + 交货 = 风险转移
卖方向第三人交货	买方委托第三人收货	买卖合同 + 受领迟延 = 风险转移
	卖方委托第三人运货	目的地明确，风险不转移
		目的地不明确，风险转移

2. 在途货物买卖的风险承担

在途货物买卖，是指出卖人将由买卖双方之外的第三承运人正在运输的途中货物出卖给买受人的交易。

在途货物买卖的风险承担规则是：

（1）出卖人与买受人订立的在途货物买卖合同一经生效，在途货物的风险即由出卖人转移给买受人。

实例精粹

案情：甲公司、乙公司订立买卖合同，约定出卖人甲公司应将机器设备 A 交由他人承运，并指示其运至"广东方向"，具体地点由乙公司另行向承运人通知。合同订立后，甲公司遂将机器设备 A 交给丙运输公司。在丙运输公司向"广东方向"运输途中，乙公司与广东丁公司订立买卖合同，将机器设备 A 出卖给丁公司。次日，机器设备 A 因泥石流毁损。

问题：（1）乙公司是否应向甲公司支付价金？

（2）丁公司是否应向乙公司支付价金？

回答：（1）是。在甲公司、乙公司的买卖合同中，风险已经转移。

（2）是。在乙公司、丁公司的买卖合同中，风险已经转移。

（2）在途货物买卖合同成立时，标的物已经发生风险的，买受人不承担该风险。

提　示

在途货物买卖合同成立后，在途货物的所有权也发生转移。

（四）买卖合同风险承担与违约责任的关系

标的物毁损、灭失的风险由买受人承担的，不影响因出卖人履行债务不符合约定，买受人要求其承担违约责任的权利。

实例精粹

案情：甲、乙订立房屋买卖合同，约定了逾期交房违约金。甲逾期 1 年后，将房屋交付给乙。现在该房屋因泥石流毁损。

问题：（1）乙是否应当承担风险？

（2）乙是否有权请求甲支付迟延交房违约金？

回答：（1）是。

（2）是。

专题 **34**

买卖合同之三：特种买卖

一、试用买卖

试用买卖，是指出卖人向买受人作出出卖的意思表示，并将货物交买受人试用，买受人根据试用情况，自主决定是否购买的买卖交易形式。

（一）试用买卖的界定

试用买卖具有两个特征：①在试用期间，买卖合同并未成立；②买受人最终是否购买，完全取决于其自愿，即买受人享有"购买自由"。

（二）试用期的界定

1. 出卖人与买受人有约定的，从其约定。

2. 出卖人与买受人没有约定的，试用期由出卖人确定。

（三）买受人是否购买的表示方法

1. 在试用期内，买受人应当以"积极"的方式向出卖人作出购买或拒绝的意思表示，包括明示，即口头或书面的方式，也包括以积极的作为。例如，买受人付款，将标的物出卖、出租、设立担保物权的行为，即表明购买；买受人退还货物，即表明拒绝购买。

2. 在试用期届满时，买受人如拒绝购买，应以"积极"的方式表示；买受人对是否购买未作表示的，视为购买。

	买	不 买
试用期内	积极表示	积极表示
试用期满时	无表示，推定购买	积极表示

（四）买受人购买或拒绝购买的后果

1. 买受人一旦表示购买，即构成承诺。法律后果是：

（1）买卖合同成立；

（2）买受人取得所有权；

（3）买受人承担标的物的风险。

📖 **实例精粹**

> **案情**：甲、乙订立试用合同，约定甲将一台笔记本电脑交乙试用。乙在试用期间，将电脑出卖给丙。
>
> **问题**：乙将电脑出卖给丙，是有权处分还是无权处分？
>
> **回答**：有权处分。乙的出卖行为表明乙愿意购买，甲、乙之间的买卖合同成立。因乙事先已经占有该电脑，故基于简易交付，乙取得所有权。进而，乙将电脑出卖给丙的行为为有权处分。

2. 买受人拒绝购买的，无需支付使用费，合同另有约定的除外。

二、分期付款买卖

（一）分期付款买卖的概念

分期付款买卖，是指出卖人将动产或不动产交付予买受人，买受人按照约定分期支付价款的买卖合同。

（二）出卖人价金债权的特殊保护

分期付款买卖中，买受人迟延支付价款达合同总价款的1/5，经催告在合理期限内仍未支付价款时，出卖人还可以选择如下两种特殊途径之一，保障自己债权的实现：

1. 请求买受人一次性支付全部剩余价款，即剥夺买受人分期付款的期限利益。

2. 解除合同。由此产生的法律后果是：

（1）出卖人有权从买受人处取回标的物。

（2）出卖人应向买受人返还已付的价款，但可扣除使用费、赔偿金。当事人在买卖合同中约定出卖人可以扣留价款不予返还的，其约定无效。

三、保留所有权买卖

（一）保留所有权买卖概述

保留所有权买卖，是指当事人约定买受人占有标的物的同时，出卖人保留标的物的所有权，待合同约定的"特定条件"成就时，买受人取得所有权的买卖。

1. 保留所有权买卖与分期付款买卖的关系

（1）分期付款买卖，既可适用于动产，也可适用于不动产；保留所有权买卖，只能适用于动产。

（2）动产买卖，是否为保留所有权买卖，或为分期付款买卖，以当事人的约定为准。

💡 **提 示**

Ⓐ 动产分期付款买卖，未必是保留所有权买卖；

Ⓑ 动产保留所有权买卖，也未必是分期付款买卖。

---

2. 动产保留所有权买卖，具有动产担保功能。

在动产保留所有权买卖中，出卖人之所以保留买卖物所有权，目的在于担保买受人债务的履行。因此，保留所有权买卖合同具有"担保合同"的性质，出卖人保留的所有权，与动产抵押权具有相同的功能。

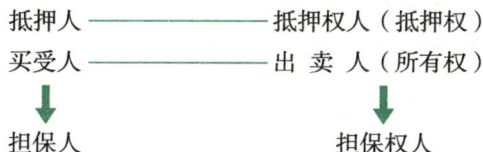

抵押人 ——————— 抵押权人（抵押权）

买受人 ——————— 出 卖 人（所有权）

⬇ ⬇

担保人 担保权人

3. 保留所有权的登记

正是由于保留所有权与抵押权具有相同的功能，保留所有权的登记效力，适用与动产抵押权相同的规定，即出卖人所保留的所有权，未经登记，不得对抗善意第三人。

（二）出卖人的取回权

1. 出卖人取回权的事由

在如下情况下，买受人违约的，出卖人可凭保留所有权，取回标的物：

（1）未按约定支付价款，经催告在合理期间仍未履行。但买受人已支付价金达价金总额的 75% 以上的除外。

	违约比例	履约比例
保留所有权买卖	价金违约，比例不问，催告不履行	超过 75% 的，不得取回
分期付款买卖	价金违约 1/5，催告不履行	比例不问

📖 **实例精粹**

案情：甲商场与乙订立手机分期付款买卖合同，约定价款 1 万元，分 10 个月付清，每月支付 1000 元。价款付清前，甲商场保留所有权。甲商场向乙交付手机后，乙正常付款 5 个月后，连续 3 个月未支付价款。甲商场反复催要无果。

问题：（1）甲商场能否基于分期付款买卖，解除合同、取回手机？

（2）甲商场能否基于保留所有权买卖，行使取回权，取回手机？

回答：（1）能。乙欠付价金已达到总价金的 1/5。

（2）能。乙已付价金未达到总价金的 75%。

（2）未按约定完成特定条件。

（3）将标的物出卖、出质或者作出其他不当处分，但第三人已经取得所有权的除外。

2. 出卖人取回权的行使方式

与分期付款买卖不同，保留所有权买卖中出卖人的取回权，以其所保留的标的物所有权为依据，因而无需以解除买卖合同为前提。

（三）买受人的回赎权

出卖人取回标的物后，买受人有权在回赎期限内主张回赎，从而重新获得对标的物的占有，保留所有权买卖交易继续进行。买受人的回赎条件是：

1. 买受人应当在回赎期限内回赎。当事人没有约定回赎期限的，由出卖人指定回赎期限。

2. 买受人应当消除导致出卖人取回标的物的事由。

（四）出卖人的再卖权

出卖人取回标的物后，买受人未在回赎期限内回赎的，出卖人有权将标的物另行卖予他人，并以所卖价金扣除再卖费用、利息后，多退少补。

	取回条件	取回方式	取回后果
保留所有权买卖	（1）价金违约，履约75%的除外 （2）无权处分，第三人取得的除外 （3）未完成条件	无需解约	不赎再卖，变价受偿
分期付款买卖	价金违约1/5	先解约，再取回	返还价金，扣除使用费、赔偿金

🗒 实例精粹

案情：甲商场与乙订立手机分期付款买卖合同，约定价款1万元，分10个月付清，每月支付1000元。价款付清前，甲商场保留所有权。甲商场向乙交付手机后，乙连续付款5个月后，连续3个月未支付价款。甲商场反复催要无果。

问题：（1）甲商场能否基于分期付款买卖，解除合同、取回手机？后果如何？

（2）甲商场能否基于保留所有权买卖，行使取回权，取回手机？后果如何？

回答：（1）能。乙欠付价金达到总价金的1/5。甲商场基于分期付款买卖解除合同后，可以取回手机，扣除使用费、赔偿金后，向乙返还价款。

（2）能。乙逾期支付价金，经催告仍未履行，且已付价款未达到75%。甲商场基于保留所有权买卖行使取回权后，若乙到期不赎，甲商场可将手机再卖，以所得价金充抵费用、利息、本金后，多退少补。

💡 **提 示**

凭啥取回，按啥走。

四、凭样品买卖

凭样品买卖，是指以当事人约定封存的样品及对于样品的文字说明，作为质量条款的买卖合同。在这种买卖中，合同的质量条款由两部分组成：①样品；②对样品的文字说明。

（一）样品与文字说明不一致

1. 如果样品封存后外观和内在品质没有发生变化，则以样品作为合同的质量条款。

2. 如果样品封存后外观或内在品质发生变化，或者当事人对是否发生变化有争议而又无法查明，则以文字说明作为合同的质量条款。

（二）样品具有隐蔽瑕疵

1. 凭样品买卖的买受人不知道样品有隐蔽瑕疵的，该样品不得作为合同的质量条款。
2. 此时，合同的质量条款应为"通常标准"。

五、商品房买卖

商品房买卖，是指作为出卖人的房地产开发企业与买受人订立的房屋买卖合同。房地产开发企业以外的人作为出卖人与买受人订立的房屋买卖合同，如二手房交易，并非商品房买卖，不适用商品房买卖的法律规则。

（一）商品房买卖合同的效力

1. "预售许可证"对商品房买卖合同效力的影响
（1）出卖人未取得商品房预售许可证明，与买受人订立的商品房买卖合同无效；
（2）但是在起诉前取得商品房预售许可证明的，可以认定合同有效。

2. "预售备案登记"对商品房买卖合同效力的影响
（1）原则上，当事人是否办理预售备案登记，不影响商品房买卖合同的效力；
（2）当事人约定以办理登记备案手续为商品房买卖合同生效条件的，从其约定，但当事人一方已经履行主要义务，对方接受的除外。

> **提示**
>
> 当事人将预售备案登记约定为合同成立、生效要件的，理解为当事人约定了合同的形式要件，适用要式合同的规则。

实例精粹

案情：开发商甲与乙订立书面商品房买卖合同后，并未办理预售备案登记手续。

问题：（1）甲、乙商品房买卖合同效力如何？
（2）如果甲、乙约定该商品房买卖合同以办理预售备案登记为合同的生效条件，那么：
①甲、乙商品房买卖合同效力如何？
②若乙向甲支付了价款，甲也接受，甲、乙商品房买卖合同效力如何？

回答：（1）有效。

（2）①不能生效。

②生效。

（二）商品房买卖之认购书和认购金

在商品房买卖交易中，出卖人与买受人通常以"认购书""订购书""预定书"等形式，对商品房买卖中的有关事宜进行约定，且买受人往往以"认购金""订购金"的名目向出卖人支付一定数额的金钱。

此时，"认购书"及"认购金"的性质是：

1. 商品房的认购、订购、预订等协议具备商品房买卖合同的主要内容的：

（1）该协议应当认定为商品房买卖合同；

（2）买受人支付的认购金，性质为购房款。

2. 商品房的认购、订购、预订等协议并未具体约定商品房买卖合同的内容，而是以未来订立商品房买卖合同为约定的内容的：

（1）认购书为商品房买卖合同之"预约"，商品房买卖合同为认购书之"本约"。

（2）买受人支付的认购金，性质为"预约定金"，即担保认购书履行的定金。

	认购书	认购金
具备买卖合同主要内容	买卖合同（双方承担交房、过户、付款的义务）	购房款
不具备买卖合同主要内容	买卖合同的预约（双方承担订立买卖合同的义务）	预约定金（担保预约履行的定金）

❶ 如果因当事人一方原因未能订立"商品房买卖合同"（本约），该方当事人构成"认购书"（预约）上的违约，应当适用定金罚则，即交付定金一方违约的，丧失定金；接受定金一方违约的，双倍返还定金。

❷ 因不可归责于当事人双方的事由，导致"商品房买卖合同"（本约）未能订立的，因不构成"认购书"（预约）上的违约，不适用定金罚则。出卖人应当将定金单倍退还买受人。

六、供用电合同

（一）供用电合同的履行地点

当事人没有约定的，供电设施的产权分界处为履行地点。

（二）中断供电与中止供电

1. 中断供电

（1）含义。中断供电，是指供电人因特殊事由而临时性断电，待该事由消除后恢复供电的情形。

（2）两种事由与两种义务

❶ 主动中断供电

即因检修、依法限电或者用电人违法用电等原因而中断供电。此时，供电人负"事先通知义务"。供电人未事先通知用电人中断供电，造成用电人损失的，应当承担损害赔偿责任。

❷ **被动中断供电**

即因自然灾害等原因而中断供电。此时，供电人负"及时抢修义务"。供电人未及时抢修，造成用电人损失的，应当承担损害赔偿责任。

2. 中止供电

（1）含义

中止供电，是指因用电人迟延交付电费，供电人中止供电的情形。供电人中止供电行为的本质为供电人行使先履行抗辩权。

（2）供电人电费债权的保护手段

❶ 用电人逾期不支付电费的，应当按照约定支付违约金。

❷ 经催告用电人在合理期限内仍不支付电费和违约金的，供电人可以中止供电。可见，用电人"经催告后在合理期限内仍不履行"，才是供电人"中止供电"的事由。

❸ 基于供用电合同的消费合同特征，无论是用电人迟延履行，还是经催告仍不履行，均不构成供电人享有供用电合同解除权的事由。

（三）供用电合同规则的适用范围

供用水、供用气、供用热力合同，参照供用电合同的有关规定。

专题 35

—— 赠与合同、借款合同 ——

一、赠与合同

（一）赠与合同的性质

1. 赠与合同为双方法律行为，以赠与人、受赠人双方合意为成立条件。若只有赠与人的赠与意思表示，而无受赠人的接受意思表示，赠与合同不成立。

2. 赠与合同为诺成法律行为，赠与人、受赠人一经达成赠与合意，无需赠与标的物的交付，赠与合同即告成立。

（二）赠与人的任意撤销权、赠与拒绝权、法定撤销权

1. 赠与人的任意撤销权

（1）要件

❶ 赠与人的任意撤销权没有积极条件，即无需法定事由，具有"任意性"；

❷ 已经公证的赠与合同，以及具有救灾、扶贫等社会公益、道德义务性质的赠与合同，不得任意撤销。

🔲 实例精粹

案情：甲与乙希望小学约定，甲将房屋赠与乙希望小学。

问题：在办理过户登记之前，甲可否行使任意撤销权？

回答：否。公益赠与，不得任意撤销。

（2）行使方式与法律后果

❶ 任意撤销权的行使方式为单方通知，无需以诉讼、仲裁的方式为之；

❷ 任意撤销权一经行使，赠与人则无需履行赠与义务，即"不给了"。

2. 赠与人的赠与拒绝权（穷困抗辩权）

（1）要件

赠与人的经济状况显著恶化，严重影响其生产经营或者家庭生活。

（2）行使方式与法律后果

❶ 赠与拒绝权的行使方式为单方通知，无需以诉讼、仲裁的方式为之；

❷ 赠与拒绝权一经行使，赠与人则无需履行赠与义务，即"不给了"。

📗 实例精粹

案情：甲公司与乙希望小学约定，甲公司以100万元相赠，现款项尚未交付，甲公司反悔。

问题：（1）甲公司能否行使任意撤销权？

（2）甲公司能否行使赠与拒绝权？

回答：（1）否。事关公益的赠与，不得任意撤销。

（2）如果甲公司能够证明自己经济状况显著恶化，严重影响其生产经营、家庭生活，则可以行使；反之，则不能行使。

3. 赠与人的法定撤销权

（1）法定撤销事由

❶ 受赠人严重侵害赠与人或者赠与人近亲属的合法权益；

❷ 受赠人对赠与人有扶养义务而不履行；

❸ 在附义务的赠与合同中，受赠人不履行赠与合同约定的义务。

（2）赠与人的法定撤销权的行使方式

❶ 与赠与人的任意撤销权相同，赠与人的法定撤销权的行使方式也为单方通知，无需以诉讼、仲裁的方式为之。

❷ 赠与人行使法定撤销权的法定撤销期间有二：

第一，赠与人的撤销权，自知道或者应当知道撤销事由之日起1年内行使；

第二，赠与人死亡或者丧失民事行为能力的，赠与人的继承人或者法定代理人可以撤销赠与，其撤销权自知道或者应当知道撤销事由之日起6个月内行使。

💡 提 示

赠与人死亡或者丧失完全民事行为能力的，不发生继承人或者法定代理人行使法定撤销权的法律后果。

（3）赠与人行使法定撤销权的法律后果

❶ 赠与财产权利已经转移的，赠与人有权请求受赠人返还赠与财产；

❷ 赠与财产权利尚未转移的，赠与人有权不再实施财产的赠与。

实例精粹

案情：甲、乙约定，甲赠送给乙车 A 和车 B。车 A 已经交付，车 B 尚未交付。现乙将甲的儿子丙打成重伤。

问题：（1）甲能否不给车 B？

（2）甲能否要回车 A？

（3）丙能否行使法定撤销权？

回答：（1）能。甲既可凭任意撤销权不给车 B，又可凭法定撤销权不给车 B。

（2）能。甲可凭法定撤销权要回车 A。

（3）不能。甲未死亡，也未丧失民事行为能力。

	权利目的	法定事由	权利转移	公证、公益赠与
任意撤销权	不给了	无限制	不得主张	不得主张
赠与拒绝权	不给了	赠与人的经济状况显著恶化，严重影响其生产经营、家庭生活。	不得主张	可以主张
法定撤销权	要回来 不给了	（1）受赠人严重侵害赠与人及其近亲属； （2）受赠人不履行法定扶养义务； （3）受赠人不履行赠与合同约定的义务。	可以主张	可以主张

（三）附义务的赠与、附条件的赠与、遗赠扶养协议

1. 附义务的赠与

赠与人先完成赠与，受赠人后履行义务。

2. 附条件的赠与

条件先成就，赠与人后履行赠与义务。

实例精粹

1. 案情：甲送给乙一辆宝马车，并对乙说："今年把法考过了。"

问题：这是什么类型的赠与？

回答：附义务的赠与。

2. 案情：甲对乙说："过了法考，就送你一辆宝马车。"乙同意。

问题：这是什么类型的赠与？

回答：附条件的赠与。

3. **遗赠扶养协议**

受赠人对赠与人生养死葬，赠与人死亡后以财产相赠。

实例精粹

案情：老汉和保姆约定，保姆对老汉生养死葬，老汉将别墅过户给保姆。老汉将别墅过户给保姆后，保姆将老汉赶出家门。

问题：（1）老汉与保姆是什么关系？

　　　（2）老汉怎么办？

回答：（1）尽管约定中有"生养死葬"，但老汉未死就将别墅过户，故不构成遗赠扶养协议，而是构成附义务的赠与。

　　　（2）行使法定撤销权，撤销赠与、要回别墅，但要在1年内行使该权利。

二、借款合同

（一）借款合同的类型

借款合同分为两种类型：

1. 金融借贷，即以金融机构为贷款人的借贷。

2. 民间借贷，即金融借贷以外的借贷。民间借贷又可以区分为：

（1）自然人之间的借贷；

（2）自然人之间借贷以外的民间借贷，包括法人之间的借贷以及法人与自然人之间的借贷。

（二）金融借贷与民间借贷的比较

1. 诺成合同或实践合同

（1）金融借贷为诺成合同，只要当事人达成合意即可成立，而无需以款项的交付作为合同的成立条件。

（2）民间借贷是诺成合同还是实践合同，则存在区分：

❶ 自然人之间的借贷为实践合同，需以款项的交付作为合同的成立条件。在这里，"交付"是指使借款人取得借款的支配。

实例精粹

案情：张三与李四订立借款合同后，张三将借款转出，次日到达李四账户。

问题：该借款合同何时成立？

回答：借款到达李四账户时。

❷ 自然人以外的民间借贷，除当事人另有约定外，为诺成合同。

实例精粹

案情：甲与乙订立书面借款合同，约定甲借钱给乙。现甲未如约向乙交付借款。

问题：（1）如果甲是银行，那么：

　　　　①借款合同是否成立？

　　　　②乙能否追究甲的违约责任？

（2）如果甲、乙均为自然人，那么：

①借款合同是否成立？

②乙能否追究甲的违约责任？

回答：（1）①是。金融借贷合同为诺成合同。

②能。

（2）①否。自然人之间的民间借贷合同为实践合同。

②不能。但若因甲未交付借款，致乙损害，乙可追究甲的缔约过失责任。

2. 要式合同或不要式合同

（1）金融借贷为要式合同，其必须采取书面形式；

（2）民间借贷为不要式合同，法律对民间借贷合同的形式，未作出强制性规定。

3. 有偿合同或无偿合同

（1）金融借贷

当事人在金融借贷合同中没有约定利息的，推定为有息借款，利率按照中国人民银行规定的标准。

（2）民间借贷

❶当事人"没有约定"利息的，推定为无息。

❷当事人对于利息的"约定不明确"的：

第一，自然人之间借贷，推定为无息。

第二，自然人之间借贷之外的民间借贷，出借人主张利息的，推定为有息。法院应当结合民间借贷合同的内容，并根据当地或者当事人的交易方式、交易习惯、市场利率等因素确定利息。

		诺成、实践	要式、不要式	有偿、无偿
金融借贷		诺成合同	要式合同	有　息
民间借贷	自然人之间借贷	实践合同	不要式合同	未约定利息或约定不明的，无息
	其他民间借贷	诺成合同		未约定利息的，无息；约定不明的，有息

（三）民间借贷合同的效力

1. 借贷行为构成犯罪的，不影响民间借贷合同的效力。

2. 无效的民间借贷合同

（1）以下转贷行为无效：

❶从金融机构或其他营利法人借贷后转贷的；

❷向本单位职工集资或向公众非法吸收存款后转贷的。

（2）未依法取得放贷资格的出借人，以营利为目的向社会不特定对象提供借款的。

（3）出借人事先知道或者应当知道借款人借款用于违法犯罪活动，仍然提供借款的。

（四）民间借贷的利率

1. 禁止预扣利息。即借款的利息不得预先在本金中扣除，否则应当按照实际借款数额返还借款并计算利息。

实例精粹

案情：甲、乙约定，甲借给乙10万元，借期1年，利息1万元。现甲预扣利息1万元，将9万元交付给乙。

问题：1年借款期满后，乙应向甲偿还本息多少钱？

回答：9.9万元。

2. 民间借贷合同中"高利贷"的认定

当事人约定的民间借贷利率，超过"1年期贷款市场报价利率"（LPR）4倍的，超过部分为高利贷，无效。

专题36

租赁合同、融资租赁合同

一、租赁合同

（一）房屋租赁合同的效力

1. 无效房屋租赁合同的类型

（1）违法建筑出租的，租赁合同无效；

（2）经批准的临时建筑租赁合同，约定租期超过批准的使用期限的部分，无效；

（3）租期超过20年的租赁合同，或租期超过20年的续租合同，超过20年的部分，无效。

2. 房屋租赁合同无效的法律后果

（1）房屋租赁合同无效的，出租人不得请求承租人支付租金。

（2）房屋租赁合同无效的，出租人有权请求参照合同约定的租金标准，要求承租人支付房屋占有使用费。在这里，"占有使用费"的性质为不当得利之返还。

3. 房屋租赁合同登记备案的效力认定

（1）房屋租赁合同登记备案，为行政管理手段，不影响房屋租赁合同的效力。

（2）当事人约定以办理登记备案手续为房屋租赁合同生效条件的，从其约定。但当事人一方已经履行主要义务，对方接受的除外。

提示

当事人将租赁备案登记约定为合同成立、生效要件的，理解为当事人约定了合同的形式要件，适用要式合同的规则。

实例精粹

案情：甲、乙订立房屋租赁合同，约定甲将房屋出租给乙。合同订立后，并未办理租赁备案登记。

问题：（1）甲、乙的房屋租赁合同效力如何？

（2）如果甲、乙的房屋租赁合同中约定，办理租赁备案登记后，合同生效。甲、乙的房屋租赁合同效力如何？

（3）如果甲、乙的房屋租赁合同中约定，办理租赁备案登记后，合同生效。甲向乙交付房屋，乙已入住的，甲、乙的房屋租赁合同效力如何？

回答：（1）有效。

（2）没有生效。

（3）租赁合同成立、生效。

（二）一房数租

在一房数租，且每个租赁合同均有效的情况下，各承租人均请求出租人向自己履行租赁合同的，应按照下列顺序确定履行合同的承租人：

1. 已经合法占有租赁房屋的。

2. 已经办理登记备案手续的。

3. 合同成立在先的。

对于不能取得租赁房屋的承租人而言，因其与出租人所订立的租赁合同依然有效，故有权主张解除合同，并请求出租人承担违约责任。

💡 **提 示**

一房数租的履行顺序规则，与交通运输工具多重买卖的规则相同。

（三）不定期租赁

1. 不定期租赁的类型

（1）当事人未约定租期。

📖 **实例精粹**

案情：甲欠乙1万元。甲为了清偿债务，将房屋出租给乙，租金为2000元/月，以租金抵债。但甲、乙间未约定租期。

问题：甲、乙间的房屋租赁合同是否为不定期租赁？

回答：否。

（2）约定租期6个月以上的租赁合同，未采取书面形式，又无法确定租期的，整个合同视为不定期租赁。

（3）租赁期限届满，承租人继续使用租赁物，出租人没有提出异议的，原租赁合同继续有效，但租赁期限为不定期。

2. 不定期租赁的法律意义

在不定期租赁合同中，当事人双方均有权随时解除租赁合同，但是应当在合理期间，事先通知对方当事人。

（四）转租

1. 擅自转租

擅自转租，又称非法转租，是指承租人未经出租人同意，擅自将租赁物另行出租给次承租人的行为。承租人擅自转租的：

（1）出租人有权解除其与承租人之间的合同，进而请求次承租人返还租赁物。

（2）出租人因承租人擅自转租所享有的解除权，其解除权期间为出租人知道或者应当知道承租人擅自转租事实之日起6个月。出租人逾期未行使解除权的，视为同意转租。

> **·总 结** 擅自转租的法律后果
>
> Ⓐ 先解约，再要房；
>
> Ⓑ 6个月是解约的时间。

2. 次承租人对出租人的租赁物返还义务

（1）出租人与承租人之间的房屋租赁合同无效、履行期限届满或者解除的，出租人有权请求次承租人返还租赁物；

（2）负有腾房义务的次承租人逾期腾房的，出租人有权请求次承租人支付逾期腾房的占有使用费。

实例精粹

案情：甲将房屋出租给乙，乙擅自转租给丙。

问题：（1）甲能否解除乙、丙的租赁合同？

（2）甲能否解除甲、乙的租赁合同？

（3）甲解除与乙的租赁合同，意义是什么？

（4）如果丙在甲请求返还租赁物半年后才将房屋返还予甲，甲怎么办？

（5）如果丙提出，这半年的租金已经向乙交付，甲能否请求丙支付逾期腾房的占有使用费？

回答：（1）不能。

（2）能。甲自知道或应当知道乙擅自转租之日起6个月内，有权解除与乙的租赁合同。

（3）甲、乙的租赁关系不复存在，即甲有权请求丙返还房屋。

（4）甲有权依据乙、丙的租赁合同的租金标准，请求丙承担逾期腾房的占有使用费。

（5）能。丙向乙所支付的租金，丙有权基于不当得利，请求乙返还。

3. 次承租人的代为履行

因承租人拖欠租金，出租人欲解除合同的，"合法转租"的次承租人可代承租人支付租金，并承担其他违约责任，以阻止合同的解除。

4. 次承租人因过错致租赁物毁损、灭失的法律后果

（1）出租人可以基于租赁合同，请求承租人承担违约责任；

（2）出租人也可以基于对租赁物的所有权，请求次承租人承担侵权责任；

（3）承租人可以基于租赁合同，请求次承租人承担违约责任。

（五）承租人优先购买权

承租人优先购买权，是指出租人将租赁物出卖给第三人的，承租人在同等条件下享有优先购买的权利。

1. 优先购买权人

只有房屋承租人才享有优先购买权，动产承租人并不享有此项权利。

2. 出租人的事先通知义务

房屋租赁中，出租人欲向第三人出卖租赁物的，应当在出卖之前的"合理期限"内通知承租人。出租人事先通知的意义，在于为承租人主张优先购买权提供条件。

（1）"合理期限"的界定

❶ 原则上，出租人应当在出卖前 15 日通知承租人；

❷ 出租人委托拍卖人拍卖租赁房屋的，应当在拍卖 5 日前通知承租人。

（2）出租人侵害承租人优先购买权的法律后果

❶ 承租人有权请求出租人承担赔偿责任；

❷ 承租人无权请求确认出租人与第三人签订的房屋买卖合同无效。

3. 优先购买权的限制

具备如下情况之一的，房屋承租人不得主张优先购买权：

（1）房屋按份共有人行使优先购买权；

（2）出租人将房屋出卖给近亲属；

（3）受让人已经登记；

（4）出租人履行通知义务后，承租人在 15 日内未明确表示购买；

（5）出租人拍卖租赁房屋，承租人未参加拍卖。

适　　用	限制（受让人"太厉害"或承租人弃权）		其　　他
房屋租赁	受让人"太厉害"	（1）房屋按份共有人行使优先购买权； （2）出租人将房屋出卖给近亲属； （3）第三人购买并登记。	（1）提前通知时间：一般提前 15 日，拍卖提前 5 日； （2）出租人侵害优先购买权：可以向出租人索赔，但不得主张买卖合同无效。
	承租人弃权	（1）承租人在 15 日内未明确表示购买； （2）承租人未参加拍卖。	

4. 部分楼层承租人，在整楼转让时，不得行使优先购买权。

（六）"买卖不破租赁"

1. "买卖不破租赁"的含义

（1）已经占有租赁物的承租人，在租赁物所有权变动后，承租人的租赁权不受影响。

─── 💡 提　示 ───

承租人根据租赁合同已经占有租赁物，为承租人主张"买卖不破租赁"的前提条件。

（2）取得租赁物所有权的受让人，取代了出租人的地位，成为承租人的新出租人。

📖 **实例精粹**

案情：甲、乙订立房屋租赁合同，约定甲将房屋A出租给乙。合同订立后，甲、丙订立买卖合同，约定甲将房屋A出卖给丙，并为丙办理了过户登记。随后，甲将房屋A交付给乙。

问题：乙能否对丙主张"买卖不破租赁"之保护？

回答：不能。承租人未占有租赁物时，租赁物所有权转移的，承租人不得主张"买卖不破租赁"之保护。

2. "买卖不破租赁"的适用

凡承租人，不以房屋租赁为限，均受到"买卖不破租赁"的保护。

（1）房屋承租人，既享有优先购买权，又受到"买卖不破租赁"的保护。

（2）动产承租人，不享有优先购买权，只受到"买卖不破租赁"的保护。因此，在出租人出卖租赁物予第三人时，承租人只能主张按照原有租赁条件继续承租。

3. "买卖不破租赁"的限制

（1）租赁物上抵押权的限制

❶ 租赁之前，租赁物上已经成立登记的抵押权，因抵押权的实现，受让人取得租赁物所有权的，承租人不得主张"买卖不破租赁"；

❷ 租赁之前，租赁物上已经成立未经登记的抵押权，因抵押权的实现，受让人取得租赁物所有权的，承租人可以主张"买卖不破租赁"，但有证据证明承租人恶意的除外。

📖 **实例精粹**

案情：甲将汽车抵押给乙后，又将该汽车出租给丙。现乙实现抵押权，将该汽车出卖给李四。李四取得该汽车所有权后，才发现该汽车由丙承租，遂请求丙返还汽车，丙则以"买卖不破租赁"为由拒绝。

问题：（1）若乙的抵押权已经登记，丙能否对李四主张"买卖不破租赁"？

（2）若乙的抵押权未经登记，丙能否对李四主张"买卖不破租赁"？

（3）若乙的抵押权未经登记，且丙租赁时知道该抵押权的存在，丙能否对李四主张"买卖不破租赁"？

回答：（1）不能。租赁设立在抵押之后，登记的抵押权可以对抗第三人。

（2）能。未经登记的动产抵押权不得对抗善意第三人。

（3）不能。租赁设立在抵押之后，抵押权未登记，但有证据显示承租人知道该抵押权存在的，该未经登记的动产抵押权可以对抗第三人。

（2）租赁物查封、扣押的限制

租赁之前，租赁物已被法院依法查封、扣押，因法院的执行，受让人取得租赁物所有权的，承租人不得主张"买卖不破租赁"。

> **提　示**

查封、扣押、保全、执行等强制措施，在民法上的效力，相当于登记的抵押权。

适　用		限制（承租人知道自己租到抵押物）
所有租赁	租到抵押物	抵押权成立在先（包括抵押物被查封、扣押）
	承租人知道	• 抵押权已经登记（包括抵押物被查封、扣押） • 抵押权未登记，但有证据显示承租人知道或应当知道

（七）优先续租权和继续承租权

1. 优先续租权

租赁期限届满，房屋承租人享有以同等条件优先承租的权利。

2. 继续承租权

承租人在房屋租赁期限内死亡、宣告死亡的，与其生前共同居住的人或者共同经营人可以按照原租赁合同租赁该房屋。

二、融资租赁合同

（一）融资租赁合同概述

1. 融资租赁合同的形式

（1）三方融资租赁

融资租赁合同，是指出租人根据承租人的选择向出卖人购买租赁物，提供给承租人使用，承租人支付租金的合同。

（2）两方融资租赁

承租人将其自有物出卖给出租人，再通过融资租赁合同将租赁物从出租人处租回的，即承租人和出卖人系同一人时，依然构成融资租赁法律关系。

（3）买卖基础丧失

出租人与出卖人订立的买卖合同解除、被确认无效或者被撤销，且双方未能重新订立买卖合同的，出租人、承租人双方均有权解除融资租赁合同。

2. 融资租赁合同具有"担保合同"的性质

（1）出租人向出卖人交付的价金，本质为出租人向承租人支付的融资款；

（2）承租人向出租人交付的租金，本质为承租人所应偿付的融资款本息；

（3）融资租赁物，本质为出租人融资款本息债权的担保物；

（4）出租人对融资租赁物的所有权，本质为担保权，故与抵押权类似。

抵押人 —————————— 抵押权人（抵押权）

承租人 —————————— 出 租 人（所有权）

担保人　　　　　　　　　　　　担保权人

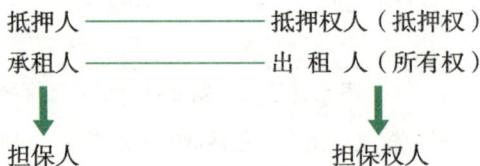

3. 融资租赁登记

由于融资租赁合同中，出租人的所有权与动产抵押权具有相同功能，因此，融资租赁登记也与动产抵押登记相同，即出租人对融资租赁物的所有权未办理登记手续的，不得对抗善意第三人。

（二）融资租赁物上的责任承担

1. 品质瑕疵担保责任的承担

融资租赁物存在品质瑕疵的，承租人有如下两条途径，以保护自己的合法权益：

（1）承租人追究出卖人的违约责任

❶前提：因融资租赁物买卖合同的当事人双方为出租人与出卖人，承租人追究出卖人违约责任存在合同相对性上的障碍。故只有在出租人、承租人、出卖人三方约定的情况下，方可由承租人追究出卖人的违约责任。

❷出租人导致承租人向出卖人追究违约责任失败的赔偿责任。

以下两种情况下，因出租人的原因，导致承租人向出卖人追究违约责任失败的，出租人应向承租人承担赔偿责任：

第一，出租人未履行协助义务；

第二，出租人明知租赁物有质量瑕疵而不告知承租人。

（2）承租人追究出租人的违约责任

❶前提：出租人干预承租人的选择，包括承租人依赖出租人的技能确定、选择租赁物；

❷后果：承租人不仅有权请求出租人承担违约责任，而且有权请求减免租金。

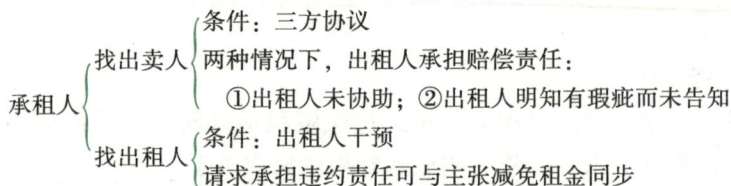

承租人 ⎰ 找出卖人 ⎰ 条件：三方协议
　　　　⎱　　　　　⎰ 两种情况下，出租人承担赔偿责任：
　　　　　　　　　　⎱ ①出租人未协助；②出租人明知有瑕疵而未告知
　　　　⎱ 找出租人 ⎰ 条件：出租人干预
　　　　　　　　　　⎱ 请求承担违约责任可与主张减免租金同步

2. 物上侵权责任

承租人占有租赁物期间，租赁物造成第三人人身损害或者财产损失的，由承租人承担侵权责任，出租人不承担责任。

3. 物上维修责任

承租人占有租赁物期间，租赁物损坏的，承租人承担维修责任。

（三）出租人租金债权的特殊保护

1. 承租人欠付租金，经出租人催告后在合理期限内仍不支付的，出租人有权请求承租人一次性支付全部的未付租金，即剥夺承租人分期支付租金的期限利益。

2. 承租人迟延支付租金达到 2 期以上，或者数额达到全部租金 15% 以上，经催告后在合理期限内仍不支付的，出租人有权解除融资租赁合同。融资租赁合同解除后，出租人有权取回租赁物，并以其价值充抵承租人所负的债务。由此可见：

（1）出租人取回租赁物，需以解除融资租赁合同为条件。

• 总 结 保留所有权买卖的取回与融资租赁的取回

🅐 保留所有权买卖的出卖人行使取回权，不以解除买卖合同为条件；

🅑 融资租赁的出租人取回租赁物，需以解除融资租赁合同为条件。

（2）出租人取回租赁物后，以其价值充抵承租人所欠债务的本质，就是出租人行使担保权（所有权），以租赁物价值优先受偿。

💡提 示

融资租赁合同出租人债权特殊保护的违约前提

🅐 出租人主张取回租赁物的，需问承租人违约的期数、比例；

🅑 出租人主张一次付清全部租金的，不问承租人违约的期数、比例。

	一次性支付全款条件	解约取回条件	解约取回后果
融资租赁	迟延交租	迟延交租 2 期或 15% 以上	以租赁物价值充抵承租人债务
分期付款	迟延付款 1/5 以上，经催告		已付价金返还，扣除使用费、赔偿金

专题37

保理合同

一、保理合同概述

保理合同，是指应收账款债权人将现有的或者将有的应收账款转让给保理人，保理人提供资金融通、应收账款管理或者催收、应收账款债务人付款担保等服务的合同。保理合同应当采取书面形式。保理合同的法律规制，除下述特别规则外，可适用债权让与的一般规则。

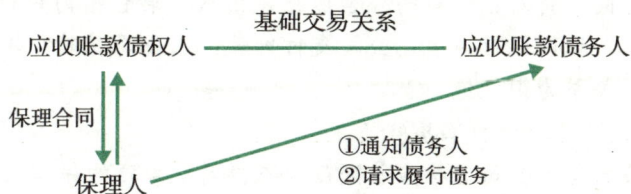

基础交易关系
应收账款债权人 ——————————— 应收账款债务人

保理合同

保理人 ①通知债务人 ②请求履行债务

二、保理合同的分类

（一）有追索权的保理合同

1. 概念

有追索权的保理合同，是指约定保理人不仅有权请求债务人履行应收账款债务，还有权在债务人不履行债务时，请求债权人返还保理融资款本息或者回购应收账款债权的保理合同。

2. 规则

（1）保理人从应收账款债务人处所受偿的应收账款债权额，扣除保理融资款本息和相关费用后有剩余的，剩余部分应当返还给应收账款债权人。由此可见，在有追索权的保理合同中，保理人只能取得融资款的利息收益。

（2）债务人到期未向保理人履行义务的：

❶ 保理人以应收账款债权人或者应收账款债务人为被告提起诉讼的，人民法院应予受理；保理人一并起诉应收账款债权人和应收账款债务人的，人民法院可以受理。

❷ 应收账款债权人向保理人承担被追索的责任后，有权请求应收账款债务人向其履行应收账款债务。

（二）无追索权的保理合同

1. 概念

无追索权的保理合同，是指约定保理人只有权请求债务人履行应收账款债务，不得请求债权人返还保理融资款本息或者回购应收账款债权的保理合同。

2. 规则

在无追索权的保理合同中，保理人从应收账款债务人处所受偿的应收账款债权额，扣除保理融资款本息和相关费用后有剩余的，无需返还给应收账款债权人。由此可见，在无追索权的保理合同中，保理人可以取得融资款的利息以外的收益。

三、保理合同与基础关系

（一）不存在基础关系的保理合同

应收账款债权人与债务人虚构应收账款作为转让标的，与保理人订立保理合同的，应收账款债务人不得以应收账款不存在为由对抗保理人，但是保理人明知虚构的除外。

📖 实例精粹

案情：甲公司对丙银行谎称，甲公司与乙公司之间存在买卖合同关系，并与丙银行订立保理合同，将对乙公司的"应收账款债权"转让给丙银行，乙公司对该合同予以确认。现丙银行请求乙公司支付价款，乙公司以其与甲公司之间并不存在买卖合同关系为由拒绝。

问题：乙公司的主张是否于法有据？

回答：否。乙公司与甲公司虚构应收账款，不得对抗善意的保理人。

（二）债权人与债务人变动基础交易的限制

应收账款债权人与保理人订立保理合同，并通知应收账款债务人后，又与应收账款债务人无正当理由协商变更、终止基础交易的，对保理人不产生不利影响。

实例精粹

案情：甲公司对乙公司享有应收账款债权 100 万元。甲公司将该应收账款保理给丙银行，并通知了乙公司。

问题：（1）如果在通知乙公司之后，甲公司免除了乙公司的债务。现债务到期，乙公司是否应向丙银行履行债务？

（2）如果在通知乙公司之前，甲公司免除了乙公司的债务。现债务到期，乙公司是否应向丙银行履行债务？

回答：（1）是。通知债务人之后，基础关系变动的，对保理人不产生不利影响。

（2）否。通知债务人之前，基础关系变动的，可以对抗保理人。

四、同一应收账款债权的多次保理、质押、债权转让

应收账款债权人就同一应收账款多次保理，致使多个保理人主张权利的，各保理人的受偿顺位是：

1. 已登记的先于未登记的受偿。

2. 各保理人均已登记的，按照登记的先后顺序受偿。

3. 各保理人均未登记的，由最先到达应收账款债务人的转让通知中载明的保理人受偿。

4. 既未登记也未通知的，按照应收账款比例清偿。

需要注意的是，同一应收账款同时存在保理、应收账款质押和债权转让的，受偿顺序的确定，同样适用上述规则。

实例精粹

案情：甲公司对乙公司享有应收账款债权 100 万元。1 日，甲公司与 A 银行订立保理合同，通知了乙公司；3 日，甲公司与 B 公司订立质押合同，将债权出质给 B 公司，办理了质押登记；5 日，甲公司与 C 银行订立保理合同，办理了保理登记；7 日，甲公司与 D 公司订立债权让与合同，将债权转让给 D 公司，但未通知乙公司；10 日，甲公司与 E 公司订立债权让与合同，将债权转让给 E 公司，通知了乙公司。

问题：现乙公司的债务到期，A 银行、B 公司、C 银行、D 公司、E 公司的受偿顺位如何确定？

回答：B 公司（最先质押登记）—— C 银行（其次保理登记）—— A 银行（最先保理通知）—— E 公司（其次债权让与通知）—— D 公司（债权让与未通知）。

专题 **38**

承揽合同、建设工程合同

一、承揽合同

（一）承揽合同概述

1. 承揽合同的概念

承揽合同，是指承揽人按照定作人的要求完成工作，如加工、定作、修理、复制、测试、检验等，交付工作成果，定作人支付报酬的合同。承揽合同为不要式合同，法律对承揽合同的形式要件没有特别要求。

2. 承揽包括共同承揽、分别承揽和承揽人将工作交予第三人。

（1）共同承揽，是指2个或2个以上承揽人，就同一工作与定作人订立承揽合同。在共同承揽中，共同承揽人应就其共同负责的工作对定作人承担连带责任。

（2）分别承揽，是指各承揽人分别与定作人订立承揽合同，分别负责不同工作。在分别承揽中，各承揽人对分别负责的工作各自承担责任。

（3）承揽人将工作交予第三人，是指在承揽人将工作交由第三人完成的情况下，承揽人就第三人完成的工作向定作人负责。

📖 **实例精粹**

案情：甲装修房屋，欲刷墙、铺地板。

问题：（1）如果甲将铺地板、刷墙工作交给乙、丙完成，那么：

　　　　①这是何种承揽？

　　　　②若乙、丙内部分工，乙负责刷墙，丙负责铺地板。丙地板没铺好，后果如何？

　　　（2）如果甲分别与乙、丙订立合同，将刷墙工作交给乙完成，将铺地板工作交给丙完成，那么：

　　　　①这是何种承揽？

　　　　②若丙地板没铺好，后果如何？

　　　（3）如果甲与乙订立合同，将铺地板、刷墙工作交给乙完成。随后，乙与丙订立合同，将铺地板工作交给丙完成。那么：

　　　　①这是何种承揽？

　　　　②若丙地板没铺好，后果如何？

回答：（1）①共同承揽。

　　　　②乙、丙对甲承担连带违约责任。

　　　（2）①分别承揽。

　　　　②丙对甲承担违约责任。

（3）①承揽人将工作交予第三人。
　　　②乙对甲承担违约责任。

（二）承揽合同中的特别解除权

1. 承揽人的法定解除权

定作人不履行协助义务致使承揽工作不能完成，在经承揽人催告后的合理期间内，定作人仍不履行协助义务的，承揽人可以解除承揽合同。

2. 定作人的解除权

（1）定作人的法定解除权

承揽人违反亲自完成工作义务，擅自将主要工作交由第三人完成的，定作人可以解除承揽合同。在这里，"亲自完成工作义务"，是指承揽人应当以自己的设备、技术和劳力，完成主要工作。

> **·总　结** 承揽人违反亲自完成工作义务的后果

Ⓐ 定作人有权解除承揽合同；

Ⓑ 定作人不解除承揽合同的，承揽人为第三人的行为负责。

（2）定作人的任意变更、解除权

承揽合同中，定作人无需任何法定事由，可以随时变更、解除合同。但是，若因定作人变更、解除合同，造成承揽人损失的，应当赔偿损失。

二、建设工程合同

（一）建设工程合同的概念和类型

建设工程合同，是指承包人进行工程建设，发包人支付价款的合同，包括建设工程勘察、设计、施工合同。建设工程合同为要式合同，应当采取书面形式。建设工程合同的订立，可分为发包、分包和转包三种类型：

1. 发包，是指建设工程的发包人与承包人订立的建设工程合同。如甲大学与乙建筑公司订立的教学楼施工合同。

2. 分包，是指承包人与第三人订立的，承包人将其从发包人处取得的工作的一部分，交予第三人完成的建设工程合同。例如，乙建筑公司与丙公司订立合同，将所承包的建设工程部分发包给丙公司完成。

3. 转包，是指承包人与第三人订立的，承包人将其从发包人处取得的工作的全部，交予第三人完成的建设工程合同。例如，乙建筑公司与丙公司订立合同，将所承包的建设工程全部发包给丙公司完成。

建设工程合同为一种特殊的承揽合同，承揽合同的一般规则，不与建设工程合同的特殊规则相冲突的，可适用于建设工程合同。

（二）建设工程合同的效力

1. 建设工程合同的无效事由

（1）发包无效事由

❶ 发包人未取得建设工程规划许可证等规划审批手续。例外有二：

第一，发包人在起诉前取得建设工程规划许可证等规划审批手续的除外；

第二，发包人能够办理审批手续而未办理，并以未办理审批手续为由请求确认建设工程施工合同无效的，法院不予支持。

❷支解发包，即发包人将应当由一个承包人完成的建设工程支解成若干部分发包给几个承包人。

❸承包人未取得资质或者超越资质等级。但是，承包人在建设工程竣工前取得相应资质等级的，建设工程合同有效。

❹没有资质的实际施工人借用有资质的建筑施工企业名义订立合同。

❺建设工程必须进行招标而未招标或者中标无效。

（2）分包无效事由

❶承包人未经发包人同意而分包。

❷支解分包，即承包人将其承包的全部建设工程支解以后，以分包的名义分别转包给第三人。

❸主体工程分包。建设工程主体结构的施工，必须由承包人自行完成。承包人将主体结构分包的，分包无效。

❹分包给不具备相应资质条件的单位。但是，分包单位在建设工程竣工前取得相应资质等级的，分包合同有效。

❺分包单位将其承包的工程再分包。

需要注意的是，具有劳务作业法定资质的承包人与总承包人、分包人签订的劳务分包合同，当事人请求确认无效的，法院依法不予支持。

（3）转包无效事由：转包合同一律无效。

2. 建设工程合同无效时的工程款请求权

（1）建设工程施工合同无效，但建设工程经竣工验收合格的，承包人有权请求发包人参照实际履行的合同关于工程价款的约定折价补偿承包人。

（2）当事人就同一建设工程订立的数份建设工程施工合同均无效，但建设工程质量合格的，一方当事人有权请求参照实际履行的合同对建设工程价款折价补偿。实际履行的合同难以确定的，当事人有权请求参照最后签订的合同对建设工程价款折价补偿。

（3）建设工程施工合同无效，且建设工程经竣工验收不合格，修复后的建设工程经竣工验收合格的，承包人有权请求发包人参照合同约定折价补偿工程价款，但是修复费用自理；修复后的建设工程经竣工验收仍不合格的，承包人无权请求参照合同约定对工程价款折价补偿。

· 总 结 上述工程款请求权规则，不仅适用于建设工程合同无效的场合，也适用于建设工程合同有效的场合。

Ⓐ 建设工程合同有效，且竣工验收合格的，承包人有权"依照合同"索要工程款，性质是合同债权；竣工验收不合格的，承包人自费维修、再行验收。

Ⓑ 建设工程合同无效，但竣工验收合格的，承包人有权"参照合同"请求折价补偿，性质是不当得利债权；竣工验收不合格的，承包人自费维修、再行验收。

（三）以招投标方式订立的建设工程合同

1. 当事人就同一建设工程另行订立的建设工程施工合同与经过备案的中标合同实质性内容不一致的，应当以备案的中标合同作为结算工程价款的根据。

2. 招标人和中标人在中标合同之外就以明显高于市场价格购买承建房产、无偿建设住房配套设施、让利、向建设单位捐赠财物等另行签订合同，变相降低工程价款的，该合同无效。

（四）建设工程合同内容的确定

1. 工期的顺延

建设工程合同的工期是否顺延，事关承包人是否承担逾期交工的违约责任。工期顺延的条件是：

（1）承包人申请顺延工期，应当经发包人或者监理人签证等方式确认；

（2）承包人已经向发包人或者监理人申请过工期顺延，且顺延事由符合合同约定的，视为工期顺延；

（3）承包人未在约定期限内提出工期顺延，但提出合理抗辩的，视为工期顺延；

（4）建设工程竣工前，当事人对工程质量发生争议，工程质量经鉴定合格的，鉴定期间为顺延工期期间。

2. 工程质量保证金的返还期限

工程质量保证金，是指承包人向发包人交付的、以担保工程质量为目的的金钱。在工程质量保证金返还期限内，建设工程未发现质量瑕疵的，工程质量保证金应予返还。工程质量保证金的返还期限的界定方式，采取"起点+长度"的界定方式。

（1）起点

❶当事人有约定的，从其约定；

❷当事人未约定工程质量保证金返还期限的，自建设工程"通过竣工验收之日"起算；

❸因发包人原因建设工程未按约定期限进行竣工验收的，自承包人提交工程竣工验收报告 90 日后，起算工程质量保证金返还期限。

（2）长度

❶当事人有约定的，从其约定；

❷当事人未约定的，为 2 年。

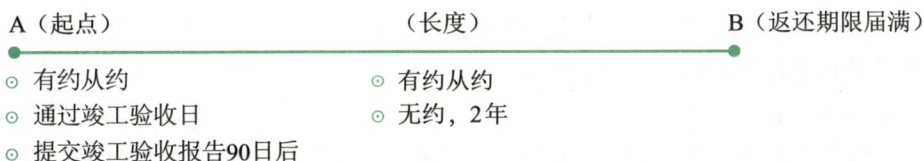

A（起点）	（长度）	B（返还期限届满）

- ⊙ 有约从约
- ⊙ 通过竣工验收日
- ⊙ 提交竣工验收报告90日后

- ⊙ 有约从约
- ⊙ 无约，2年

需要注意的是，发包人返还工程质量保证金后，不影响承包人根据合同约定或者法律规定履行工程保修义务。

📖 实例精粹

案情：2017 年 1 月，甲大学与乙公司订立建设工程合同，约定由乙公司为甲大学修建教学楼。乙公司向甲大学交付质量保证金100万元，但未约定该质量保证金的返还期限。

问题：（1）如果2019年5月10日该教学楼通过竣工验收，乙公司自何时起，有权请求甲大学返还质量保证金？

（2）如果乙公司完工后，于2019年5月10日向甲大学提交竣工验收报告，但甲大学怠于组织竣工验收，那么：

①乙公司自何时起，有权请求甲大学返还质量保证金？

②若甲大学、乙公司约定质量保证金的返还期限为3年，乙公司自何时起，有权请求甲大学返还质量保证金？

回答：（1）竣工验收之日起2年，返还期限届满，即2021年5月11日后。

（2）①自乙公司向甲大学提交竣工验收报告90日起满2年，返还期限届满，即2021年8月11日后。

②自乙公司向甲大学提交竣工验收报告90日起满3年，返还期限届满，即2022年8月11日后。

（五）建设工程优先权

建设工程优先权，是指发包人迟延支付工程款，承包人可对所建工程变价优先受偿的权利。建设工程优先权的意义在于，工程款债权在建筑工程的价值上，优先受偿。

1. 主体

（1）建设工程优先权的主体为建设工程合同的承包人。

（2）装饰装修工程的承包人，有权请求装饰装修工程价款就该装饰装修工程折价或者拍卖的价款优先受偿。但装饰装修工程的发包人不是该建筑物的所有权人的除外。

实例精粹

案情：甲与乙公司订立装修合同，将房屋A交乙公司装修。装修工程竣工验收合格后，甲不支付装修工程款。

问题：（1）如果房屋A是甲的，乙公司可否主张建设工程优先权？

（2）如果房屋A是甲租赁丙的，乙公司可否主张建设工程优先权？

回答：（1）可以。

（2）不可以。

（3）建设工程合同无效，但工程验收合格的，承包人"参照合同支付工程款"的债权，依然可受到建设工程优先权的担保。

2. 权利行使期限

建设工程优先权的行使期限为18个月，自发包人应当给付建设工程价款之日起算。

3. 权利的效力

（1）优先受偿的范围

❶承包人基于建设工程优先权，可以优先受偿的工程款债权，包括承包人为建设工程应当支付的工作人员报酬、材料款等实际支出的费用；

❷承包人就逾期支付建设工程价款的利息、违约金、损害赔偿金等主张优先受偿的，

法院不予支持。

（2）建设工程优先权与抵押权、消费者价款返还请求权的关系

❶在商品房不能交付且无实际交付可能的情况下，商品房消费者的价款返还请求权优先于建设工程价款优先受偿权、抵押权；

❷建筑工程优先权，在"实际支出的费用"范围内，可优先于该工程上已经设立的抵押权。

实例精粹

案情：甲公司欲建设商品住宅楼，与乙公司订立建设工程合同。张三贷款 100 万元购买该楼 1801 号房。因甲公司欠付工程款，住宅楼烂尾。此时，甲公司已经将该楼抵押给建设银行，贷款 3000 万元，且对乙公司欠付工程款 1000 万元，其中实际支出的费用为 800 万元。此外，甲公司还欠付丙公司材料款 500 万元。

问题：现该楼变价若干，乙公司、建设银行、张三、丙公司的受偿顺位如何？

回答：张三的 100 万元购房款——乙公司建设工程优先权的 800 万元——建设银行的贷款 3000 万元——乙公司的其他工程款债权 200 万元、丙公司的材料款债权 500 万元。

4. 放弃法定建设工程优先权的约定

发包人与承包人约定放弃或者限制建设工程价款优先受偿权，损害建筑工人利益的，该约定无效。

（六）建设工程诉讼

1. 工程质量诉讼

发包人————承包人————实际施工人

因建设工程质量发生争议的诉讼，不考虑建设工程合同的相对性限制。具体而言：

（1）因承包人的原因导致建筑质量瑕疵的，发包人可以承包人为被告提起诉讼。

（2）因实际施工人的原因导致建筑质量瑕疵的：

❶发包人可以承包人、实际施工人为共同被告提起诉讼，承包人、实际施工人应对发包人承担连带责任；

❷承包人承担责任的，有权向实际施工人追偿。

（3）缺乏资质的单位或者个人借用有资质的建筑施工企业名义签订建设工程施工合同，发包人请求出借方与借用方对建设工程质量不合格等因出借资质造成的损失承担连带赔偿责任的，法院应予支持。

实例精粹

案情：甲大学欲建设教学楼，与乙公司订立建设工程合同。合同订立后，乙公司又将水电工程分包给丙公司。

问题：（1）如果因丙公司所负责的水电工程缺陷，导致竣工验收不合格，给甲大学造成损

失。甲大学可以向谁主张赔偿？

（2）如果乙公司没有建设资质，遂与有资质的丁公司订立"挂靠协议"，约定乙公司有权使用丁公司的名义，并向丁公司交付管理费。随后，乙公司以丁公司的名义与甲大学订立教学楼建设工程合同。现因乙公司欠缺资质，其所负责的主体工程施工缺陷，导致竣工验收不合格，给甲大学造成损失。甲大学可以向谁主张赔偿？

回答：（1）乙公司与丙公司承担连带责任。乙公司承担赔偿责任后，有权向丙公司追偿。

（2）乙公司与丁公司承担连带责任。

2. 工程款诉讼

因工程款引发的诉讼，适用债权人的代位权规则。如前所述，债权人的代位权涉及三方当事人，即债权人、债务人、次债务人，其与建设工程合同的当事人对应如下：

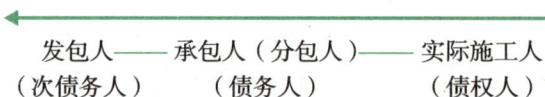

$$\longleftarrow$$

发包人 —— 承包人（分包人）—— 实际施工人
（次债务人）　　　（债务人）　　　　（债权人）

（1）实际施工人可以分包人为被告提起诉讼，即债权人有权对债务人提起原债之诉。

（2）分包人可以发包人为被告提起诉讼，即债务人也有权对次债务人提起原债之诉。

（3）实际施工人可以发包人为被告提起诉讼，即债权人还有权对次债务人提起代位权之诉。在建设工程合同的代位权之诉中：

❶ 法院应当将分包人列为第三人；

❷ 发包人在欠付工程款的范围内对实际施工人承担责任。

3. 建设工程诉讼与工程款诉讼的合并审理

发包人在承包人提起的工程款诉讼中，以建设工程质量不合格为由，就承包人支付违约金或者赔偿修理、返工、改建的合理费用等损失提出反诉的，法院可以合并审理。

专题39

—— 运输合同、技术合同 ——

一、运输合同

运输合同，是指承运人将旅客或者货物从起运地点运输到约定地点，旅客、托运人或者收货人支付票款或者运输费用的合同。运输合同分为"旅客运输合同"和"货物运输合同"两种类型。

（一）承运人的违约赔偿责任

1. 客运合同中承运人的违约赔偿责任

（1）旅客的界定

旅客，是指与承运人存在客运合同关系的人。旅客身份是追究承运人违约责任的逻辑前提。其范围包括：

❶ 持票旅客；

❷ 免票旅客；

❸ 持优待票旅客；

❹ 经承运人许可搭乘的无票旅客。

（2）客运合同中承运人对旅客人身损害的违约赔偿责任

客运合同中承运人对旅客人身损害的违约赔偿责任的承担，采取无过错责任原则。其免责事由有二：

❶ 旅客人身损害，是旅客自身健康原因造成的；

❷ 旅客人身损害，是旅客故意、重大过失造成的。

实例精粹

案情：张某乘坐甲公司的出租汽车。

问题：（1）如果小学生小牛用石块打出租车，致张某损害，甲公司是否对张某承担违约责任？

（2）如果张某将头、手伸出窗外，被过往的汽车擦伤，甲公司是否对张某承担违约责任？

回答：（1）是。张某是旅客，且甲公司没有免责事由。

（2）否。尽管张某是旅客，但其有重大过失，甲公司存在免责事由。

（3）客运合同中承运人对旅客财产损害的违约赔偿责任

❶ 在运输过程中旅客随身携带物品毁损、灭失，承运人有过错的，应当承担损害赔偿责任。

实例精粹

案情：张某乘坐甲公司的火车。

问题：（1）如果张某随身携带的电脑因其他旅客的饮料瓶倾倒致损，甲公司是否对张某承担违约责任？

（2）如果张某随身携带的电脑因列车管道漏水而毁损，甲公司是否对张某承担违约责任？

回答：（1）否。甲公司没有过错。

（2）是。甲公司有过错。

❷ 在运输过程中旅客托运的行李毁损、灭失的，适用货物运输中承运人对货物毁损、灭失的违约赔偿责任规则。

2. 货物运输中承运人对货物毁损、灭失的违约赔偿责任

货运合同中承运人对货物毁损、灭失的违约赔偿责任的承担，也采取无过错责任原则。其免责事由有三：

（1）货物毁损、灭失，是因不可抗力造成的；

（2）货物毁损、灭失，是因货物本身的自然性质或者合理损耗造成的；

（3）货物毁损、灭失，是因托运人、收货人的过错造成的。

（二）货运合同中的特殊规则

1. 托运人的任意变更、解除权

（1）在承运人将货物交付收货人之前，无需任何法定事由，托运人可以要求承运人中止运输、返还货物、变更到达地或者将货物交给其他收货人；

（2）托运人因行使任意变更、解除权致承运人遭受损失的，应当赔偿承运人因此受到的损失。

2. 联运

联运，是指由2个或2个以上运输人、首尾衔接的接力式货物运输方式。联运分为两种类型：①单式联运，即2个或2个以上的运输人以同一运输方式所实施的联运；②多式联运，即2个或2个以上的运输人以不同运输方式所实施的联运。

（1）单式联运中的违约赔偿责任

在单式联运中，货物发生毁损、灭失且承运人不存在免责事由，应当承担违约赔偿责任的情况下：

❶与托运人订立合同的承运人应当对全程运输承担责任；

❷损失发生在某一运输区段的，与托运人订立合同的承运人和该区段的承运人承担连带责任。

📖 **实例精粹**

案情：甲与A运输公司订立单式联运合同，约定甲将货物交给A运输公司，由A运输公司运给B运输公司，由B运输公司运至目的地。现货物毁损，且无免责事由。

问题：（1）甲能否请求A运输公司承担违约赔偿责任？
　　　（2）甲能否请求B运输公司承担违约赔偿责任？

回答：（1）能。与托运人订立合同的承运人应当对全程运输承担责任。
　　　（2）未必。如果可以查明货物是在B运输公司的运输区段致损，B运输公司与A运输公司承担连带责任；反之，B运输公司对甲不承担违约责任。

（2）多式联运中的违约赔偿责任

在多式联运中，货物发生毁损、灭失且承运人不存在免责事由，应当承担违约赔偿责任的情况下：

❶多式联运经营人对全程运输享有承运人的权利、承担承运人的义务；

❷多式联运经营人可以与参加多式联运的各区段承运人就多式联运合同的各区段运输约定相互之间的责任，但该约定不影响多式联运经营人对全程运输承担的义务。

📖 **实例精粹**

案情：甲与多式联运经营人乙公司订立多式联运合同后，将货物交付给乙公司。现货物毁损，且无免责事由。经查，A公路运输公司与B河运公司参加多式联运，且甲的货物是在A公路运输公司运输期间致损。

问题：（1）甲公司可请求谁承担违约责任？
　　　（2）如果乙公司与 A 公路运输公司、B 河运公司约定，各承运人对自己的运输区
　　　　　段负责。这一约定的法律意义是什么？
回答：（1）乙公司。
　　　（2）产生内部效力。即该约定不影响多式联运经营人乙公司对甲违约赔偿责任
　　　　　的承担，但乙公司对甲赔偿后，可依据此项约定向 A 公路运输公司追偿。

	模　　式	违约责任
单式联运	甲—A—B—乙	（1）A 负责全程； （2）损失发生在 B 负责的区段，B 连带。
多式联运	经营人 | 甲—A—B—乙	（1）经营人负责全程； （2）经营人与参加人的内部约定，仅有内部效力。

二、技术合同

（一）技术成果的归属

1. 职务成果与非职务成果

（1）界定标准

具备以下两个条件之一的技术成果，为职务成果：

❶执行所在单位的工作任务所完成的技术成果。单位工作人员退职、退休或者调动工作后 1 年内作出的，与其在原单位承担的本职工作或者原单位分配的任务有关的发明创造，也属于原单位的职务成果。

❷主要是利用所在单位的物质技术条件所完成的技术成果。

实例精粹

案情：甲是乙电器制造公司的工程师，负责电视机的研发工作。现甲研发出智能冰箱
　　　技术。
问题：（1）如果甲是受乙电器制造公司指派开发此项技术，该技术为职务成果还是非职
　　　　　务成果？
　　　（2）如果甲是出于个人爱好，但是利用了乙电器制造公司的实验室，该技术为职
　　　　　务成果还是非职务成果？
回答：（1）职务成果。
　　　（2）职务成果。

（2）职务成果的法律意义
❶职务成果归属于所在单位，该单位享有该成果的使用权、转让权、专利申请权；
❷单位应当从使用、转让收益中，对完成该项技术成果的个人给予奖励或者报酬；
❸单位转让该技术成果的，技术成果的完成人在同等条件下享有优先受让权。

2. 技术开发合同的技术成果归属

（1）委托开发合同的技术成果归属

在委托开发合同中，受托人所开发的技术成果的归属，在当事人没有约定的情况下：

❶专利申请权

第一，申请专利的权利属于研究开发人，即受托人；

第二，研究开发人转让专利申请权的，委托人享有同等条件下的优先受让权。

📗 **实例精粹**

案情：甲企业委托乙研究所研发技术，对技术成果的归属未作约定。现乙研究所研发成功。

问题：（1）乙研究所是否有权请求甲企业支付报酬？

（2）乙研究所能否取得专利申请权？

回答：（1）是。

（2）能。甲企业不享有专利申请权，而只享有同等条件下的优先受让权。

❷使用权

第一，委托人对该项成果享有免费使用权，包括免费实施研究开发人所取得的该项成果的专利权；

第二，研究开发人也享有该成果的免费使用权。

❸技术秘密转让权

在这里，技术秘密，是指基于委托开发或合作开发所取得的、并未申请专利的、尚处于保密状态的技术成果。

第一，当事人均享有转让的权利。

第二，委托开发的研究开发人在向委托人交付研究开发成果之前，不得将研究开发成果转让给第三人；否则，需对委托人承担违约责任。但是，开发人与第三人所订立的技术秘密转让合同有效。

📗 **实例精粹**

案情：甲企业委托乙研究所研发技术，对技术成果的归属未作约定。现乙研究所研发成功。乙研究所向甲企业交付技术成果之前，将该技术转让给了丙。

问题：（1）甲企业能否追究乙研究所委托开发合同上的违约责任？

（2）甲企业能否主张乙研究所与丙的技术转让合同无效？

回答：（1）能。

（2）不能。

（2）合作开发合同的技术成果归属

在合作开发合同中，合作开发的技术成果的归属，在当事人没有约定的情况下：

❶专利申请权

第一，合作开发的当事人一方不同意申请专利的，他方不得申请专利；

第二，合作开发的当事人一方声明放弃其共有的专利申请权的，可以由他方申请；

第三，合作开发的当事人一方转让其共有的专利申请权的，他方享有以同等条件优先受让的权利。

❷使用权

合作开发的当事人，均享有免费使用合作开发的技术成果的权利。当事人一方放弃专利申请权的，其免费使用权不受影响，包括免费实施该项合作开发技术的专利权。

❸技术秘密转让权

合作开发合同中，合作开发的各方当事人均享有技术秘密转让权。

技术开发合同中专利申请权、使用权、技术秘密转让权的法定归属

	委托开发合同	合作开发合同
专利申请权	①归受托人； ②受托人转让，委托人享有优先受让权。	①归各方共有； ②一方不申请，他方不得申请； ③一方放弃，他方可以申请； ④一方转让，他方享有优先受让权。
使用权	①双方均有权使用； ②委托人有权免费实施专利。	①各方均有权使用； ②一方放弃专利申请权，仍有权免费实施专利。
技术秘密转让权	①当事人双方均有权转让； ②受托人交付前，不得转让。	各方均有权转让。

（3）技术开发合同中技术秘密转让权的特殊规则

❶在以下两种情况下，技术开发合同一方当事人行使转让权的行为，未经对方当事人同意的，转让行为无效：

第一，将技术秘密成果的"转让权"让与他人；

第二，一方以独占、排他许可的方式许可他人使用技术秘密。

❷技术转让合同中，禁止、限制技术竞争、技术发展的条款无效。

📖 **实例精粹**

案情：甲企业委托乙研究所研发技术，对技术成果的归属未作约定。现乙研究所研发成功后，将该技术转让给了丙。

问题：（1）如果乙研究所、丙约定，丙可以使用之。乙研究所、丙的技术转让合同未经甲企业的同意，效力如何？

（2）如果乙研究所、丙约定，丙可以转让之。乙研究所、丙的技术转让合同未经甲企业的同意，效力如何？

（3）如果乙研究所、丙约定，除了丙可以使用之，任何人不得使用该技术。乙研究所、丙的技术转让合同未经甲企业的同意，效力如何？

（4）如果乙研究所、丙约定，丙不得对该技术做任何改良，且升级的技术必须从甲企业处获取。乙研究所、丙的技术转让合同未经甲企业的同意，效力如何？

回答：（1）有效。

（2）无效。

（3）无效。

（4）无效。

3. 技术转让合同、技术咨询合同、技术服务合同中新的技术成果的归属

（1）技术转让合同中后续改进的技术成果的归属

当事人有约定的，从其约定；当事人没有约定的，一方后续改进的技术成果，其他各方无权分享。

（2）技术咨询合同、技术服务合同中新的技术成果的归属

当事人有约定的，从其约定。当事人没有约定的：

❶受托人利用委托人提供的技术资料和工作条件完成的新的技术成果，属于受托人；

❷委托人利用受托人的工作成果完成的新的技术成果，属于委托人。

> **• 总 结** 技术转让合同、技术咨询合同、技术服务合同中后续改进的技术成果、新的技术成果，在当事人没有另行约定时，归属于该成果的创造者。

（二）技术服务合同与技术咨询合同

1. 费用承担

技术咨询合同和技术服务合同对受托人正常开展工作所需费用的负担没有约定或者约定不明确的，由受托人负担。

2. 技术咨询意见决策风险的承担

技术咨询合同的受托人为委托人完成的咨询建议，只供委托人决策时选择参考，不是直接可以付诸实践的技术研究成果。因此，技术咨询合同的委托人按照受托人符合约定要求的咨询报告和意见作出决策所造成的损失，由委托人承担，但当事人另有约定的除外。

📋 实例精粹

案情： 甲研究所与乙公司订立技术咨询合同，对乙公司开发的A产品市场营销方案提出咨询意见。现甲研究所按照约定要求，出具了咨询意见。乙公司根据该意见作出决策，结果造成损失。

问题： 甲研究所是否应向乙公司承担违约责任？

回答： 否。甲研究所按照乙公司的要求提供了咨询意见，已经履行了合同义务。

专题40
—— 保管合同、仓储合同 ——

保管合同，是指保管人保管寄存人交付的保管物并返还该物的合同。仓储合同，是指保管人储存存货人交付的仓储物，存货人支付仓储费的合同。仓储合同是特种保管合同，即以"仓储商"为保管人的商事保管合同。正因为如此，对于仓储合同，法律没有规定的，适用保管合同的一般规则。

一、保管合同和仓储合同法律特征比较

（一）保管合同的法律特征

1. 保管合同，除当事人另有约定外，为实践合同，即以保管物的交付为合同的成立条件。

2. 保管合同中，寄存人交付保管物，并非寄存人的债务。

3. 保管合同推定为无偿合同，即当事人没有对保管费进行约定的，推定为无偿保管。

4. 保管合同的保管人接收保管物时，可以出具保管凭证，也可以根据交易习惯不出具保管凭证。

寄存人到保管人处从事购物、就餐、住宿等活动，将物品存放在指定场所的，视为保管，但是当事人另有约定或者另有交易习惯的除外。

（二）仓储合同的法律特征

1. 仓储合同为诺成合同，以当事人之间仓储合意的达成为合同的成立条件。

2. 仓储合同中，存货人在合同成立后，负有交付保管物的义务。

3. 仓储合同为有偿合同，存货人负有支付仓储费的义务。

4. 仓储合同的保管人接收保管物时，必须出具仓单。

保管合同和仓储合同法律特征比较

	诺成与实践	交付标的物	有偿与无偿	保管凭证与仓单
保管合同	实践合同，约定除外	非债务	无偿合同，约定除外	可出具，可不出具
仓储合同	诺成合同	债　务	有偿合同	必须出具

二、保管合同和仓储合同寄存人（存货人）转让标的物的方式比较

1. 保管合同中的保管物转让，适用一般动产转让的指示交付规则，即寄存人与受让人订立买卖合同，达成返还请求权让与合意时，受让人取得保管物的所有权。例如，甲将一台电脑交由乙保管。现甲欲将该电脑出卖给丙。此时，甲、丙订立买卖合同，达成返还请求权让与合意的，丙即取得该电脑的所有权。

2. 仓储合同中的仓储物转让，可以通过仓单的转让来完成。具体来讲，通过仓单来实现仓储物的转让，分为两个步骤：

（1）转让人向受让人进行仓单背书，并经保管人签字、盖章；

（2）转让人向受让人交付仓单。

保管合同和仓储合同标的物转让规则比较

	债权关系的产生	物权变动
保管合同	买卖合同	指示交付
仓储合同		①背书＋保管人签章；②交付仓单

三、保管合同和仓储合同标的物领取规则比较

（一）保管合同的保管物领取规则

1. 当事人未约定保管期间的：

（1）寄存人可以随时领取保管物；

（2）保管人可以随时要求寄存人领取保管物。

2. 当事人约定保管期间的：

（1）寄存人可以随时领取保管物；

（2）保管人无特别事由，不得要求寄存人提前领取保管物。

📖 **实例精粹**

案情：甲将一台电脑交由乙保管，约定保管3天，每天保管费50元。

问题：（1）如果甲提前1天要求领取该电脑，如何支付保管费？

（2）如果甲迟延1天领取该电脑，如何支付保管费？

回答：（1）甲只需向乙支付2天的保管费。

（2）甲需向乙加付1天的保管费。

3. 领取保管物的特殊规则

（1）第三人对保管物主张权利的，除依法对保管物采取保全或者执行措施以外，保管人应当履行向寄存人返还保管物的义务。

（2）保管人保管货币的，可以返还相同种类、数量的货币；保管其他可替代物的，可以按照约定返还相同种类、品质、数量的物品。

（二）仓储合同的仓储物领取规则

1. 当事人未约定仓储期间的：

（1）存货人或者仓单持有人可以随时提取仓储物；

（2）保管人也可以随时要求存货人或者仓单持有人提取仓储物，但应当给予存货人或者仓单持有人必要的准备时间。

2. 当事人约定仓储期间的：

（1）存货人或者仓单持有人可以随时领取仓储物，提前提取的，不减收仓储费。

（2）保管人不得要求存货人或者仓单持有人提前领取仓储物。

（3）储存期间届满，存货人或者仓单持有人逾期提取的，应当加收仓储费。

📖 **实例精粹**

案情：甲公司将一批货物交由乙仓储，约定仓储30天，仓储费每天1000元。

问题：（1）如果甲公司提前10天要求提取货物，如何支付保管费？

（2）如果甲公司迟延10天提取货物，如何支付保管费？

回答：（1）甲公司仍应当按照30天的仓储期限支付仓储费。

（2）甲公司应当加付10天的仓储费。

（4）储存期间届满，存货人或者仓单持有人不提取仓储物的，保管人可以催告其在合理期限内提取；逾期不提取的，保管人可以提存仓储物。

保管合同和仓储合同标的物领取规则比较

	未约定期间	约定期间	特殊规则
保管合同	（1）可随时领取； （2）可随时要求领取。	（1）可随时领取； （2）原则上，不得要求提前领取。	（1）除采取强制措施外，向寄存人返还； （2）种类物保管，种类物返还。
仓储合同	（1）可随时领取； （2）可随时要求领取，但应给予必要的准备时间。	（1）可随时领取； （2）原则上，不得要求提前领取； （3）逾期不领取，催告后提存； （4）提前不减费，逾期加费。	（无）

四、寄存人、存货人的标的物事项告知义务比较

1. 保管合同中寄存人的标的物事项告知义务的法定事由

寄存人交付的保管物有瑕疵或者按照保管物的性质需要采取特殊保管措施的，寄存人应当将有关情况告知保管人。

2. 仓储合同中存货人的标的物事项告知义务的法定事由

储存易燃、易爆、有毒、腐蚀性、放射性等危险物品或者易变质物品的，存货人应当说明该物品的性质，并提供有关资料。

五、保管人的及时通知义务比较

1. 保管合同中保管人的及时通知义务的法定事由

（1）第三人对保管人提起诉讼的；

（2）第三人对保管物申请扣押的。

2. 仓储合同中保管人的及时通知义务的法定事由

（1）保管人验收时发现入库仓储物与约定不符的，应当及时通知存货人；

（2）保管人发现入库仓储物有变质或者其他损坏的，应当及时通知存货人或者仓单持有人；

（3）保管人发现入库仓储物有变质或者其他损坏，危及其他仓储物的安全和正常保管，因情况紧急，保管人作出必要处置的，事后应当将该情况及时通知存货人或者仓单持有人。

保管合同和仓储合同标的物事项告知、及时通知义务的法定事由比较

	寄存人、存货人告知义务	保管人及时通知义务
保管合同	保管物有瑕疵，需要采取特殊保管措施。	（1）第三人对保管人提起诉讼； （2）第三人对保管物申请扣押。

	寄存人、存货人告知义务	保管人及时通知义务
仓储合同	储存危险物品或者易变质物品的，存货人应当说明该物品的性质，并提供有关资料。	（1）验收时发现仓储物与约定不符； （2）入库仓储物变质、损坏； （3）入库仓储物变质、损坏，情况紧急，保管人作出必要处置。

六、保管合同和仓储合同标的物毁损、灭失的赔偿责任比较

（一）保管合同中的保管物毁损、灭失的赔偿责任

1. 归责原则

（1）在有偿保管中，保管人因过错（即"保管不善"）致保管物毁损、灭失的，应当承担赔偿责任；

（2）在无偿保管中，保管人因故意或重大过失致保管物毁损、灭失的，应当承担赔偿责任。

📋 实例精粹

案情：甲将祖传珍贵字画交由乙保管。一日，乙外出时，有小偷进入乙家，偷走该字画。

问题：（1）如果查明，乙外出前正常锁好了门窗，但门窗之锁并不安全，可能被小偷撬开，那么：

　①若乙为有偿保管，乙是否应对甲承担赔偿责任？

　②若乙为无偿保管，乙是否应对甲承担赔偿责任？

（2）如果查明，乙外出时忘记锁门，那么：

　①若乙为有偿保管，乙是否应对甲承担赔偿责任？

　②若乙为无偿保管，乙是否应对甲承担赔偿责任？

回答：（1）①是。乙构成保管不善。

　　②否。乙没有重大过失。

（2）①是。乙构成保管不善。

　　②是。乙构成重大过失。

2. 保管人应当承担保管物毁损、灭失赔偿责任的法定事由

保管人应当承担保管物毁损、灭失赔偿责任的法定事由，本质为保管人因"故意"致保管物毁损、灭失。因此，无论是有偿保管还是无偿保管，在如下情形下，保管人都应当承担赔偿责任：

（1）除紧急情况或者为了维护寄存人利益以外，保管人擅自改变约定的保管场所、方法，致保管物毁损、灭失的；

（2）保管人擅自将保管物转交第三人保管，致保管物毁损、灭失的；

（3）保管人擅自使用或者许可第三人使用保管物，致保管物毁损、灭失的。

实例精粹

案情：甲将祖传珍贵字画交由乙无偿保管，丙见之，提出观赏几天，乙遂将字画交予丙。一日，丙外出时正常锁好了门窗，有小偷撬门进入丙家，偷走了该字画。

问题：乙是否应对甲承担赔偿责任？

回答：是。尽管乙是无偿保管，且丙没有重大过失，但乙擅自将保管物交给第三人，故应承担赔偿责任。

3. 保管人不承担保管物毁损、灭失赔偿责任的法定事由

（1）寄存人寄存货币、有价证券或者其他贵重物品，未向保管人声明的，该物品毁损、灭失后，保管人可以按照一般物品予以赔偿；

（2）保管物有瑕疵或者需要采取特殊保管措施，寄存人未告知保管人，致使保管物受损失的，保管人不承担损害赔偿责任。

实例精粹

案情：甲将一个上锁的箱子交给乙保管，未告知箱内有什么。

问题：（1）乙外出时忘记关门，箱子被偷。现甲告知乙箱内有 5 万元现金。乙对该 5 万元现金是否应承担赔偿责任？

（2）乙按照一般箱子的保管方式保管，未轻拿轻放。及至向甲返还箱子时，发现箱内的玉瓶损坏。乙对该玉瓶是否应承担赔偿责任？

回答：（1）否。

（2）否。

（二）仓储合同中的仓储物毁损、灭失的赔偿责任

1. 归责原则

保管人因过错（即"保管不善"）造成仓储物毁损、灭失的，应当承担损害赔偿责任。

2. 保管人应当承担仓储物毁损、灭失赔偿责任的法定事由

保管人对入库仓储物完成验收后，发现仓储物的品种、数量、质量不符合约定的，保管人应当承担损害赔偿责任。

3. 保管人不承担仓储物毁损、灭失赔偿责任的法定事由

因仓储物的性质、包装不符合约定或者超过有效储存期造成仓储物变质、损坏的，保管人不承担损害赔偿责任。

实例精粹

案情：甲公司将一批货物交由乙仓储商储存，乙仓储商入库验货时未发现问题。在仓储期间，乙仓储商发现该批货物存在毁损事实。

问题：乙仓储商是否应当承担赔偿责任？

回答：如果乙仓储商不能证明该毁损是由于货物性质、包装不善或过期导致，乙仓储商要承担赔偿责任。

保管合同和仓储合同标的物毁损、灭失的赔偿责任比较

	归责原则	保管人承担责任的法定事由	保管人不承担责任的法定事由
保管合同	（1）有偿：过错（保管不善）；（2）无偿：故意、重大过失。	（1）擅自改变约定的保管场所、方法；（2）擅自将保管物转交第三人保管；（3）擅自使用或者许可第三人使用保管物。	（1）寄存贵重物品，未作声明，按照一般物品赔偿；（2）保管物有瑕疵或者需要采取特殊保管措施，未告知。
仓储合同	过错（保管不善）。	对入库仓储物完成验收后，发现仓储物的品种、数量、质量不符合约定。	因仓储物的性质、包装不符合约定或者超过有效储存期造成仓储物变质、损坏。

专题 41

—— 委托合同、行纪合同、中介合同 ——

一、受托人的违约责任

（一）受托人违约责任的归责原则

1. 有偿委托合同，因受托人"过错"致委托人损失的，委托人可以要求赔偿损失。

2. 无偿委托合同，因受托人"故意或者重大过失"致委托人损失的，委托人可以要求赔偿损失。

（二）共同委托、分别委托中的受托人违约责任

1. 共同委托，是指委托人与2个或2个以上受托人订立委托合同，由2个或2个以上受托人共同处理委托人同一委托事务的委托。

2. 分别委托，是指委托人将"不同事务"分别委托给不同的受托人。

二、受托人变更委托权限与转委托

（一）受托人变更委托权限

1. 合法变更委托权限

（1）条件：①经委托人同意；②因情况紧急，难以和委托人取得联系的，受托人应当妥善处理委托事务，但事后应当将该情况及时报告委托人。

（2）后果。受托人具备上述事由之一，合法变更委托权限的，委托人需承担受托人行为的法律后果。

2. 非法变更委托权限

受托人不具有上述合法事由变更委托权限，给委托人造成损失的，无论是有偿委托还是无偿委托，受托人均应承担赔偿责任。

（二）受托人转委托

受托人转委托，是指受托人将自己所应办理的委托事项转托给第三人的行为。

1. 合法转委托

（1）条件：①经委托人同意；②紧急情况下为维护委托人的利益。

（2）后果

❶在合法转委托中，第三人是委托人的受托人，而非受托人的受托人；

❷在合法转委托中，第三人因过错导致委托人损害的，受托人仅就第三人的"选任"及其对第三人的"指示"承担责任。

实例精粹

案情：甲委托乙到 A 地参加拍卖，竞购一幅字画。乙在拍卖前两日到达 A 地，因急性阑尾炎发作，住院手术。此时，乙将竞购事宜转委托给丙。现丙因重大失误，导致竞购失败。

问题：（1）乙是合法转委托还是非法转委托？

（2）丙是谁的受托人？

（3）丙是否应向甲承担违约责任？

（4）乙是否需因转委托行为向甲承担违约责任？

（5）如果乙明知丙没有竞购经验仍向丙转委托，乙是否应向甲承担违约责任？

回答：（1）乙是在紧急情况下为维护甲的利益将竞购事宜转委托给丙，构成合法转委托。

（2）甲的受托人。在合法转委托中，第三人是委托人的受托人。

（3）是。丙因过错未办好受托事务。

（4）否。乙是合法转委托。

（5）是。

2. 非法转委托

（1）受托人转委托，不具有上述合法事由的，即为非法转委托。此时，第三人与委托人之间不存在委托关系，其仅为受托人的受托人。

（2）受托人转委托，不具有上述合法事由，第三人导致委托人损害的，受托人应当对转委托的第三人的行为承担责任。

实例精粹

案情：甲委托乙到 A 地参加拍卖，竞购一幅字画。乙在拍卖前两日到达 A 地，因受当地朋友邀请，去风景区旅游，遂将竞购事宜转委托给丙。现丙因重大过失，导致竞购失败。

问题：（1）乙是合法转委托还是非法转委托？

（2）丙是谁的受托人？

（3）丙是否应向甲承担违约责任？

（4）乙是否应向甲承担违约责任？

回答：（1）乙不具备合法转委托的事由，构成非法转委托。

（2）乙的受托人。在非法转委托中，第三人是受托人的受托人。

（3）否。丙与甲之间没有委托合同关系，故丙只需对乙承担违约责任。

（4）是。非法转委托的，受托人应当对转委托的第三人的行为承担责任。

	含　　　义	责　　　任
共同委托	甲将 A、B 委托给乙、丙	乙、丙承担连带责任
分别委托	甲将 A 委托给乙、B 委托给丙	乙、丙各自承担相应责任
转委托	甲将 A 委托给乙，乙又委托给丙	①合法：丙承担责任；乙有选任、指示过错的，承担责任 ②非法：乙对丙的行为承担责任

三、受托人与第三人订立合同的后果承担

受托人与第三人订立的合同，约束受托人与第三人还是约束委托人与第三人，应视订立合同时第三人是否知道受托人系办理委托人的事务而有所不同。

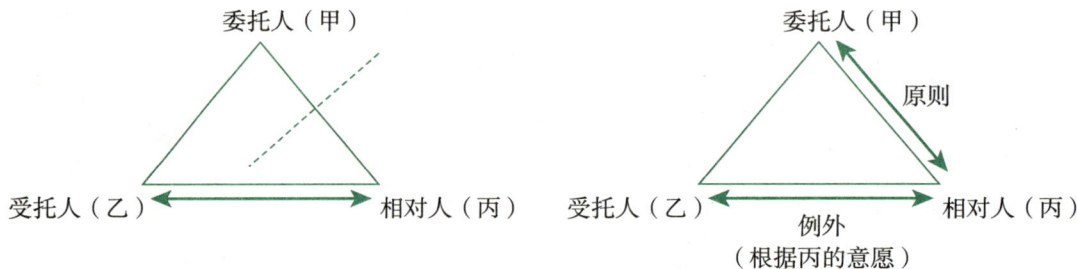

（一）显名代理

第三人与受托人订立合同时，知道受托人系办理委托人的事务。例如，受托人以委托人的名义与第三人订立合同，或者受托人以自己的名义与第三人订立合同，但第三人知道受托人系办理委托人的事务。此时：

1. 原则上，该合同约束委托人与第三人，即委托人与第三人为合同的双方当事人。

2. 例外情况是，第三人与受托人明确约定，该合同只约束受托人与第三人。

🗐 实例精粹

案情：乙受甲之托，以甲的名义与丙订立电脑买卖合同，以 5000 元的价格购买丙的电脑。

问题：（1）丙会认为是谁买自己的电脑？

（2）谁是买卖合同的双方当事人？

（3）如果乙、丙在合同中约定，该买卖合同只约束乙、丙，谁是买卖合同的双方当事人？

回答：（1）甲。

（2）甲、丙。

（3）乙、丙。

（二）隐名代理

第三人与受托人订立合同时，不知道受托人系办理委托人的事务。例如，受托人以自己的名义与第三人订立合同，且第三人不知道受托人系办理委托人的事务。此时：

1. 合同成立时的约束力

受托人与第三人订立的合同成立时，该合同约束受托人与第三人，即受托人与第三人为合同的双方当事人。

实例精粹

案情：乙受甲之托，以自己的名义与丙订立电脑买卖合同，以 5000 元的价格购买丙的电脑。

问题：（1）丙会认为是谁买自己的电脑？

（2）谁是买卖合同的双方当事人？

回答：（1）乙。

（2）乙、丙。

2. 合同履行时的披露与抗辩权延续

（1）合同履行时，因第三人违约导致委托人利益不能实现的，受托人可以向委托人披露第三人。此时：

❶后果。原则上，委托人可以向第三人主张权利，但第三人与受托人订立合同时知道是该委托人就不会订立合同的除外。

❷抗辩权延续。委托人对第三人主张权利的，第三人可以向委托人主张其对受托人的抗辩权。

实例精粹

案情：乙受甲之托，以自己的名义与丙订立电脑买卖合同，以 5000 元的价格购买丙的电脑，付款后 10 日内交货。现丙未如约将电脑交付给乙。

问题：（1）谁是买卖合同的双方当事人？

（2）丙未如约向乙交付电脑，乙怎么办？

（3）乙披露后，后果如何？

（4）经查，丙未如约向乙交付电脑，是因为乙未如约向丙付款，丙主张先履行抗辩权所致。现因乙的披露，甲请求丙交付电脑，丙怎么办？

回答：（1）乙、丙。

（2）乙可向甲披露丙。

（3）除有证据证明丙不愿以甲作为自己相对人的外，甲可直接请求丙交付电脑。

（4）丙能够依据对乙的先履行抗辩权，拒绝向甲交货。

（2）合同履行时，因委托人违约导致第三人利益不能实现的，受托人可以向第三人披露委托人。此时：

❶后果。第三人可以在受托人或者委托人之间选择一个作为相对人主张其权利。一旦选择完成，第三人不得变更。

❷抗辩权延续。第三人选择委托人作为相对人的，委托人可以向第三人主张其对受托人的抗辩权以及受托人对第三人的抗辩权。

📖 实例精粹

案情： 乙受甲之托，以自己的名义与丙订立电脑买卖合同，以 5000 元的价格购买丙的电脑，交货后 10 日内付款。现丙将电脑交付给乙后，因甲未将价金交付予乙，导致乙未如约向丙付款。

问题： (1) 谁是买卖合同的双方当事人？

(2) 因甲未向乙交付价金，导致乙未如约向丙交付价金，乙怎么办？

(3) 乙披露后，后果如何？

(4) 丙选择了甲作为相对人，并请求甲支付价金。

　①经查，甲不付款的原因是，乙与丙订立合同时超越了委托权限。现丙请求甲支付价金，甲怎么办？

　②经查，甲不付款的原因是，丙交付给乙的电脑质量不合格。现丙请求甲支付价金，甲怎么办？

回答： (1) 乙、丙。

(2) 乙可向丙披露甲。

(3) 丙可以在甲、乙中选择主张价金债权的对象。一旦选定，不得再变更。

(4) ①甲可以乙超越委托权限为由，拒绝向丙支付价金。

　②甲可以丙交付给乙的电脑质量不合格为由，拒绝向丙支付价金。

受托人与第三人订立合同的后果承担

	合同订立时	合同履行时	
		披露后果	抗辩权
显名代理	①约束甲、丙；②另有约定除外。	（无）	
隐名代理	约束乙、丙。	丙违约 ①约束甲、丙；②丙反对的除外。	丙可对甲主张丙对乙的抗辩权。
		甲违约 丙的选择权。	甲可对丙主张：①甲对乙的抗辩权；②乙对丙的抗辩权。

四、委托合同中的任意解除权

1. 委托人或者受托人可以随时解除委托合同，且没有法定事由的限制。

2. 因解除合同给对方造成损失的，除不可归责于该当事人的事由外，应当赔偿损失。损失范围的确定规则是：

(1) 在无偿委托合同中，解除方应当赔偿因解除时间不当给对方造成的直接损失。

（2）在有偿委托合同中，解除方应当赔偿对方的直接损失和可得利益损失。需要注意的是，这里的可得利益，仍需以"债务人缔约时的合理预见"为前提。

实例精粹

案情： A 地的甲公司与 B 地的乙公司协商约定，甲公司派人到乙公司办理手续后，即可获得乙公司的订单。甲公司测算，此订单完成后，可以获得利润 20 万元。甲公司委托张三前往乙公司办理手续，并为张三购买赴乙公司的机票。张三与甲公司订立委托合同时，知道 20 万元可得利益之事。张三到 B 地后，向甲公司提出解除委托合同，导致甲公司丧失订单。

问题： （1）如果甲公司对张三是无偿委托，那么：

①张三是否应当赔偿甲公司的机票损失？

②张三是否应当赔偿甲公司的 20 万元可得利润？

（2）如果甲公司对张三是有偿委托，那么：

①张三是否应当赔偿甲公司的机票损失？

②张三是否应当赔偿甲公司的 20 万元可得利润？

回答： （1）①是。

②否。

（2）①是。

②是。

任意解除（变更）权

	权利主体	权利类型	权利规则
承揽合同	定作人	解除权、变更权	①任意解除（变更），无法定事由限制；
货运合同	托运人	解除权、变更权	
委托合同	委托人、受托人	解除权	②造成对方损失的，负赔偿责任。

五、行纪合同中的特殊规则

行纪合同，是指行纪人以自己的名义为委托人从事贸易活动，委托人支付报酬的合同。行纪合同的"受托人"，为专门从事行纪业务的行纪商，如寄卖行、商行等。其原则上为有偿合同，行纪人为委托人从事贸易活动，委托人应当支付报酬。

（一）行纪人的买卖价格

1. 行纪人以低于委托人指定的价格卖出或者以高于委托人指定的价格买入：

（1）经委托人同意的，该买卖对委托人发生效力；

（2）未经委托人同意的，行纪人应补偿其差额。

2. 行纪人以高于委托人指定的价格卖出或者以低于委托人指定的价格买入：

（1）溢价利益，当事人没有约定的，归委托人；

（2）行纪人可以按照约定请求增加报酬。

（二）行纪人的自买与自卖

1. 条件

（1）委托人没有禁止自买、自卖的意思表示；

（2）行纪人要卖出或者买入的商品，为具有市场定价的商品。

2. 后果

在行纪人有权自买、自卖的情况下，仍然可以要求委托人支付报酬。

（三）行纪人与第三人订立合同的后果承担

1. 在行纪合同中，行纪人与第三人订立合同，系以自己的名义为之，第三人并不知晓委托人。故行纪人对该合同直接享有权利、承担义务。

2. 第三人不履行义务致使委托人受到损害的，除行纪人与委托人另有约定外，行纪人应当基于行纪合同向委托人承担损害赔偿责任，并基于其与第三人的合同追究第三人的违约责任。

3. 委托人不履行义务致使第三人受到损害的，除行纪人与委托人另有约定外，行纪人应当基于其与第三人的合同向第三人承担损害赔偿责任，并基于行纪合同追究委托人的违约责任。

实例精粹

案情：甲委托乙寄卖行出售自己的一台电脑。现乙寄卖行以自己的名义与丙订立买卖合同。

问题：（1）该买卖合同的当事人是谁？

（2）如果丙不付款，乙寄卖行怎么办？

（3）如果甲不交付电脑，导致乙寄卖行无法向丙交付电脑，乙寄卖行怎么办？

回答：（1）乙寄卖行、丙。

（2）乙寄卖行不能对甲披露丙后，由甲直接请求丙付款，而只能自己基于买卖合同请求丙付款。

（3）乙寄卖行不能对丙披露甲后，由丙直接请求甲交付电脑，而只能自己基于行纪合同请求甲交付电脑。

• 总 结 行纪合同的履行，强调合同的相对性，须严格按照委托人与行纪人之间的行纪合同、行纪人与第三人之间的买卖合同，各自履行。换言之，委托合同中"受托人的披露规则"，并不适用于行纪合同。

六、中介合同中的限制"跳单"规则

中介合同，又称居间合同，是指中介（居间）人向委托人报告订立合同的机会或者提供订立合同的媒介服务，委托人支付报酬的合同。由此可见，中介人的服务内容有两种：①"报告订立合同的机会"，即中介人受一方之托，为其寻找合同的相对人；②"提供订立合同的媒介"，即中介人受双方之托，为双方牵线搭桥。

1．"跳单"的含义

"跳单"，是指中介合同中，委托人在接受中介人的服务后，利用中介人提供的交易机会或者媒介服务，绕开中介人直接与第三人订立合同。需要注意的是，委托人"跳单"，需以"利用了中介人提供的机会或媒介"为前提；委托人委托中介人后，自行寻找到相对人，与之订立合同的，不构成"跳单"。

2．"跳单"的限制

（1）委托人"跳单"的，视为中介服务完成，委托人需向中介人支付报酬。

（2）为防止"跳单"，中介人利用格式中介合同加重委托人责任，如事先收取适量的"跳单保证金"的，该条款不构成"不当免责条款"；中介人尽到提示注意或说明义务的，该条款有效。

七、委托合同、行纪合同、中介合同中的费用与报酬

（一）委托合同中的费用与报酬

1．费用承担

（1）无论委托事务是否完成，委托人均应当承担受托人处理委托事务的费用。

（2）委托人承担费用的方式，为"预付"费用。受托人为处理委托事务而垫付必要费用的，委托人应当偿还该费用及利息。

2．报酬支付

（1）有偿委托合同中，受托人完成委托事务的，委托人应当向其支付报酬。

（2）有偿委托合同中，受托人未完成委托事务的：

❶因可归责于受托人的事由导致委托事务未能完成的，受托人不得请求委托人支付报酬；

❷因不可归责于受托人的事由导致委托事务未能完成的，受托人有权请求委托人支付"相应"的报酬。

实例精粹

案情：甲委托乙律师为其代理案件。

问题：（1）乙律师承办案件所需的交通、住宿、餐饮等费用，由谁承担？

（2）如果乙律师尽其所能，而甲的案件仍最终败诉，乙律师能否请求甲支付报酬？

回答：（1）甲。甲应当在代理开始前支付上述费用。如果乙律师垫付，以后甲应予偿付，且计算利息。

（2）可以请求甲支付相应的报酬。

（二）行纪合同中的费用与报酬

1．费用承担

行纪合同中，行纪人处理委托事务支出的费用，由行纪人负担。

2．报酬支付

（1）行纪人全部、部分完成委托事务的，委托人应当支付全部、部分报酬；

（2）行纪人未完成委托事务的，委托人无需支付报酬。

实例精粹

案情：甲委托乙寄卖行将其电脑出卖。

问题：（1）乙寄卖行为卖此电脑所支出的费用，由谁承担？

（2）如果乙寄卖行已经尽其所能，但是甲的电脑依然未能卖出，乙寄卖行能否请求甲支付报酬？

回答：（1）乙寄卖行。作为商业成本，应由其自负。

（2）否。

（三）中介合同中的费用与报酬

1. 中介人促成合同成立的，有权请求委托人支付报酬，但是中介费用由其自负。

实例精粹

案情：甲受乙之托，为乙寻找房屋出租人；甲又受丙之托，为丙寻找房屋承租人。现甲将乙、丙撮合成交。

问题：（1）甲是否有权请求支付报酬？

（2）甲有权请求谁支付报酬？

（3）甲是否有权请求乙、丙支付中介费用？

回答：（1）是。

（2）乙、丙。甲受乙、丙之托，有权请求乙、丙支付报酬。

（3）否。中介费用由甲自付。

2. 中介人未促成合同成立的，无权请求委托人支付报酬，但是有权请求委托人依约支付中介费用。

实例精粹

案情：甲受乙之托，为乙寻找房屋承租人。甲打听到丙欲租房，遂帮助乙与丙联系磋商。现乙、丙未能成交。

问题：（1）甲是否有权请求支付报酬？

（2）甲是否有权请求依约支付中介费用？

（3）甲有权请求谁支付中介费用？

回答：（1）否。

（2）是。

（3）乙。甲受乙一方委托，故只能请求乙依约支付中介费用。

总结 中介人的报酬、费用请求权的相对人

Ⓐ 中介人"充当媒介"，即受两方之托的，中介人有权请求两方支付报酬或费用；

Ⓑ 中介人"提供机会"，即受一方之托的，中介人有权请求一方支付报酬或费用。

委托合同、行纪合同、中介合同中的费用、报酬规则总结

	费用承担	报酬支付
委托合同	委托人承担。	未完成，不可归责于受托人的，相应报酬。
行纪合同	行纪人承担。	完成的，全部报酬；部分完成的，部分报酬。
中介合同	促成合同的，中介人承担；反之，委托人承担。	促成合同的，支付报酬；否则，无报酬。

专题 **42**

—— 物业服务合同、合伙合同 ——

一、物业服务合同

物业服务合同，是指建设单位或业主委员会与物业服务人订立的，由物业服务人提供物业服务，业主支付物业服务费的合同。物业服务合同分为两类，即前期物业服务合同与后期物业服务合同。前者是指建设单位（开发商）与物业服务人订立的物业服务合同；后者则是指业主委员会与物业服务人订立的物业服务合同。

（一）物业服务合同的约束力

1. 对于前期物业服务合同的效力

（1）业主不得以其并非合同当事人为由，拒绝接受合同的约束；

（2）在前期物业服务合同约定的服务期限届满前，业主委员会与新物业服务人订立的物业服务合同生效的，前期物业服务合同终止。

2. 物业服务人公开作出的服务承诺及制定的服务细则，为物业服务合同的组成部分。

3. 物业服务企业与第三人订立委托合同，约定将全部物业服务业务一并委托予第三人，或者将全部物业服务支解后分别转委托给第三人的，该委托合同无效。

实例精粹

案情：甲开发商开发"阳光家园"小区，并委托乙物业公司管理小区事务，期限 5 年。

问题：（1）第 1 年，乙物业公司总部公开作出的服务承诺中规定，每天清倒垃圾 2 次。但乙物业公司派驻"阳光家园"小区的物业每天只清倒垃圾 1 次。面对业主质询，乙物业公司称，甲开发商与乙物业公司订立的物业服务合同并未对每日垃圾清倒的次数作出规定。乙物业公司的主张是否于法有据？

（2）第 2 年，乙物业公司与丙物业公司订立合同约定，乙物业公司将"阳光家园"小区的全部管理事务，交由丙物业公司来完成。乙、丙物业公司的合同效力如何？

（3）第 3 年，"阳光家园"小区成立业主大会及业委会，业委会与丁物业公司订立物业服务合同。现乙物业公司拒绝撤离，理由是合同期限未满，且业委会并未向自己发出解除合同的通知。乙物业公司的主张是否于法有据？

回答：（1）否。

（2）无效。

（3）否。后期物业服务合同成立，前期物业服务合同自动终止。

（二）关于物业费

1. 物业服务企业已经按照合同约定以及相关规定提供服务，业主不得仅以未享受或者无需接受相关物业服务为由拒绝缴费。

2. 物业使用人与业主承担连带缴费义务。

📖 **实例精粹**

案情："阳光家园"小区业主甲将房屋出租给乙，租赁合同约定由乙缴纳物业费。

问题：（1）物业服务人有权请求谁承担缴费义务？

（2）租赁合同中关于"由乙缴纳物业费"的约定，是否有效？

回答：（1）甲、乙连带。

（2）是。该约定具有内部效力。甲缴纳物业费后，有权根据此约定向乙追偿。

3. 物业公司应当向业主（非业主团体）主张物业费请求。

（三）物业服务合同的解除与续聘

1. 物业服务合同的解除

（1）业主的解除权

❶业主大会决定，业主委员会有权单方解除物业服务合同。业主决定解聘物业服务人的，应当提前60日书面通知物业服务人，但是合同对通知期限另有约定的除外。

❷物业服务企业拒绝退出、移交的，不得以存在事实上的物业服务关系为由，请求业主支付物业服务合同权利义务终止后的物业费。

❸业主解除物业服务合同，造成物业服务人损失的，除不可归责于业主的事由外，业主应当赔偿损失。

（2）物业服务人的解除权

对于不定期的物业服务合同，物业服务人可以随时解除，但应当提前60日书面通知业主一方。

2. 物业服务合同的续聘

（1）物业服务期限届满前，物业服务人不同意续聘的，应当在期限届满前90日书面通知业主一方，合同另有约定的除外。

🔖 · **总 结** ·

Ⓐ 解除物业服务合同的通知，未约定的，提前60日；

Ⓑ 物业服务人不再续聘的通知，未约定的，提前90日。

（2）物业服务期限届满后，业主没有依法作出续聘或者不续聘的意思表示，物业服务人继续提供物业服务的，原物业服务合同继续有效，但是服务期限为不定期。

（3）物业服务合同终止后，在业主选聘的新物业服务人或者决定自行管理的业主接管之前，原物业服务人应当继续处理物业服务事项，并可以请求业主支付该期间的物业费。

二、合伙合同

合伙合同，是指 2 个以上合伙人为了共同的事业目的订立的共享利益、共担风险的协议。

（一）合伙财产

1. 合伙合同终止前，合伙人不得请求分割合伙财产。但是合伙人退伙、合伙利润分配或合伙人另有约定的，不在此限。

2. 除合伙合同另有约定外，合伙人向合伙人以外的人转让其全部或者部分财产份额的，须经其他合伙人一致同意。

（二）合伙事务的执行

1. 原则上，合伙事务由合伙人共同执行。合伙人就合伙事务作出决定的，除合伙合同另有约定外，应当经全体合伙人一致同意。

2. 按照合伙合同的约定或者全体合伙人的决定，可以委托部分合伙人执行合伙事务。此时：

（1）其他合伙人不再执行合伙事务，但是享有监督权。

（2）合伙人分别执行合伙事务的，执行事务合伙人可以对其他合伙人执行的事务提出异议。执行事务合伙人提出异议后，其他合伙人应当暂停该项事务的执行。

实例精粹

案情：甲、乙、丙共同出资，组建合伙运输队。

问题：（1）甲、乙、丙如何作出经营决策？

（2）甲、乙、丙达成补充协议：甲不再管理合伙事务，乙负责合伙的外部事务，丙负责合伙的内部事务。那么：

①若甲认为丙内部事务的执行存在问题，可否提出异议？

②若乙认为丙内部事务的执行存在问题，可否提出异议？

回答：（1）一致同意，合伙合同另有约定的除外。

（2）①不可以。甲不是执行事务的合伙人。

②可以。乙是执行事务的合伙人。

（3）除合伙合同另有约定外，合伙人不得因执行合伙事务而请求支付报酬。

（三）合伙的损益分配比例

1. 合伙的利润分配和亏损分担，按照合伙合同的约定办理。

2. 合伙合同没有约定或者约定不明确的，由合伙人按照实缴出资比例分配。

3. 无法确定出资比例的，由合伙人平均分配。

（四）合伙人债权人的代位权

1. 合伙人的债权人不得代位行使合伙人的共益权，如表决权、执行合伙事务的权利。

2. 合伙人的债权人可以代位行使合伙人的自益权，如利润分配请求权。

实例精粹

案情：甲、乙、丙共同出资，组建合伙运输队。现甲欠李四的借款10万元尚未偿还。

问题：（1）李四能否代甲之位，行使甲对合伙事务的表决权？

（2）李四能否代甲之位，行使甲的利润分配请求权？

回答：（1）不能。对合伙人的共益权，合伙人的债权人不得代位行使。

（2）能。对合伙人的自益权，合伙人的债权人可以代位行使。

（五）合伙合同的期限与终止

1. 不定期合伙合同

（1）合伙人对合伙期限没有约定或者约定不明确的，视为不定期合伙；

（2）合伙期限届满，合伙人继续执行合伙事务，其他合伙人没有提出异议的，视为原合伙合同继续有效，但是合伙期限为不定期；

（3）合伙人可以随时解除不定期合伙合同，但是应当在合理期限之前通知其他合伙人。

2. 合伙终止后剩余财产的处理

合伙合同终止后，合伙财产在支付因终止而产生的费用以及清偿合伙债务后，仍有剩余的，依据合伙人的损益分配比例，由合伙人取回。

04

担 保 法

第 *13* 讲 ◀◀◀
担 保 概 述

专题 **43**

—— 担保合同与担保责任 ——

一、担保权的概念和体系

担保权是指以担保债权实现为目的的民事权利。担保权与受担保的债权为两项民事权利，且具有主从权利的关系：受担保的债权为主权利，担保权则为从权利。

> **·总 结** "担保权人"与"受担保的债权人"必然是同一个人。

在我国担保法上，典型的担保形式共有五类：抵押、质押、留置、保证、定金。

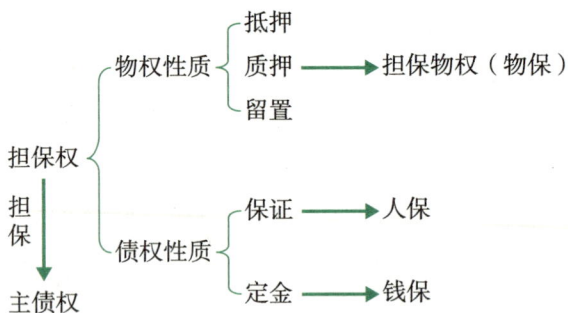

```
                          ┌ 抵押
              ┌ 物权性质 ┤ 质押 ──▶ 担保物权（物保）
              │           └ 留置
    担保权 ┤
    担                    ┌ 保证 ──▶ 人保
    保 ▼   └ 债权性质 ┤
    主债权               └ 定金 ──▶ 钱保
```

二、担保合同

（一）担保合同的概念和种类

担保合同，是指主债权人与担保人所订立的、以设定担保权为目的的合同。在我国担保法上，担保合同共有四类：

1. 抵押人与债权人订立的抵押合同。

2. 出质人与债权人订立的质押合同。

3. 保证人与债权人订立的保证合同。

4. 债务人与债权人另行订立的定金合同。

由于"留置权"为法定担保物权，无需以当事人的约定为条件，故不存在"留置合同"。

（二）担保合同的订立方式

在担保法中，所有的意思表示均应当采取书面形式。在此基础上，担保合同的订立方式包括：

1. 在主合同之外，主债权人和担保人另行订立担保合同。

2. 在主合同中约定担保条款。需要注意：

（1）虽然在形式上，担保条款约定于主合同之中，但是在法律概念上，主合同和担保合同仍然为两种合同，不能混为一谈。

▤ 实例精粹

案情：甲、乙订立的买卖合同中约定了定金条款。甲、乙在买卖合同上签字、盖章，但是定金尚未交付。

问题：（1）买卖合同是否成立？
　　　（2）定金合同是否成立？

回答：（1）是。
　　　（2）否。

（2）担保人为债务人以外的第三人时，主合同中的担保条款要具有担保合同的意义，则必须有担保人的签字。

3. 担保人出具的、表明其愿意对某一债权承担担保责任的担保函。虽然在表现形式上，担保函为担保人的单方意思表示行为，但是在债权人没有明示拒绝接受担保的情况下，视为其对担保函的默示接受，担保合同成立。

4. 保证人在主合同上签字。在主合同未约定担保条款的情况下，保证人签字表明其保证人身份的，也视为保证合同成立。

💡 提　示

在主合同没有约定担保条款的前提下，担保人签字即可成立的担保合同，仅限于保证合同。

（三）担保人的消极条件

1. 机关法人提供担保的，担保合同无效，但是经国务院批准为使用外国政府或者国际经济组织贷款进行转贷的除外。

2. 居民委员会、村民委员会提供担保的，担保合同无效，但是依法代行村集体经济组织职能的村民委员会依法对外提供担保的除外。

3. 登记为非营利法人的学校、幼儿园、医疗机构、养老机构等提供担保的，担保合同无效，但是有下列情形之一的除外：

（1）在购入或者以融资租赁方式承租公益设施时，出卖人、出租人为担保价款或者租金实现而在该公益设施上保留所有权；

（2）以公益设施以外的财产设立担保物权。

📖 **实例精粹**

案情：甲大学为非营利性的事业单位法人。

问题：（1）甲大学为从银行贷款，将实验楼以及校领导的专车向银行抵押。该抵押合同效力如何？

（2）甲大学为获得教学实验设备，与乙公司订立设备买卖合同，约定乙公司将设备交付予甲大学使用的同时，保留所有权。该买卖合同效力如何？

（3）甲大学为获得教学实验设备，与乙公司订立融资租赁合同，约定乙公司从丙厂购买设备后，出租给甲大学。该融资租赁合同效力如何？

回答：（1）实验楼为公益设施，抵押合同无效；校领导的专车为非公益设施，抵押合同有效。

（2）有效。

（3）有效。

需要注意的是，登记为营利法人的学校、幼儿园、医疗机构、养老机构等提供担保的，担保合同有效。

（四）第三人担保的无因性

在保证、抵押、质押等担保形式中，存在"第三人为债务人负债提供担保"的现象。第三人愿为债务人负债而向债权人提供担保的原因具有多样性。但是这些原因，在"担保合同是否成立""担保是否成立"的判断问题上，法律不予考虑。

（五）反担保

反担保，是指在债务人以外的第三人作为担保人的情况下，用以担保第三担保人对债务人的追偿权的担保。

1. 反担保关系中的担保权人为追偿权人，即原担保关系中的担保人。其以第三担保人为限，包括保证人和第三物上担保人。

2. 反担保关系中的债务人作为追偿权的对象，仍为原担保关系中的债务人。

3. 反担保关系中的担保人，可以是债务人，也可以是第三人。

（1）第三人作为反担保人提供反担保的，担保的形式为抵押、质押和保证；

（2）债务人作为反担保人提供反担保的，担保的形式为抵押、质押。

实例精粹

案情：乙公司向甲银行贷款，丙提供保证。乙公司另将房屋 A 向丙抵押，用于反担保。

问题：（1）丙所提供的保证，担保谁对谁债权的实现？

（2）如果丙向甲银行承担了保证责任，后果如何？

（3）乙公司提供的反担保，担保谁对谁债权的实现？

（4）如果乙公司不向丙承担追偿责任，后果如何？

（5）如果乙公司主动向甲银行偿还了债务，后果如何？

回答：（1）甲银行对乙公司债权的实现。

（2）丙对乙公司享有追偿权。

（3）丙对乙公司追偿权的实现。

（4）丙有权对房屋 A 行使抵押权。

（5）①因甲银行对乙公司的主债权消灭，故甲银行对丙的保证权消灭；②因丙不可能对乙公司享有追偿权，故丙对房屋 A 的反担保权消灭。

三、担保合同的无效

（一）含义

1. 担保合同无效时，担保人的责任性质不再是"担保责任"，而是"缔约过失责任"（赔偿责任），即因一方过错导致合同无效的情况下，向对方所承担的赔偿责任。因此，担保合同无效时，当事人责任的承担，以"过错"为基础。

2. 担保合同无效的法律后果，系针对债务人以外的"第三人"提供担保的情况，即：

（1）第三人作为抵押人的抵押合同。

（2）第三人作为出质人的质押合同。

（3）保证合同。在保证合同中，保证人只能是第三人。

（二）主合同有效而担保合同无效

主合同有效而担保合同无效，即债权人与债务人所订立的主合同有效，而债权人与担保人所订立的担保合同无效或被撤销。此时，法律后果是：

```
债权人（甲）—————— 债务人（乙）
                  主债
担
保     ∅
合同
债权人（丙）
担保人（丙）
```

1. 债权人有过错而担保人无过错的，担保人不承担赔偿责任。

2. 债权人与担保人均有过错的，担保人承担的赔偿责任不应超过债务人不能清偿部分的 1/2。

3. 担保人有过错而债权人无过错的，担保人对债务人不能清偿的部分承担赔偿责任。

（三）因主合同无效而导致担保合同无效

担保合同为从合同，以担保主合同的实现为目的。作为"目的"的主合同无效、被撤销，作为"手段"的担保合同即归于无效。

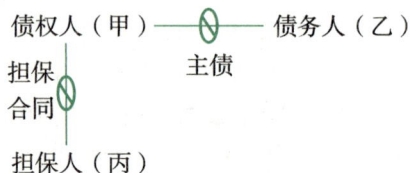

因主合同无效而导致担保合同无效的法律后果是：

1. 担保人无过错的，不承担赔偿责任。
2. 担保人有过错的，其承担的赔偿责任不应超过债务人不能清偿部分的1/3。

（四）第三担保人承担过错赔偿责任的后果

有过错的第三担保人向债权人承担了过错赔偿责任的，担保人有权向债务人追偿。

	第三担保人责任	后果：享有"债权人对债务人的权利"
担保合同有效	担保责任	• 对债务人享有追偿权
担保合同无效	过错赔偿责任	• 追偿权受债务人向债权人提供的担保权的担保

四、担保责任

（一）担保责任的从属性

担保责任的范围，以债务人的主债务为限，包括主债务人所承担的本金、利息、违约金、应赔偿的损失、实现债权的费用等。

1. 债务人进入破产程序的，担保人有权主张担保债务自法院受理破产申请之日起停止计息。

2. 当事人对担保责任的承担约定专门的违约责任，或者约定的担保责任范围超出债务人应当承担的责任范围的，担保人仅需在主债额范围内承担担保责任。

3. 担保人承担的责任超出主债额的：

（1）担保人向债务人追偿，债务人仅需在主债额范围内承担责任；

（2）担保人有权请求债权人返还超出主债额的部分。

📖 实例精粹

案情：乙向甲银行贷款10万元，丙与甲银行订立保证合同，约定丙对甲银行的债权承担全额保证责任，如丙怠于承担保证责任，则向甲银行支付保证合同所约定的违约金2万元。现乙期满后未向甲银行履行债务，丙也怠于承担保证责任。于是，甲银行请求丙承担10万元主债务的保证责任的同时，还要求丙支付保证合同所约定的违约金2万元。

问题：（1）在贷款合同中，甲银行对乙的债权额是多少？

（2）甲银行能否请求丙承担 10 万元的保证责任？

（3）甲银行能否请求丙承担 2 万元的违约金？

（4）如果丙向甲银行支付了 12 万元，那么：

　　①丙能否向乙追偿 12 万元？

　　②丙能否请求甲银行返还 2 万元？

回答：（1）10 万元。

（2）能。

（3）不能。甲银行主张的 2 万元违约金超过了主债额的范围，该部分不能成立。

（4）①不能。丙只能向乙追偿 10 万元。

　　②能。

（二）以新贷偿还旧贷中的担保责任

以新贷偿还旧贷，是指当事人双方订立借款合同（新贷），约定以所借款项偿还债务人此前所欠债务（旧贷）的情形。

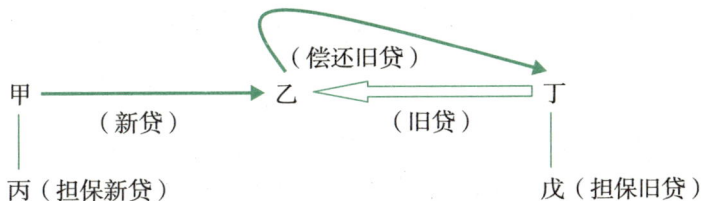

1. 新贷之债的担保责任

（1）原则上，新贷的担保人有权以"所担保的主债权关系系以偿还旧贷为目的"为由，不再承担保证责任。

（2）例外情况有二：

❶担保人提供担保时，知道或者应当知道所担保的主债具有偿还旧贷的用途的；

❷当初旧贷发生时，该担保人即为其提供担保的。

2. 旧贷之债的担保责任

（1）新贷债权人不得直接享有旧贷债权人的担保权。

> 💡 **提　示**
>
> "借新还旧"时，新贷债权人并不构成代为履行，故不得直接享有旧贷债权人的担保权。

（2）旧贷的物上担保人在担保登记尚未注销的情形下，同意继续为新贷提供担保，并办理变更担保登记手续的，新贷债权人可享有该担保物权，且其担保物权登记的时间，溯及担保人为旧贷债权人办理登记的时间。

📖 实例精粹

案情：甲借给乙一笔款项，张三提供连带责任保证。经查，2 个月前，乙欠丁的债务到期未能偿还。乙从甲处借款的目的，就是向丁还款。

问题: (1) 张三可否以"甲、乙借款目的不正常"为由,拒绝承担保证责任?

(2) 如果张三与甲订立保证合同时即知道或应当知道此笔借款的用途,张三可否以"甲、乙借款目的不正常"为由,拒绝承担保证责任?

(3) 如果当初乙从丁处借款时也是张三提供的保证,张三可否以"甲、乙借款目的不正常"为由,拒绝承担保证责任?

(4) 如果丁借款给乙时有李四的房屋 A 提供抵押,且办理了抵押登记手续。现因甲借钱给乙,使乙向丁偿还了债务。那么:

① 甲能否行使李四所提供的抵押权,用以担保自己对乙债权的实现?

② 若丁的抵押权登记尚未注销,李四同意继续为甲对乙的借款提供担保,与甲订立了抵押合同,办理了抵押变更登记。李四可否以"甲、乙借款目的不正常"为由,拒绝承担抵押担保责任?

③ 若丁的抵押权登记尚未注销,李四同意继续为甲对乙的借款提供担保,但李四在与甲订立抵押合同之前,将房屋 A 抵押给了丙,并为丙办理了抵押登记手续。随后,李四才与甲订立了抵押合同,为甲办理了抵押变更登记。房屋 A 上丙的抵押权与甲的抵押权,谁优先受偿?

回答: (1) 可以。

(2) 不可以。

(3) 不可以。

(4) ① 不能。甲借钱给乙,使乙向丁还款,并不构成第三人代为履行,甲不得享有丁的担保权。

② 不可以。

③ 甲。

(三) 第三担保人的追偿权与债务人抗辩权

1. 第三担保人的追偿权

(1) 含义

第三担保人的追偿权,是指债务人以外的担保人,在其向债权人承担担保责任或过错赔偿责任的范围内,向债务人追偿的权利。

(2) 依据

第三担保人承担担保责任或过错赔偿责任的,可以享有"债权人对债务人的权利"。

"债权人的权利"	是否为"债权人对债务人的权利"	担保人承担责任
① 债权人的债权	是	可享有:成为追偿权
② 债务人向债权人提供的担保权	是	可享有:成为追偿权的担保
③ 第三人向债权人提供的担保权	不是	不可享有

❶ 第三担保人承担担保责任或过错赔偿责任的,有权向债务人追偿;

❷ 第三担保人承担担保责任或过错赔偿责任的,可以享有"债权人对债务人的担保权",作为自己对债务人追偿权的担保,但不得损害债权人的利益。

（3）扩展比较："赶走恶龙，成为恶龙"

"债权人的权利"	担保人承担责任 （享有"债权人对债务人的权利"）	代为履行、连带债务人超额履行 （享有"债权人的权利"）
①债权人的债权	可享有：成为追偿权	可享有：成为追偿权
②债务人向债权人提供的担保权	可享有：成为追偿权的担保	可享有：成为追偿权的担保
③第三人向债权人提供的担保权	不可享有	可享有：成为追偿权的担保

实例精粹

案情： 甲银行借给乙公司 100 万元，乙公司以房屋 A 向甲银行设立抵押，丙、丁分别以房屋 B、C 向甲银行设立抵押，均办理了抵押登记。现乙公司到期未向甲银行偿还借款本息。

问题： （1）如果丁的房屋 C 变价 80 万元，甲银行受偿了该变价，那么：

①丁可否向乙公司追偿 80 万元？

②丁的追偿权能否受到甲银行所享有的各抵押权的担保？

③乙公司的房屋 A 上并存几项抵押权？

④乙公司的房屋 A 上所并存的抵押权的受偿顺位如何？

（2）如果马小芸代乙公司向甲银行还款 80 万元，那么：

①马小芸可否向乙公司追偿 80 万元？

②马小芸对乙公司的追偿权能否受到甲银行所享有的各抵押权的担保？

③房屋 A、B、C 上并存几项抵押权？

④房屋 A、B、C 上所并存的抵押权的受偿顺位如何？

回答： （1）①可以。承担了担保责任的第三担保人，可以享有"债权人对债务人的权利"。故丁有权向乙公司追偿。

②能。承担了担保责任的第三担保人，可以享有"债权人对债务人的权利"。故丁的追偿权可受到债务人乙公司向甲银行所提供的房屋 A 上抵押权的担保。（丙向甲银行提供的房屋 B 上的抵押权，不属于"债权人对债务人的权利"，丁不得享有）

③两项。一是甲银行继续享有的抵押权，担保甲银行对乙公司未获清偿的 20 万元的债权；二是丁取得的抵押权，担保丁对乙公司的 80 万元的追偿权。

④甲银行的抵押权优先于丁的抵押权受偿。承担了担保责任的第三担保人，可以享有"债权人对债务人的权利"，但不得损害债权人的利益。

（2）①可以。代为履行的第三人可以享有"债权人的权利"。故马小芸有权向乙公司追偿。

②能。代为履行的第三人可以享有"债权人的权利"。乙公司、丙向甲银行提供的房屋 A、B 上的抵押权，均属于"债权人的权利"。故马小芸对乙公司的追偿权，可受到上述担保权的担保。

③两项。一是甲银行继续享有的抵押权，担保甲银行对乙公司未获清偿的 20 万元的债权；二是马小芸取得的抵押权，担保马小芸对乙公司的 80 万元的追偿权。

④甲银行的抵押权优先于马小芸的抵押权受偿。代为履行的第三人可以享有"债权人的权利"，但不得损害债权人的利益。

2. 第三担保人的追偿权与债务人抗辩权

（1）债务人对债权人享有抗辩权的：

❶第三担保人有权以之抗辩债权人，拒绝承担担保责任。但第三担保人明知债务人有抗辩权仍然提供担保的除外。

❷第三担保人未行使（或不得行使）债务人抗辩权，向债权人承担担保责任的，不得向债务人追偿。

（2）债务人对债权人享有抗辩权，但债务人放弃抗辩的：

❶第三担保人的债务人抗辩权具有独立性，纵然债务人放弃自己对债权人的抗辩权，第三担保人的债务人抗辩权也不受影响；

❷第三担保人未行使债务人抗辩权，向债权人承担担保责任的，可以向债务人追偿。

	债务人享有抗辩权	债务人享有抗辩权但放弃
担保人可否抗辩？	可以（明知仍担保的除外）	
担保人未抗辩的，可否追偿？	不可以	可 以

📖 实例精粹

案情：甲与乙订立买卖合同，约定甲将一批货物以 10 万元的价格出卖给乙，甲交货后 1 个月，乙付款。丙与甲订立抵押合同，以机器设备为甲的价金债权设立抵押，并办理了抵押登记手续。经查，甲向乙交付的货物质量不符合约定，无法使用。

问题：（1）乙能否拒绝向甲支付价款？

（2）如果甲请求丙承担抵押担保责任，丙能否拒绝？

（3）如果丙明知乙对甲享有抗辩权仍然提供担保，丙能否拒绝承担担保责任？

（4）如果丙向甲承担了担保责任，可否向乙追偿？

（5）如果乙向甲表示放弃先履行抗辩权，那么：

①乙能否拒绝向甲支付价款？

②若甲请求丙承担抵押担保责任，丙能否拒绝？

③若丙向甲承担了担保责任，可否向乙追偿？

回答：（1）能。乙享有先履行抗辩权。

（2）能。担保人可以享有债务人的抗辩权。

（3）不能。

（4）不可以。担保人未行使债务人的抗辩权的，其承担了担保责任后，不得向债务人追偿。

（5）①不能。乙放弃了先履行抗辩权。

②能。担保人对债务人抗辩权的享有具有独立性。

③可以。债务人放弃抗辩权后，担保人未行使债务人的抗辩权的，担保人承担了担保责任后，可以向债务人追偿。

五、主债变动对担保责任的影响

（一）主债权、债务的转让对担保责任的影响

1. 主债权转让对担保责任的影响

（1）原则上，在主债关系中，债权人将债权转让给受让人的，基于担保权的从属性，原债权人所享有的担保权，应一并转让给受让人。因此，债务人未向债权受让人履行债务的，受让人有权请求担保人承担担保责任。

💡 **提 示**

担保责任风险大小的决定因素在于主债务人，而非主债权人。

（2）例外情况有二：

❶担保人与债权人约定禁止债权转让，债权人未经担保人书面同意转让债权的，担保人对受让人不再承担保证责任。

债权不得转让的约定	对外效力
债权人、债务人约定金钱债权不得转让	不得对抗受让人
债权人、债务人约定非金钱债权不得转让	不得对抗善意受让人
债权人、担保人约定受担保债权不得转让	可以对抗受让人

📖 **实例精粹**

案情：乙公司向甲银行贷款 100 万元。为担保甲银行的债权，乙公司以房屋 A 向甲银行设立抵押，并办理了抵押登记；丙公司向甲银行提供连带责任保证。现甲银行将其价金债权转让给资产管理公司。

问题：（1）如果甲银行与乙公司约定债权不得转让，丙公司能否据此拒绝承担担保责任？
（2）如果甲银行与丙公司约定债权不得转让，丙公司能否据此拒绝承担担保责任？

回答：（1）不能。债权人、债务人约定金钱债权不得转让的，不得对抗第三人。故乙公司不得据此抗辩甲银行，丙公司也不得据此抗辩甲银行。
（2）能。债权人、担保人约定债权不得转让的，可以对抗第三人。故丙公司可以据此拒绝承担担保责任。

❷债权让与未通知第三担保人的，第三担保人不向受让人承担担保责任，而只向原债权人承担担保责任。

	债务人	第三担保人
债权转让未通知	债务人对受让人不承担履行责任	担保人对受让人不承担担保责任

2. 主债务转让对担保责任的影响

（1）主债务转让，未经第三担保人书面同意的，担保责任消灭；

（2）主债务转让，债务人担保的，需继续承担担保责任。

	第三人担保	债务人担保
债权人同意债务转让	未经书面同意，担保责任消灭	无需书面同意，担保责任继续

实例精粹

案情：乙公司向甲银行贷款 100 万元。为担保甲银行的债权，乙公司以房屋 A 向甲银行设立抵押，并办理了抵押登记；丙公司以机器设备 B 向甲银行设立质押，并交付了质物；丁公司与甲银行订立保证合同，约定承担连带责任保证。

问题：（1）如果甲银行将债权转让给资产管理公司，并通知了乙、丙公司，但未通知丁公司。现乙公司到期未向资产管理公司偿还债务。乙、丙、丁公司是否应继续承担担保责任？

（2）如果经甲银行的同意，乙公司将债务转让给资产管理公司，但未告知丙、丁公司。现资产管理公司到期未向甲银行偿还债务。乙、丙、丁公司是否应继续承担担保责任？

回答：（1）乙、丙公司需继续承担担保责任。因债权转让未通知丁公司，丁公司对资产管理公司不承担担保责任。

（2）丙、丁公司提供的是第三人担保，债务转让未经第三担保人同意的，第三担保人的担保责任消灭；乙公司提供的是债务人担保，其需继续承担担保责任。

（二）主债额变动对担保责任的影响

主债额变动，是指主债权人、主债务人通过约定增加或者减少债额。

1. 主债双方约定增加债额的，未经担保人书面同意，担保人对增加的部分不再承担担保责任。

2. 主债双方约定减少债额的，担保人对剩余的部分继续承担担保责任。

（三）债务人对债权人享有抵销权、撤销权而未行使

1. 如果债务人对债权人享有抵销权，则第三担保人可以在相应范围内拒绝承担担保责任。

实例精粹

案情：甲对乙享有借款债权 10 万元，丙以汽车 A 向甲设立抵押，并办理了抵押登记手续。此外，乙对甲享有货款债权 8 万元，已经到期。

问题：（1）如果乙对甲行使了抵销权，那么：

①甲、乙的主债关系如何？

②丙的抵押担保责任数额是多少？

（2）如果乙未对甲行使抵销权，那么：

①甲、乙的主债关系如何？

②丙的抵押担保责任数额是多少？

回答：（1）①乙对甲行使了抵销权，则乙对甲的债务被冲抵了8万元，故乙对甲负债2万元。

②2万元。

（2）①乙仍对甲负债10万元。

②对于丙来讲，其责任的承担与乙行使抵销权相同，故丙的担保责任数额为2万元。

2. 如果债务人对债权人享有撤销权，则第三担保人可以在相应范围内拒绝承担担保责任。

实例精粹

案情：甲与乙订立买卖合同，约定甲将一批货物以10万元的价格出卖给乙。丙为甲的价金债权提供连带责任保证。现乙发现，甲出卖的该批货物系以次充好。经查，丙对此事并不知情。

问题：（1）如果乙行使撤销权，那么：

①甲、乙的主债关系如何？

②甲、丙的保证合同效力如何？

③丙的缔约过失责任数额是多少？

（2）如果乙未行使撤销权，那么：

①甲、乙的主债关系如何？

②甲、丙的保证合同效力如何？

③丙的保证责任数额是多少？

回答：（1）①甲、乙的买卖合同无效。

②甲、乙的买卖合同无效，甲、丙的保证合同随之无效。

③丙对保证合同的无效没有过错，故不再承担缔约过失责任。

（2）①甲、乙的买卖合同有效。

②甲、丙的保证合同有效。

③对于丙来讲，其责任的承担与乙行使撤销权相同，故丙不再承担保证责任。

六、债务人破产时第三担保人的担保责任

（一）债权人申报债权

债务人进入破产程序，且债权人申报债权的，由债权人参与债务人的破产程序。在此基础上：

1. 在破产程序进行中，债权人仍有权请求担保人承担担保责任。

（1）担保人"清偿债权人的全部债权"后，"可以代替"债权人在破产程序中受偿，即直接从债务人破产程序中受偿债权人应受偿的部分。

（2）担保人"未清偿债权人的全部债权"的，"不得代替"债权人在破产程序中受偿。但是，担保人有权就债权人超额受偿的部分，在已承担的担保责任的范围内，请求债权人返还。

2. 在破产程序终结后，债权人未获清偿的部分，有权请求担保人继续承担担保责任。担保人承担担保责任后，不得向债务人追偿。

圖 实例精粹

案情：甲公司借给乙公司 100 万元，丙公司为甲公司提供连带责任保证。现乙公司进入破产程序，甲公司申报了债权。

问题：1. 如果甲公司申报债权后，在破产程序进行中又请求丙公司承担保证责任，那么：

（1）丙公司主张，待甲公司通过破产程序受偿完毕后，再就甲公司不能受偿的部分承担保证责任。丙公司的主张是否于法有据？

（2）若丙公司向甲公司偿还了 100 万元，其可否代替甲公司在破产程序中直接受偿？

（3）若丙公司仅向甲公司偿还了 70 万元，而甲公司通过破产程序受偿了 60 万元，那么：

①丙公司能否代替甲公司受偿？

②丙公司可如何保护自己的合法权益？

2. 如果甲公司申报债权后，通过破产程序受偿了 60 万元。现破产程序已经终结，那么：

（1）甲公司能否请求丙公司承担未获清偿的 40 万元？

（2）丙公司向甲公司承担了 40 万元保证责任后，可否向乙公司追偿？

回答：1.（1）否。

（2）可以。

（3）①不能。

②请求甲公司返还 30 万元。

2.（1）能。

（2）不可以。

（二）债权人未申报债权

1. 债权人有权请求担保人承担担保责任。

2. 担保人有权基于"追偿权"申报债权，即预先行使追偿权。

3. 债权人既未申报债权也未通知担保人，致使担保人不能预先行使追偿权的，担保人在本可预先追偿的范围内免除担保责任，但是担保人因自身过错未预先行使追偿权的除外。

圖 实例精粹

案情：甲公司与乙公司订立买卖合同，约定甲公司将一批货物以 100 万元的价格出卖给乙公司。丙公司以价值 200 万元的房屋 A 向甲公司设立抵押，并办理了抵押登记手续。现乙公司进入破产程序，甲公司未申报债权。

问题：（1）甲公司能否请求丙公司承担抵押担保责任？

（2）丙公司可如何保护自己的合法权益？

（3）如果甲公司自己不申报债权，又未通知丙公司预先行使追偿权，导致丙公司丧失了预先行使追偿权的机会，则后果如何？

回答：（1）能。甲公司可就房屋 A 变价受偿 100 万元。

（2）丙公司可申报对乙公司的追偿权，即预先行使追偿权。

（3）在丙公司本可预先追偿的范围内，担保责任消灭。

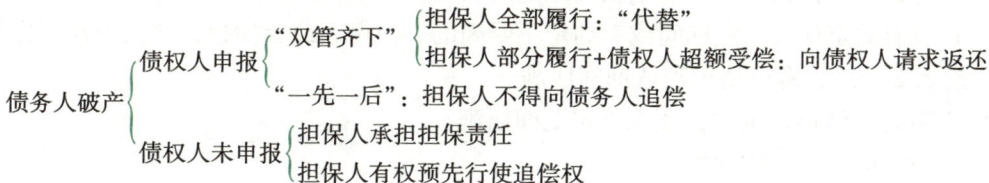

$$
债务人破产
\begin{cases}
债权人申报
\begin{cases}
"双管齐下"
\begin{cases}
担保人全部履行："代替" \\
担保人部分履行+债权人超额受偿：向债权人请求返还
\end{cases} \\
"一先一后"：担保人不得向债务人追偿
\end{cases} \\
债权人未申报
\begin{cases}
担保人承担担保责任 \\
担保人有权预先行使追偿权
\end{cases}
\end{cases}
$$

七、最高额担保

（一）最高额担保的一般原理

1. 含义

（1）最高额担保，是指担保人为债权人对债务人的一系列债权提供的担保。最高额担保的基本特征是，以一个担保权来担保一系列主债权的实现。

（2）最高额担保有三种类型，即最高额抵押、最高额质押和最高额保证。

2. 担保范围

（1）在最高额担保中，受到担保的"系列主债权"的范围，由担保人与主债权人在最高额担保合同中所约定的"最高金额"和"最长时间"两个维度加以界定；超出"金额"范围或"时间"范围的主债权，不再受到担保。

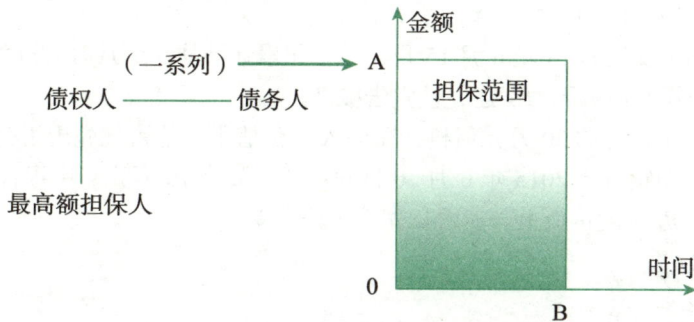

（2）原则上，最高额担保是对"未来将会发生的系列债权"提供担保。但是，经担保人、债权人同意，最高额担保设立前已经存在的债权，可以转入最高额担保的债权范围。

（二）最高额担保的债权确定期间（B 点）

最高额担保所担保的系列债权的范围中的"时间"维度所确定的，即最高额担保的债权确定期间。

> 💡 **提 示**
>
> **B 点的法律意义**
>
> Ⓐ B 点前发生的债权，在 A 点之下的，受担保；
>
> Ⓑ B 点后发生的债权，不受担保。

1. 原则

（1）担保人、债权人约定的债权确定期间届满；

（2）没有约定债权确定期间或者约定不明确的，担保人或者债权人自最高额担保权设立之日起满 2 年后，有权请求确认期间届满。

2. 以下特殊情形发生时，债权确定期间届满：

（1）新的债权不可能发生；

（2）债权人知道或者应当知道担保财产被查封、扣押；

（3）债务人被宣告破产或者解散；

（4）担保人被宣告破产或者解散。

📖 **实例精粹**

案情： 2015 年 2 月 15 日，丙公司以房 A 向甲银行设立抵押，担保未来 1 年内甲银行对乙公司的所有贷款，最高金额不超过 100 万元。

问题：（1）如果及至 2015 年 6 月 15 日，乙公司累计借款 30 万元。此时，房 A 被法院另案查封。2015 年 6 月 20 日，甲银行得知此事。那么：

①甲银行于 2015 年 6 月 18 日向乙公司放贷 10 万元。该笔贷款是否应受房 A 价值的担保？

②甲银行于 2015 年 6 月 22 日向乙公司放贷 10 万元。该笔贷款是否应受房 A 价值的担保？

（2）如果及至 2015 年 6 月 15 日，乙公司累计借款 30 万元。此时，丙公司因欠丁公司的债务无力偿还，被宣告破产。

①甲银行的 30 万元债权，在房 A 的价值上，能否优先于丁公司受偿？

②甲银行于 2015 年 6 月 20 日向乙公司放贷 10 万元。甲银行的该笔贷款，在房 A 的价值上，能否优先于丁公司受偿？

回答：（1）①是。

②否。

（2）①能。

②不能。

（三）最高额担保的部分主债权转让

债权人将最高额担保框架范围内的部分债权对外转让，该债权是否继续受到担保，当事人明确约定的，从其约定。当事人未作约定的：

1. 最高额担保的债权确定前，部分债权转让的，转让的债权不受担保。

2. 最高额担保的债权确定后，部分债权转让的，转让的债权受到担保。

实例精粹

案情：2015 年 2 月 15 日，丙公司以房屋 A 向甲银行设立抵押，担保未来 1 年内甲银行对乙公司的所有贷款，最高金额不超过 100 万元。及至 2015 年 8 月 15 日，甲银行对乙公司放贷 A、B、C 三笔，共计 5 万元。

问题：（1）如果甲银行此时将 C 债权转让给丁公司，并通知了乙公司。C 债权到期后，乙公司未向丁公司履行债务。丁公司能否主张就房屋 A 的价值受偿？

（2）如果甲银行于 2016 年 3 月 10 日将 C 债权转让给丁公司，并通知了乙公司。C 债权到期后，乙公司未向丁公司履行债务。丁公司能否主张就房屋 A 的价值受偿？

回答：（1）不能。因为甲银行向丁公司转让债权的时间，是债权确定之前。

（2）能。因为甲银行向丁公司转让债权的时间，是债权确定之后。

专题 44

共 同 担 保

一、共同担保的含义和分类

（一）含义

共同担保，是指 2 个或者 2 个以上的担保人，为一项债权所提供的担保。在共同担保中，主债权人一方面享有主债权，另一方面享有 2 项或 2 项以上的担保权。

（二）分类

共同担保可以有三种形态：①共同人保，即共同保证；②共同物保；③共同人保物保，即混合担保。

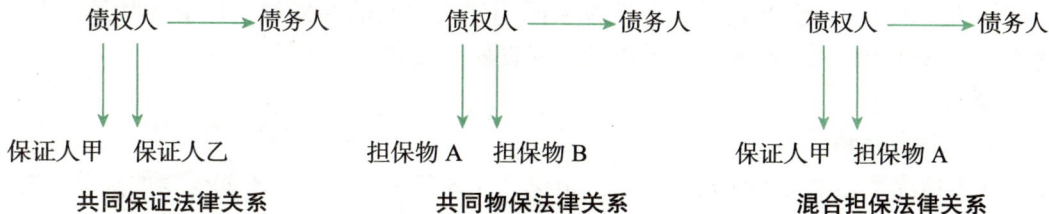

债权人 ——→ 债务人	债权人 ——→ 债务人	债权人 ——→ 债务人
保证人甲　保证人乙	担保物 A　担保物 B	保证人甲　担保物 A
共同保证法律关系	**共同物保法律关系**	**混合担保法律关系**

二、共同担保责任

（一）概念

共同担保责任，是指在债务人到期不履行债务的情况下，各共同担保人向债权人所应承担的担保责任。

（二）界定方法

1. 各担保人与主债权人约定各自承担保证责任的顺序、份额的，从其约定。

2. 各担保人与主债权人没有约定各自承担保证责任的顺序、份额的：

（1）在共同保证、共同物保中，债权人有权请求任何一个担保人承担担保责任；

（2）在混合担保中，主债权人应当先对债务人提供的担保物行使担保物权，第三担保人对债权人承担连带担保责任。

三、共同物保、混合担保中的特殊规则：弃权与免责

在既有主债务人提供担保，又有第三人提供担保的情况下，主债权人放弃债务人提供的担保物上的担保物权或者担保利益时，第三担保人在主债权人丧失优先受偿权益的范围内，免除担保责任。

📖 实例精粹

案情：甲、乙订立买卖合同。为担保乙价金债务的履行，乙以房 A、房 B 向甲设立抵押，丙以房 C 向甲设立抵押，丁提供保证。

问题：（1）如果甲放弃房 A 上的抵押权，甲所享有的其他担保权，能否在弃权范围内免责？

（2）如果甲放弃丙所提供的房 C 上的抵押权，甲所享有的其他担保权，能否在弃权范围内免责？

回答：（1）房 B 上的抵押担保责任不受影响，但房 C 上的抵押担保责任、丁的保证责任，在甲弃权范围内免责。

（2）不能。债权人未放弃债务人物保，对其他担保责任没有影响。

四、第三人共同担保

（一）共同担保人之间的分担请求权

1. 概念

共同担保人之间的分担请求权，又称共同担保人之间的追偿权，是指在共同担保中，担保人请求其他担保人分担自己已承担的担保责任的权利。

2. 条件

（1）间接分担请求权

在如下情况下，承担担保责任的第三担保人向债务人追偿后，不能受偿的部分，有权请求其他第三担保人分担：

❶各共同担保人之间约定可以相互分担或承担连带共同担保责任，但未约定分担份额的；

❷各共同担保人之间未约定可以相互分担，且未约定承担连带共同担保责任，但是各担保人在同一份合同书上签字、盖章或者按指印的。

（2）直接分担请求权

各共同担保人之间约定可以相互分担或承担连带共同担保责任，且约定份额的，承担

担保责任的第三担保人无需先向债务人追偿，即可直接请求其他第三担保人分担。

除上述情形外，共同担保人之间不享有分担请求权。

• 约定可分担	约定分担份额	直接分担（无需追偿即可分担）
• 约定连带	未约定分担份额	间接分担（追偿不能才可分担）
同一份合同书上签字		

（二）总结：第三担保人承担担保责任的后果

1. 与债务人的关系

（1）承担担保责任的第三担保人，对债务人享有追偿权；

（2）第三担保人对债务人的追偿权，可受到债务人向债权人提供的担保权的担保。

2. 与其他第三担保人的关系

承担担保责任的第三担保人，在法定条件下，可请求其他第三担保人分担。

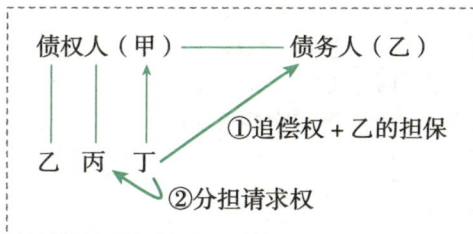

实例精粹

案情：甲、乙订立买卖合同，约定甲将一台机器设备以300万元的价格出卖给乙。为担保甲价金债权的实现，乙以房屋A向甲设立抵押，丙以房屋B向甲设立抵押，丁向甲提供连带责任保证。乙、丙、丁均未与甲约定各自承担担保责任的份额、顺序。现乙到期未向甲支付价款，甲欲行使担保权。

问题：（1）甲应先行使哪一项担保权？

（2）如果在甲行使乙所提供的房屋A上的抵押权之前，丁先行向甲承担了保证责任，那么：

①丁能否向乙追偿？

②若乙拒绝向丁承担追偿责任，丁能否就乙所提供的房屋A行使抵押权？

③若乙拒绝向丁承担追偿责任，丁能否就丙所提供的房屋B行使抵押权？

④若乙拒绝向丁承担追偿责任，丁能否请求丙分担其所承担的担保责任？

回答：（1）乙所提供的房屋A上的抵押权。

（2）①能。

②能。承担了担保责任的第三担保人，对债务人的追偿权，可受到债务人向债权人提供的担保权的担保。

③不能。承担了担保责任的第三担保人，对债务人的追偿权，不可受到第三人向债权人提供的担保权的担保。

④符合法定条件的，能。

（三）担保人受让债权

同一债务有 2 个以上第三人提供担保，担保人受让债权的，该行为系承担担保责任。

📖 提 示

第三担保人受让债权的法律后果

Ⓐ 按照"承担担保责任"的后果走；

Ⓑ 不按照"受让债权"的后果走。

---

1. 受让债权的担保人有权向债务人追偿。

2. 受让债权的担保人不得作为债权人请求其他担保人承担担保责任，但可在符合法定条件的前提下，对其他担保人主张分担请求权。

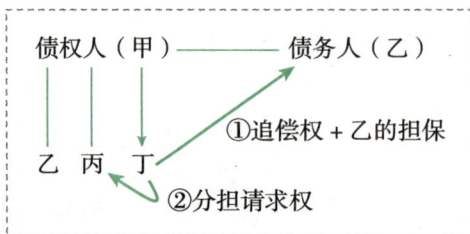

📖 实例精粹

案情：甲公司借给乙公司 100 万元。张三、李四分别以房屋 A、B 向甲公司设立抵押，并办理了抵押登记手续；王五向甲公司提供连带责任保证。

问题：（1）如果乙公司到期未向甲公司偿还债务，王五向甲公司偿还了 100 万元。那么：

①王五能否请求乙公司向自己偿还 100 万元？依据是什么？

②王五对张三、李四是否享有权利？若享有，享有何种权利？

（2）如果甲公司与王五订立债权让与合同，约定甲公司将其对乙公司的借款债权转让给王五，并通知了乙公司。那么：

①王五能否请求乙公司向自己偿还 100 万元？依据是什么？

②王五对张三、李四是否享有权利？若享有，享有何种权利？

回答：（1）①能。承担了保证责任的保证人，对债务人享有追偿权。

②有可能享有权利。在三名担保人约定可以相互追偿或承担连带共同担保或在同一份合同书上签字、盖章或者按指印的情况下，王五可对张三、李四主张分担请求权。

（2）①能。受让债权的担保人，对债务人享有追偿权。

②有可能享有权利。在三名担保人约定可以相互追偿或承担连带共同担保或在同一份合同书上签字、盖章或者按指印的情况下，王五可对张三、李四主张分担请求权。

专题 **45**

——担保物权的一般原理——

担保物权，是指物权性质的担保权，包括抵押权、质权和留置权三种类型。

一、担保物权的效力

（一）价值代位效力

1. 原则

担保物权的价值代位效力，又称物上代位效力，是指担保物权所具有的，能够在保险金、赔偿金、补偿金等担保物的价值代位物上继续存在的效力。

（1）担保期间，担保物毁损、灭失或者被征收等，担保物权人可以就获得的保险金、赔偿金或者补偿金等优先受偿；

（2）担保物权优先受偿的途径，是通知给付义务人向自己给付保险金、赔偿金和补偿金；

（3）被担保债权的履行期限未届满的，可以提存该保险金、赔偿金或者补偿金等。

2. 给付义务人的履行对象

（1）给付义务人接到担保物权人要求向其给付的通知，仍向担保人给付了保险金、赔偿金或者补偿金的，担保物权人仍有权请求给付义务人实施给付；

（2）给付义务人未接到担保物权人要求向其给付的通知，向担保人给付了保险金、赔偿金或者补偿金的，担保物权人不得再请求给付义务人向其给付。

（二）价值保全效力

担保物权的价值保全效力，是指担保物权所具有的，维持、保障担保物的价值的效力。

1. 抵押权的价值保全效力

抵押人致抵押物价值毁损或有毁损可能的，抵押权人有权：

（1）请求停止侵害；

（2）请求恢复价值、另行提供担保；

（3）提前就抵押物变价受偿。

2. 质押权的价值保全效力

因"不可归责于质权人的事由"致质押财产毁损或者价值减少的，质权人有权：

（1）请求另行提供担保；

（2）提前将质物变卖，所得价金提前清偿债务或者提存。

（三）优先受偿效力

担保物权的优先受偿效力，是指担保物权所具有的、在担保物的价值上优先于"担保人的债权人"获得清偿的效力。

📖 **实例精粹**

案情：乙向甲银行贷款，乙以房屋 A 向甲银行抵押，丙以房屋 B 向甲银行抵押。现乙到期未履行还本付息的义务，且乙有债权人张三，丙有债权人李四。

问题：（1）谁有权就乙的房屋 A 受偿？

（2）甲银行在房屋 A 的价值上，可优先于谁受偿？

（3）甲银行在房屋 A 的价值上，可否优先于丙的债权人李四受偿？

（4）谁有权就丙的房屋 B 受偿？

（5）甲银行在房屋 B 的价值上，可优先于谁受偿？

（6）甲银行在房屋 B 的价值上，可否优先于乙的债权人张三受偿？

回答：（1）甲银行和张三。甲银行凭对房屋 A 的抵押权、张三凭对乙的债权，有权就乙的房屋 A 受偿。

（2）张三。

（3）不可以。李四并非乙的债权人，不能对乙的财产受偿。

（4）甲银行和李四。甲银行凭对房屋 B 的抵押权、李四凭对丙的债权，有权就丙的房屋 B 受偿。

（5）李四。

（6）不可以。张三并非丙的债权人，不能对丙的财产受偿。

二、担保物权的实现

担保物权的实现，是指担保物权所担保的债权到期未能实现时，担保物权人行使担保物权，就担保物的价值优先受偿。

（一）协商实现担保物权

担保物权的协商实现，是指当事人达成协议，以担保物折价或者拍卖、变卖所得的价款优先受偿。

1. 协商的当事人

协商实现担保物权协议的当事人，就是担保物权合同的当事人，即担保物权人与担保人。

2. 担保人的债权人对协商实现担保物权协议的撤销权

协商实现担保物权的协议损害担保人的其他债权人利益的，其他债权人可以请求法院撤销该协议。

实例精粹

案情：乙向甲银行贷款 100 万元，丙以房 A 向甲银行设立抵押。同时，丙欠丁 50 万元尚未偿还。

问题：（1）甲银行与丁在房 A 上的受偿关系是什么？
　　　（2）如果乙逾期未偿还贷款，甲银行与丙协商，将市价 150 万元的房 A 作价 100 万元，由甲银行优先受偿。那么：
　　　　①该项协议是否损害丁的利益？
　　　　②丁如何保护自己的合法权益？

回答：（1）甲银行是抵押权人，丁是抵押人的普通债权人，故甲银行优先于丁受偿。
　　　（2）①是。丁本可就房 A 的价值受偿，但现在不可能了。
　　　　②丁可以请求法院撤销甲银行与丙之间协商实现抵押权的协议。

由此可见，在这里，担保人的其他债权人的撤销权，其法律基础是债的保全制度中债权人的撤销权，即债权人对债务人向第三人不当处置财产行为的撤销权。

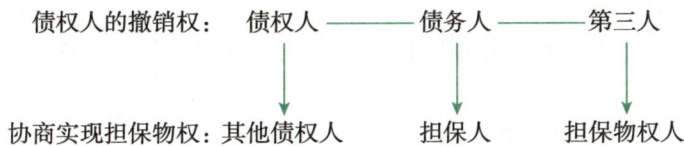

债权人的撤销权：债权人　———　债务人　———　第三人
　　　　　　　　　　↓　　　　　　　↓　　　　　　　↓
协商实现担保物权：其他债权人　　　担保人　　　担保物权人

债权人的撤销权与协商实现抵押权的对照关系

（二）担保物的变价方式

1. 拍卖
通过拍卖竞价程序出卖担保物，以所获价金供担保物权人受偿的担保物变价方式。

2. 变卖
通过普通的出卖方式出卖担保物，以所获价金供担保物权人受偿的担保物变价方式。

3. 折价
在对担保物评估作价的基础上，由担保物权人取得担保物的所有权，且根据评估作价多退少补的担保物变价方式。

（三）禁止流质约款

1. 流质约款的含义
流质约款，是指担保人、债权人之间所达成的"债务到期不履行，债权人无需评估作价，取得特定财产所有权后，双方债权债务消灭"的约定。

总结 流质约款
钱还不上、东西归你、咱俩两清。

2. 流质约款无效
纵然在合同中约定了流质约款，当事人依然有权要求就特定财产变价受偿，或要求在评估作价、多退少补的基础上，由债权人取得特定财产的所有权。

3. 流质约款与合同的关系

（1）流质约款是合同中的一项条款；

（2）包含流质约款的合同，流质约款无效，但并不影响合同其他部分的效力。

> 💡 **提 示**
>
> Ⓐ 不可将"合同"与"流质约款"等同；
>
> Ⓑ 不存在"某一合同是流质约款"的判断。

4. 折价与流质约款的区别

（1）流质约款，担保物权人取得担保物的所有权，并不以担保物的评估作价为条件，不具有"担保物变价"的性质；

（2）折价，担保物权人取得担保物的所有权，则是以评估作价为基础，具有"多退少补"的担保物变价内涵。

（四）法院实现担保物权

1. 原则

担保物权人与担保人未能就担保物权实现方式达成协议的，担保物权人可以请求法院实现担保物权。

2. 担保物权合同约定仲裁条款

担保物权人申请拍卖、变卖担保财产，被申请人以担保合同约定有仲裁条款为由主张驳回申请的，法院按照以下情形分别处理：

（1）当事人对担保物权无实质性争议且实现担保物权有条件已经成就的，应当裁定准许拍卖、变卖担保财产；

（2）当事人对实现担保物权有部分实质性争议的，可以就无争议的部分裁定准许拍卖、变卖担保财产，并告知其可以就有争议的部分申请仲裁；

（3）当事人对实现担保物权有实质性争议的，裁定驳回申请，并告知其可以向仲裁机构申请仲裁。

需要注意的是，债权人以诉讼方式行使担保物权的，应当以债务人和担保人作为共同被告。

三、担保物的孳息收取

（一）抵押物的孳息收取

1. 在抵押物被查封、扣押之前，抵押物的孳息由抵押人收取，且不构成抵押权的客体。

2. 在抵押物被查封、扣押之后，抵押物的孳息由抵押权人收取，构成抵押权的客体，且优先充抵收取孳息的费用。

3. 抵押权人在抵押物被查封、扣押后，如欲收取抵押物的法定孳息，必须以通知法定孳息义务人为条件。

实例精粹

案情：甲借给乙 100 万元，乙遂将出租给丙的房屋 A 向甲抵押，并办理了抵押登记手续。

问题：（1）乙的债务到期之前：

　　　　①谁有权请求丙支付租金？

　　　　②甲能否对乙所收取的租金行使抵押权？

　　　（2）乙的债务到期后，房屋 A 被法院查封。那么：

　　　　①房屋 A 被查封之后，谁有权请求丙支付租金？

　　　　②如果丙未收到房屋 A 被查封的通知，仍将租金交付予乙，甲是否有权请求丙支付租金？

　　　　③如果丙收到房屋 A 被查封的通知，并将租金交付予甲，甲如何处理所收取的租金？

回答：（1）①乙。

　　　　②不能。

　　　（2）①甲。

　　　　②无权。

　　　　③用于对乙债权的担保，且优先充抵收取孳息的费用。

（二）质物、留置物的孳息收取

1. 在质押、留置期间，质物、留置物的孳息，由质权人、留置权人收取。

2. 质权人、留置权人取得的孳息，应当首先充抵收取孳息的费用。

	担保物产生孳息
担保人控制之下	①担保人拿走；②孳息不是担保物。
担保物权人控制之下	②担保物权人拿走；②孳息是担保物；③优先充抵收取孳息的费用。

四、让与担保

（一）含义

让与担保，是指当事人以订立买卖合同的方式对债务的履行进行担保。

> **提　示**
>
> 买卖合同 + 回转条款 = 让与担保。

实例精粹

1. 案情：甲、乙订立买卖合同，约定甲将房屋 A 以 100 万元的价格出卖给乙。

　　问题：甲、乙是买卖关系还是让与担保关系？

　　回答：买卖合同中没有回转条款，故甲、乙为买卖关系。

2. **案情**：甲、乙订立买卖合同，约定甲将房屋 A 以 100 万元的价格出卖给乙。若乙在 1 年内向甲支付 110 万元，买卖合同解除。

问题：（1）甲、乙是买卖关系还是让与担保关系？

（2）甲、乙的买卖合同担保的是什么？

回答：（1）"若乙在 1 年内向甲支付 110 万元，买卖合同解除"的约定，就是回转条款，故甲、乙为让与担保关系。

（2）担保甲对乙的 100 万元借款债权。

3. **案情**：甲、乙订立买卖合同，约定甲将房屋 A 以 100 万元的价格出卖给乙。乙应在 1 年内以 110 万元的价格回购房屋 A。

问题：（1）甲、乙是买卖关系还是让与担保关系？

（2）甲、乙的买卖合同担保的是什么？

回答：（1）"乙应在 1 年内以 110 万元的价格回购房屋 A"的约定，就是回转条款，故甲、乙为让与担保关系。

（2）担保甲对乙的 100 万元借款债权。

（二）类型

1. 先让与担保

（1）先让与担保，即狭义的让与担保，是指担保人已经让渡担保物的所有权（动产已交付、不动产已登记）给债权人的让与担保；

（2）先让与担保中，债权人的让与担保权具有物权效力；

（3）股权先让与担保中，股东以将其股权转移至债权人名下的方式为债务履行提供担保，债权人（名义股东）不承担因股东未履行出资义务、抽逃出资产生的责任。

2. 后让与担保

（1）后让与担保，即广义的让与担保，是指担保人并未让渡担保物的所有权（动产未交付、不动产未登记）给债权人的让与担保；

（2）后让与担保中，债权人的让与担保权仅具有债权效力。

（三）让与担保权的行使

债务到期不履行的，债权人行使让与担保权的方式是将让与担保物变价受偿。

1. 先让与担保

（1）债权人可对变价优先受偿；

（2）先让与担保合同中"债务到期不履行，债权人继续保留担保物所有权"的约定，构成流质约款，无效。

2. 后让与担保

（1）债权人不可对变价优先受偿；

（2）后让与担保合同中"债务到期不履行，债务人转移让与担保物所有权"的约定，构成流质约款，无效。

专题 46

——抵 押 权——

一、抵押权概述

抵押权，是指主债权人在抵押人提供的抵押物上享有的，在主债务人到期不履行债务时，可就抵押物的价值优先受偿的权利。其特征包括：

1. 抵押物的提供者，即抵押人，可以是主债务人，也可以是第三人。

2. 抵押权的设立，无需交付标的物。

3. 抵押物可以是不动产，也可以是动产。

4. 原则上，集体土地使用权不得抵押。但是，例外情况有二：

（1）通过招标、拍卖、公开协商等方式承包农村土地，经依法登记取得权属证书的；

（2）以乡镇、村企业的厂房等建筑物抵押的，其占用范围内的建设用地使用权可一并抵押。

二、抵押权的设立

（一）不动产抵押权的设立

不动产抵押权的设立，采取"公示成立"模式。这意味着：

1. 抵押人与债权人订立书面抵押合同。抵押合同成立时，产生债权效力。

（1）因"可归责于抵押人"的事由，导致不能办理抵押登记的，债权人有权请求抵押人承担违约责任。

（2）因"不可归责于抵押人自身"的事由，导致不能办理抵押登记的：

❶原则上，债权人不得请求抵押人承担违约责任；

❷例外情况是，抵押人已经获得保险金、赔偿金或者补偿金等，债权人有权请求抵押人在其所获金额范围内承担赔偿责任。

不动产抵押合同	债权人地位	对价值代位物的权利
未办理抵押登记	债权人	赔偿请求权：请求抵押人就价值代位物赔偿
办理抵押登记	抵押权人（担保物权人）	优先受偿权：请求给付义务人向自己履行

2. 办理抵押登记手续。抵押登记的办理，为不动产抵押合同的履行，导致抵押权设立。

3. 不动产登记簿就抵押财产、被担保的债权范围等所作的记载与抵押合同约定不一致的，以登记簿的记载为准。

（二）动产抵押权的设立

动产抵押权的设立，采取"公示对抗"模式。这意味着：

1. 抵押人与债权人订立书面抵押合同。抵押合同成立时即产生抵押权设立的效力。

2. 在办理抵押登记之前，动产抵押权不得对抗善意第三人。

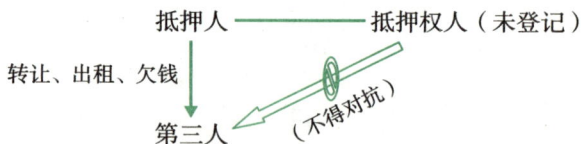

3. 未经登记的动产抵押权所不能对抗的"善意第三人"包括：

（1）善意受让人

抵押人转让动产抵押物，善意受让人取得所有权后，动产抵押权消灭，抵押权人只能就转让所得价金主张提前清偿债务或提存。

（2）善意承租人

抵押人将抵押物出租给承租人并交付，抵押权人行使抵押权的，善意承租人可对抵押物受让人主张买卖不破租赁。

（3）执行申请人

对抵押物申请保全或者执行抵押财产的抵押人的债权人。法院已经作出财产保全裁定或者采取执行措施的，在抵押物的价值上，申请保全或者执行措施的抵押人的债权人优先于抵押权人受偿。

（4）破产债权人

抵押人破产的，在抵押物的价值上，抵押权人与破产债权人平等受偿。

	情　　形		地　　位	未登记的抵押权
执行申请人	抵押人的债权人	申请执行	债权人 Plus	不得对抗
破产债权人	抵押人的债权人	抵押人破产	债权人 Plus	不得对抗
普通债权人	抵押人的债权人	（无）	债权人	可以优先

📖 实例精粹

案情： 甲公司与乙公司订立买卖合同，约定甲公司以 100 万元的价格购买乙公司的原材料。同时，甲公司与乙公司订立抵押书面合同，约定甲公司以机器设备 A 向乙公司设定抵押，作为甲公司未来支付价金的担保。抵押合同订立后，未办理抵押登记。

问题：（1）乙公司可否取得机器设备 A 的抵押权？

（2）如果甲公司将机器设备 A 出卖给不知情的丙，并向丙交付，乙公司能否对机器设备 A 继续享有抵押权？

（3）如果甲公司将机器设备 A 出租给不知情的丙，并向丙交付。现因甲公司到期未偿还其欠乙公司的债务，乙公司为实现抵押权，将机器设备 A 出卖给李四，丙能否对李四主张买卖不破租赁？

（4）如果甲公司还欠李四的借款，李四请求法院将机器设备 A 扣押，乙公司能否主张优先于李四受偿？

（5）如果甲公司进入破产程序，乙公司能否对机器设备 A 主张优先受偿？

(6) 如果甲公司对丙有货款债务到期未还，在机器设备 A 的价值上，乙公司能否优先于丙受偿？

回答: (1) 可以。动产抵押权的设立，采取公示对抗模式，抵押合同成立，抵押权即设立。

(2) 不能。乙公司未登记的动产抵押权不得对抗善意受让人，故抵押权消灭，乙公司只能就价金主张提前清偿债务或提存。

(3) 能。乙公司未登记的动产抵押权不得对抗善意承租人，故丙可在乙公司行使抵押权过程中，主张买卖不破租赁。

(4) 不能。乙公司未登记的动产抵押权不得对抗执行申请人，故乙公司只能在法院执行受偿后受偿。

(5) 不能。乙公司未登记的动产抵押权不得对抗破产债权人，故乙公司只能与甲公司的破产债权人平等受偿。

(6) 能。丙为普通债权人，不属于未经登记的抵押权"不得对抗"的范围，故乙公司未登记的抵押权依然可优先于丙受偿。

（三）动产抵押对抗规则在保留所有权买卖、融资租赁合同中的适用

1. 保留所有权买卖、融资租赁合同均具有担保合同的性质，与动产抵押权具有相同的功能。

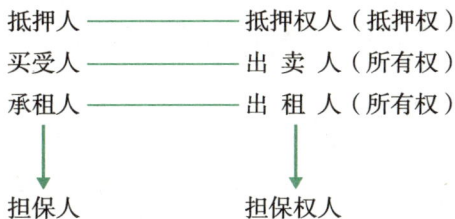

抵押人 —————— 抵押权人（抵押权）
买受人 —————— 出 卖 人（所有权）
承租人 —————— 出 租 人（所有权）

↓　　　　　　↓
担保人　　　　　担保权人

2. 上述未登记的动产抵押权的"不得对抗"规则，可适用于未经登记的保留所有权买卖、融资租赁合同。

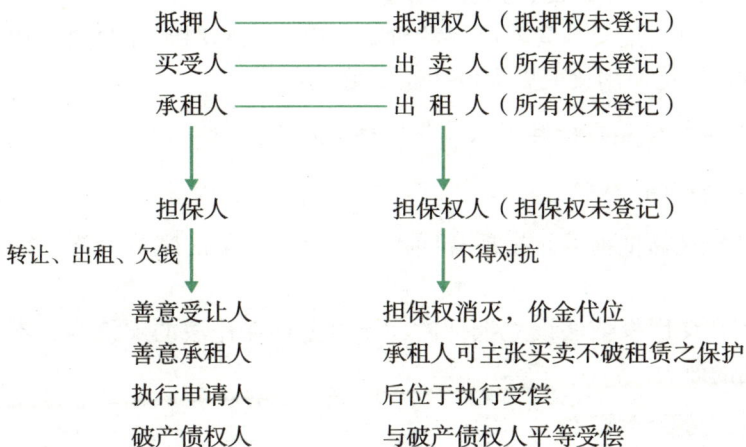

抵押人 —————— 抵押权人（抵押权未登记）
买受人 —————— 出 卖 人（所有权未登记）
承租人 —————— 出 租 人（所有权未登记）

↓　　　　　　↓
担保人　　　　　担保权人（担保权未登记）

转让、出租、欠钱 ↓　　　　不得对抗 ↓

善意受让人　　　　担保权消灭，价金代位
善意承租人　　　　承租人可主张买卖不破租赁之保护
执行申请人　　　　后位于执行受偿
破产债权人　　　　与破产债权人平等受偿

三、向债权人以外的他人登记的抵押权

抵押人知道债权人与受托人之间的委托关系，且将抵押权登记在受托人名下的，债权人或者登记的受托人均可行使抵押权。

```
                    委托
       受托人  ◄─────  债权人 ─────── 债务人
         ▲
         │ 为担保债权登记
         │
       担保人
```

实例精粹

案情： 甲公司与乙公司订立借款合同，约定甲公司借给乙公司 100 万元。随后，甲公司委托其子公司丙公司与乙公司订立抵押合同，乙公司以房屋 A 向丙公司设立抵押，并办理了抵押登记手续。

问题：（1）乙公司的债权人是谁？
　　　　（2）甲公司和丙公司之间是什么关系？
　　　　（3）乙公司是否知道甲公司与丙公司之间的上述关系？
　　　　（4）如果乙公司到期未能向甲公司偿还借款本息，谁可以对房屋 A 行使抵押权？

回答：（1）甲公司。
　　　　（2）委托关系。丙公司是甲公司的受托人。
　　　　（3）是。
　　　　（4）甲公司和丙公司都可以。

四、抵押物

（一）划拨建设用地使用权抵押

1. 抵押人以划拨建设用地使用权抵押的，不影响土地使用权及地上建筑物抵押合同的效力。办理了抵押登记手续的，抵押权设立。

2. 行使抵押权时，拍卖、变卖所得的价款，应当优先用于补缴建设用地使用权出让金，即将划拨建设用地使用权变更为出让建设用地使用权。

·总　结 划拨地使用权抵押可以"先抵押，后变性"。

（二）违法建筑抵押

1. 以违法的建筑物抵押的，抵押合同无效，但是一审法庭辩论终结前已经办理合法手续的除外。

2. 以建设用地使用权依法设立抵押的，土地上存在违法的建筑物，不影响建设用地使用权抵押合同的效力。

（三）抵押物上的新增物

1. 情形

（1）土地抵押后的新增房屋；

（2）房屋抵押后的续建部分；

（3）主物抵押后的从物；

（4）抵押物与他人之物发生添附。

2. 规则

（1）抵押权人行使抵押权变卖抵押物时，新增物随之转让。

（2）抵押权不及于新增物。故抵押权人对新增物的变价不享有优先受偿权。

📖 实例精粹

案情：甲公司的 A 地上有在建的 B 房，目前盖至 10 层。甲公司将 A 地使用权抵押给乙银行后，除建成了 20 层 B 房之外，还建成了 C 房。现乙银行因贷款债权到期未获清偿，遂主张抵押权。经查，甲公司对丙公司有货款债务到期未付。

问题：（1）乙银行可就哪些财产变卖受偿？

（2）乙银行可就哪些财产的变价，优先于丙公司受偿？

回答：（1）A 地、B 房、C 房。

（2）A 地、B 房的 1~10 层。

（四）有争议物以及被查封、扣押物的抵押

1. 有争议物的抵押

（1）当事人以所有权、使用权不明或者有争议的财产抵押的，抵押合同有效；

（2）抵押人构成无权处分，债权人符合善意取得要件的，可以善意取得抵押权。

📖 实例精粹

案情：房屋 A 登记在甲的名下，乙对此有异议，遂向法院提起物权确认之诉。现法院确认房屋 A 归乙所有，确权判决已经生效。但是，在诉讼期间，甲已经与不知情的丙订立了房屋 A 抵押合同，并办理了抵押登记。

问题：（1）甲将房屋 A 抵押给丙的行为，是有权处分还是无权处分？

（2）甲、丙的房屋 A 抵押合同效力如何？

（3）丙能否取得抵押权？

（4）如果乙在向法院起诉前三天办理了异议登记，丙能否取得抵押权？

回答：（1）无权处分。法院确认房屋 A 归乙所有，故甲是将乙的房屋 A 抵押给了丙。

（2）有效。无权处分不影响不动产抵押合同的债权效力。

（3）能。因房屋 A 登记在甲的名下，不知情的丙可以相信房屋 A 归甲所有，且办理了抵押登记，故丙可善意取得抵押权。

（4）不能。丙应当知道房屋 A 上存在乙的异议，故不能善意取得抵押权。

2. 被查封、扣押物的抵押

（1）当事人以依法被查封、扣押的财产抵押的，抵押合同有效；

（2）抵押权人只能在查封、扣押的财产受偿后，就剩余的担保物价值受偿。

（五）抵押物发生添附

抵押权依法设立后，抵押财产被添附，即发生附合、混合、加工的：

1. 添附物归第三人所有，抵押权人有权主张抵押权效力及于补偿金。

2. 抵押人对添附物享有所有权，抵押权的效力及于添附物中原抵押物的价值部分，而不及于增加的价值部分。

3. 抵押人与第三人因添附成为添附物的共有人，抵押权的效力及于抵押人对共有物享有的份额。

抵押人（A）	第三人（B）	抵押权人
	（AB）所有权	及于补偿金
（AB）所有权		及于原抵押物的价值
	（AB）共有	及于抵押人的份额

五、抵押权期间

（一）抵押权期间

在以下情况下，抵押权消灭：

1. 抵押权人未在主债权诉讼时效内行使抵押权的，抵押权消灭。

2. 主债权诉讼时效期间届满前，债权人仅对债务人提起诉讼，但未在申请执行时效期间内申请强制执行的，抵押权消灭。

> **· 总 结** 主债届满如下两个期间的，抵押权消灭：
>
> **Ⓐ** 主债届满诉讼时效；
>
> **Ⓑ** 主债届满执行时效。

📋 实例精粹

案情：甲公司与乙公司订立机器设备买卖合同，约定甲公司以100万元的价金将机器设备出卖给乙公司。为担保甲公司的价金债权，丙以房屋A设立抵押，并办理了抵押登记。

问题：（1）如果甲公司请求乙公司支付价款的请求权已经届满诉讼时效，现甲公司请求丙承担抵押担保责任，丙能否拒绝？

（2）如果甲公司在主债诉讼时效内对乙公司提起诉讼，胜诉判决生效后，却未在执行时效内申请法院对乙公司强制执行。现甲公司请求丙承担抵押担保责任，丙能否拒绝？

回答：（1）能。甲公司的抵押权因主债届满诉讼时效，归于消灭。

（2）能。甲公司的抵押权因主债届满执行时效，归于消灭。

（二）扩张适用

以登记作为公示方法的权利质权，包括股权质权、知识产权质权、应收账款债权质权，参照适用上述抵押权期限的规定。

六、抵押人转让抵押物

（一）受让人可否取得抵押物的所有权

1. 原则

抵押人转让抵押物予受让人，为有权处分。受让人可以继受取得抵押物的所有权。

（1）抵押人转让抵押物，无需征得抵押权人的同意，只需通知抵押权人即可；

（2）受让人知道受让之物为抵押物的，不影响其继受取得。

2. 例外

抵押人、抵押权人约定抵押物不得转让，且受让人知道或应当知道该约定的，受让人不能取得抵押物的所有权。

（1）该项约定已经登记的，受让人应当知道该项约定；

（2）该项约定未经登记的，推定受让人不知道且不应当知道该项约定。

受让人知道——	可否继受取得所有权
受让之物为抵押物	可 以
不得转让的约定	不可以

📖 实例精粹

案情：乙向甲银行贷款，丙以房屋 A 向甲银行设立抵押，并办理了抵押登记。经查，甲银行与丙约定，在抵押期间，丙不得将房屋 A 转让予他人。但是，丙却将房屋 A 出卖给李四，并且为李四办理了过户登记。

问题：（1）如果李四受让房屋 A 时知道房屋 A 已经被抵押，李四能否取得房屋 A 的所有权？

（2）如果甲银行与丙关于房屋 A 不得转让的约定已经登记，李四能否取得房屋 A 的所有权？

（3）如果甲银行与丙关于房屋 A 不得转让的约定未经登记，李四能否取得房屋 A 的所有权？

回答：（1）能。受让人知道抵押权之存在，不影响其继受取得。

（2）不能。该项约定已经登记，李四应当知道，故其不能继受取得。

（3）能。该项约定未经登记，推定李四不知道，故其能继受取得。

（二）受让人取得不动产抵押物所有权

受让人可以取得不动产抵押物所有权的，因不动产抵押权已经登记，故抵押权不受影响，抵押权人仍可对受让人继续主张。

（三）受让人取得动产抵押物所有权

1. 受让人构成"正常买受人"

（1）"正常买受人"的效力

❶受让人构成"正常买受人"的，抵押权消灭；

❷抵押权人有权就抵押人转让抵押物所得的价金，主张提前清偿或提存。

（2）"正常买受人"的积极条件

抵押物受让人同时具备如下条件的，构成"正常买受人"：

❶在抵押人的正常经营活动中购买抵押物，即抵押人的经营活动属于其营业执照明确记载的经营范围，且抵押人持续销售同类商品。

> • 总 结 "正常买受人"之"抵押人正常经营活动"要件
>
> "产品"抵押后的销售行为，即"正常经营活动"。

❷买受人已经支付了合理的对价。

❸动产抵押物已经向受让人交付。

实例精粹

案情： 甲银行向乙玩具公司发放贷款，乙玩具公司以一批玩具、一辆汽车向甲银行设立抵押。在抵押期间，乙玩具公司又将该批玩具和该辆汽车出卖给丙公司，并向丙公司交付。

问题： （1）如果丙公司已经支付了合理的对价，丙公司能否构成正常买受人？

（2）如果丙公司未支付合理的对价，丙公司能否构成正常买受人？

回答： （1）丙公司对玩具构成正常买受人，对汽车不构成正常买受人。

（2）丙公司对玩具、汽车均不构成正常买受人。

（3）"正常买受人"的消极条件

抵押物受让人具有如下情形之一的，不构成"正常买受人"：

❶购买商品的数量明显超过一般买受人；

❷购买抵押人的生产设备；

❸订立买卖合同的目的在于担保债务的履行；

❹买受人与抵押人存在直接或者间接的控制关系。

2. 受让人不构成"正常买受人"

（1）抵押权登记的，抵押权不受影响，抵押权人仍可对受让人继续主张。

（2）抵押权未登记的，推定受让人善意。

❶受让人取得所有权时，抵押权消灭；

❷抵押权人有权就抵押人转让抵押物所得的价金，主张提前清偿或提存。

实例精粹

案情： 甲银行向乙玩具公司发放贷款，乙玩具公司以一批玩具、一辆汽车向甲银行设立抵押，并办理了抵押登记。在抵押期间，乙玩具公司又将该批玩具和该辆汽车出卖给支付了合理价格的丙公司，并向丙公司交付。

问题： （1）此事对甲银行在玩具上的抵押权有何影响？

（2）此事对甲银行在汽车上的抵押权有何影响？

（3）如果甲银行在汽车上的抵押权没有登记，此事对甲银行在汽车上的抵押权有何影响？

回答：（1）丙公司对玩具构成正常买受人，故甲银行在玩具上的抵押权消灭，只能就价金主张提前清偿债务或提存。

（2）丙公司对汽车不构成正常买受人，甲银行在汽车上的抵押权已经登记，故可对抗丙公司的所有权，即甲银行在汽车上的抵押权不受影响。

（3）丙公司对汽车不构成正常买受人，甲银行在汽车上的抵押权未经登记，不可对抗善意受让人丙公司的所有权，故甲银行在汽车上的抵押权消灭，只能就价金主张提前清偿债务或提存。

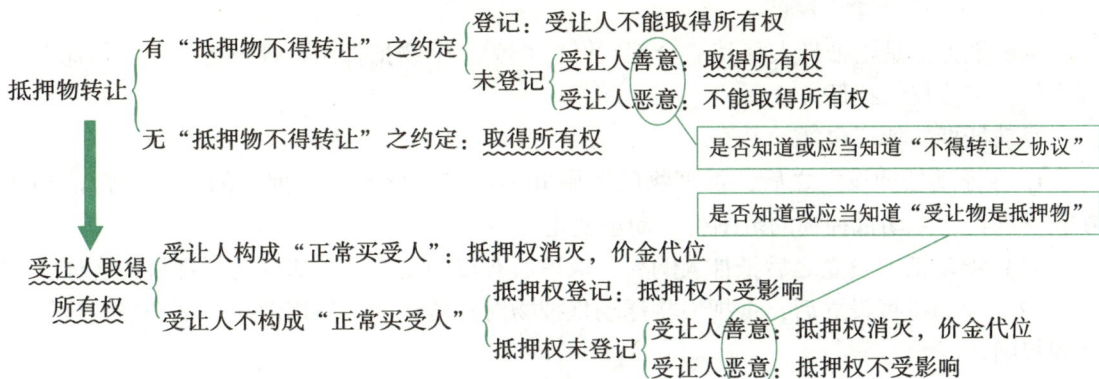

抵押物转让
- 有"抵押物不得转让"之约定
  - 登记：受让人不能取得所有权
  - 未登记
    - 受让人善意：取得所有权
    - 受让人恶意：不能取得所有权
- 无"抵押物不得转让"之约定：取得所有权

> 是否知道或应当知道"不得转让之协议"

> 是否知道或应当知道"受让物是抵押物"

受让人取得所有权
- 受让人构成"正常买受人"：抵押权消灭，价金代位
- 受让人不构成"正常买受人"
  - 抵押权登记：抵押权不受影响
  - 抵押权未登记
    - 受让人善意：抵押权消灭，价金代位
    - 受让人恶意：抵押权不受影响

（四）"正常买受人"规则在保留所有权买卖、融资租赁合同中的适用

1. 保留所有权买卖、融资租赁合同均具有担保合同的性质，与动产抵押权具有相同功能。

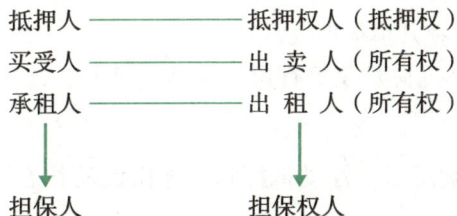

抵押人 ———— 抵押权人（抵押权）
买受人 ———— 出 卖 人（所有权）
承租人 ———— 出 租 人（所有权）

担保人　　　　担保权人

2. 上述"正常买受人"规则，可适用于保留所有权买卖合同、融资租赁合同。

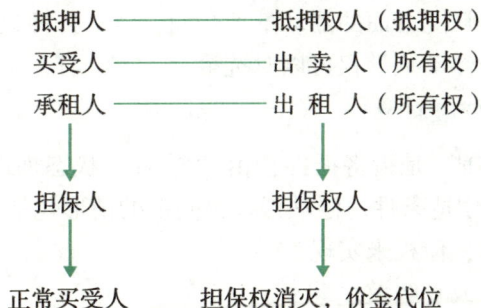

抵押人 ———— 抵押权人（抵押权）
买受人 ———— 出 卖 人（所有权）
承租人 ———— 出 租 人（所有权）

担保人　　　　担保权人

正常买受人　　担保权消灭，价金代位

🔖 **实例精粹**

案情：甲公司是冰箱销售商，其从乙冰箱制造厂（以下简称"乙厂"）购买 10 台冰

箱，约定在甲公司付清全款前，乙厂保留所有权。在保留所有权期间，甲公司将其中一台冰箱出卖给丙，丙支付了合理价款后，甲公司向丙交付了该冰箱。

问题：乙厂的保留所有权会受到何种影响？

回答：丙构成正常买受人，乙厂的保留所有权消灭。乙厂只能就价金主张提前清偿或提存。

七、浮动抵押

（一）浮动抵押的一般原理

浮动抵押，是指抵押人将其"全部动产"作为一个物抵押给抵押权人，用以担保抵押权人的特定债权的担保方式。

浮动抵押的特征包括：

1. 在浮动抵押设立之后，抵押物的范围并不确定。此时，抵押人的生产经营活动还在正常进行，浮动抵押物的范围处于动态变化之中。

（1）浮动抵押设立之后抵押人购入并取得所有权的动产，构成浮动抵押权的客体；

（2）浮动抵押设立后，抵押人将浮动抵押物对外转让的，适用前述"抵押物转让"的法律规则。

🔲 实例精粹

案情：9月1日，甲玩具公司（以下简称"甲公司"）将机器设备A抵押给建设银行，并办理了抵押登记。9月5日，乙公司向工商银行设立浮动抵押，并办理了抵押登记。9月10日，甲公司将机器设备A出卖给乙公司，并向乙公司交付。

问题：机器设备A上并存几项抵押权？

回答：两项。一是甲公司向建设银行所设定的抵押权；二是乙公司向工商银行所设定的浮动抵押权。

2. 至浮动抵押物范围确定后，浮动抵押物方才由流动状态转变为特定状态。

（二）浮动抵押权的设立

浮动抵押作为一种动产抵押，依然采取动产抵押"公示对抗"的物权变动模式。

1. 抵押人与抵押权人订立书面的浮动抵押合同，浮动抵押权即可成立。

2. 办理抵押登记的，浮动抵押权可以对抗第三人。

（三）确定浮动抵押物范围的情形

确定浮动抵押物的范围，是指将抵押物由"浮动"状态加以"凝固"，使之特定化。其目的在于为实现抵押权创造条件。浮动抵押物确定的情形包括：

1. 债务履行期限届满，债权未实现。

2. 抵押人被宣告破产或者解散。

3. 当事人约定的实现抵押权的情形。

4. 严重影响债权实现的其他情形。例如，因抵押人经营不善，浮动抵押物的价值急剧减少，为保全浮动抵押权，此时浮动抵押物的范围确定。

专题 **47**

质权

质权，又称质押权，是指债权人在出质人提供的动产或其他财产性权利上享有的，在债务人到期不履行债务时，可就质押财产的价值优先受偿的权利。质押财产的提供者，即出质人，可以是债务人，也可以是第三人。质权分为两种，即动产质权和权利质权。

一、动产质权

（一）动产质权的设立

动产质权的设立采取"公示成立"模式。这意味着：

1. 订立质权合同

（1）质权合同自成立时生效，即在债权人与出质人之间形成债权债务关系。

（2）债权人有权请求出质人交付质物。出质人违反交付义务的，应承担违约责任。

2. 交付质物

（1）质物的交付，导致动产质权的设立；

（2）质物的交付，还意味着质权合同中出质人债务的履行。

3. 质物交付的方法

（1）现实交付，即出质人将动产质物的直接占有移转予债权人。

（2）观念交付

❶ 动产质权的设立，可以采取简易交付、指示交付的方式。

❷ 动产质权的设立，禁止采用占有改定的方式；否则，视为质物没有交付，动产质权不能设立，但不影响质押合同的债权效力。

实例精粹

案情：甲与乙书面约定，甲将电脑 A 出质给乙。

问题：（1）如果甲已经将电脑 A 出借给乙并交付，乙能否取得电脑 A 上的质权？

（2）如果甲已经将电脑 A 出借给丙，甲、乙约定待丙借期届满后，由乙请求丙返还电脑 A，并向丙通知此事。乙能否取得电脑 A 上的质权？

（3）如果甲、乙约定，质押合同成立时，乙即取得质权。甲继续使用电脑 A 1 个月后，将电脑 A 向乙返还。乙能否取得电脑 A 上的质权？

回答：（1）能。甲、乙达成书面质押合同时，乙即依简易交付取得电脑 A 上的质权。

（2）能。甲、乙达成返还请求权转让协议时，乙即依指示交付取得电脑 A 上的质权。

（3）不能。甲不得以占有改定的方式设立质权。

（二）金钱质权的设立

1. 当事人以担保债务履行为目的，设立专门账户并由债权人实际控制，无论账户内的款项是否浮动，债权人均有权主张就账户内的款项优先受偿。

2. 当事人非以担保债务履行为目的，债权人不得主张就专门账户内的款项优先受偿，但是不影响当事人依照法律的规定或者按照当事人的约定主张权利。

> **· 总 结** 金钱质押，以出质账户方式为之。

（三）质权人占有质物期间的义务

1. 质权人不得擅自使用、处分质物

质权人在质权存续期间，未经出质人同意，不得擅自使用、处分质押财产；否则，给出质人造成损害的，应当承担赔偿责任。

2. 质权人妥善保管质物的义务

质权人的行为可能或已经致质押财产毁损、灭失的，出质人有权：

（1）请求质权人将质押财产提存；

（2）请求提前清偿债务并返还质押财产；

（3）请求质权人承担赔偿责任。

	原　　　因	保全措施
出质人保全权	质权人保管不善	①请求质权人将质押财产提存； ②请求提前清偿债务并返还质押财产。
质权人保全权	不能归责于质权人的事由	①请求出质人提供相应的担保； ②质物变价，提前清偿债务或提存。

实例精粹

案情：甲将动产 A 出质给乙，现动产 A 出现毁损。

问题：（1）如果毁损是因乙保管不善所致，甲怎么办？

　　　　（2）如果毁损是因不可归责于乙的事由所致，乙怎么办？

回答：（1）甲有权请求乙将动产 A 提存，或提前清偿债务以取回动产 A。

　　　　（2）乙有权请求甲另行提供担保，否则变卖动产 A，所得价款提前清偿债务或提存。

3. 质权人与第三人订立合同，以出质、出租、出借等形式将质物交予第三人，且因第三人过错致质物毁损、灭失的，由此所引起的损害赔偿法律关系包括：

（1）出质人有权基于违约责任，请求质权人赔偿；

（2）出质人有权基于侵权责任，请求第三人赔偿；

（3）质权人有权基于违约责任，请求第三人赔偿。

二、权利质权

权利质权，是指以财产权利为客体的质权。可质权利包括有价证券记载的权利、股权、知识产权和应收账款债权四种类型。动产、不动产上的物权，必须通过抵押权或者动产质权的形式设立担保，而不得通过权利质权的形式设立担保。

（一）有价证券权利质权

有价证券权利质权，是指以汇票、支票、本票、债券、存款单、仓单、提单等有价证券上所记载的权利为客体的质权。

1. 有价证券权利质权的设立

（1）原则

有价证券权利质权采取"公示成立"的物权变动模式。因此：

❶出质人与债权人订立书面的质权合同。合同一经成立即告生效，即产生债权债务效力。

❷出质人向债权人交付有价证券，质权设立。没有权利凭证的，质权自有关部门办理出质登记时设立。

> **总结** 有价证券权利质权是以"占有"为公示方法的担保物权。

（2）两种特殊情况

❶汇票质权的设立

以汇票出质，出质人交付汇票之前，应背书记载"质押"字样并签章。质权自交付时设立。

❷仓单、提单质权的设立

以仓单、提单出质，出质人交付仓单、提单之前，应背书记载"质押"字样并经保管人签章。质权自交付时设立。

2. 先于债权到期的有价证券权利质权的实现

有价证券的兑现日期或者提货日期先于主债权到期的，质权人可以兑现或者提货，并与出质人协议将兑现的价款或者提取的货物提前清偿债务或者提存。

📖 实例精粹

案情：甲公司从乙公司处借款 100 万元，并将一张定期存单出质给乙公司，用以担保乙公司对甲公司的借款债权。该存单现已到期，而甲公司债务的履行期尚未届满。

问题：（1）甲公司是否发生"债务到期不履行"的事实？

（2）乙公司能否凭出质的存单提款？

（3）乙公司凭出质的存单所提之款项，如何处理？

回答：（1）否。

（2）能。

（3）与甲公司协商，提前清偿债务或提存。

（二）股权质权、知识产权质权与应收账款债权质权

1. 股权质权、知识产权质权与应收账款债权质权的设立

（1）原则

股权质权、知识产权质权、应收账款债权质权的设立，也采取"公示成立"的物权变

动模式。

❶出质人与债权人订立书面的质权合同。合同一经成立即告生效，即产生债权债务效力。

❷在有关机关办理出质登记。出质登记手续完成，质权设立。

> **总 结** 股权质权、知识产权质权、应收账款债权质权是以"占有"为公示方法的担保物权。

（2）应收账款债权出质

❶以现有的应收账款债权出质，债务人向质权人确认应收账款的真实性的，不得又以应收账款不存在或者已经消灭为由主张不承担责任。

❷以现有的应收账款债权出质，债务人未确认应收账款的真实性，质权人能够证明办理出质登记时应收账款真实存在的，债务人不得以应收账款债权已经消灭为由主张不承担责任。

	债务人确认	债务人未确认基础关系
保 理	管到底	通知后，基础关系变动的，不得对保理人产生不利影响。
质 押		登记后，基础关系变动的，不得对质权人产生不利影响。

❸应收账款债权出质未通知债务人，债务人向债权人偿还债务的，责任消灭。

（3）将有应收账款债权出质

❶公用设施的收益权及其他将有的应收账款债权出质，当事人设立特定账户的，质权人可请求就该特定账户内的款项优先受偿；

❷特定账户内的款项不足以清偿债务或者未设立特定账户的，质权人有权请求折价或者拍卖、变卖项目收益权等将有的应收账款债权，并以所得的价款优先受偿。

2. 出质的股权、知识产权、应收账款债权的转让

（1）转让行为的性质

出质的股权、知识产权、应收账款债权的转让，性质为无权处分。

（2）受让人取得出质权利的途径

❶股权、知识产权、应收账款债权出质后，出质人转让所出质的权利的，应经质权人的同意。经质权人同意，出质人转让出质的权利的，应当将转让所得的价款向质权人提前清偿债务或者提存。

❷受让人代为清偿债务消灭质权。

> **总 结** 出质的股权、知识产权、应收账款债权的转让

Ⓐ出质人转让所出质的股权、知识产权、应收账款债权的行为，为无权处分。

Ⓑ受让人取得该股权、知识产权、应收账款债权的途径有二：
一是质权人同意。此时，质权人可就价款提前清偿或提存。
二是受让人代为履行。

Ⓒ因出质的股权、知识产权、应收账款债权均办理了出质登记，故受让人不可善意取得。

以"登记"为公示方法的担保物权

	主债届满诉讼时效、执行期间	担保物转让
抵押权		有权处分，约定不得转让的除外
股权质权、知识产权质权、应收账款债权质权	消　灭	无权处分

专题 **48**

留　置　权

留置权，是指债权人在债务人到期不履行债务的情况下，扣留债务人的财产，并以其价值优先受偿的担保物权。留置权是法定担保物权，即留置权依照法定要件即可成立，无需以当事人对留置达成合意为条件。

一、留置权的成立条件

（一）债权人合法占有债务人交付的动产

1. "合法占有"，是指债权人对于动产的占有，是债务人基于承揽、运输、行纪等合同关系自愿交付所致。债权人对拾得、盗抢的债务人动产，不能成立留置权。

2. 留置权的客体以动产为限。

（二）同一性

1. 原则

（1）"同一性"的含义

留置权的同一性，是指债权人占有债务人动产的原因与债务人承担债务的原因相同，即基于同一法律关系。

> · 总　结　债权人所承担的"返还标的物"的义务，与债务人所承担的"支付价款、报酬"的义务之间是一组交换。

```
        甲                              乙
        ↓                              ↓
向乙支付金钱义务 ←———（同一法律关系）———→ 向甲返还动产义务
                      交换
```

（2）在具有"同一性"的情况下，纵然留置物的所有权非归属于债务人，债权人也可享有留置权。

2. 例外：商事留置权

（1）商事留置权的构成要件

❶ 主体要件。债权人、债务人均需为企业，即以营利为目的的组织。

❷债权要件。企业债权人对企业债务人的债权，需为"商事营业债权"，即企业在其经营范围内，因实施商事经营行为所享有的债权。

（2）商事留置权的法律意义

商事留置权的成立，不以"同一性"为要件。故企业债权人基于商事留置权，可就其合法占有的债务人的任何动产行使留置权。

（3）在不具有"同一性"的前提下，企业债权人基于商事留置权留置合法占有的债务人动产，需以该动产的所有权归属于债务人为条件。

> • 总 结 "同一性"与"留置物的归属"
> Ⓐ 有同一性，不问是谁的；
> Ⓑ 没有同一性，要问是谁的。

🀫 实例精粹

案情：甲公司将车 A 交给乙修理厂维修。车 A 修好后，甲公司支付了维修费。

问题：（1）如果 1 个月前，甲公司车 B 的修理费尚未向乙修理厂结清，乙修理厂遂扣留车 A。那么：

①"返还车 A"与"交付车 B 的修理费"之间有无同一性？

②乙修理厂的债权是否为"商事营业债权"？

③乙修理厂是否有权留置车 A？

④如果车 A 是甲公司租来的，乙修理厂是否有权留置车 A？

（2）如果 1 个月前，乙修理厂借给甲公司的 20 万元已经到期，甲公司尚未偿还，乙修理厂遂扣留车 A。那么：

①"返还车 A"与"偿还借款"之间有无同一性？

②乙修理厂的债权是否为"商事营业债权"？

③乙修理厂是否有权留置车 A？

回答：（1）①无。两者之间并非一组交换。

②是。乙修理厂以修车为业，其对甲公司享有的债权为修车费，属于"商事营业债权"。

③有权。

④无权。留置没有同一性的动产，要以该动产归属于债务人为条件。

（2）①无。两者之间并非一组交换。

②否。乙修理厂以修车为业，其对甲公司享有的借款债权，不属于"商事营业债权"。

③无权。

	条件一（商事留置权）	条件二（推定成立）
无同一性之留置	双方是企业	归属于债务人
	商事营业债权	

（三）债务人到期不履行债务

根据债权人"返还标的物"义务与债务人"支付价款、报酬"义务之间的交换关系，债务人到期不履行债务，债权人即可拒绝返还债务人的动产，即成立留置权。

实例精粹

案情：甲的鞋底裂开，遂将鞋交予乙维修。鞋修好后，甲未付修理费，该鞋被乙留置。

问题：（1）甲将鞋交给乙时，乙是否成立留置权？
　　　（2）乙何时对该鞋成立留置权？
　　　（3）如果甲、乙约定，乙修好鞋后，甲试穿 1 周没有问题，再行付款。乙能否对该鞋成立留置权？

回答：（1）否。此时尚未发生"债务人到期不履行债务"的情形。
　　　（2）甲到期不交付修理费之时。
　　　（3）不能。在"先返还，后付款"的关系中，不可能成立留置权。

提　示

在债权人先返还标的物，债务人后支付款项的交易关系中，不可能成立留置权。

（四）留置权成立的限制

1. 法律规定或者当事人约定不得留置的动产，不得留置。
2. 留置财产为可分物的，留置财产的价值应当相当于债务的金额，即"等价留置"规则。
3. 债务人对债权人享有抗辩权的，债权人对所占有的债务人的动产不得留置。

实例精粹

案情：甲将汽车交由乙修理厂喷漆，约定取车时支付维修费。甲取车时，发现喷漆有色差，遂拒绝支付维修费，于是乙修理厂主张留置权。

问题：（1）甲能否拒绝支付维修费？
　　　（2）乙修理厂能否主张留置权？

回答：（1）能。甲有权根据先履行抗辩权拒绝支付维修费。
　　　（2）不能。因甲享有抗辩权，故乙修理厂对该车不享有留置权。

二、留置权人对留置物的妥善保管义务

在留置期间，留置权人为留置物的占有人，承担妥善保管义务。留置权人因保管不善致使留置财产毁损、灭失的，应当承担赔偿责任。

三、留置权的实现与消灭

（一）留置权的实现条件

留置权的实现条件是"债务宽限期满仍不履行"。留置权的宽限期的长度规则为：

1. 在当事人没有约定的情况下，由债权人指定，但是不得少于 60 日。

2. 对于鲜活易腐等不易保管的动产，宽限期可以少于 60 日，但是仍需具有合理性。

> **· 总　结**

Ⓐ "债务到期不履行" 为留置权的成立条件；

Ⓑ "债务宽限期满仍不履行" 为留置权的实现条件。

（二）留置权的消灭

1. 留置权人对留置财产丧失占有的，留置权消灭。占有不仅是留置权的成立条件，也是留置权的维持条件。

2. 留置权人接受债务人另行提供的担保的，留置权消灭。

> **实例精粹**

> 案情：甲将汽车交由乙修理厂维修，约定取车时支付维修费。甲取车时未交付维修费，乙修理厂遂留置该汽车。甲因急需使用该汽车，遂向乙修理厂提出，以笔记本电脑向乙修理厂出质，担保维修费债务的履行。

> 问题：（1）如果乙修理厂接受甲以笔记本电脑出质，乙修理厂对该汽车是否享有留置权？

> （2）乙修理厂是否可以拒绝甲以笔记本电脑出质？

> 回答：（1）否。乙修理厂对笔记本电脑的质权成立时，其对该汽车的留置权消灭。

> （2）是。

四、主债诉讼时效期间届满对留置权的影响

（一）对留置权的规则

主债诉讼时效届满，财产被留置的债务人或者留置物所有权人享有债务人的抗辩权，有权拒绝承担担保责任。但是，留置权并不消灭，故留置权人对留置物的占有，依然为有权占有。这意味着：

1. 留置权人有权拒绝返还留置物。

2. 留置权人无权将留置物拍卖、变卖以优先受偿。

3. 财产被留置的债务人或者留置物所有权人有权请求拍卖、变卖留置物，并以所得价款清偿债务。

（二）扩张适用

上述规则适用于以交付为公示方式的其他担保物权，包括动产质权、有价证券质权。

> **实例精粹**

> 案情：甲银行借给乙公司 10 万元，丙公司以机器设备 A 向甲银行设立质押，担保甲银行对乙公司的债权，并已交付。现甲银行对乙公司的债权已经届满诉讼时效。

> 问题：（1）丙公司能否请求甲银行返还机器设备 A？

> （2）甲银行能否就机器设备 A 变价受偿？

回答：（1）不能。甲银行的质权不因主债届满诉讼时效而消灭，故其对机器设备 A 为有权占有。

（2）不能。丙公司可以行使债务人的抗辩权，拒绝承担担保责任。

主债届满诉讼时效对担保物权的影响

公示方法	担保物权的类型	诉讼时效届满
"登记"	（1）抵押权 （2）股权质权 （3）知识产权质权 （4）应收账款债权质权	消灭（包括执行时效届满）
"占有"	（1）动产质权 （2）有价证券质权 （3）留置权	有权拒绝返还，不得变价受偿

专题 49

担保物权竞存

担保物权竞存，是指一个担保物上并存 2 个或者 2 个以上担保物权的情形。

一、抵押权竞存

抵押权竞存，即一物多押，是指一个抵押物上并存 2 个或 2 个以上抵押权的情形。

（一）受偿顺序

抵押权竞存情况下的一般受偿顺序规则是：

1. 存于一物之上的各抵押权，已登记的先于未登记的清偿。

2. 存于一物之上的各抵押权，均未登记的，按照所担保的债权额的比例清偿。

3. 存于一物之上的各抵押权，均已登记的，按照登记的时间先后顺序清偿；登记时间相同的，按照所担保的债权额的比例清偿。

—— 提 示 ——

上述规则的适用，不考虑后成立的抵押权人善意、恶意之问题。

（二）动产上的价款抵押权

动产上的"价款抵押权"，又称"超级抵押权"，是指动产抵押担保的主债权是抵押物的价款，标的物交付后 10 日内办理抵押登记的，该抵押权人优先于"抵押物买受人的其他担保物权人"受偿，但留置权人除外。

1. 价款抵押权的结构

（1）主体

价款抵押权人，是指因为买受人购买动产提供价金融资，从而对买受人享有"价金融资债权"的"价款融资人"。其包括：

❶赊账销售的出卖人；

❷买受人价金借款的出借人。

📖 实例精粹

案情：乙公司欲从甲公司处以100万元的价格购买机器设备A，双方约定甲公司先行交付机器设备A，乙公司1年内支付价款。

问题：（1）谁对乙公司购买机器设备A提供了价款融资？

（2）如果甲公司不同意赊账销售，马小芸借给乙公司100万元，使其向甲公司支付价款，乙公司1年内偿还借款。谁对乙公司购买机器设备A提供了价款融资？

回答：（1）甲公司。甲公司是赊账销售的出卖人。

（2）马小芸。马小芸是价金借款的出借人。

（2）客体

价款抵押权的客体，就是买受人接受价款融资后所购买的动产。

2. 价款抵押权的效力

（1）出卖人向买受人交付动产之日起10日内，买受人向"价款融资人"办理抵押登记的，"价款融资人"的抵押权可优先于买受人以该动产为其他人设立的抵押权、质权受偿。

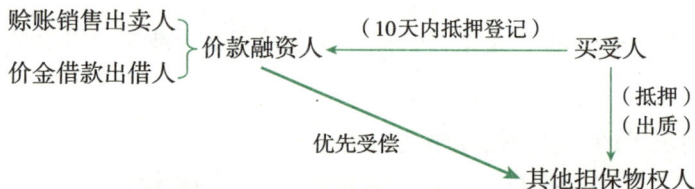

（2）买受人将该动产抵押给"价款融资人"，却没有办理抵押登记，或办理抵押登记的时间在交付之日起10日之后的，"价款融资人"的抵押权只能适用上述一般受偿顺序规则。

（3）同一动产上存在多个价款抵押权的，应当按照登记的时间先后确定清偿顺序。

📖 实例精粹

案情：1月2日，甲公司将机器设备A抵押给建设银行，并办理了抵押登记。1月5日，乙公司以其现有及将有的所有动产为工商银行设立浮动抵押，并办理了抵押登记。1月8日，甲公司将机器设备A以100万元的价格出卖给乙公司，约定乙公司向甲公司支付首期款40万元后，即可取走该设备，余款1年内付清。马小芸借款40万元给乙公司，使乙公司向甲公司支付了首期款。1月10日，甲公司将机器设备A交付予乙公司。1月12日，乙公司将机器设备A抵押给丙公司，并办理了抵押登记。1月15日，乙公司将机器设备A出质给丁公司并交付。1月17日，乙公司将机器设备A抵押给马小芸，担保马小芸的40万元借款债权，并办理了抵押登记。1月19日，乙公司将机器设备A抵押给甲公司，担保乙公司欠付的60万元价金债权，并办理了抵押登记。1月25日，因丁公司对机器设备A保管不善，机器设备A发生毁损，丁公司遂将其交予戊公司维修。因丁公司未支付维修费，机器设备A被戊公司留置。

问题：（1）谁是"价款融资人"？
（2）谁是"抵押物买受人"？
（3）谁是"抵押物买受人的其他抵押权人、质权人"？
（4）甲公司、马小芸的抵押权可否优先于工商银行、丙公司、丁公司的抵押权、质权？
（5）甲公司、马小芸的抵押权可否优先于戊公司的留置权？
（6）甲公司、马小芸的抵押权可否优先于建设银行的抵押权？
（7）甲公司、马小芸的抵押权受偿顺位如何？
（8）本题中，竞存于机器设备A上的各担保物权受偿顺位如何？

回答：（1）甲公司、马小芸。甲公司赊账销售机器设备A，马小芸提供机器设备A的价金借款。
（2）乙公司。
（3）工商银行、丙公司、丁公司。①乙公司向工商银行设立浮动抵押后，所购入的机器设备A自动成为浮动抵押权的客体，故本质为乙公司将机器设备A抵押给了工商银行；②乙公司以机器设备A分别向丙公司、丁公司设立了抵押、质押。
（4）可以。甲公司、马小芸的抵押权担保其抵押物价款融资债权，且在向乙公司交付后10日内登记，构成价款抵押权，可优先于"抵押物买受人的其他担保物权"。
（5）不可以。同一动产上竞存多种担保物权的，留置权最为优先。
（6）不可以。建设银行是甲公司的抵押权人，并非"抵押物买受人的其他担保物权人"，故甲公司、马小芸不得凭价款抵押权优先于建设银行受偿，而只能适用一般受偿顺序规则，即建设银行的抵押权登记在甲公司、马小芸之前，其可优先于甲公司、马小芸的抵押权。
（7）马小芸的抵押权优先于甲公司的抵押权受偿。同一动产上存在多个价款抵押权的，应当按照登记的时间先后确定清偿顺序。
（8）戊公司的留置权——建设银行的抵押权——马小芸的抵押权——甲公司的抵押权——工商银行的浮动抵押权——丙公司的抵押权——丁公司的质权。

（三）价款抵押权规则在保留所有权买卖、融资租赁合同中的适用

1. 保留所有权买卖、融资租赁合同均具有担保合同的性质，与动产抵押权具有相同功能。

```
抵押人 ——————— 抵押权人（抵押权）
买受人 ——————— 出 卖 人（所有权）
承租人 ——————— 出 租 人（所有权）
         ↓                    ↓
      担保人              担保权人
```

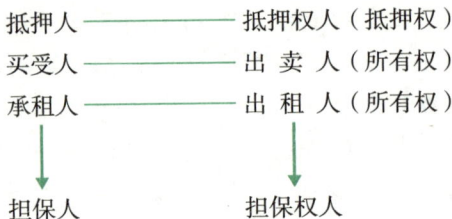

2. 上述价款抵押权规则，可适用于保留所有权买卖合同、融资租赁合同。

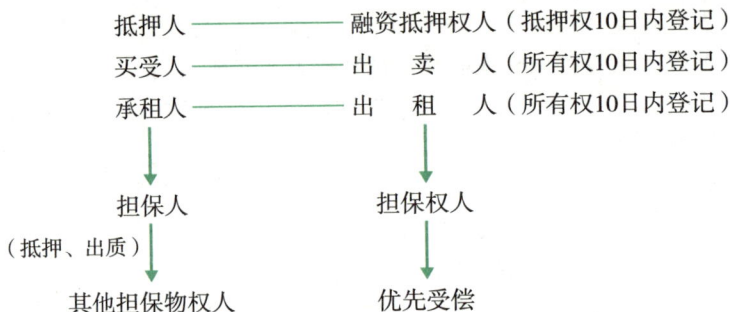

```
抵押人 ——————— 融资抵押权人（抵押权10日内登记）
买受人 ——————— 出   卖   人（所有权10日内登记）
承租人 ——————— 出   租   人（所有权10日内登记）
         ↓                    ↓
      担保人              担保权人
（抵押、出质）↓                ↓
   其他担保物权人          优先受偿
```

📖 **实例精粹**

案情：甲公司与乙公司订立买卖合同，约定甲公司将机器设备 A 以 100 万元的价格出卖给乙公司，在乙公司支付全款前，甲公司保留所有权。甲公司向乙公司交付机器设备 A 后的第 3 天，乙公司将机器设备 A 抵押给建设银行，并办理了抵押登记手续。第 7 天，乙公司为甲公司办理了保留所有权登记手续。

问题：在机器设备 A 的价值上，建设银行与甲公司的受偿顺位如何？

回答：甲公司的保留所有权优先受偿。

（四）部分抵押权变更

一物多押时，抵押人与抵押权人之间，以及抵押权人之间，可以通过协议约定，变更部分抵押权的内容，如变更抵押权顺位、被担保的债权数额等内容。部分抵押权变更，未经其他抵押权人书面同意的，不得对其他抵押权人产生不利影响。

📖 **实例精粹**

案情：甲先后将房 A 抵押给乙、丙，并依次登记，分别担保乙 100 万元、丙 150 万元的债权。甲与乙协商，将乙受担保的债权额由 100 万元增加至 120 万元，并办理了抵押变更登记手续。现房 A 变价若干。

问题：乙、丙如何受偿？

回答：①甲、乙增加的 20 万元担保责任，不得影响丙的利益。故乙只能优先于丙受偿 100 万元。②丙受偿 150 万元。③乙再受偿 20 万元。由此可见，甲、乙增加的 20 万元担保责任依然有效，只是不能损害丙的利益。

二、质权的竞存

（一）动产质权的竞存

一个动产上并存 2 个或 2 个以上质权的，直接占有的质权优先于未直接占有的质权。

实例精粹

案情：甲将一台电脑出租给乙。在租赁期间，甲将该电脑出质给丙，并完成指示交付。乙租期届满后，将电脑向甲返还。甲又将该电脑出质给丁，向丁现实交付。

问题：在该电脑上，丙的质权与丁的质权，谁优先受偿？

回答：丁。丁直接占有质物的质权可优先于丙未直接占有质物的质权。

（二）仓单、货物质权的竞存

1. 保管人为同一货物签发多份仓单，出质人在多份仓单上分别设立质权，且将货物出质的，按照交付的先后确定清偿顺序；难以确定先后的，按照债权比例受偿。

2. 债权人举证证明其损失系由出质人与保管人的共同行为所致的，有权请求出质人与保管人承担连带赔偿责任。

实例精粹

案情：甲公司与乙仓储商订立仓储合同，将一批货物交予乙仓储商，乙仓储商向甲公司出具了两份仓单。甲公司将两份仓单分别向丙、丁公司出质，均经甲公司出质背书并经乙仓储商盖章后，分别向丙、丁公司交付。此外，甲公司还将该批货物出质给了戊公司。

问题：（1）丙、丁、戊公司的受偿顺位如何？

（2）如果甲公司先向丙、丁公司交付仓单，戊公司所遭受的损失怎么办？

回答：（1）根据仓单、货物交付的先后确定；难以确定交付先后的，按债权比例受偿。

（2）戊公司可以请求甲公司、乙仓储商承担连带赔偿责任。

三、不同担保物权的竞存

不同担保物权的竞存，是指一个物之上并存多种不同的担保物权的情形。由于动产与不动产所能够设立的担保物权不同，故需予以区分。

（一）动产上的不同担保物权竞存

1. 存在于动产上的担保物权

（1）抵押权

动产抵押权，既可能是登记的抵押权，也可能是未登记的抵押权。

（2）质权

动产质权，既可能是占有质物的质权，也可能是不占有质物的质权。

（3）留置权

留置权以动产为客体，动产上当然可以设立留置权。

2. 动产上不同担保物权竞存的受偿顺位

首 先	留置权	
其 次	登记的抵押权、直接占有的质权	先公示者优先
最 后	未登记的抵押权、未直接占有的质权	未直接占有的质权优先于未登记的抵押权

（二）不动产上的不同优先受偿权竞存

1. 存在于不动产上的优先受偿权

（1）能够存在于不动产上的担保物权，仅限于不动产抵押权；

（2）法律上依然存在不动产上并存若干类型的"优先受偿权"的情形，可并存于不动产上的优先受偿权包括不动产抵押权、建设工程优先权、购房人返还房款请求权。

2. 不动产上不同优先受偿权的受偿顺位

首 先	不能获得房屋的购房人的价款返还请求权
其 次	"实际支出范围内"的建设工程优先权
最 后	不动产抵押权

专题**50**

—— 保　证 ——

一、保证的概念

保证，又称人保，是指在主债务人不履行债务时，由保证人履行主债务的担保形式。

1. 保证是一种约定的担保形式，以保证人和债权人之间的保证合同为基础。

2. 保证人作为保证合同中提供担保的一方，必须是主债务人之外的第三人。主债务人自己为自己债务的履行提供保证，没有意义。

3. 在保证的三方当事人中，并存两个债的关系，即债权人与债务人之间的主债关系、债权人与保证人之间的保证之债（从债）关系。在这两个债的关系中，债权人既享有主债的债权，也享有保证权（从债权）。

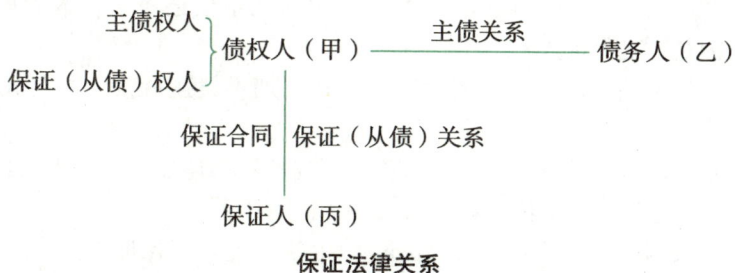

主债权人　　　　　　　主债关系
　　　　　债权人（甲）——————————债务人（乙）
保证（从债）权人

保证合同｜保证（从债）关系

保证人（丙）

保证法律关系

二、保证允诺

保证合同，即保证人与债权人约定，为债权人对债务人的主债权提供保证的合同，而保证合同，必须以保证人作出保证允诺为成立条件。保证允诺的要素有二：

1. 表明自己"愿意承担担保责任"。

─── 📖 提 示 ───

担保意思表示的内容

——他不还，我来还。

——他不还，我负责。

——我担保。

……

2. 以"保证人的一般责任财产"，作为承担保证责任的物质基础。

作出担保意思表示	明确特定担保财产	物　保
	未明确特定担保财产	人　保

─── 📖 提 示 ───

是否明确特定担保财产的后果

Ⓐ 明确特定担保财产的，担保权人凭"担保物权"，只能就该项财产受偿，且具有优先效力，但不能凭担保物权，就担保人的其他财产受偿；

Ⓑ 未明确特定担保财产的，担保权人凭"保证权"，可以就担保人的任何财产受偿，但不具有优先效力。

📋 **实例精粹**

案情：乙公司向甲银行贷款 100 万元，丙在该合同上签字。

问题：（1）如果丙签字的同时表明"本人与乙公司共同承担还款债务"，丙是不是保证人？

（2）如果丙签字的同时表明"若乙公司到期不偿还贷款，本人承担还款债务"，丙是不是保证人？

（3）如果丙签字的同时表明"若乙公司到期不偿还贷款，本人负责"，丙是不是保证人？

（4）如果丙签字的同时表明"若乙公司到期不偿还贷款，本人以自有房屋 A 的价值偿还"，丙是不是保证人？

（5）如果丙签字的同时表明"保证人丙"，丙是不是保证人？

（6）如果丙签字的同时未作任何意思表示，丙是不是保证人？

回答：（1）不是。丙未作出担保意思表示。

（2）是。丙作出了担保意思表示，且以一般财产作为物质基础。

（3）是。丙作出了担保意思表示，且以一般财产作为物质基础。

（4）不是。丙作出了担保意思表示，但以特定财产作为物质基础，这是物保的意思表示。

（5）是。丙作出了担保意思表示，且以一般财产作为物质基础。

（6）不是。丙未作出担保意思表示。

3. 保证与债务加入

（1）相同之处

保证与债务加入，均是由债务人以外的他人向债权人承担债务人的债务。

（2）区别

❶第三人作出上述保证允诺的，第三人为保证人；

❷第三人作出加入债务或者与债务人共同承担债务等意思表示的，第三人为并存的债务承担的受让人，即债务加入人；

❸难以确定是保证还是债务加入的，应当将其认定为保证。

三、保证责任

（一）全额保证与限额保证

1. 概念

（1）全额保证，是指保证责任额与主债务额相等的保证。在全额保证中，凡债务人所承担的债务，保证人均应承担保证责任。

（2）限额保证，是指保证责任额小于主债务额的保证。在限额保证中，保证人仅对债务人债务之一部分，承担保证责任。在限额保证中，债务人部分清偿的，保证人对未清偿的部分承担保证责任。

📋 实例精粹

案情：甲借给乙 100 万元，丙为甲提供 40 万元的保证。

问题：（1）如果乙向甲偿还了 50 万元，丙的保证责任数额是多少？

　　　（2）如果乙向甲偿还了 70 万元，丙的保证责任数额是多少？

回答：（1）40 万元。

　　　（2）30 万元。

2. 全额保证与限额保证的区分

在保证合同中，当事人对保证责任的数额有约定的，从其约定。否则，推定为全额保证。

（二）连带责任保证与一般保证

1. 概念

（1）连带责任保证，是指当事人在保证合同中约定，债务人到期不履行债务时，由保证人与债务人承担连带责任的保证。在连带责任保证中，债务的履行与保证责任的承担，不存在顺序性。

（2）一般保证，是指当事人在保证合同中约定，债务人到期不履行债务时，债权人对债务人"穷尽一切法律手段"后，保证人对债务人不能履行的部分，承担保证责任的保证。

2. 区分

（1）保证合同中约定，保证人在债务人"不能履行债务"时，才承担保证责任，即"具有债务人应当先承担责任"的意思表示的，为一般保证；

（2）保证合同中约定，保证人在债务人"不履行债务"时，承担保证责任，即"不具有债务人应当先承担责任"的意思表示的，为连带责任保证；

（3）保证合同中没有约定保证责任的承担方式的，为一般保证。

💡 **提 示**

当事人是否约定为连带责任保证，不能拘泥于当事人是否约定"连带"，而是要看当事人的约定中是否存在"连带"的意思。

📋 实例精粹

案情：甲借给乙10万元，丙与甲订立保证合同，为甲的债权提供保证。

问题：（1）如果甲、丙之间的保证合同约定："乙到期不还钱，丙次日即负责偿还。"丙的保证为一般保证，还是连带责任保证？

（2）如果甲、丙之间的保证合同约定："乙到期无力还钱，丙承担最充分、最全面的保证责任。"丙的保证为一般保证，还是连带责任保证？

（3）如果甲、丙之间的保证合同并未约定丙如何承担保证责任，丙的保证为一般保证，还是连带责任保证？

回答：（1）连带责任保证。"次日即负责偿还"之约定，表明了连带责任保证的意思。

（2）连带责任保证。"最充分、最全面的保证责任"之约定，表明了连带责任保证的意思。

（3）一般保证。

（三）一般保证人的先诉抗辩权

1. 含义

在一般保证中，基于债务的履行与保证责任承担的顺序性，债权人未对债务人"穷尽一切法律手段"之前，请求一般保证人承担保证责任的，保证人有权予以拒绝。此即一般保证人的先诉抗辩权。

2. 先诉抗辩权的例外

在以下情况下，纵然债权人未对债务人"穷尽一切法律手段"，而请求一般保证人承担保证责任，一般保证人也不得主张其先诉抗辩权：

（1）债务人下落不明，且无财产可供执行；

（2）法院已经受理债务人破产案件；

（3）债权人有证据证明债务人的财产不足以履行全部债务或者丧失履行债务能力；

（4）保证人向债权人或者其代理人以书面形式放弃先诉抗辩权。

3. 债权人怠于执行一般保证人提供的财产线索

一般保证人在主债务履行期限届满后，向债权人提供债务人可供执行财产的真实情况，债权人放弃或者怠于行使权利致使该财产不能被执行的，保证人在其提供可供执行财产的价值范围内可不再承担保证责任。

（四）保证人的诉讼地位

1. 连带责任保证

（1）在连带责任保证中，连带责任保证的债权人可以将债务人或者保证人作为被告分别提起诉讼，也可以将债务人和保证人作为共同被告提起诉讼。

（2）债权人仅起诉债务人的，法院可以不追加保证人为共同被告；债权人仅起诉保证人的，法院可以追加债务人为共同被告。

2. 一般保证

（1）一般保证的债权人向债务人和保证人一并提起诉讼的，法院可以将债务人和保证人列为共同被告参加诉讼。但是，应当在判决书中明确，在对债务人财产依法强制执行后仍不能履行债务时，由保证人承担保证责任。

（2）债权人以债务人为被告提起诉讼的，法院应予受理。

（3）债权人未就债务人提起诉讼或者申请仲裁，仅起诉一般保证人的，法院应当驳回起诉。

（4）债权人未对债务人的财产申请保全，或者保全的债务人的财产足以清偿债务，债权人申请对一般保证人的财产进行保全的，法院不予准许。

四、保证期间与保证诉讼时效

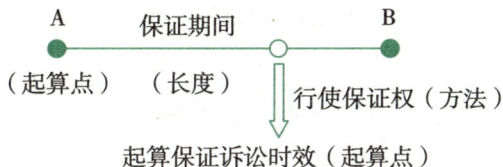

（一）保证期间的计算

1. 保证期间的起算点

（1）原则上，主债务履行期届满之日，起算保证期间。

（2）最高额保证的保证期间的起算

最高额保证所担保的，为 2 个或 2 个以上债权。最高额保证人承担保证责任的保证期间的起算，当事人有约定的，从其约定；当事人没有约定或约定不明的，在"债权确定期间届满之日"与"最后到期的债权履行期届满之日"两个时间点之间，从其后者。

🗒 **实例精粹**

案情：乙公司欲向甲银行连续贷款，丙公司与甲银行订立保证合同，约定为甲银行向乙公司自 2018 年 1 月 1 日至 2020 年 12 月 31 日发放的所有贷款提供连带责任保证，最高金额不超过 100 万元。及至 2020 年 12 月 31 日，甲银行向乙公司发放贷款两笔，金额共计 80 万元，到期日分别是 2020 年 6 月 15 日、2020 年 8 月 15 日。

问题：（1）债权确定期间届满之日为何时？

（2）最后到期的债权履行期届满之日为何时？

（3）保证期间自何时起算？

（4）如果 2020 年 7 月 15 日，丙公司进入破产程序：

①债权确定期间届满之日为何时？

②最后到期的债权履行期届满之日为何时？

③保证期间自何时起算？

回答：（1）2020 年 12 月 31 日。

（2）2020 年 8 月 15 日。

（3）2021 年 1 月 1 日。

（4）①2020 年 7 月 15 日。

②2020 年 8 月 15 日。

③2020 年 8 月 16 日。

2. 保证期间的长度

（1）当事人有约定的，从其约定；

（2）当事人没有约定的，保证期间的长度为 6 个月；

（3）当事人约定的保证期间早于主债务履行期限或者与主债务履行期限同时届满的，以及保证合同约定保证人承担保证责任直至主债务本息还清时为止等类似内容的，视为没有约定，保证期间的长度为 6 个月。

	保证期间起点	保证期间长度
普通保证	主债到期日	未约定，6 个月
最高额保证	"最后到期债权到期日""债权确定期间届满日"，从其后者	

3. 主债期变动对保证责任的影响

主债权人、债务人约定延长或者缩短主债债务的到期日，未经保证人书面同意的，保证期间按照原债期起算。

📖 实例精粹

案情：甲、乙订立买卖合同，约定甲将一台电脑以 5000 元的价格出卖给乙，乙应于 2 月 1 日支付价金。丙向甲提供保证，担保乙价金债务的履行，但没有约定保证期间。

问题：（1）丙的保证期间如何计算？

（2）4 月 10 日，甲、乙协商，将乙的价金支付日推迟至 5 月 1 日。5 月 1 日后，因乙不支付价金，甲行使保证权。

①如果甲行使保证权的时间为 7 月 1 日，丙是否应承担保证责任？

②如果甲行使保证权的时间为 9 月 1 日，丙是否应承担保证责任？

回答：（1）丙的保证期间为自 2 月 1 日起 6 个月，即 2 月 2 日至 8 月 2 日。

（2）①是。按原债期计算的保证期间并未届满。

②否。按原债期计算的保证期间已经届满。

（二）保证期间的保证权行使方法

保证期间的法律意义在于，债权人应当在保证期间内"行使保证权"。否则，保证期间届满的，保证权消灭。在此基础上，根据保证责任的不同，债权人行使保证权的方式有所不同：

1. 连带责任保证中债权人行使保证权的方式

（1）方式

❶连带责任保证的债权人，应当在保证期间，请求保证人承担保证责任；

❷在连带责任保证中，债权人在保证期间内对保证人起诉或申请仲裁后，又撤诉或撤回仲裁，但诉状或者仲裁申请的副本已经送达保证人的，应当认定债权人已经行使了保证权。

（2）共同保证

❶在共同保证中，即 2 个或 2 个以上保证人为债权人的债权提供保证的，债权人应当在保证期间内，请求各个保证人承担保证责任；

❷债权人未在保证期间内，请求部分保证人承担保证责任的，保证人不再承担保证责任；

❸保证人之间相互有分担请求权，因债权人未在保证期间内请求部分保证人承担保证责任，导致其他保证人在承担保证责任后丧失分担请求权的，保证人有权在不能追偿的范围内免除保证责任。

2. 一般保证中债权人行使保证权的方式

（1）一般保证的债权人，应当在保证期间，对债务人提起诉讼或者仲裁；

（2）在一般保证中，债权人在保证期间内对债务人起诉或申请仲裁后，又撤回起诉或仲裁申请的，应当认定债权人未行使保证权。

3. 保证期间的"功成身退"

债权人在保证期间内行使保证权的，保证期间即丧失意义，即不再继续计算。

	保证权行使方式	起诉又撤诉	连带共同保证
连带责任保证	请求保证人	对保证人起诉又撤诉 ● 副本送达的，保证权行使 ● 保证期间不再计算	分担范围内免责
一般保证	起诉、仲裁债务人	对债务人起诉又撤诉 ● 保证权未行使 ● 保证期间继续计算	（无）

4. 保证期间届满后保证人同意继续承担担保责任

保证期间届满，保证责任消灭后，债权人书面请求保证人承担保证责任：

（1）保证人在通知书上签字、盖章或者按指印，但未同意承担保证责任的，仍应认定保证责任已经消灭；

（2）保证人在通知书上签字、盖章或者按指印，并同意承担保证责任的，则应认定债权人与保证人达成了新的保证合同，保证人应当承担保证责任。

▣ 实例精粹

案情： 甲借给乙10万元，约定2020年3月31日还款。丙、丁与甲订立连带责任保证合同，为甲的债权提供共同担保，但未约定保证期间。

问题： 1. 保证期间何时起算？何时届满？

2. 如果甲于2020年9月1日请求乙偿还借款，乙仍未付款。甲遂于2020年11月1日请求丙、丁承担保证责任。此时：

（1）丙、丁能否以保证期间届满为由拒绝？

（2）若丙、丁在甲请求其承担保证责任的书面文件上签字、盖章，其能否以保证期间届满为由拒绝？

3. 如果甲于2020年9月1日请求丙、丁承担保证责任，丙、丁仍未付款。甲遂于2020年11月1日再次请求丙、丁承担保证责任，丙、丁能否以保证期间届满为由拒绝？

4. 如果甲于2020年9月1日向法院提起诉讼，请求丙、丁承担保证责任，2020年9月5日，起诉状副本送达丙、丁，甲又于2020年9月15日撤诉。现甲于2020年11月1日再次请求丙、丁承担保证责任，丙、丁能否以保证期间届满为由拒绝？

5. 如果甲于2020年9月1日请求丙承担保证责任，并于2020年11月1日请求丁承担保证责任。此时：

（1）丁能否以保证期间届满为由拒绝？

（2）若丙、丁约定，任何一方承担了保证责任，有权请求对方分担一半。此时：

①如丙向甲偿还了10万元，可否依约请求丁分担5万元？

②丙可如何保护自己的合法权益？

回答： 1. 2020年4月1日起算，2020年10月1日届满，即债务到期之日起6个月。

2. （1）能。甲在保证期间内未行使保证权，保证权消灭。

（2）能。丙、丁并未作出愿意承担保证责任的意思表示，不能认定为达成了新的保证合同，丙、丁的保证责任仍归于消灭。

3. 不能。甲已经在保证期间内行使了保证权，保证期间不再继续计算。

4. 不能。起诉状副本已经送达丙、丁，应认定甲已经在保证期间内行使了保证权。

5. （1）能。

（2）①否。丁的保证责任已经消灭。

②丙可主张在5万元的范围内，免除保证责任。

（三）保证诉讼时效的起算

保证诉讼时效，是指债权人与保证人之间保证合同之债的诉讼时效。保证诉讼时效为普通诉讼时效，长度为3年。因不同的保证责任中，债权人行使保证权的方式不同，保证责任的诉讼时效起算方式有所不同。

1. 连带责任保证的诉讼时效的起算

债权人在保证期间内，请求保证人承担保证责任之日，起算连带责任保证的诉讼时效。

2. 一般保证的诉讼时效的起算

债权人在保证期间内，对债务人提起诉讼、申请仲裁的，一般保证责任的诉讼时效，自"债权人对债务人穷尽一切法律手段"之日，即"先诉抗辩权消除"之日起算。具体来讲：

（1）原则上，自对债务人执行完毕之日起算。

（2）法院作出终结对债务人执行程序裁定的，自裁定送达债权人之日起开始计算。

（3）法院自收到债权人对债务人的申请执行书之日起1年内，未作出终结执行程序裁定的，自法院收到申请执行书满1年之日起开始计算。但是保证人有证据证明债务人仍有财产可供执行的除外。

（4）存在先诉抗辩权例外事由的，保证诉讼时效自债权人知道或者应当知道该情形之日起开始计算。

	行使保证权的方式	保证诉讼时效的起算点
连带责任保证	请求保证人	请求之日
一般保证	起诉、仲裁债务人	一切手段穷尽之日

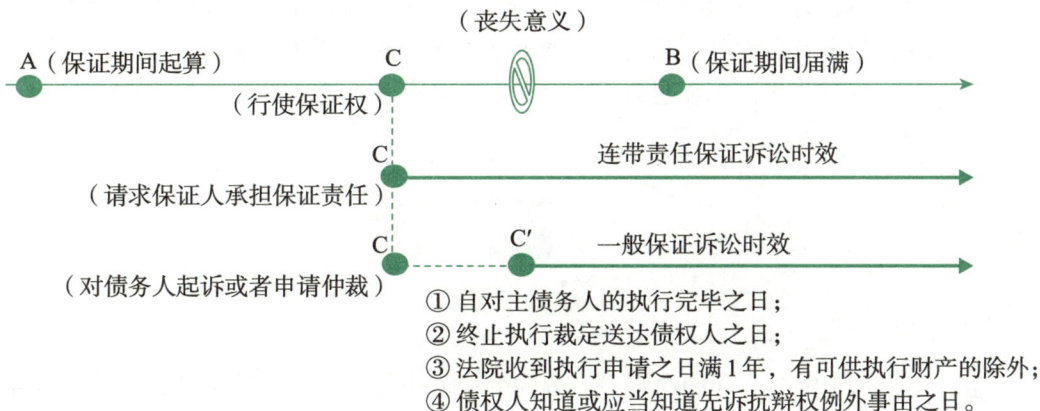

① 自对主债务人的执行完毕之日；
② 终止执行裁定送达债权人之日；
③ 法院收到执行申请之日满1年，有可供执行财产的除外；
④ 债权人知道或应当知道先诉抗辩权例外事由之日。

📖 实例精粹

案情：乙公司向甲银行贷款100万元，丙与甲银行订立保证合同，对甲银行的债权提供一般保证，但未约定保证期间。

问题：（1）丙的保证期间有多长？

（2）甲银行在丙的保证期间内，应如何行使保证权？

（3）如果甲银行在丙的保证期间内，行使了保证权，保证诉讼时效自何时起计算？

回答：（1）丙的保证期间为自乙公司借款期间届满之日起6个月。

（2）对乙公司提起诉讼或申请仲裁。

（3）自"一切法律手段穷尽"之日起计算。具体包括：①针对主债务人的执行完毕之日；②终止执行裁定送达债权人之日；③法院收到执行申请之日满1年，有可供执行财产的除外；④债权人知道或应当知道先诉抗辩权例外事由之日。

（四）保证合同无效情况下的保证期间的适用

保证合同无效时，债权人依法对保证人享有的赔偿损失请求权，仍需受保证期间的约束：债权人在保证期间内请求保证人赔偿损失的，自请求之日起计算赔偿损失之债诉讼时效；反之，债权人未在保证期间内依法请求保证人承担赔偿责任的，保证人的赔偿责任消灭。

📖 实例精粹

案情：甲公司借给乙公司100万元，丙（公益性大学）与甲公司订立保证合同，为甲公司的债权提供保证，但未约定保证期间。现乙公司到期未向甲公司偿还借款。

问题：（1）甲公司与丙的保证合同效力如何？
（2）甲公司能否请求丙承担赔偿责任？
（3）甲公司欲对丙行使赔偿责任请求权，其应在多长时间内、以何种方式行使？
（4）若甲公司行使了赔偿损失请求权，后果如何？

回答：（1）无效。
（2）甲公司、丙均有过错，甲公司可请求丙赔偿其不能受偿部分的1/2。
（3）甲公司应在借款到期之日起6个月内，请求丙承担赔偿责任。
（4）自甲公司对丙提出请求之日起计算赔偿损失之债的诉讼时效。

专题51

定　金

定金，是指基于定金合同的约定，一方向另一方交付一定数额的金钱，用以担保主合同之履行的担保形式。定金合同的当事人双方，就是主债权债务关系的当事人双方。定金合同是实践合同，以定金的交付为合同的生效条件。

一、定金约定

定金约定，是指当事人约定定金担保形式的意思表示，其构成定金合同内容的核心。

（一）定金的确定

当事人一方向对方所交付的一定数额的金钱，是否具有定金的性质，判断的方法如下：
1. 当事人有约定的，从其约定。
（1）当事人约定是定金的，如当事人在约定中使用了"定金"字样或明确了定金罚则的内容，为定金；
（2）当事人约定不是定金的，如当事人作出了不同于定金罚则之约定，不是定金。

2. 当事人未约定，法律规定是定金的，从其规定。例如，认购书不具备商品房买卖合同主要条款时的认购金，在当事人没有相反约定的情况下，依法构成定金。

3. 当事人未约定且不属于法律规定的情形的，不是定金。

实例精粹

案情：甲与乙订立合同，乙向甲支付"订金"5 万元。

问题：（1）如果甲、乙订立的是"机器设备买卖合同"，该 5 万元"订金"是否为定金？

（2）如果甲、乙订立的是"商品房认购合同"，约定待甲开盘后，乙优先选房：

　　①该 5 万元"订金"是否为定金？

　　②若甲、乙在"商品房认购合同"中同时约定，甲开盘后，乙反悔的，5 万元"订金"退还。该 5 万元"订金"是否为定金？

回答：（1）否。原则上，当事人未明确约定定金性质的，不是定金。

（2）①是。

　　②否。当事人排除了其定金的性质。

（二）定金数额

1. 当事人实际交付的定金数额多于或者少于约定数额，视为变更定金合同，以交付额作为定金的数额。

2. 定金的数额不得超过主债务标的额的 20%，超出部分不具有定金效力。

二、成约定金

成约定金，是指基于当事人的约定，作为主合同成立要件的定金。原则上，根据定金合同"从合同"的性质，主合同的成立，并不以定金合同的成立为条件。但是，在当事人将定金合同的成立（定金交付）约定为主合同的成立要件时，即当事人约定"成约定金"的情况下，其法律后果是：

1. 根据要式合同的原理，"成约定金"约定有效。基于其约定，如果一方未按照定金合同的约定交付定金，因形式要件不具备，主合同不成立，因而不生效。

2. 仍根据要式合同的原理，在主合同形式要件未具备（定金未交付）的情况下，如果主合同主要义务已经履行，则主合同依然可以有效成立。

实例精粹

案情：甲、乙订立货物买卖合同，并约定乙应向甲交付定金 1 万元。

问题：（1）如果乙未向甲支付 1 万元定金。此时：

　　①甲、乙的定金合同是否成立？

　　②甲、乙的买卖合同是否成立？

（2）如果甲、乙约定，定金交付时，买卖合同成立。现乙未向甲支付 1 万元定金。此时：

　　①甲、乙的定金合同是否成立？

　　②甲、乙的买卖合同是否成立？

（3）如果甲、乙约定，定金交付时，买卖合同成立。现乙未向甲支付 1 万元定金，但甲已经将货物交付予乙，乙也接受。此时：

①甲、乙的定金合同是否成立？

②甲、乙的买卖合同是否成立？

回答：（1）①否。定金合同为实践合同。

②是。原则上，定金合同是否成立，对主合同没有影响。

（2）①否。定金合同为实践合同。

②否。当事人约定以定金的交付为主合同成立条件的，视为约定要式合同，从其约定。

（3）①否。定金合同为实践合同。

②是。当事人约定以定金的交付为主合同成立条件的，视为约定要式合同。要式合同履行的，可以弥补形式要件的缺陷。

要式合同原理的运用

	原则性规则	当事人另行约定
成约定金	主合同的成立、生效，不以定金交付为条件	定金交付为主合同成立、生效要件： • 从其约定 • 但主合同履行的除外
商品房买卖预售登记	商品房买卖合同的成立、生效，不以预售登记为条件	预售登记为商品房买卖合同成立、生效要件： • 从其约定 • 但商品房买卖合同履行的除外
房屋租赁备案登记	房屋租赁合同的成立、生效，不以备案登记为条件	备案登记为房屋租赁合同成立、生效要件： • 从其约定 • 但房屋租赁合同履行的除外

三、定金罚则

定金罚则，是指定金合同的当事人一方违反定金所担保的特定允诺，所应当承受的定金处罚。

1. 一方当事人全部违约的，按照定金数额的 100% 适用定金罚则，即接受定金一方，应当向对方当事人双倍返还定金；支付定金一方，丧失定金。

2. 一方当事人部分违约的，按照"违约比例"适用定金罚则。

实例精粹

案情：甲、乙订立买卖合同，约定甲以 1 万元的价格，向乙出卖一批童装。乙向甲交付定金 1000 元。

问题：（1）如果甲根本违约，如何适用定金罚则？

（2）如果乙根本违约，如何适用定金罚则？

（3）如果甲违约 40%，如何适用定金罚则？

（4）如果乙违约 40%，如何适用定金罚则？

回答：（1）甲应向乙返还 2000 元。

（2）乙不得请求甲返还已付的定金。

（3）甲应向乙返还 1400 元。

（4）乙有权请求甲从已付定金中返还 600 元。

05

第五编

人格权法

人格权，是指民事主体享有的生命权、身体权、健康权、姓名权、名称权、肖像权、名誉权、荣誉权、隐私权等权利。

需要注意的是，人格权的范围，并不采取法定列举主义，故而自然人享有的基于人身自由、人格尊严所产生的一切人格权益，均属于人格权的范畴，均可受到人格权的保护。

民事主体的人格权，成立于民事主体成立之时，并伴随民事主体始终。人格权不得放弃、转让、继承。

专题52 人格支配

一、姓氏决定权

自然人的姓氏应当随父姓或者母姓，但是有下列情形之一的，可以在父姓和母姓之外选取姓氏：

1. 选取其他直系长辈血亲的姓氏。
2. 因由法定扶养人以外的人扶养而选取扶养人姓氏。
3. 有不违背公序良俗的其他正当理由。

少数民族自然人的姓氏可以遵从本民族的文化传统和风俗习惯。

二、对姓名、名称、肖像的使用许可

（一）许可使用原则

1. 民事主体可以将自己的姓名、名称、肖像，许可他人使用。但是，依照法律规定或者根据其性质不得许可的除外。

2. 使用许可原则的例外

除法律另有规定外，民事主体可以转让自己的名称，但应当依法向有关机关办理登记手续。民事主体转让名称的，转让前所实施的民事法律行为，对其依然具有法律约束力。

（二）肖像使用许可合同

1. 不利解释原则

当事人对肖像许可使用合同中关于肖像使用条款的理解有争议的，应当作出不利于使用权人的解释。

2. 合同解除权

（1）对肖像许可使用期限没有约定或者约定不明确的，任何一方均可随时解除肖像许可使用合同，但是应当在合理期限之前通知对方。

（2）当事人对肖像许可使用期限有明确约定的：

❶肖像权人有正当理由的，可以解除肖像许可使用合同，但是应当在合理期限之前通知对方；

❷因解除合同造成对方损失的，除不可归责于肖像权人的事由外，应当赔偿损失。

📖 实例精粹

案情：明星甲与乙公司订立肖像使用许可合同，约定期限为5年。

问题：（1）在期限届满前，甲以"想退出娱乐圈，平静生活"为由，主张解除合同。

　　　　①甲是否有权解除合同？

　　　　②甲是否需要赔偿乙公司的损失？

　　　（2）在期限届满前，甲以乙公司超越许可范围使用其肖像为由，主张解除合同。

　　　　①甲是否有权解除合同？

　　　　②甲是否需要赔偿乙公司的损失？

回答：（1）①有权。甲有"正当事由"，可以解除合同。

　　　　②需要。

　　　（2）①有权。甲有"正当事由"，可以解除合同。

　　　　②不需要。

对姓名等的许可使用，参照适用肖像许可使用的有关规定。

三、对身体的支配

（一）器官捐献

1. 完全民事行为能力人有权依法自主决定无偿捐献其人体细胞、人体组织、人体器官、遗体。完全民事行为能力人应当以书面形式或者订立遗嘱方式，作出同意捐献的意思表示。

📖 提 示

完全民事行为能力人器官捐献的意思表示方法

Ⓐ 同意捐献，需采取书面、遗嘱方式；

Ⓑ 不同意捐献，无需采取书面、遗嘱方式。

2. 完全民事行为能力人有权依法自主决定不捐献其人体细胞、人体组织、人体器官、遗体。完全民事行为能力人作出不同意捐献的意思表示，无需采取书面或者订立遗嘱方式。

3. 自然人生前未表示同意或不同意捐献的，该自然人死亡后，其配偶、成年子女、父母可以共同决定捐献。决定捐献的意思表示应当采用书面形式。

实例精粹

案情：甲有配偶和成年子女，现甲死亡。

问题：（1）经查，甲生前口头作出死后捐献遗体的意思表示。甲死亡后遗体的捐献，是否需要配偶、子女的共同书面同意？

（2）经查，甲生前口头作出死后不捐献遗体的意思表示。甲死亡后遗体的捐献，是否需要配偶、子女的共同书面同意？

回答：（1）需要。捐献的意思表示需采取书面或遗嘱的方式，因甲未作出捐献或不捐献的意思表示，故甲死亡后，其遗体的捐献由其配偶、成年子女共同书面决定。

（2）不需要。不捐献的意思表示无需采取书面或遗嘱的方式，因甲作出了不捐献的意思表示，甲死亡后，其遗体不得捐献。

4. 以任何形式买卖人体细胞、人体组织、人体器官、遗体的行为，均无效。

（二）临床试验

1. 临床试验的决定

为医学事业发展，需要进行临床试验的，应当依法经相关主管部门批准，并经伦理委员会审查同意。

2. 说明、征得同意义务

进行临床试验，应向受试者或其监护人告知试验目的、用途和可能产生的风险等详细情况，并经其书面同意。

3. 进行临床试验的，不得向受试者收取试验费用。

专题 53 人 格 保 护

一、生命侵权、健康侵权、身体侵权与性骚扰侵权

（一）生命侵权

因过错不法致他人死亡，为生命侵权。

> 💡 提 示
>
> 生命侵权的构成，需以发生"死亡"之后果为条件。

（二）健康侵权

因过错不法破坏他人身心机能正常发挥作用，为健康侵权。

（三）身体侵权

1. 因过错不法破坏他人身体的完整性，或不法限制他人行动自由，如非法拘禁、非法搜查他人身体，为身体侵权。

📙 **实例精粹**

案情：学生赵某与同宿舍同学钱某素有仇隙。赵某寻得毒性药品，多次少量投放于钱某的水杯之中，致钱某慢性中毒最终死亡。

问题：（1）赵某是否侵害了钱某的健康权？

（2）赵某是否侵害了钱某的生命权？

（3）赵某是否损害了钱某的身体权？

回答：（1）是。

（2）是。

（3）否。

2. 身体的人工组件，无法自行随意拆卸，而需由专业人员拆卸的，也是身体。

实例精粹

案情：甲装有假肢，需经专业人员才能拆卸。甲与乙争执，乙将甲的假肢打坏。

问题：（1）乙对甲是否构成财产侵权？

（2）乙是否对甲构成身体侵权？

回答：（1）是。甲重新安装假肢需要花钱，故乙需对甲承担财产损害赔偿责任。

（2）是。需经专业人员方能装卸的人体人工组件也是身体，故乙需要对甲承担人身损害赔偿责任。

（四）性骚扰侵权

1. 违背他人意愿，以言语、行为等方式对他人实施性骚扰的，受害人有权依法请求行为人承担民事责任。

2. 各单位应当采取合理措施，防止和制止利用职权、从属关系实施性骚扰。

总 结 单位承担性骚扰侵权责任的条件

Ⓐ 在单位发生了"利用职权、从属关系"的性骚扰；

Ⓑ 单位未采取防范措施。

二、姓名、名称侵权

（一）姓名、名称的含义

受到法律保护的姓名、名称，首先是现用姓名、名称。曾用名及具有一定社会知名度的笔名、艺名、网名、字号、姓名和名称的简称等，被他人使用足以造成公众混淆的，与姓名、名称受同等保护。

提 示

能够通过姓名、名称与本人建立连接，即"知道那个人是谁"的，均属于受法律保护的姓名、名称。

（二）姓名、名称侵权的要件

1. 姓名、名称侵权的法定要件有三：

（1）干涉，即干涉他人的姓名、名称自由；

（2）盗用，如仿造他人印章、模仿他人签字；

（3）假冒，如冒名顶替他人上大学。

2. 根据民法上商事人格权理论，人格权人对其人格的排他性支配，越来越多地适用财产法准则。据此，在姓名权上，以营利之目的，擅自使用他人姓名的，也构成姓名侵权。

	法定要件	理论要件
姓名、名称侵权	干涉、盗用、假冒	擅自 + 营利

三、肖像侵权

（一）肖像侵权的构成要件

肖像，是指人的身体形象在其他载体上的再现。肖像的本质是他人能够通过该外部载体的形象再现，与本人建立连接。对自然人声音的保护，参照适用肖像权保护的规定。

> **总 结** 照片是肖像，儿时照片也是肖像；面部形象的再现是肖像，身体其他部分形象的再现，如能够使他人得知"那个人是谁"，也是肖像。

1. 以丑化、污损，或者利用信息技术手段伪造肖像的，为肖像侵权。

2. 原则上，未经肖像权人同意，擅自制作、使用、公开肖像权人的肖像的，为肖像侵权。但是，依法属于合理使用的情形除外。肖像的合理使用情形包括：

（1）为个人学习、艺术欣赏、课堂教学或者科学研究，在必要范围内使用肖像权人"已经公开"的肖像。

> **提 示**
>
> 非营利的正常用途，无需同意即可使用他人肖像。但是，该肖像必须"已经公开"。

（2）为实施新闻报道、展示特定公共环境，不可避免地制作、使用、公开他人肖像。

（3）为依法履行职责，国家机关在必要范围内制作、使用、公开他人肖像。

（4）为维护公共利益或者肖像权人合法权益，制作、使用、公开他人肖像的其他行为。

	形 态	例 外
肖像侵权	丑化、污损、伪造	（无）
	擅 自	合理使用

（二）肖像权、著作权与照片所有权的关系

1. 他人为自己拍摄照片，本人是肖像权人，拍摄者是著作权人。

2. 他人为自己拍摄照片，根据承揽合同关系规则，照片的所有权依照"交付与否"来确定：如果拍摄者尚未将照片交付给本人，拍摄者是照片的所有权人；反之，则本人为照片的所有权人。

3. 他人为自己拍摄照片，拍摄者擅自把照片出卖给第三人的：

（1）拍摄者对本人构成肖像侵权。

（2）拍摄者出卖、交付照片的行为，仍属有权处分，故第三人可以继受取得照片的所有权，无需受到善意取得法定条件的约束。

（3）拍摄者与第三人的照片买卖合同中明确约定转让著作权的，从其约定；否则，除展览权外，拍摄者的著作权并不发生转移。

4. 第三人擅自将照片用于营利活动的，第三人对本人构成肖像侵权。

实例精粹

案情：乙对甲心生爱慕，遂偷拍甲，将甲的照片贴在床头，以慰相思。

问题：（1）乙是否对甲构成肖像侵权？

（2）照片的肖像权人、著作权人、所有权人，分别是谁？

（3）如果乙将甲的照片出卖给丙：

①乙是否对甲构成肖像侵权？

②丙能否取得该照片的所有权？

③丙能否取得该照片的著作权？

（4）如果丙买到该照片后，将其展览：

①丙是否侵害了乙的著作权？

②丙是否侵害了甲的肖像权？

回答：（1）是。乙所使用的是甲未公开的肖像。

（2）肖像权人是甲，著作权人、所有权人是乙。

（3）①是。乙擅自处分甲的肖像，不存在合理使用的事由。

②能。乙是照片的所有权人，为有权处分。丙可以继受取得该照片的所有权。

③视情况而定。乙、丙同时约定移转著作权的，丙可以取得著作权；否则，丙只能取得展览权。

（4）①否。

②是。丙擅自使用，且无合理使用事由。

四、名誉侵权与荣誉侵权

（一）名誉侵权

1. 名誉侵权的一般构成要件

名誉是对民事主体的品德、声望、才能、信用等的社会评价。名誉侵权的构成要件有二：

（1）行为要件，即实施了侮辱、诽谤等违背公序良俗的行为；

（2）后果要件，即造成了对受害人名声的社会评价降低。

上述两要件缺一不可。

> **提 示**
>
> 坏了他人名声，但没有侮辱、诽谤行为的，不构成名誉侵权。

实例精粹

案情：甲用拾得的乙的身份证办理了信用卡，并恶意透支，导致乙被界定为"失信人员"。

问题：甲是否侵害了乙的名誉权？

回答：否。不具备名誉侵权的行为要件。

2. 新闻报道、舆论监督与名誉侵权

行为人实施新闻报道、舆论监督等行为，影响他人名誉，有下列情形之一的，构成名誉侵权：

（1）捏造、歪曲事实；

（2）对他人提供的严重失实内容未尽到合理核实义务；

（3）使用侮辱性言辞等贬损他人名誉。

3. 文学、艺术创作影响他人名誉，同时具备如下要件的，构成名誉侵权：

（1）文学、艺术作品已经发表；

（2）以真人真事或者特定人为描述对象；

（3）含有侮辱、诽谤内容。

需要注意的是，发表的文学、艺术作品，不以特定人为描述对象，仅其中的情节与该特定人的情况相似的，不构成名誉侵权。

4. 名誉权的特殊表现形式：信用评价

（1）民事主体可以依法查询自己的信用评价；

（2）民事主体发现信用评价不当的，有权提出异议并请求采取更正、删除等必要措施。

（二）荣誉侵权

1. 荣誉侵权的构成要件

荣誉权，是指人对其光荣称号，如劳动模范、优秀教师等，所享有的民事权利。有下列情形之一的，构成荣誉侵权：

（1）非法剥夺他人的荣誉称号；

（2）诋毁、贬损他人的荣誉。

📖 实例精粹

案情：甲评上了市级劳模。乙冒充甲领取了劳模证书和1万元奖金。

问题：（1）乙是否侵害了甲的荣誉权？

（2）乙是否侵害了甲的人格权？

（3）乙是否侵害了甲的财产权？

（4）乙是否应向甲返还1万元奖金？

回答：（1）否。乙并未非法剥夺甲的荣誉，也未诋毁、贬损之。

（2）是。乙冒充甲，属于假冒，构成姓名侵权。

（3）否。甲对1万元奖金，既无所有权，又无占有。

（4）是。乙对甲构成不当得利。

2. 荣誉权的其他保护

获得的荣誉称号应当记载而没有记载的，民事主体可以请求记载；获得的荣誉称号记载错误的，民事主体可以请求更正。

五、隐私侵权与个人信息侵权

（一）隐私侵权

1. 隐私侵权的构成要件

隐私是自然人的私人生活安宁和不愿为他人知晓的私密空间、私密活动、私密信息。有下列情形之一的，即构成隐私侵权：

（1）窥探他人隐私，如窥探他人私密空间、私密活动、私密部位、私密信息；

（2）擅自公开他人隐私，如擅自公开他人的日记、裸体照片；

（3）侵扰他人私生活安宁，如擅自进入他人私密空间，以短信、电话、即时通讯工具、电子邮件、传单等方式侵扰他人的私人生活安宁。

隐私侵权	窥探、公开、侵扰

2. 肖像侵权、名誉侵权与隐私侵权的关系

（1）肖像侵权与隐私侵权的关系

❶肖像的内容未包含隐私信息的，侵害肖像权，但不构成隐私侵权；

❷肖像的内容包含隐私信息的，侵害肖像权，同时构成隐私侵权。

> 📖 **实例精粹**
>
> 案情：甲到乙影楼拍摄艺术照，乙影楼未经甲同意，擅自将照片出卖给丙公司。
>
> 问题：（1）如果该艺术照为一般艺术照，乙影楼是否对甲构成隐私侵权？
>
> （2）如果该艺术照为人体艺术照，乙影楼是否对甲构成隐私侵权？
>
> 回答：（1）否。
>
> （2）是。

（2）名誉侵权与隐私侵权的关系

❶在擅自公开他人隐私并造成名誉损害的情况下，如果致害人有侮辱、诽谤等行为，既构成名誉侵权，又构成隐私侵权；

❷如果致害人没有侮辱、诽谤等行为，则其仅构成隐私侵权，而不构成名誉侵权。

> 📖 **实例精粹**
>
> 案情：甲将乙的"婚外恋"信息在网络上公开爆料，导致乙名声败坏。
>
> 问题：（1）经查，甲在公开该信息的过程中，使用了侮辱性的词句。
>
> ①甲是否对乙构成隐私侵权？
>
> ②甲是否对乙构成名誉侵权？
>
> （2）经查，甲的爆料真实，且在公开该信息的过程中，未使用侮辱性的词句。
>
> ①甲是否对乙构成隐私侵权？
>
> ②甲是否对乙构成名誉侵权？
>
> （3）经查，甲的爆料虚假，乙并无婚外恋。
>
> ①甲是否对乙构成隐私侵权？

②甲是否对乙构成名誉侵权？

回答：（1）①是。甲构成擅自公开他人隐私。

②是。甲有侮辱行为，且导致乙社会评价降低。

（2）①是。甲构成擅自公开他人隐私。

②否。甲没有侮辱、诽谤等名誉侵权的行为要件。

（3）①否。乙并无此隐私。

②是。甲有诽谤行为，且导致乙社会评价降低。

（二）个人信息侵权

1. 个人信息的含义

个人信息，是指自然人拥有的、能够识别特定主体的信息，如姓名、身份证号、电话号码、家庭住址等。匿名化处理后的信息不是个人信息。自然人有权保有、控制其个人信息，并有权向信息控制者依法查阅、抄录或者复制其个人信息。

2. 不同意与撤回同意

（1）基于个人同意处理个人信息的，个人有权撤回其同意。个人信息处理者应当提供便捷的撤回同意的方式。个人撤回同意，不影响撤回前基于个人同意已进行的个人信息处理活动的效力。

（2）个人信息处理者不得以个人不同意处理其个人信息或者撤回同意为由，拒绝提供产品或者服务；处理个人信息属于提供产品或者服务所必需的除外。

3. 再次同意

（1）个人信息处理者向其他个人信息处理者提供其处理的个人信息的，应当向个人告知接收方的情况，并取得个人的同意；

（2）接收方变更原先的处理目的、处理方式的，应当依照《个人信息保护法》规定重新取得个人同意。

六、人格保护的特殊手段

（一）法院强制性措施

民事主体有证据证明行为人正在实施或者即将实施侵害其人格权的违法行为，不及时制止将使其合法权益受到难以弥补的损害的，有权依法向法院申请采取责令行为人停止有关行为的措施。

（二）非财产性侵权责任的执行

行为人拒不承担消除影响、恢复名誉、赔礼道歉等民事责任的，法院可以采取在报刊、网络等媒体上发布公告或者公布生效裁判文书等方式执行，产生的费用由行为人负担。

06

第六编

侵权责任

第18讲 ◀◀◀
侵权责任一般理论

专题54
——— 侵权责任概述 ———

一、侵权责任的概念

（一）侵权行为

侵权行为，是指致害人违反法定义务，侵害他人绝对权或者受法律保护的利益的行为。

1. 侵权行为的性质是事实行为，其不以致害人具有民事行为能力为条件。

2. 侵权行为所侵害的对象包括两类：

（1）绝对权，包括人格权、物权、知识产权；

（2）受法律保护的非权利性质的利益，如侵害他人的占有。

> 💡 **提 示**
>
> 侵权不以"侵害权利"为限，也包括"侵害应受法律保护的利益"。

---

3. 侵权行为不具有法律上的正当性。因此，正当防卫、紧急避险、私力救济、执行公务等行为，纵然侵害他人的绝对权或受法律保护的利益，因其行为具有正当性，故不构成侵权行为。

（二）侵权责任

侵权责任，是指侵权行为所引起的法律后果，即致害人违反不得侵害他人绝对权、受法律保护之法益的法定义务所引起的法律后果。侵权责任的形态共计有八种：

1. 停止侵害。

2. 排除妨碍。

3. 消除危险。

4. 返还财产。

5. 恢复原状。

6. 赔偿损失。

7. 赔礼道歉。

8. 消除影响、恢复名誉。

━━━ 📖 提　示 ━━━

侵权责任，不以损害赔偿责任为限。

━━

📑 实例精粹

案情：甲、乙为邻居。甲的院墙因罕见台风垮塌，砸坏了乙停在自家院中的摩托车，
　　　并致乙的院子一片狼藉。

问题：（1）甲是否应承担摩托车的损害赔偿责任？

　　　（2）甲是否应承担侵权责任？

回答：（1）否。甲没有过错，故不承担损害赔偿责任。

　　　（2）是。甲应承担排除妨害的侵权责任。

二、侵权损害赔偿责任的构成要件

侵权损害赔偿责任的构成要件，是指致害人承担侵权损害赔偿责任依法应当具备的要件。一般情况下，其包括四个方面：

1. 侵权行为。

2. 侵权后果。

3. 侵权行为与侵权后果之间的因果关系。

4. 侵权人具有过错。

上述构成要件，是侵权损害赔偿责任最为完整的要件。

三、侵权损害赔偿责任的归责原则

侵权责任的归责原则，是指侵权责任的承担是否应当以侵权行为人具有过错为要件的归责原则。通常，侵权责任的归责原则是针对侵权损害赔偿责任，即侵权之债而言的。

（一）过错责任原则

过错责任原则，是指致害人承担侵权损害赔偿责任，应当以其具有过错为条件的归责原则。反之，致害人无过错，则无侵权损害赔偿责任。

1. 过错的分类

（1）故意，是指侵权行为人预见到其行为会导致损害的发生，却追求、放任损害发生的心态。

（2）过失，是指侵权行为人应当预见到或者已经预见到其行为会导致损害的发生，却没有预见到，或者轻信可以避免的心态。根据行为人"应当预见"以及"轻信"的程度，过失又可分为一般过失与重大过失。

2. 过错和意外

（1）区分标准

❶当事人可以预见其行为会致人损害或遭受损害的，为过错；

❷当事人不能预见其行为会致人损害或遭受损害的，为意外。

（2）区分意义

❶在过错责任归责原则之场合，当事人具有过错的，承担赔偿责任。

❷在过错责任归责原则之场合，当事人没有过错的：

第一，不承担赔偿责任；

第二，有因果关系的，需承担公平责任，即酌情、适当分担责任。

实例精粹

案情：甲在小区占道停车，堵住了乙回家的道路。乙绕道而行，丙骑车突然犯病摔倒，将乙撞伤。

问题：（1）甲、丙对乙的损害，是否具有过错？

（2）甲、丙对乙的损害，是否承担赔偿责任？

（3）甲、丙对乙的损害，是否承担酌情、适当分担责任？

回答：（1）否。甲无法预见自己占道停车会导致乙的损害，丙无法预见自己犯病。

（2）否。本案适用过错责任归责原则，甲、丙没有过错。

（3）甲不承担，丙承担。甲占道停车和乙损害的发生没有因果关系，甲不承担公平责任。丙犯病摔倒和乙被撞伤具有因果关系，故应承担公平责任。

2. 过错责任原则的分类

（1）过错认定原则

在过错认定原则下，致害人的过错应当由受害人举证证明。受害人不能证明致害人有过错的，致害人无需承担侵权损害赔偿责任。

（2）过错推定原则

在过错推定原则下，致害人的过错无需由受害人举证证明，而应当由致害人举反证证明自己没有过错。否则，法律将推定致害人具有过错，致害人需承担侵权损害赔偿责任。

提 示

过错推定原则的适用，需以法律的明确规定为条件。

实例精粹

案情：甲实施了 A 行为，乙遭受了 B 损害。现乙欲追究甲的侵权损害赔偿责任。

问题：1. 如果本案适用过错认定原则：

（1）乙需要证明的事项有哪些？

（2）甲需要证明的事项有哪些？

2. 如果本案适用过错推定原则：

　　（1）乙需要证明的事项有哪些？

　　（2）甲需要证明的事项有哪些？

回答：1.（1）①甲实施了 A 行为；②乙遭受了 B 损害；③甲的 A 行为导致了乙的 B 损害的发生；④甲实施 A 行为具有过错。

　　　　（2）甲无需承担举证责任。

　　　 2.（1）①甲实施了 A 行为；②乙遭受了 B 损害；③甲的 A 行为导致了乙的 B 损害的发生。

　　　　（2）甲实施 A 行为并无过错。

（二）无过错责任原则

1. 含义

无过错责任原则，是指无论致害人是否具有过错，均应当承担侵权损害赔偿责任的归责原则。无过错责任，并不是"没有过错的责任"，而是"不问过错的责任"。

2. 法定减责、免责事由

民法对于无过错责任的侵权，一般规定有法定的减责、免责事由。因此，在无过错责任原则之下，致害人证明自己没有过错，并不能导致其免于承担侵权责任，只有证明存在法定的减责、免责事由，其侵权责任才能减免。

实例精粹

案情：甲烟花销售点储存的烟花爆炸，致乙的房屋受损。本案依法适用无过错责任原则，法定减免事由包括不可抗力、受害人故意、受害人重大过失。

问题：（1）乙需要证明的事项有哪些？

　　　（2）甲烟花销售点需要证明的事项有哪些？

　　　（3）如果甲烟花销售点证明了自己储存烟花的方式并无不当，其能否免于承担侵权责任？

回答：（1）①甲烟花销售点的烟花爆炸；②乙的房屋受损；③甲烟花销售点的烟花爆炸导致了乙的房屋受损。

　　　（2）存在法定减免事由。

　　　（3）不能。无过错责任中，过错之有无，在所不问。

提 示

无过错责任原则的适用，需以法律的明确规定为条件。

（三）公平责任原则

1. 要件

公平责任原则，是指在致害人与受害人均无过错的情况下，双方分担致害行为所造成的损失的归责原则。公平责任原则的适用条件是：

（1）致害人、受害人双方，对于损害的发生均无过错。因此，受害人所遭受的损害，不能通过过错责任原则加以救济。

（2）具有因果关系，即受害人的损害是由致害人造成的。这意味着，如果由受害人独自承受损害，违背民法上的公平原则。

2. 后果

具备上述条件的，根据致害人、受害人双方的实际情况，由双方酌情、适当分担损害。

> 💡 **提 示**
>
> 公平责任原则的适用，并不以法定类型为限。凡符合上述适用条件，即可适用公平责任原则。

📖 实例精粹

案情： 甲骑电单车突然犯病摔倒，将正常行走的乙撞伤。

问题：（1）甲、乙有无过错？

（2）甲是否导致了乙的损害？

（3）乙的损失如何救济？

回答：（1）均无过错。

（2）是。存在因果关系。

（3）甲、乙根据公平责任原则，酌情、适当分担责任。

> ◦ **总 结** 过错责任、无过错责任、公平责任原则的关系

Ⓐ 法律未特别规定的：

一是适用过错认定原则；

二是双方均无过错且具有因果关系的，适用公平责任原则。

Ⓑ 法律有特别规定的，根据规定，适用过错推定原则或无过错责任原则。

3. 见义勇为三方关系

因保护他人民事权益使自己受到损害的，由侵权人承担民事责任，受益人可以给予适当补偿。没有侵权人、侵权人逃逸或者无力承担民事责任，受害人请求补偿的，受益人应当给予适当补偿。

📖 实例精粹

案情： 甲持刀追杀乙，丙拦甲夺刀，被甲刺伤，花费治疗费2000元。

问题：（1）甲是否应承担赔偿责任？

（2）如果甲能够向丙赔偿，丙能否请求乙适当补偿？

（3）如果甲无力向丙赔偿，丙能否请求乙适当补偿？

回答：（1）是。

（2）不能。此时乙"可以适当补偿"，其适当补偿责任的承担，具有任意性。

（3）能。此时乙"应当适当补偿"，其适当补偿责任的承担，具有强制性。

专题
55

—— 侵权损害赔偿责任的承担 ——

一、侵权责任与行政责任、刑事责任的关系

致害人的同一行为，在致人损害的同时，也构成行政违法或者犯罪时，就会涉及私法上的侵权责任与公法上的行政责任、刑事责任的关系问题。

1. 致害人承担行政责任、刑事责任，不影响其侵权损害赔偿责任的承担。

2. 致害人的财产不足以承担行政责任、刑事责任与侵权损害赔偿责任的，先承担侵权责任。

二、财产损害赔偿责任与精神损害赔偿责任

（一）财产损害赔偿责任

财产损害赔偿责任，是指因侵权行为导致受害人财产损害的情况下，致害人所应承担的侵权损害赔偿责任。

1. 财产损害数额的确定方法

（1）侵害他人财产的，财产损失按照损失发生时的市场价格或者其他合理方式计算。

📖 **实例精粹**

案情：甲将乙的车砸坏。经查，该车是乙花 10 万元所购。甲砸车时，该车市值 20 万元；及至乙请求甲赔偿时，该车市值跌至 15 万元。

问题：乙可请求甲赔偿多少钱？

回答：20 万元。

（2）侵害他人"人身权益"造成"财产损失"，损失难以确定，侵权人因此获得利益的，按照其获得的利益赔偿。

	侵权对象	人身权益
以获利额为赔偿额	损失后果	财产损失
	损害数额	无法证明

📖 **实例精粹**

案情：甲假冒名师乙的姓名，出版法考指导用书，获利 100 万元，且导致乙自己的指导用书滞销。

问题：（1）甲侵害了乙的什么民事权利？

（2）甲对乙造成了什么损害？

（3）乙能否证明自己损害的数额？

（4）乙的财产损害数额如何确定？

回答：（1）姓名权，甲构成人身侵权。

（2）导致乙的图书滞销，财产损害。

（3）不能。乙无法证明自己的图书"应该"卖出多少。

（4）甲的获利额100万元，即为乙的损失额。

2. 惩罚性财产损害赔偿责任

（1）故意侵害他人知识产权，情节严重的，被侵权人有权请求相应的惩罚性赔偿；

（2）明知产品存在缺陷仍然生产、销售，或者没有依法采取有效补救措施，造成他人死亡或者健康严重损害的，被侵权人有权请求相应的惩罚性赔偿；

（3）侵权人违反法律规定故意污染环境、破坏生态造成严重后果的，被侵权人有权请求相应的惩罚性赔偿。

	主　观	行　　为	后　　果
知识产权侵权		侵害知识产权	情节严重
产品侵权	故　意	生产、销售缺陷产品	死亡或健康严重损害
环境侵权		违法污染环境、破坏生态	后果严重

3. 死亡赔偿金

死亡赔偿金，是指因致人死亡所应赔偿的死者近亲属可得财产利益的损失。死亡赔偿金的计算方法是：

（1）死亡赔偿金按照受诉法院所在地"上一年度"城镇居民人均可支配收入标准，按20年计算。但60周岁以上的，年龄每增加1岁减少1年；75周岁以上的，按5年计算。

（2）因同一侵权行为造成多人死亡的，可以以相同数额确定死亡赔偿金。例如，甲煤矿公司的矿井发生坍塌，致5名工人死亡。此时，甲煤矿公司可以按照统一标准，确定死亡赔偿金。

（二）精神损害赔偿责任

1. 主体

精神损害赔偿请求权是专属于自然人的权利，法人或者其他组织不得主张精神损害赔偿。

📖 **实例精粹**

案情：甲捏造事实，诽谤乙公司法定代表人丙贪污受贿，乙公司包庇纵容。

问题：（1）甲侵害了谁的名誉权？

（2）谁有权请求甲承担精神损害赔偿责任？

回答：（1）甲既侵害了乙公司的名誉权，也侵害了丙的名誉权。

（2）只有丙才能主张精神损害赔偿。

2. 精神损害赔偿的发生情形

（1）侵害自然人人身权益造成严重精神损害的，被侵权人有权请求精神损害赔偿。

（2）因故意或者重大过失侵害自然人具有人身意义的特定物，如重大纪念意义物品，造成严重精神损害的，被侵权人有权请求精神损害赔偿。

💡 提 示

Ⓐ 侵害"人身意义特定物"，产生精神损害赔偿，需以侵害人"故意或重大过失"为条件；

Ⓑ 侵害人身权益，产生精神损害赔偿，仅以侵害人具有过错即可，无需以"故意或重大过失"为条件。

（3）死者近亲属的精神损害赔偿请求权

❶ 自然人因侵权行为致死，或自然人死亡后其人格或者遗体遭受侵害的，死者近亲属有权请求侵害人承担精神损害赔偿责任。

❷ 在上述情况下，死者的配偶、父母和子女有权诉请精神损害赔偿；没有配偶、父母和子女的，其他近亲属有权诉请精神损害赔偿。

精神损害赔偿	过错人格侵权
	故意、重大过失人格侵权
	侵害致死、死后侵害

（三）死者近亲属的损害赔偿请求权

在侵害人致受害人死亡的情况下，死者近亲属的损害赔偿请求权，可分为如下两种类型：

1. 死者近亲属"自己的"损害赔偿请求权，包括：

（1）近亲属的死亡赔偿金请求权；

（2）自然人因侵权行为致死，或死亡后遭受侵害时，近亲属的精神损害赔偿请求权。

死者近亲属"自己的"损害赔偿请求权，并非基于继承死者而来，故近亲属基于"自己的"损害赔偿请求权所得的赔偿金，也并非死者遗产，不适用《民法典》继承编的规则。例如，赔偿金不受死者遗嘱的约束，无需向死者的债权人偿还。

2. 死者近亲属"继承的"损害赔偿请求权

死者生前已经享有损害赔偿请求权，其死亡后，该权利可由近亲属继承。死者近亲属"继承的"损害赔偿请求权，系基于继承死者而来，故近亲属基于"继承的"损害赔偿请求权所得的赔偿金，为死者遗产，适用《民法典》继承编的规则。

性　　质	情　　　　　形	赔偿金性质
近亲属自己的	（1）死亡赔偿金 （2）侵害致死、死后侵害时的精神损害赔偿金	非遗产
近亲属继承的	死者生前享有，死后被近亲属继承	遗　产

实例精粹

案情：甲在 A 医院住院治疗，A 医院手术失误，误将甲的肾脏切除。甲愤然对 A 医院提起损害赔偿之诉，同时转入 B 医院治疗，B 医院因手术失误，致甲死亡。经查，甲生前订立有效遗嘱，且还欠乙 1 万元到期未还。

问题：（1）如果甲的近亲属请求 A 医院损害赔偿：
①甲的近亲属对 A 医院损害赔偿的请求权，是"自己的"，还是"继承的"？
②A 医院支付的赔偿金，是否应按照甲的遗嘱分配并偿还欠乙的债务？
（2）如果甲的近亲属请求 B 医院损害赔偿：
①甲的近亲属对 B 医院损害赔偿的请求权，是"自己的"，还是"继承的"？
②B 医院支付的赔偿金，是否应按照甲的遗嘱分配并偿还欠乙的债务？

回答：（1）①继承的。甲死亡前，已经对 A 医院享有了损害赔偿请求权；甲死亡后，甲对 A 医院的损害赔偿请求权，由近亲属继承。
②是。由于该损害赔偿请求权是"继承的"，故所得的赔偿金为甲的遗产，适用《民法典》继承编的规则。
（2）①自己的。B 医院侵权致甲死亡，甲的近亲属有权主张死亡赔偿金及精神损害赔偿。
②否。由于该损害赔偿请求权是"自己的"，故所得的赔偿金并非甲的遗产，不适用《民法典》继承编的规则。

（四）赔偿金的支付方式

无论是财产损害赔偿责任，还是精神损害赔偿责任，均以赔偿金的支付为责任的承担形式。赔偿金的支付规则是：

1. 致害人、受害人有约定的，从其约定。

2. 不能达成约定的，赔偿费用应当一次性支付。

3. 一次性支付确有困难的，可以分期支付，但应当提供相应的担保。

三、损害赔偿责任的免责事由

1. 过失相抵

（1）过失相抵，是指受害人对于同一损害的发生、扩大，也具有过错的情况下，在致害人基于其过错，应当承担部分侵权损害赔偿责任的同时，受害人也应当基于其过错承担部分的损失；

（2）致害人过错致受害人损害，因受害人的特殊体质导致损害扩大的，"特殊体质"不能作为致害人免责或减轻责任的事由。

2. 受害人故意

损害是因受害人故意造成的，行为人不承担责任。

3. 第三人致损

损害是因第三人造成的，第三人应当承担侵权责任。

4. 自甘冒险

（1）自愿参加具有一定风险的文体活动，因其他参加者的行为受到损害的，受害人不得请求其他参加者承担侵权责任。但是，其他参加者具有故意或者重大过失的除外。

（2）文体活动的组织者，未尽安全保障义务的，应承担违反安保义务的侵权损害赔偿责任。

情　　形	组织者责任条件	参加者责任条件
在自甘冒险的文体活动中遭受损害	未尽安保义务	故意、重大过失

专题 **56**

—— 共 同 侵 权 ——

共同侵权，是指具有意思联络的 2 个或 2 个以上致害人所共同实施的，导致一个损害后果的侵权行为。共同侵权可以分为共同加害侵权，教唆、帮助侵权，共同危险侵权及无意思联络的行为结合四种类型。

一、共同加害侵权

共同加害侵权，是指具有意思联络的 2 个或 2 个以上致害人，基于共同的过错，共同实施加害，导致一个损害后果的共同侵权行为。共同加害侵权的各侵权人对被侵权人的损害，承担连带赔偿责任。

二、教唆、帮助侵权

1. 教唆、帮助完全民事行为能力人实施侵权行为的，教唆、帮助者与行为人承担连带责任。

2. 教唆、帮助限制民事行为能力人、无民事行为能力人实施侵权行为的：

（1）监护人尽到监护职责的，教唆、帮助者承担全部侵权责任；

（2）监护人未尽监护职责的，教唆、帮助者与监护人承担按份责任，即监护人承担与其过错相适应的责任，教唆、帮助者承担剩余部分的责任。

💡 **提 示** --

Ⓐ 教唆、帮助人，需为完全民事行为能力人；

Ⓑ 非完全民事行为能力人教唆、帮助的，性质是共同加害，而非教唆、帮助。

实例精粹

案情：丙的汽车停在路边。15 岁的甲递给 12 岁的乙一把螺丝刀，并对乙说："这辆车就是训斥过你的那个人的，去报仇吧！"乙遂用该螺丝刀划伤了丙的汽车。

问题：本案构成教唆、帮助侵权，还是共同加害侵权？

回答：共同加害侵权。教唆、帮助侵权需以教唆、帮助者为完全民事行为能力人为前提，故本案构成共同加害侵权。

三、共同危险侵权

共同危险侵权，是指 2 个或 2 个以上致害人，基于意思联络，共同实施有可能致人损害的危险行为，其中部分行为致人损害，但是哪一行为致人损害不能查明（即因果关系不明）的共同侵权行为。

1. 共同危险行为的要件

（1）2 个或 2 个以上行为人，均实施了有可能导致受害人损害发生的危险行为；

（2）只有部分危险行为导致了损害结果的发生；

（3）因果关系不明，即导致损害发生的行为人不能查明。

提 示

多个危险行为人、一个不确定的因果关系，是构成共同危险行为的核心特征。

2. 共同危险行为的后果

（1）共同危险行为人能够证明损害后果不是由其行为造成的，不承担赔偿责任；

（2）共同危险行为人不能证明损害后果不是由其行为造成的，承担连带赔偿责任。

实例精粹

案情：甲、乙、丙三人共同殴打李四，不知是谁踢出的一脚致李四死亡。

问题：甲、乙、丙构成何种侵权？

回答：共同危险侵权，负连带责任。

四、无意思联络的行为结合

无意思联络的行为结合，是指 2 个或 2 个以上致害人，在没有意思联络的情况下，各自实施侵害行为，且导致一个损害后果的侵权情形。"无意思联络的行为结合"与"共同加害侵权"的相同之处在于，两者均以"多个行为人基于过错导致一个损害结果"为特征。其根本的区别则在于前者不存在行为人的意思联络。

（一）直接结合

直接结合，是指各个行为人，在没有意思联络的情况下，分别实施侵害行为，导致一个损害后果的发生，且在原因力上，每一侵害行为均可单独导致该损害后果发生的情形。直接结合下的因果关系模式，可通过下图表示：

直接结合因果关系模式

1. 特征：在直接结合情况下，假设部分行为未曾实施，该损害后果依然无法避免。
2. 责任：在直接结合情况下，各行为人对所造成的损害，承担连带赔偿责任。

（二）间接结合

间接结合，是指各个行为人，在没有意思联络的情况下，分别实施侵害行为，导致一个损害后果的发生，且在原因力上，每一侵害行为均不可能单独导致该损害后果发生，而必须结合起来才能引起损害的情形。间接结合下的因果关系模式，可通过下图表示：

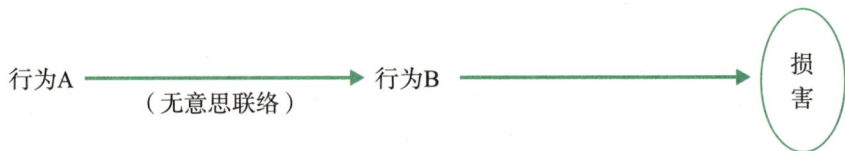

间接结合因果关系模式

1. 特征：在间接结合情况下，假设部分行为未曾实施，损害后果即可避免。
2. 责任：在间接结合情况下，各行为人对所造成的损害，根据其过错的大小，承担按份赔偿责任。

实例精粹

案情： 甲、乙致丙损害。

问题： （1）如果甲、乙商量好，甲将丙骗到树林中，乙举枪对丙射击，致丙死亡。
　　①甲、乙构成何种共同侵权？
　　②甲、乙如何承担侵权责任？

（2）如果甲将一把枪交给乙，对乙说："对丙此仇不报，何以为人？"乙举枪对丙射击，致丙死亡。
　　①甲、乙构成何种共同侵权？
　　②甲、乙如何承担侵权责任？

（3）如果甲、乙共同对丙射击，只有一颗子弹致丙死亡，但无法查明是谁开枪所致。
　　①甲、乙构成何种共同侵权？
　　②甲、乙如何承担侵权责任？

（4）如果甲、乙分别在山中打猎，互不知晓对方的存在。二人发现"猎物"后，无暇细看，不约而同地举枪射击，将正在草丛中方便的丙打中，均中丙的要害，致丙死亡。
　　①甲、乙构成何种共同侵权？
　　②甲、乙如何承担侵权责任？

    （5）如果甲在山中打猎，发现"猎物"后，无暇细看，举枪射击，将正在草丛中方便的丙打伤。甲送丙去乙医院急救，乙医院手术消毒不当，致丙感染后死亡。

    ①甲、乙医院构成何种共同侵权？

    ②甲、乙医院如何承担侵权责任？

回答：（1）①共同加害侵权。

        ②连带赔偿。

    （2）①教唆、帮助侵权。

        ②原则上，甲、乙承担连带赔偿责任。若乙为限制民事行为能力人或无民事行为能力人，甲承担赔偿责任。乙的监护人有过错的，承担相应责任。

    （3）①共同危险侵权。

        ②连带赔偿。

    （4）①无意思联络的直接结合侵权。

        ②连带赔偿。

    （5）①无意思联络的间接结合侵权。

        ②按份赔偿。

专题 57

特 别 侵 权

一、职务侵权责任

    职务侵权责任，是指在雇佣关系中，雇员执行职务致人损害或遭受人身损害（工伤）时，雇主所应当承担的侵权损害赔偿责任。

（一）雇员执行职务致人损害时的雇主责任

    1. 雇员执行职务致人损害时，由雇主承担替代责任。即雇主对受害人的损害承担赔偿责任，雇员对受害人不承担责任。

    （1）雇主替代责任的承担，不问过错。即雇主是否对雇员尽到考察、培训、监督、教育义务，不影响雇主替代责任的承担。

    （2）雇主替代责任的承担，以雇员的过错为条件。即雇主是为雇员的过错负责，雇员过错的大小，直接决定雇主替代责任的多少。

实例精粹

    案情：甲公司门卫乙因制止没有证件的丙进入公司，与丙发生推搡，致丙损害。

    问题：（1）谁对丙的损害承担赔偿责任？

    （2）如果甲公司证明已经对乙尽到选任、培训、考核义务，这一事实对于甲公司的赔偿责任是否产生影响？

（3）如果丙也具有过错，即乙的过错并非全部过错，这一事实对于甲公司的赔偿责任是否产生影响？

回答：（1）甲公司对丙承担赔偿责任，乙对丙不承担赔偿责任。

（2）否。雇主有无过错，与其替代责任的承担没有关系。

（3）是。雇主是为雇员的过错承担责任。

2. 雇员执行职务致人损害，具有故意或重大过失的，雇主承担替代责任后，有权向雇员追偿。

（二）劳务派遣中雇员执行职务致人损害的侵权责任

劳务派遣中雇员执行职务致人损害的侵权责任，是指根据派遣方与接受派遣方之间的劳务派遣协议，派遣方的雇员在劳务派遣期间，因执行接受派遣方职务而致人损害时，派遣方与接受派遣方各自所应承担的替代责任。

1. 劳务派遣期间，被派遣的雇员因执行职务造成他人损害的，由接受劳务派遣方承担侵权责任。

2. 派遣方有过错的，承担相应责任。在这里，派遣方的过错，是指派遣方未对造成他人损害的派遣雇员尽到合理的考察、培训、监督、教育、更换的义务。

📖 **实例精粹**

案情：甲公司将其工作人员乙派遣到丙公司，乙因执行丙公司职务，致丁损害。

问题：（1）如果丙公司证明已对乙尽到培训、监管义务，这一事实对于丙公司的赔偿责任是否产生影响？

（2）如果甲公司证明已对乙尽到培训、监管义务，这一事实对于甲公司的赔偿责任是否产生影响？

回答：（1）否。接受劳务派遣方的替代责任，不问过错。

（2）是。派遣方的替代责任，以过错为条件。

	执行职务致害人	替代责任人	其他责任人
基本结构	雇员	雇主	（无）
劳务派遣	劳务派遣人	接受方	派遣方：过错相应责任

3. 在雇员因故意、重大过失致人损害的情况下，雇主承担替代责任后，有权向雇员追偿。

（三）雇员工伤责任

1. 依法应当参加工伤保险统筹的用人单位的劳动者，因工伤事故遭受人身损害的：

（1）按照《工伤保险条例》的规定处理，不得请求用人单位承担侵权损害赔偿责任；

（2）依法应当参加工伤保险统筹的用人单位的劳动者，因执行职务被第三人行为侵害，构成工伤的，其按照《工伤保险条例》获得工伤保险救济的同时，还可以请求第三人承担侵权损害赔偿责任。

实例精粹

案情：甲公司依法应当参加工伤保险统筹。现甲公司员工乙因执行职务，受到丙的侵害，遭受工伤。

问题：（1）乙能否请求甲公司承担侵权责任？

（2）乙申请工伤保险救济后，是否还有权请求丙承担侵权责任？

回答：（1）不能。

（2）有权。

2. 依法不应当参加工伤保险统筹的劳务关系，即个人之间形成的劳务关系，雇员因工伤事故遭受人身损害的：

（1）非因第三人的行为造成雇员损害的，个人雇主与个人雇员根据各自的过错，承担各自的责任。

（2）因第三人的行为造成雇员损害的，雇员有权请求第三人赔偿，也有权请求雇主补偿。雇主补偿后，可以向第三人追偿。

个人用工	工伤责任
自行受损	雇主、雇员过错分担。
第三人致损	可请求第三人赔偿，也可请求雇主补偿。雇主补偿后，可向第三人追偿。

实例精粹

案情：甲雇佣的保姆乙因工作遭受损害。

问题：（1）如果保姆乙在洗衣服时，被甲家的洗衣机电伤。对于乙的损害，责任由谁承担？

（2）如果乙去菜市场买菜时，被小贩丙打伤。对于乙的损害，责任由谁承担？

回答：（1）甲、乙按照各自的过错，承担按份责任。

（2）乙可请求丙赔偿，也可请求甲补偿。甲补偿后，可向丙追偿。

（四）职务行为的界定

在职务侵权中，无论是雇主对雇员致人损害的替代责任，还是雇主对雇员的工伤责任，均需以雇员的行为属"职务行为"作为前提。

职务行为的判断方式是：

1. 职务行为是具有职务目的的行为，即雇员致人损害的行为或者导致工伤的行为，其目的在于完成工作任务。

2. 职务行为所应具有的职务目的，其判断的角度在于行为的外观，即从不知情的第三人角度以观，具有职务目的的行为即为职务行为。至于行为人的内部意思及单位的内部关系如何，在所不问。

实例精粹

案情：甲搬家公司员工孙某、王某、赵某为乙搬家。

问题：（1）如果孙某趁机将乙的手机偷走，孙某的行为是否为职务行为？

（2）如果王某、赵某搬衣柜时，将乙的衣柜碰坏。王某、赵某的行为是否为职务行为？

（3）如果王某、赵某搬衣柜时，将乙的衣柜碰坏。经查，王某是甲搬家公司雇用的临时工。王某的行为是否为职务行为？

回答：（1）否。

（2）是。

（3）是。

二、无偿帮工责任

无偿帮工，是指帮工人与被帮工人之间基于帮工协议而形成的，帮工人向被帮工人无偿提供劳务、被帮工人接受此项劳务的关系。

（一）帮工人因帮工行为致人人身损害

1. 被帮工人应当承担赔偿责任。

2. 帮工人存在故意或者重大过失的，被帮工人赔偿后，可向帮工人追偿。

3. 被帮工人明确拒绝帮工的，不承担赔偿责任。

（二）帮工人因帮工行为遭受人身损害

1. 被帮工人与帮工人根据各自过错承担责任。

2. 被帮工人明确拒绝帮工的，不承担赔偿责任，但可以在受益范围内予以适当补偿。

3. 帮工人因第三人侵权遭受人身损害的，帮工人可请求第三人承担赔偿责任，也可请求被帮工人适当补偿。被帮工人适当补偿后，有权向第三人追偿。

📖 **实例精粹**

案情：甲举办结婚宴席，乙前来帮忙。

问题：（1）乙端汤时将宾客丙烫伤。

①谁对丙的损害承担赔偿责任？

②如果甲明确谢绝乙的帮忙，乙仍坚持帮甲端汤，将丙烫伤。谁对丙的损害承担赔偿责任？

③如果乙一边端汤一边玩手机，将丙烫伤。谁对丙的损害承担赔偿责任？

（2）乙端汤时将自己烫伤。

①谁对乙的损害承担赔偿责任？

②如果甲明确谢绝乙的帮忙，乙仍坚持帮甲端汤，致自己烫伤。谁对乙的损害承担赔偿责任？

③如果乙端汤时，丙醉酒打闹碰撞乙，致乙被烫伤。谁对乙的损害承担赔偿责任？

回答：（1）①甲。

②乙。甲不承担责任。

③甲赔偿后，可向乙追偿。

    (2)①甲、乙过错分担。

        ②原则上，乙自负其责。但是，甲因此受益的，可在受益范围内对乙适当补偿。

        ③乙可请求丙赔偿，也可请求甲适当补偿。甲适当补偿后，有权向丙追偿。

	职务侵权	无偿帮工侵权	拒绝帮工
致人损害	替代责任；行为人有故意、重大过失的，受追偿		不 赔
自行受到损害	过错分担		受益范围内，适当补偿
受到第三人损害	第三人赔偿，用工人适当补偿，并可向第三人追偿		（无）

三、定作人责任

定作人责任，是指在承揽合同关系中，承揽人因承揽行为致人人身损害，或遭受人身损害时，定作人所应承担的责任。

（一）承揽关系与雇佣关系的区分

承揽关系与职务侵权责任中的雇佣关系相比较，两者均是有偿的关系。其不同之处是，雇佣关系性质为"提供劳务"的关系，而承揽关系性质则为"提供劳务、交付工作成果"的关系。由此出发，雇佣关系和承揽关系的区别，可以具体化为如下三点：

1. 支付报酬一方，能否随意改变对方的工作内容。雇佣关系中，雇主可以随意改变雇员的工作内容；而承揽关系中，定作人不得随意改变承揽人的工作内容。

2. 劳动工具的提供者不同。雇佣关系中，由雇主（支付报酬一方）提供劳动工具；而承揽关系中，则是由承揽人（提供劳务一方）提供劳动工具。

3. 合同履行的方式不同。雇佣合同的履行具有连续性，而承揽合同的履行则具有一次性。

	能否随意改变工作内容	劳动工具	合同履行方式
承 揽	不 能	干活的自备	一次性
雇 佣	能	出钱的提供	连续性

（二）定作人责任

1. 定作人对定作、指示、选任没有过失的，不承担赔偿责任。

2. 定作人对定作、指示、选任有过失的，应当承担与其过失相适应的赔偿责任。此时，定作人与承揽人所承担的责任，为按份责任。

> 📖 **实例精粹**

    案情：甲公司与乙约定，乙负责甲公司产品空调的售后维修。现乙给客户丙维修空调，不慎坠楼受伤。

    问题：（1）如果经查，甲公司与乙约定，乙长期为甲公司工作，且维修空调的工具由甲公司提供。有时，乙也承担甲公司的客户电话回访工作。乙的损失如何赔偿？

(2) 如果经查，甲公司与乙约定，乙临时为甲公司负责售后维修工作，且维修空调的工具由乙自备。乙的损失如何赔偿？

回答：(1) 甲公司与乙为雇佣关系，因甲公司为单位用人者，应参加工伤保险统筹，故由保险承担责任。

(2) 甲公司与乙为承揽关系，甲公司有定作、指示、选任过失的，甲公司与乙根据各自的过错，分担责任；甲公司没有过失的，不承担责任。

四、高度危险责任

高度危险责任，是指因对周围环境具有高度危险性的物品或者活动，在导致他人损害的情况下所产生的侵权责任。高度危险责任的归责原则，为无过错责任原则。高度危险责任的承担，与致害人的过错无关，而与是否存在法定的减责、免责事由有关。

(一) 民用核设施或者运入运出核设施的核材料致人损害的责任

1. 责任人为经营者，即核电公司。

2. 免责事由

(1) 战争、武装冲突、暴乱；

(2) 受害人故意。

(二) 民用航空器致人损害的责任

1. 责任人为经营者，即航空公司。

2. 免责事由：受害人故意。

(三) 易燃、易爆、剧毒、放射性等高度危险物致人损害的责任

1. 责任人为高度危险物的占有人或者使用人。

2. 免责、减责事由

(1) 免责事由：受害人故意、不可抗力；

(2) 减责事由：受害人重大过失。

3. 高度危险物致害的连带责任

(1) 将高度危险物交由他人管理，在管理人占有期间致人损害的，管理人承担赔偿责任；所有人 (原占有、使用人) 有过错的，与管理人承担连带责任。

(2) 非法占有高度危险物的，在非法占有期间致人损害的，非法占有人承担赔偿责任。所有人、管理人不能证明对防止他人非法占有尽到高度注意义务的，与非法占有人承担连带责任。

情　　　形	占有人责任	所有人责任
交他人管理	无过错责任	有过错，连带责任
被他人非法占有	无过错责任	未尽高度注意义务，连带责任

实例精粹

案情：甲烟花爆竹厂的产品存放于仓库之中。

问题：（1）如果因仓库需要维修，甲烟花爆竹厂遂将库存烟花爆竹交给乙炼钢厂保管。在乙炼钢厂保管期间，烟花爆竹爆炸，将王某炸伤。谁对王某的损害承担赔偿责任？

（2）甲烟花爆竹厂库存烟花爆竹，被赵某偷去藏于家中。现发生爆炸，将邻居孙某炸伤。谁对孙某的损害承担赔偿责任？

回答：（1）首先，乙炼钢厂承担赔偿责任；其次，若甲烟花爆竹厂未告知乙炼钢厂保管的注意事项，则甲烟花爆竹厂、乙炼钢厂承担连带责任。

（2）首先，赵某对孙某承担赔偿责任；其次，若甲烟花爆竹厂不能证明对防止赵某的盗窃尽到高度注意义务，则甲烟花爆竹厂与赵某承担连带责任。

（四）高空、高压、地下挖掘活动、高速轨道运输工具致人损害的责任

1. 责任人为高空、高压、地下挖掘活动、高速轨道运输工具的经营者。

2. 免责、减责事由

（1）免责事由：受害人故意、不可抗力；

（2）减责事由：受害人重大过失。

（五）高度危险区域致人损害的责任

高度危险区域致人损害，是指受害人未经许可进入高度危险活动区域或者高度危险物存放区域而受到损害。

1. 责任人为高度危险区域的管理人。

2. 免责、减责事由：管理人采取足够安全措施并尽到充分警示义务。

需要注意的是，承担以上五类高度危险责任，法律规定赔偿限额的，依照其规定，但是行为人有故意或者重大过失的除外。

高度危险责任规则

	责任人	免责、减责事由	连带责任
民用核设施或者运入运出核设施的核材料致害	经营者	免责：①战争、武装冲突、暴乱；②受害人故意	（无）
民用航空器致害	经营者	免责：受害人故意	（无）
高度危险物（遗失、抛弃高度危险物）致害	占有、使用人	免责：①受害人故意；②不可抗力 减责：受害人重大过失	①交他人管理：过错 ②被非法占有：未尽高度注意义务
高度危险活动致害	经营者	免责：①受害人故意；②不可抗力 减责：受害人重大过失	（无）
高度危险区域致害	管理人	免责或减责：采取足够安全措施并尽到充分警示义务	（无）

五、环境污染责任

环境污染责任，是指致害人因污染环境，致受害人人身、财产损害所应承担的侵权责任。

（一）归责原则

环境污染责任采取无过错责任原则。

（二）法定免责事由

环境污染责任的免责事由是"不存在因果关系"。

1. 受害人要追究致害人污染环境的侵权损害赔偿责任，无需对"污染"和"损害"之间的"因果关系"加以证明。

2. 致害人需举反证，证明"污染"和"损害"之间"不存在因果关系"。否则，法律将推定因果关系存在。

	通常的无过错责任	环境污染责任
侵害行为	受害人证明	
损害后果	受害人证明	
因果关系	受害人证明	致害人证明
过　错	无需证明	
免责事由	致害人证明	

实例精粹

案情： 甲造纸厂在河流上游排污，乙在河流下游进行鱼类养殖。一日，乙发现自己所养的鱼类全部死亡。现乙对甲造纸厂起诉索赔。

问题： （1）乙的举证责任包括哪些？

（2）甲造纸厂的举证责任包括哪些？

（3）"过错"谁来证明？

回答： （1）乙需就以下两项事实举证：①甲造纸厂实施了污染行为；②自己遭受损害。

（2）甲造纸厂需对不存在因果关系举证，即证明乙的损害并非自己污染所致。如果甲造纸厂举证不能，法院则推定乙的损害就是甲造纸厂造成的。

（3）环境污染责任为无过错责任，"过错"不是责任构成要件，无需证明。

（三）2个或2个以上污染者污染环境的责任

1. 2个或2个以上污染者污染环境，导致同一人身或财产损害的，各致害人对受害人的损害，承担按份赔偿责任。

2. 上述按份责任中，各污染者责任份额的大小，根据污染物的种类、浓度、排放量等因素确定。

（四）第三人原因致环境污染致人损害的责任

因第三人的过错污染环境造成损害的，第三人与污染者承担不真正连带责任。具体来讲：

1. 受害人可以向污染者请求赔偿，也可以向第三人请求赔偿。

2. 污染者对受害人承担责任后，有权向第三人追偿。

实例精粹

案情：甲公司施工过程中，打破了乙化工厂密封的排污管道，导致污水流出，毒死了丙所养殖的鱼类。

问题：（1）丙可以请求谁承担侵权责任？

（2）如果丙请求乙化工厂赔偿后，乙化工厂是否有权向甲公司追偿？

（3）如果丙请求甲公司赔偿后，甲公司是否有权乙化工厂追偿？

回答：（1）丙既可以请求甲公司赔偿损失，也可以请求乙化工厂赔偿损失。

（2）有权。

（3）无权。

（五）环境公益代理人

1. 违反国家规定造成生态环境损害，生态环境能够修复，侵权人在期限内未修复的，国家规定的机关或者法律规定的组织可以自行或者委托他人进行修复，所需费用由侵权人负担。

2. 违反国家规定造成生态环境损害的，国家规定的机关或者法律规定的组织有权请求侵权人赔偿相关的损失和费用。

六、物品掉落致损责任

（一）高空坠物责任

1. 概念

从建筑物中抛掷物品或者从建筑物上坠落的物品造成他人损害，难以确定具体侵权人。

2. 责任承担

（1）除能够证明自己不是侵权人的外，由可能加害的建筑物使用人给予补偿。可能加害的建筑物使用人补偿后，有权向侵权人追偿。

（2）物业服务企业等建筑物管理人未采取必要的安全保障措施的，应当依法承担未履行安全保障义务的侵权责任。

（二）共同危险责任

1. 概念

2个或2个以上行为人实施危险行为，部分行为导致物品掉落致损，但行为人无法确定。

2. 责任承担

各危险行为人不能证明自己的行为与损害结果之间没有因果关系的，承担连带赔偿责任。

（三）脱落、坠落责任

1. 含义

脱落、坠落责任，是指因建筑物上的搁置物、悬挂物脱落、坠落致人损害所引起的侵权责任。脱落、坠落责任不存在任何的"不确定性"。

2. 责任

建筑物的所有人、管理人或者使用人承担过错推定责任。

（1）建筑物的所有人、管理人或者使用人不能证明自己没有过错的：

❶所有人、管理人或者使用人承担赔偿责任；

❷所有人、管理人或者使用人赔偿后，有其他责任人的，有权向其他责任人追偿。

（2）建筑物的所有人、管理人或者使用人证明自己没有过错的：

❶受害人可请求所有人、管理人或者使用人承担公平责任。有其他责任人的，也可请求其他责任人承担赔偿责任。

❷所有人、管理人或者使用人承担公平责任后，有其他责任人的，有权向其他责任人追偿。

	案　　　情	责　　　任
高空坠物	无法锁定窗口	不能证明的，按份补偿责任
共同危险	可以锁定窗口，但无法确定行为人	连带赔偿责任
脱落坠落	可以锁定窗口，可以确定行为人	业主过错推定责任

📖 **实例精粹**

案情：甲经过 A 楼西北角时，有花盆落下，将甲砸伤。

问题：（1）如果不知该花盆是从哪一层楼掉下来的：

①本案构成何种侵权责任？

②谁对甲的损害承担侵权责任？

（2）如果该花盆是 10 楼住户乙与朋友丙、丁在阳台上追逐打闹碰落的，但不知是谁碰落花盆：

①本案构成何种侵权责任？

②谁对甲的损害承担侵权责任？

（3）如果该花盆是从 10 楼住户乙家的阳台掉下来的，原因是丙到乙家串门，在乙的阳台上跳绳，将阳台上的花盆碰落：

①本案构成何种侵权责任？

②经查，乙未加阻拦。谁对甲的损害承担侵权责任？

③经查，乙曾告诫丙别在阳台运动，然后出门上班。丙仍到阳台上跳绳，将阳台上的花盆碰落。谁对甲的损害承担侵权责任？

（4）如果该花盆是从 10 楼住户乙家的阳台掉下来的，原因是一只大鸟飞来将阳台上的花盆碰落。谁对甲的损害承担侵权责任？

回答：（1）①高空坠物责任。

②第一，A楼西北角所有住户不能证明花盆与自己无关的，应对甲的损害承担按份补偿责任。如果弄清楚谁家掉下来的，承担了补偿责任的住户有权向其追偿。第二，小区物业未尽安全保障义务的，也应承担侵权责任。

（2）①共同危险责任。

②乙、丙、丁连带赔偿甲的损害。

（3）①脱落、坠落责任。

②乙承担赔偿责任，并有权向丙追偿。

③丙对甲的损害承担侵权责任。乙没有过错，不承担侵权责任。

（4）乙承担公平责任，即乙适当分担甲的损害。

七、其他物件致损责任

（一）建筑物倒塌责任

1. 建筑物、构筑物或者其他设施倒塌致人损害时，能够查明责任人的，由责任人承担侵权责任。

2. 建筑物、构筑物或者其他设施倒塌致人损害时，不能查明责任人的：

（1）由建设单位与施工单位承担连带责任。但是，建设单位、施工单位能够证明不存在质量缺陷的除外。

（2）建设单位、施工单位赔偿后，能查明其他责任人的，有权向其他责任人追偿。

（二）堆放物倒塌、林木折断、公共场所施工、地下设施致损责任

1. 堆放物倒塌致人损害的，堆放人承担过错推定责任，即不能证明自己没有过错的，应当承担侵权责任。

2. 因林木折断致人损害的，林木的所有人或者管理人承担过错推定责任，即不能证明自己没有过错的，应当承担侵权责任。

3. 在公共场所或者道路上挖掘、修缮、安装地下设施等致人损害的，施工人承担过错推定责任，即不能证明设置了明显标志并采取了安全措施的，应当承担侵权责任。

4. 窨井等地下设施造成他人损害的，管理人承担过错推定责任，即不能证明尽到管理职责的，应当承担侵权责任。

堆放物倒塌	堆放人承担过错推定责任
林木折断	林木的所有人或者管理人，承担过错推定责任
公共场所、道路施工	施工人承担过错推定责任
窨井等地下设施	管理人承担过错推定责任

（三）妨碍通行的物品致损责任

在公共道路上堆放、倾倒、遗撒妨碍通行的物品造成他人损害的：

1. 行为人承担侵权责任。

2. 公共道路管理人承担过错推定责任，即不能证明已经尽到清理、防护、警示等义务的，应当承担相应的责任。

八、饲养动物致人损害责任

（一）饲养人、管理人的界定

饲养动物致人损害的，第一责任人即为该动物的饲养人、管理人。

1. 饲养人、管理人需具有稳定性的特征。临时借用动物的人，并非饲养人、管理人。

2. 遗弃、逃逸动物的原饲养人、管理人，也需对该动物致人损害承担责任。

（二）无过错责任

饲养人、管理人对动物致人损害，需承担无过错责任。

1. 一般减责、免责事由

（1）受害人具有故意的，饲养人、管理人可以免于承担责任；

（2）受害人具有故意，且饲养人、管理人违反管理规定，未对动物采取安全措施的，饲养人、管理人可以减轻责任；

（3）受害人具有重大过失的，饲养人、管理人可以减轻责任；

（4）受害人具有重大过失，且饲养人、管理人违反管理规定，未对动物采取安全措施的，饲养人、管理人不得减免责任；

（5）禁止饲养的烈性犬等危险动物造成他人损害的，饲养人、管理人承担没有免责事由的无过错责任。

受害人	饲养人、管理人	饲养人、管理人未拴绳	饲养人、管理人养藏獒
故 意	免 责 ——————————→	减 责	全 责
重大过失	减 责 ——————————→	全 责	

实例精粹

案情： 甲的狗将乙咬伤。

问题：（1）如果因乙用力拽狗尾巴导致损害：

①责任怎么承担？

②若因乙用力拽狗尾巴导致损害，但甲未拴绳。责任怎么承担？

（2）如果因乙走路看手机踩到狗尾巴导致损害：

①责任怎么承担？

②若因乙走路看手机踩到狗尾巴导致损害，但甲未拴绳。责任怎么承担？

（3）经查，甲的狗是藏獒。责任怎么承担？

回答：（1）①甲免责。

②甲减责。

（2）①甲减责。

②甲全责。

（3）甲全责。

2. 动物园的动物致人损害时的免责事由

动物园的动物造成他人损害的，动物园能够证明尽到管理职责的，不承担责任。

💡 **提 示**

动物园的免责事由只能是"尽到管理职责","受害人故意或重大过失"并非动物园的减免事由。

📖 **实例精粹**

案情：甲逛动物园，用竹竿捅铁笼中的狗熊，狗熊掰开铁笼走出，将甲打伤。

问题：（1）甲捅狗熊的事实，能否作为动物园的免责或减责事由？

　　　（2）责任如何承担？

回答：（1）不能。

　　　（2）动物园未尽管理职责，承担全部责任。

（三）第三人过错致使饲养动物致人损害

1. 受害人可以向动物饲养人、管理人请求赔偿，也可以向第三人请求赔偿。

2. 动物饲养人、管理人对外赔偿后，有权向第三人追偿。

📖 **实例精粹**

案情：甲将狗借给乙玩，乙看管不周致狗将丙咬伤。

问题：责任如何承担？

回答：丙可以请求甲赔偿，也可以请求乙赔偿。甲向丙赔偿后，可以向乙追偿。

九、监护人责任与教育机构责任

（一）被监护人致人损害的侵权责任

1. 被监护人有财产的，以其财产承担责任。

💡 **提 示**

被监护人，推定没有财产。

---

2. 被监护人没有财产，或者其财产不足以承担责任的：

（1）由监护人承担责任；

（2）监护人尽到监护职责的，可以适当减轻其责任。

💡 **提 示**

在被监护人有财产且足以承担责任的情况下，讨论监护人是否尽到监护职责没有意义。

📖 **实例精粹**

案情：甲（15岁）将乙的汽车划伤，致乙损失1000元。

问题：（1）谁承担赔偿责任？

（2）经查，甲有个人财产 600 元。谁承担赔偿责任？

回答：（1）甲的监护人承担。甲的监护人尽到监护职责的，可以适当减轻责任。

（2）甲自行承担 600 元赔偿责任。剩余 400 元赔偿责任，由甲的监护人承担，甲的监护人尽到监护职责的，可以适当减轻责任。

（二）教育机构的过错责任

1. 未成年人在教育机构学习期间，遭受人身损害的：

（1）无民事行为能力人在教育机构学习期间，受到人身损害的，教育机构承担过错推定责任，即能够证明尽到监护职责的，不承担责任。

（2）限制民事行为能力人在教育机构学习期间，受到人身损害的，教育机构承担过错认定责任，即未尽职责的，应当承担责任。

（3）未成年人受到教育机构以外的第三人人身损害的，由第三人承担侵权责任；教育机构未尽到监护职责的，承担相应的补充责任；教育机构承担补充责任后，可以向第三人追偿。

实例精粹

案情：小学生甲在学校自由活动期间，摔倒受伤，花去医疗费用 2000 元。

问题：（1）现甲父欲代理甲起诉学校索赔。

　　　①如果甲 7 周岁，甲父是否需要证明学校未尽监护职责？

　　　②如果甲 9 周岁，甲父是否需要证明学校未尽监护职责？

（2）经查，甲是被校外人员李四推倒受伤。

　　　①如果查明，学校已尽到监护职责，责任如何承担？

　　　②如果查明，学校未尽到监护职责，责任如何承担？

回答：（1）①不需要。学校应当证明自己已尽监护职责。

　　　②需要。

（2）①李四承担侵权责任。

　　　②李四承担侵权责任。如果李四逃逸或无力赔偿，学校承担补充责任，并有权向李四追偿。

2. 未成年人在教育机构学习、生活期间，致人损害的：

（1）教育机构未尽监护职责的，承担与其过错相适应的责任；

（2）教育机构责任之外的部分，致害人及其监护人承担。

实例精粹

案情：小学生甲在学校操场踢球，将校外乙的阳台玻璃砸坏，造成乙损失 1000 元。

问题：（1）经查，学校已尽到监护职责。责任如何承担？

（2）经查，学校未尽到监护职责。责任如何承担？

回答：（1）甲及其监护人承担责任。

（2）学校根据其过错，承担相应责任。剩余部分，甲及其监护人承担责任。

需要注意的是，上述教育机构责任，也适用于对精神病人负有监护职责的精神病院。

十、违反安全保障义务的责任

安全保障义务，是指特定的民事主体所承担的，保障他人人身、财产安全的法定义务。安保义务人违反安全保障义务的，承担侵权责任。

（一）安全保障义务人的范围

1. 宾馆、商场、银行、车站、机场、体育场馆、娱乐场所等经营场所、公共场所的经营者、管理者。
2. 群众性活动的组织者。
3. 因先行行为引起安全保障义务的行为人。

提 示

违反安全保障义务的责任，为侵权责任。安全保障义务人承担侵权责任，并不以受害人与安全保障义务人具有合同关系为条件。

（二）违反安全保障义务的责任

1. 承担安全保障义务的人，未尽到安全保障义务，造成他人损害的，应当承担侵权责任。受害人自身也有过错的，双方应当分担责任。
2. 因第三人的行为造成他人损害的，由第三人承担侵权责任；经营者、管理者或者组织者未尽到安全保障义务的，承担相应的补充责任。经营者、管理者或者组织者承担补充责任后，可以向第三人追偿。

实例精粹

案情：甲公司组织员工野外拓展训练。过吊桥时，甲公司未提示安全事项。员工乙摔下受伤。

问题：（1）乙的损害如何赔偿？
（2）如果员工乙爬到吊桥护栏外照相，掉到桥下受伤。乙的损害如何赔偿？
（3）如果员工丙恶作剧，猛推员工乙，致乙掉到桥下受伤。乙的损害如何赔偿？

回答：（1）甲公司有过错，应承担赔偿责任。
（2）甲公司、乙根据各自过错，承担各自的责任。
（3）丙对乙承担赔偿责任。丙无力赔偿的，甲公司承担补充赔偿责任后，可以向丙追偿。

十一、网络侵权责任

（一）原则

1. 用户利用网络实施侵权行为的，应承担侵权责任。网络服务提供者有过错的，承担连带侵权责任。
2. 网络服务提供者有过错，是指网络服务提供者知道或应当知道有人利用其网络实

施侵权行为，且未采取必要措施。

> · 总 结 网络过错 = 知情 + 不管 = 连带责任。

（二）网络侵权的处理流程

1. 被侵权人书面通知网络服务提供者

（1）网络用户利用网络服务实施侵权行为的，权利人有权通知网络服务提供者采取删除、屏蔽、断开链接等必要措施；

（2）通知应当包括构成侵权的初步证据及权利人的真实身份信息。

2. 网络服务提供者接到通知后的处置

（1）网络服务提供者接到通知后，应当及时将该通知转送相关网络用户。

（2）与此同时，应采取必要措施。未及时采取必要措施的，对损害的扩大部分与该网络用户承担连带责任。

3. 网络用户接到转送通知后的处置

（1）网络用户接到转送的通知后，可以向网络服务提供者提交不存在侵权行为的声明。声明应当包括不存在侵权行为的初步证据及网络用户的真实身份信息。

（2）网络用户未提交不存在侵权行为的声明的，必要措施继续。

4. 网络服务提供者接到未侵权声明后的处置

（1）应当将该声明转送发出通知的权利人，并告知其可以向有关部门投诉或者向法院提起诉讼；

（2）网络服务提供者在转送声明到达权利人后的合理期限内，未收到权利人已经投诉或者提起诉讼通知的，应当及时终止所采取的措施。

5. 错误通知的后果

因错误通知造成网络用户或者网络服务提供者损害的，应当承担侵权责任。

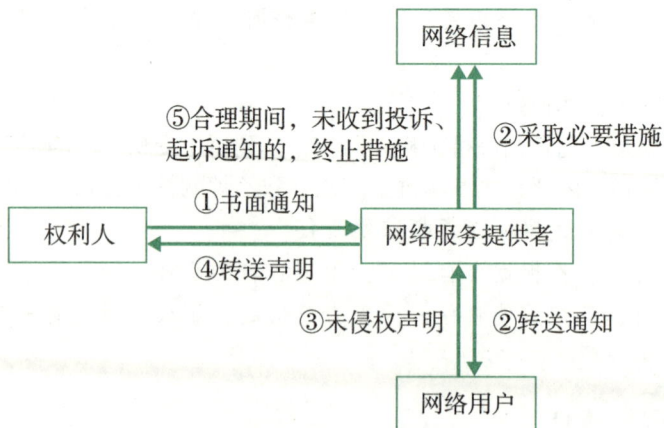

网络侵权的处理流程

十二、产品责任

产品责任，是指因产品质量缺陷致人损害所引起的侵权责任。

（一）外部：对消费者的责任

1. 产品缺陷致损责任

因产品存在缺陷造成损害的，受害人可以向产品的生产者请求赔偿，也可以向产品的销售者请求赔偿。

（1）生产者、销售者承担侵权责任，无需以其与受害人具有合同关系为条件；

（2）生产者、销售者承担侵权责任，不问过错。

📖 实例精粹

案情：甲从乙商场购买丙厂生产的电热壶，无偿借给丁使用。因电热壶漏水，丁被烫伤。

问题：（1）丁能追究谁的、怎样的民事责任？

（2）丁能否追究甲的民事责任？

（3）甲能追究谁的、怎样的民事责任？

回答：（1）丁既可请求乙商场承担侵权责任，也可请求丙厂承担侵权责任。

（2）不能。①甲既非生产者，又非销售者，且无侵权行为，故丁不能追究甲的侵权责任；②甲、丁之间的借用合同是无偿合同，甲没有故意、重大过失，故丁也不能追究甲的违约责任。

（3）甲只能请求乙商场承担违约责任。

2. 产品缺陷补救义务

（1）产品投入流通后发现存在缺陷的，生产者、销售者应当及时采取停止销售、警示、召回等补救措施，并应当负担因此支出的必要费用；

（2）生产者、销售者未及时采取补救措施或者补救措施不力造成损害扩大的，对扩大的损害也应当承担侵权责任。

（二）内部：追偿责任

因生产者、销售者、运输者、仓储者的过错使产品存在缺陷，造成他人损害的，没有过错的生产者、销售者对外承担赔偿责任后，有权向过错方追偿。

十三、交通事故责任

交通事故责任，是指机动车之间、机动车与非机动车、行人之间，因交通事故产生财产、人身损害时，所应承担的侵权责任。

（一）保险责任与侵权责任

交通事故的损害赔偿责任，首先由机动车交强险、商业险赔付。不足部分，适用侵权损害赔偿责任。

（二）"驾驶人责任原则"

1. 机动车租赁、借用

（1）机动车租赁、借用中，使用人发生交通事故后属于该机动车一方责任的，由机动车使用人承担赔偿责任；

（2）机动车所有人、管理人对损害的发生有过错的，承担相应的赔偿责任。

2. 机动车买卖

（1）当事人之间已经以买卖等方式转让并交付机动车，但未办理所有权转移登记，发生交通事故后属于该机动车一方责任的，由受让人承担赔偿责任。

（2）以买卖或者其他方式转让拼装或者已达到报废标准的机动车，发生交通事故造成损害的：

❶由转让人和受让人承担连带责任；

❷拼装或者已达到报废标准的机动车多次转让的，所有的转让人和受让人承担连带责任。

3. 盗窃、抢劫、抢夺的机动车

（1）盗窃、抢劫或者抢夺的机动车发生交通事故造成损害的，由盗窃人、抢劫人或者抢夺人承担赔偿责任；

（2）盗窃人、抢劫人或者抢夺人与机动车使用人并非同一人，发生交通事故后属于该机动车一方责任的，由盗窃人、抢劫人或者抢夺人与机动车使用人承担连带责任；

（3）保险公司在机动车强制保险责任限额范围内垫付抢救费用的，有权向交通事故责任人追偿。

4. 机动车肇事逃逸

（1）机动车驾驶人发生交通事故后逃逸，该机动车参加强制保险的，由保险公司在机动车强制保险责任限额范围内予以赔偿；

（2）机动车不明或者该机动车未参加强制保险，或者抢救费用超过机动车强制保险责任限额，需要支付被侵权人人身伤亡的抢救、丧葬等费用的，由道路交通事故社会救助基金垫付；

（3）道路交通事故社会救助基金垫付后，其管理机构有权向交通事故责任人追偿。

	责任人	其 他
租 借	租借者	所有人：过错相应责任
买卖交付未登记	买受人	拼装、应报废车买卖：连带责任
盗 抢	盗抢者	①盗抢后出借，致损连带责任；②保险垫付可追偿
肇事逃逸	驾驶人	紧急费用，基金垫付；基金垫付可追偿

（二）"驾驶人责任原则"的例外

1. 职务侵权

在机动车驾驶人为所有人的雇员、驾驶人为完成所有人的职务而驾驶机动车致人损害的情况下，其行为性质为职务侵权。由雇主（机动车所有人）承担赔偿责任，雇员（机动车使用人）不对外承担侵权责任。

2. 共有车辆发生交通事故

（1）在共有人之外的第三人为车辆使用人的情况下，适用"驾驶人责任原则"。共有车辆发生交通事故致人损害的，由使用人赔偿损害，各共有人不承担侵权责任。共有人有过错的，与使用人承担按份责任。

（2）在部分共有人驾驶共有车辆致人损害的情况下，不适用"驾驶人责任原则"。共有车辆发生交通事故致人损害的，由各共有人对外承担连带赔偿责任。

实例精粹

案情：甲、乙、丙共有一辆汽车。

问题：（1）如果甲、乙、丙出借汽车给丁，丁驾车致人损害，责任如何承担？

　　　（2）如果甲驾车致人损害，责任如何承担？

回答：（1）属于机动车一方的责任，由丁承担侵权责任。甲、乙、丙有过错的，与丁承担按份责任。

　　　（2）属于机动车一方的责任，由甲、乙、丙承担连带责任。

3. 接受机动车驾驶培训的人员，在培训活动中驾驶机动车发生交通事故造成损害，属于该机动车一方责任，当事人请求驾驶培训单位承担赔偿责任的，法院应予支持。

4. 被套牌机动车所有人或者管理人同意套牌的，应当与套牌机动车的所有人或者管理人承担连带责任。

十四、医疗损害责任

医疗损害责任，是指医疗机构在诊疗过程中，因致患者损害所应承担的侵权责任。

（一）医疗机构的过错认定责任

1. 医疗机构的侵权责任，为过错认定责任。故患者需对医疗机构及其工作人员具有过错负证明责任。患者不能证明的，可依法申请医疗损害鉴定。

2. 认定医疗机构过错的事由

患者能够证明医疗机构具有如下行为的，可认定医疗机构具有过错：

（1）违法诊疗。即医疗机构对患者实施诊疗，违反法律、行政法规、规章以及其他有关诊疗规范的规定。

（2）违法保管病历。即医疗机构隐匿、遗失、伪造、篡改、违法销毁或者拒绝提供与纠纷有关的病历资料。但是因不可抗力等客观原因无法提交的除外。

（3）未尽必要的诊疗义务。即医务人员在诊疗活动中未尽到与当时的医疗水平相应的诊疗义务。

（二）医疗机构的免责事由

医疗机构可举证证明如下免责事由：

1. 患者的损害是因患者或者其近亲属不配合所致。但是，医疗机构或者其医务人员也有过错的，应当承担相应的赔偿责任。

2. 医务人员在抢救生命垂危的患者等紧急情况下已经尽到合理诊疗义务。

3. 限于当时的医疗水平难以诊疗。

（三）医疗机构的"说明、征得同意"义务及其责任

1. "说明、征得同意"义务的含义

（1）应予说明的内容，包括病情、医疗措施、医疗风险、替代医疗方案等情况。

（2）应予说明的对象，为患者。不能或不宜向患者说明的，应当向患者的近亲属说明。

（3）说明义务的目的，在于取得患者或者其近亲属的书面同意。

2. 医疗机构未尽"说明、征得同意"义务的法律后果

（1）原则上，医务人员未尽"说明、征得同意"义务，造成患者损害的，医疗机构构成违法诊疗，应当承担赔偿责任。

（2）例外情况是，因抢救生命垂危的患者等紧急情况，不能取得患者或者其近亲属意见的，经医疗机构负责人或者授权的负责人批准，可以立即实施相应的医疗措施。在这里，"不能取得患者或者其近亲属意见"包括：

❶ 近亲属不明，或无法联系；

❷ 近亲属拒绝发表意见，或达不成一致意见。

（四）医疗机构的不真正连带责任

1. 因药品、消毒产品、医疗器械的缺陷，或者输入不合格的血液造成患者损害的，患者可以向药品上市许可持有人、生产者、血液提供机构请求赔偿，也可以向医疗机构请求赔偿。

2. 患者向医疗机构请求赔偿的，医疗机构赔偿后，有权向负有责任的药品上市许可持有人、生产者、血液提供机构追偿。

十五、完全民事行为能力人暂时没有意识或者失去控制致人损害的责任

完全民事行为能力人暂时没有意识或者失去控制造成他人损害的：

1. 行为人有过错的，应当承担侵权责任。

2. 行为人没有过错的，应根据公平责任原则，根据致害人的经济状况对受害人适当补偿。

💡📖 **提　示**

"行为人过错"是"导致自己失控"的过错，而非"致人损害"的过错。

📖 **实例精粹**

案情：甲骑车摔倒，将乙撞伤，造成乙损失300元。

问题：（1）如果甲因醉酒摔倒，乙的损失如何赔偿？

（2）如果甲因癫痫病发作摔倒，乙的损失如何赔偿？

回答：（1）甲对乙的损失承担全部侵权损害赔偿责任。

（2）甲、乙承担公平责任，即甲酌情分担乙的损失。

07

第七编

家　事　法

第20讲 ◀◀◀
婚 姻 法

专题58
── 亲属关系与结婚 ──

一、亲属关系

（一）亲子关系

1. 亲子关系的确认与否认

（1）对亲子关系的确认

父或者母以及成年子女，起诉请求确认亲子关系，并提供必要证据予以证明，另一方没有相反证据又拒绝做亲子鉴定的，法院可以认定确认亲子关系一方的主张成立。

（2）对亲子关系的否认

父或者母，起诉请求否认亲子关系，并已提供必要证据予以证明，另一方没有相反证据又拒绝做亲子鉴定的，法院可以认定否认亲子关系一方的主张成立。

情　形	可提诉求	胜诉条件
父母──▶子女	确认、否认	原告已提供必要举证，
子女──▶父母	确　认	被告无反证且拒绝做亲子鉴定

2. 婚内人工授精子女

（1）婚姻关系存续期间，夫妻双方一致同意进行人工授精，所生子女应视为婚生子女；

（2）婚姻关系存续期间，夫妻双方一致同意进行人工授精，女方怀孕后，男方反悔的，不影响婚生子女关系的成立。

（二）扶养义务

1. 父母对子女的抚养义务

（1）父母对"未成年子女"或者"不能独立生活的成年子女"，有抚养义务。

（2）"不能独立生活的成年子女"的界定如下：

❶尚在校接受高中及以下学历教育的成年子女；

❷丧失、部分丧失劳动能力等非因主观原因而无法维持正常生活的成年子女。

2. 祖孙之间的抚养、赡养义务

（1）有负担能力的祖父母、外祖父母，对于父母已经死亡或者无力抚养的"未成年孙子女、外孙子女"，有抚养义务；

（2）有负担能力的孙子女、外孙子女，对于子女死亡或者无力赡养的祖父母、外祖父母，有赡养义务。

3. 兄弟姐妹之间的扶养义务

（1）有负担能力的兄、姐，对于父母已经死亡或者无力抚养的"未成年弟、妹"，有扶养义务；

（2）由兄、姐扶养长大的且有负担能力的弟、妹，对于缺乏劳动能力又缺乏生活来源的兄、姐，有扶养义务。

情　　　形	条　　　件
父母——→子女	子女未成年或不能独立生活
祖←——→孙	中间一辈管不了
兄姐——→弟妹	父母管不了
弟妹——→兄姐	由兄姐扶养长大

二、结婚

结婚，是指男女双方以结为夫妻、缔结婚姻关系的意思表示为内容的双方民事法律行为。

（一）结婚的条件

1. 双方自愿。

2. 符合婚龄。结婚年龄，男不得早于 22 周岁，女不得早于 20 周岁。

（二）婚姻关系的成立

1. 原则上，办理结婚登记手续，取得结婚证，即确立婚姻关系。

2. 双方共同生活时，未办理结婚登记，其后补办结婚登记的，婚姻关系从双方均符合前述结婚的实质要件时起算。

📖 **实例精粹**

案情：甲（男）、乙（女）2014 年 1 月 1 日共同生活时，甲 23 岁，乙 19 岁。至 2018 年 3 月 1 日，二人办理结婚登记手续。

问题：甲、乙何时具有婚姻关系？

回答：乙年满 20 周岁之时。

三、无效婚姻

无效婚姻，是指男女双方的婚姻关系，因违反结婚的实质性要件，自结婚时始即不存在婚姻效力的瑕疵情形。

（一）婚姻无效的事由

1. 重婚

有配偶者与他人结婚的，第二个婚姻无效。

2. 有禁止结婚的亲属关系

直系血亲和三代以内的旁系血亲结婚的，婚姻无效。

3. 未到法定婚龄

申请人以"结婚时一方未达婚龄"为由申请婚姻无效，申请时该方已达婚龄的，其婚姻无效的申请不予支持。

（二）婚姻无效的申请

1. 申请机关

婚姻无效的申请，向法院提出。

2. 申请人

（1）无效婚姻的双方。

（2）无效婚姻双方之外的"法定利害关系人"，包括：

❶以重婚为由的，为当事人的近亲属及基层组织；

❷以未到法定婚龄为由的，为未到法定婚龄者的近亲属；

❸以有禁止结婚的亲属关系为由的，为当事人的近亲属。

（三）当事人死亡与婚姻无效

夫妻一方或者双方死亡后，生存一方或者利害关系人仍有权请求确认婚姻无效。

（四）婚姻无效之诉的审理

1. 婚姻效力认定与财产分割、子女抚养

（1）婚姻效力认定：不适用调解，不得撤诉；

（2）财产分割、子女抚养：可以调解。

2. 婚姻无效之诉与离婚之诉

（1）法院就同一婚姻关系分别受理了离婚和申请宣告婚姻无效案件的，离婚案件中止审理，先行审理婚姻无效之诉。

（2）婚姻关系确认有效的，继续审理离婚案件。

（3）如果婚姻关系被宣告无效，不再审理离婚案件。婚姻关系被宣告无效后，涉及财产分割和子女抚养的，应当继续审理。

🗒 实例精粹

案情：甲、乙发生争执。甲诉诸法院请求离婚，乙则诉诸法院请求确认婚姻无效。

问题：（1）法院如何处理甲、乙分别提起的诉讼？

（2）如果效力之诉审结，法院认定婚姻有效，怎么办？

（3）如果效力之诉审结，法院认定婚姻无效，怎么办？

回答：（1）法院审理效力之诉，中止审理离婚之诉。

（2）继续审理离婚之诉。

（3）继续审理无效之诉中的财产分割和子女抚养问题，离婚之诉不再审理。

（五）婚姻无效之诉的当事人排列

1. 利害关系人请求法院确认婚姻无效的，利害关系人为原告，婚姻关系当事人双方为被告。夫妻一方死亡的，生存一方为被告。

2. 法院审理重婚导致的无效婚姻案件时，涉及财产处理的，应当准许合法婚姻当事人作为有独立请求权的第三人参加诉讼。

四、可撤销婚姻

可撤销婚姻，是指男女双方具有婚姻关系，但是该关系有依法可予以撤销的婚姻效力瑕疵。

（一）撤销事由

1. 胁迫。

2. 一方患有重大疾病，在结婚登记前未如实告知另一方。

（二）撤销权人

可撤销婚姻的撤销权人，为受胁迫方或被隐瞒方。

（三）撤销机关

撤销婚姻之申请，向法院提出。

（四）撤销期间

1. 胁迫

（1）胁迫行为终止之日起1年内。被非法限制人身自由的，撤销期间为恢复人身自由之日起1年内。

（2）被胁迫方的撤销权，不适用"结婚登记之日起5年内行使撤销权"的限制。

2. 婚前重大疾病未告知

（1）撤销期间为自知道或者应当知道撤销事由之日起1年；

（2）自结婚登记之日起5年内撤销权未行使的，撤销权消灭。

事　　由	撤销权人	撤销机关	撤销期间	登记后5年未行使
胁　　迫	被胁迫方	法　　院	胁迫终止之日，或恢复人身自由之日，1年	**撤销权不消灭**
隐瞒重大疾病	被隐瞒方	法　　院	知道或应当知道之日，1年	**撤销权消灭**

（五）婚姻登记程序瑕疵

结婚登记程序存在瑕疵，并不属于可撤销婚姻的事由。当事人以此为由主张撤销结婚登记的，告知其可以依法申请行政复议或者提起行政诉讼。

📖 实例精粹

案情：甲欲与乙结婚，因甲临时有事，遂让其双胞胎弟弟小甲冒充甲与乙办理了结婚

登记手续。

问题： （1） 乙能否以小甲冒充甲办理结婚登记手续为由，主张撤销婚姻？

（2） 如果乙未申请行政复议或提起行政诉讼，乙与谁之间存在婚姻关系？

回答： （1） 不能。这一事实并非可撤销婚姻事由。乙可申请行政复议或提起行政诉讼。

（2） 乙与甲之间存在婚姻关系。

五、婚姻无效、被撤销的后果

（一） 财产分割

1. 婚姻无效或者被撤销，当事人同居期间所得的财产，当事人没有约定的，根据照顾无过错方的原则分割。

2. 重婚导致的无效婚姻，其财产的处理，不得侵害合法婚姻当事人的财产权益。

（二） 赔偿损失

婚姻无效或者被撤销的，无过错方有权请求损害赔偿。

🔖 实例精粹

案情： 甲与乙结婚后，甲隐瞒自己已婚的事实，又与丙结婚。

问题： （1） 甲、丙的婚姻效力如何？

（2） 甲、丙未对同居期间所得财产的处理作出约定，该财产如何分割？

（3） 因甲隐瞒自己已婚的事实，给丙造成损害，怎么办？

（4） 甲与丙结婚，给乙造成损害，怎么办？

回答： （1） 无效。

（2） ①按照有利于丙的原则分割；②不得损害乙的利益。

（3） 丙有权请求甲进行损害赔偿。

（4） 若甲、乙离婚，乙可以请求甲进行损害赔偿。

专题 **59**

——— 夫妻财产关系 ———

一、一般原理

（一） 原则

1. 婚前取得的财产，归个人所有。

2. 婚后取得的财产，归共同共有。

（二） 例外

1. 因身体伤害所取得的财产，纵然于婚内取得，也为个人财产。

2. 为一方专用之物品，纵然于婚内取得，也为个人财产。

3. 夫妻双方可以通过财产协议来约定财产的归属。

> 💡 **提 示**
>
> 不动产所有权登记"加名字",构成对不动产归属的另行约定。

二、无偿取得财产

(一)婚前一方因赠与、继承、受遗赠取得的财产归属

婚前无偿取得,是指男女双方结婚之前,因赠与、继承、受遗赠等原因,无偿取得财产。

1. 原则上,婚前无偿取得的财产,归无偿取得方个人所有。

2. 例外是,无偿给予财产方明示归双方的,从其明示。

📖 **实例精粹**

案情:甲、乙婚前,甲父去世,留有房屋一套,甲是唯一的法定继承人。现甲、乙结婚。

问题:(1)该房屋是谁的?

(2)如果甲父订立遗嘱,明确将房屋给予甲、乙二人。该房屋是谁的?

回答:(1)甲的个人财产。

(2)甲、乙的共有财产。

(二)婚后一方因赠与、继承、受遗赠取得的财产归属

婚后无偿取得,是指男女双方结婚之后,因赠与、继承、受遗赠等原因,无偿取得财产。

1. 原则上,婚后无偿取得的财产,归夫妻共有。

2. 例外是,无偿给予财产方明示归属于一方的,从其明示。

📖 **实例精粹**

案情:甲、乙婚后,甲父去世,留有房屋一套,甲是唯一的法定继承人。

问题:(1)该房屋是谁的?

(2)如果甲父订立遗嘱,明确将房屋给予甲。该房屋是谁的?

回答:(1)甲、乙共有的。

(2)甲的个人财产。

无偿取得的时间	归　　　属
婚　　前	原则:归一方;明示归双方的除外
婚　　后	原则:归双方;明示归一方的除外

三、购买房屋的归属

(一)一方婚前购买房屋的归属

夫妻一方婚前签订不动产买卖合同,以个人财产支付房款,或者以个人名义从银行贷

款，不动产登记于首付款支付方名下的：

1. 当事人无约定的，该房屋视为婚前财产，归登记人。

2. 对方当事人的利益保护

（1）尚未归还的贷款为产权登记一方的个人债务；

（2）双方婚后共同还贷支付的款项及其相对应财产增值部分，离婚时由产权登记一方对另一方进行补偿。

📖 **实例精粹**

案情：甲婚前以自己的名义与开发商订立房屋买卖合同，购买了一处房屋，房屋价格为 100 万元。甲以个人名义办理按揭贷款手续，并以个人财产交首付后，与乙结婚，甲、乙未约定该房屋的归属。婚后，开发商办理过户登记手续。

问题：（1）该房屋是谁的？

（2）尚未偿还之房贷，谁是债务人？

（3）现甲、乙离婚。经查，甲、乙婚后，乙个人支付房贷 10 万元，且该房屋现升值 20 万元。乙所偿还的 10 万元房贷，如何处理？

回答：（1）该房屋为甲的个人财产。

（2）该房贷为甲的个人债务。

（3）①乙偿还的 10 万元，甲应向乙返还；②乙偿还的 10 万元，占房屋价款的 10%，故就房屋的 20 万元增值，甲向乙补偿 10%，即 2 万元。

（二）一方婚后以个人财产购买房屋的归属

在婚姻关系存续期间，一方以婚前个人财产购买的房屋，登记在购房人名下的，房屋归购房人一方所有。

（三）婚后共有财产购买的房屋

1. 婚后用共同财产购买的房屋，纵然房屋权属证书登记在一方名下，也应当认定为夫妻共同财产。

2. 婚姻关系存续期间，双方用夫妻共同财产出资购买以一方父母名义参加房改的房屋，产权登记在一方父母名下的：

（1）该房屋归父母所有，而非夫妻共同财产。因此，离婚时，另一方主张按照夫妻共同财产对该房屋进行分割的，法院不予支持。

（2）另一方购买该房屋时的出资，可以作为债权处理，即有权请求对方予以返还。

情 形	归 属
婚前或婚后 以个人财产买房	个人所有
婚 后 以共同财产买房	双方共有
婚 后 一方父母赠房	• 登记双方归双方 • 登记一方归一方

四、个人财产于婚后所生的新物及增值

（一）收益

1. 收益，是指经营所得、投资回报。
2. 个人财产于婚后取得的收益，归双方共有。

（二）孳息

1. 孳息，是指天然孳息、租金、利息、中奖等。
2. 个人财产在婚后所产生的孳息，归属于原物一方所有。

（三）增值

个人财产在婚后所产生的增值，仍归属于原物一方。

五、财产的"可以取得"与"实际取得"

（一）含义

1. 可以取得，是指虽未实际取得，但已经可以确定，未来会实际取得的情形。
2. 实际取得，是指已经取得的情形。

（二）适用情形

1. 知识产权的收益。
2. 住房补贴、住房公积金。
3. 基本养老金、破产安置补偿费。

（三）规则

上述财产的"可以取得"或"实际取得"，任何一个发生于婚姻关系存续期间，即为夫妻共有。

实例精粹

案情：甲个人享有某技术的专利权，现甲、乙结婚后又离婚。

问题：（1）甲婚前与丙订立专利使用许可合同，婚前取得丙支付的专利使用费。该笔专利使用费是谁的？

（2）甲婚前与丙订立专利使用许可合同，婚内取得丙支付的专利使用费。该笔专利使用费是谁的？

（3）甲婚内与丙订立专利使用许可合同，离婚后取得丙支付的专利使用费。该笔专利使用费是谁的？

（4）甲离婚后与丙订立专利使用许可合同，后来取得丙支付的专利使用费。该笔专利使用费是谁的？

回答：（1）甲的个人财产。

（2）甲、乙的共有财产。

（3）甲、乙的共有财产。

（4）甲的个人财产。

六、夫妻负债

（一）婚前负债的归属

1. 原则上，该债务为个人债务。
2. 该债务用于婚后共同生活的，为共同债务。

（二）婚后负债的归属

1. 有外部约定的，按照外部约定。

（1）夫妻双方共同签字的，为共同债务；
（2）夫妻一方事后追认的，为共同债务；
（3）夫妻一方与债权人明确约定为个人债务的，为个人债务；
（4）夫妻双方内部约定为个人债务，且债权人知道或应当知道的，为个人债务。

2. 无外部约定的，适用家事代理权。

夫妻一方以个人名义，为"家庭日常生活需要"或"夫妻共同经营需要"所负的债务，为共同债务。

（三）夫妻共同债务的清偿

1. 夫妻对其共同债务承担连带偿还责任，不以婚姻关系的存续为条件。
2. 一方就共同债务承担连带清偿责任后，有权基于离婚协议或者法院的法律文书，向另一方主张追偿。

七、夫妻共有财产的分割

（一）离婚时的分割

离婚时，夫妻共有财产应予分割。离婚时的共有财产分割方式，本书将在"离婚"专题详细阐述。

（二）婚姻关系存续期间的分割

夫妻关系存续期间，原则上，夫妻一方不得请求分割共同财产。但有下列重大理由除外：

1. 一方有隐藏、转移、变卖、毁损、挥霍夫妻共同财产或者伪造夫妻共同债务等严重损害夫妻共同财产利益行为的，对方可以请求分割共有财产，以保全其财产利益。

2. 一方负有法定扶养义务的人患重大疾病需要医治，另一方不同意支付相关医疗费用的，对方可以请求分割共有财产，以支付必须支付的费用。

3. 一方患重大疾病需要医治，另一方不同意支付相关医疗费用的，对方也可以请求分割共有财产，以支付必须支付的费用。

除上述情形以外，在婚姻关系存续期间，夫妻一方不得请求分割共同财产。

（三）离婚后的夫妻共有财产分割

1. 离婚后，一方以尚有夫妻共同财产未处理为由向法院起诉请求分割，经审查该财产确属离婚时未涉及的夫妻共同财产的，法院应当依法予以分割。

2. 再次分割请求权适用诉讼时效，即自发现尚未分割的共有财产之日起3年。

八、彩礼的返还与个人财产的赠与

（一）彩礼的返还

1. 彩礼的概念和特征

彩礼，是指婚前一方按照习俗，向另一方给付的、表明娶嫁允诺的财产。彩礼具有"婚前给付""转移所有权""娶嫁允诺"三项基本特征。

2. 彩礼的返还条件

具备如下情况之一，支付一方有权请求接受一方返还彩礼：

（1）双方未办理结婚登记手续的，支付一方可请求对方返还彩礼。需要注意的是，因我国民法上并不认可订婚的法律效力，故任何一方"悔婚"的，支付彩礼一方均有权请求返还彩礼。

（2）双方办理结婚登记手续但确未共同生活的，双方离婚时，支付一方可请求对方返还彩礼。同样，无论是因任何一方的原因，导致双方结婚后未共同生活的，支付彩礼一方均有权请求返还彩礼。

（3）婚前给付并导致给付人生活困难的，双方离婚时，支付一方可请求对方返还彩礼。

没登记	
登记了，没过日子，离婚了	返还彩礼
登记了，彩礼导致生活困难，离婚了	

（二）个人财产的赠与

婚前或者婚姻关系存续期间，当事人约定将一方所有的房产赠与另一方或者共有，赠与方在赠与房产变更登记之前主张撤销赠与的，按照赠与合同的一般性规定处理。这意味着，在如下两种情况下，赠与人不得撤销赠与：

1. 赠与房屋已经过户登记的。
2. 赠与房屋尚未过户登记，但赠与合同已经公证的。

专题60

离 婚

一、离婚的途径

（一）协议离婚

协议离婚，是指夫妻双方能够对离婚、子女抚养、财产分割等事项达成一致，在婚姻登记机关办理离婚手续，从而消灭婚姻关系的离婚途径。

1. 离婚财产分割协议

离婚财产分割协议，为附延缓条件的民事法律行为，其以"离婚"事实的成就为生效

要件。因此：

（1）当事人离婚后，因履行财产分割协议发生纠纷提起诉讼的，法院应当受理。

（2）男女双方协议离婚后就财产分割问题反悔，请求撤销财产分割协议的，法院应当受理。法院审理后，未发现订立财产分割协议时存在欺诈、胁迫等情形的，应当依法驳回当事人的诉讼请求。

（3）当事人达成的以协议离婚或者到法院调解离婚为条件的财产分割以及债务处理协议，如果双方协议离婚未成，一方在离婚诉讼中反悔的，法院应当根据实际情况依法对夫妻共同财产进行分割。

2. 子女抚养的合意

在离婚后，对子女抚养发生争议，可以随时诉讼解决。

3. 协议离婚的冷静期

（1）自婚姻登记机关收到离婚登记申请之日起 30 日内，任何一方不愿意离婚的，均可撤回离婚登记申请；

（2）婚姻登记机关收到离婚登记申请之日起 30 日届满后，双方未在 30 日内亲自到婚姻登记机关申请发给离婚证的，视为撤回离婚登记申请。

第一个 30 天（冷静期）	一方可撤回
第二个 30 天	双方未亲自到场办离婚证，视为撤回

📖 实例精粹

案情：甲、乙婚后，因琐事激烈争吵，并一怒之下向婚姻登记机关递交了离婚申请。

问题：（1）如果第 10 天，甲反悔，怎么办？

（2）如果第 40 天，甲反悔，怎么办？

回答：（1）向婚姻登记机关申请撤回离婚申请。

（2）在 20 天内不去婚姻登记机关申请办理离婚证。

（二）诉讼离婚

诉讼离婚，是指夫妻双方以诉讼的方式，通过生效的法院准予离婚的判决终止婚姻关系的离婚途径。

1. 法定离婚事由

（1）重婚或者与他人同居；

（2）实施家庭暴力或者虐待、遗弃家庭成员；

（3）有赌博、吸毒等恶习屡教不改；

（4）因感情不和分居满 2 年，或经法院判决不准离婚后，又分居满 1 年，一方再次提起离婚诉讼；

（5）一方被宣告失踪；

（6）其他导致夫妻感情破裂的情形。

需要注意的是，离婚案件符合上述法定离婚事由的，法院不应当因原告有过错而判决不准离婚。

2. 女方与现役军人的保护

（1）女方的特殊保护

❶原则。女方在如下三个期间内的，男方不得起诉离婚：

第一，怀孕期间；

第二，分娩后 1 年内；

第三，终止妊娠后 6 个月内。

❷例外情况有二：

第一，女方提出离婚的；

第二，法院认为确有必要受理男方的离婚请求的。

（2）现役军人的特殊保护

❶原则。现役军人的配偶起诉离婚，未经军人同意，法院不得判决离婚。

❷例外。现役军人具有如下情形之一的除外：

第一，重婚或者与他人同居；

第二，实施家庭暴力或者虐待、遗弃家庭成员；

第三，有赌博、吸毒等恶习屡教不改。

二、离婚后的子女抚养

（一）抚养权

1. 对不满 2 周岁子女的抚养权

（1）离婚后，不满 2 周岁的子女，除母亲有不宜抚养子女的事由外，以由母亲直接抚养为原则；

（2）父母双方另有约定，且对子女健康成长无不利影响的，从其约定。

2. 对已满 2 周岁子女的抚养权

（1）父母双方对抚养问题协议不成的，按照最有利于未成年子女的原则处理；

（2）父母双方协议轮流直接抚养子女，且对子女健康成长无不利影响的，从其约定。

3. 抚养权的变更

具有下列情形之一，父母一方要求变更子女抚养关系的，法院应予支持：

（1）与子女共同生活的一方无力继续抚养子女，或者其与子女共同生活对子女身心健康确有不利影响；

（2）已满 8 周岁的子女，愿随另一方生活，该方又有抚养能力；

（3）有其他正当理由需要变更。

（二）抚养费

1. 抚养费义务人

（1）原则上，不直接抚养子女的一方，承担支付抚养费义务。

（2）父母双方可以协议由一方直接抚养子女，并由直接抚养方负担子女全部抚养费。但是，直接抚养方的抚养能力明显不能保障子女所需费用，影响子女健康成长的，法院不予支持。

2. 抚养费数额的增加

离婚协议或者判决中对抚养费的确定，不妨碍子女在必要时，向父母任何一方提出超过协议或者判决原定数额的合理要求。

3. 子女姓氏变更与抚养费的支付

（1）父母不得因子女变更姓氏而拒付子女抚养费；

（2）父或者母擅自将子女姓氏改为继母或继父姓氏而引起纠纷的，应当责令恢复原姓氏。

三、离婚时的夫妻共有财产分割

夫妻双方离婚时，共有财产应予分割。当事人双方能够约定财产的分割方式的，从其约定。如果不能达成合意，其分割方式如下：

（一）一方名义享有的有限责任公司出资的分割

法院审理离婚案件，涉及分割夫妻共同财产中以一方名义在有限责任公司的出资额，另一方不是该公司股东，且夫妻双方协商一致将出资额部分或者全部转让给该股东的配偶的，按以下情形分别处理：

1. 其他股东过半数同意转让

（1）其他股东行使优先购买权的，可以对转让出资所得财产进行分割；

（2）其他股东均明确表示放弃优先购买权的，该股东的配偶可以成为该公司股东。

2. 其他股东半数以上不同意转让

（1）其他股东愿意以同等条件购买该出资额的，可以对转让出资所得财产进行分割；

（2）其他股东不愿意以同等条件购买该出资额的，视为其同意转让，该股东的配偶可以成为该公司股东。

同意过半数	其他股东行使优先购买权	配偶分钱
	其他股东未行使优先购买权	配偶取得股权
同意未过半数	不同意股东购买	配偶分钱
	不同意股东不购买	配偶取得股权

📖 实例精粹

案情：甲、乙、丙、丁为 A 公司股东。现甲离婚，欲将其出资转让给其配偶戊。

问题：（1）如果乙、丙同意甲将其出资转让给戊，丁不同意转让：

　　　　　　①此时，怎么办？

　　　　　　②若丁不行使优先购买权，怎么办？

　　　　（2）如果乙同意甲将其出资转让给戊，丙、丁不同意转让：

　　　　　　①此时，怎么办？

　　　　　　②若丙、丁不愿购买甲的出资，怎么办？

回答：（1）①丁可行使优先购买权，购买甲的出资。戊可获得丁支付的价金。

　　　　　　②戊取得该股权，成为 A 公司的股东。

（2）①丙、丁可以同等条件购买甲的出资。戊可获得丙、丁支付的价金。

②视为丙、丁同意转让，戊取得该股权，成为 A 公司的股东。

（二）一方名义享有的合伙企业份额的分割方式

法院审理离婚案件，涉及分割夫妻共同财产中以一方名义在合伙企业中的出资，另一方不是该企业合伙人的，当夫妻双方协商一致，将其合伙企业中的财产份额全部或者部分转让给对方时，按以下情形分别处理：

1. 其他合伙人一致同意的，该配偶依法取得合伙人地位。

2. 其他合伙人不同意转让的：

（1）其他合伙人在同等条件下行使优先购买权的，可以对转让所得的财产进行分割；

（2）其他合伙人不行使优先购买权，但同意该合伙人退伙或者削减部分财产份额的，可以对结算后的财产进行分割。

3. 其他合伙人既不同意转让，也不行使优先购买权，又不同意该合伙人退伙或者削减部分财产份额的，视为全体合伙人同意转让，该配偶依法取得合伙人地位。

全体同意	配偶取得合伙份额	
有人不同意	出资购买	配偶分钱
	同意离婚的合伙人退伙	配偶分钱
	既不出资，又不同意退伙	配偶取得合伙份额

实例精粹

案情：甲、乙、丙、丁为 A 合伙企业合伙人。现甲离婚，欲将其合伙份额转让给其配偶戊。

问题：（1）如果乙不同意戊取得合伙份额，怎么办？

（2）如果乙不同意购买，怎么办？

（3）如果乙也不同意甲退伙，怎么办？

回答：（1）乙应购买。此时，戊可分得价金。

（2）同意甲退伙，向甲退回其出资财产。此时，戊可以取得甲合伙份额的变价。

（3）视为乙同意戊取得合伙份额，戊成为新的合伙人。

（三）夫妻之间订立借款协议

夫妻之间订立借款协议，以夫妻共同财产出借给一方从事个人经营活动或者用于其他个人事务的，应视为双方约定处分夫妻共同财产的行为，离婚时可以按照借款协议的约定处理。

（四）财产分割的比例

1. 财产分割的照顾

离婚时，夫妻协议不成的，由法院按照照顾子女、女方和无过错方权益的原则判决。

2. 少分或者不分

一方隐藏、转移、变卖、毁损、挥霍夫妻共同财产，或者伪造夫妻共同债务企图侵占

另一方财产的，分割夫妻共同财产时，对该方可以少分或不分。

四、离婚财产补偿、离婚财产帮助与离婚损害赔偿

（一）离婚财产补偿

夫妻一方因抚育子女、照料老年人、协助另一方工作等负担较多义务的，离婚时有权向另一方请求补偿，另一方应当给予补偿。

（二）离婚财产帮助

离婚时，如一方生活困难，有负担能力的另一方应从其住房等个人财产中给予适当帮助。

（三）离婚损害赔偿

1. 离婚损害赔偿的法定事由

有下列情形之一，导致离婚的，无过错方有权请求损害赔偿：

（1）重婚；

（2）与他人同居；

（3）实施家庭暴力；

（4）虐待、遗弃家庭成员；

（5）有其他重大过错，如赌博、酗酒、吸毒导致离婚。

> **提 示**
>
> 夫以妻擅自中止妊娠侵犯其生育权为由请求损害赔偿的，法院不予支持。

2. 离婚损害赔偿的当事人

（1）离婚损害赔偿权利人，为无过错方，即不具有上述离婚损害赔偿法定事由的一方；

（2）离婚损害赔偿义务人，为过错方，即具有上述离婚损害赔偿法定事由的一方；

（3）夫妻双方均有上述过错，一方或者双方向对方提出离婚损害赔偿请求的，法院不予支持。

3. 离婚损害赔偿的责任类型

离婚损害赔偿的责任类型，既包括财产损害赔偿责任，也包括精神损害赔偿责任。

4. 离婚损害赔偿的法律前提

（1）无过错方不同意离婚时，不得主张损害赔偿；

（2）法院判决不准离婚的案件，不得主张损害赔偿；

（3）在婚姻关系存续期间，当事人不起诉离婚而单独依据离婚损害赔偿的法定事由提起损害赔偿请求的，法院不予受理。

5. 离婚损害赔偿的诉讼程序

（1）离婚诉讼的原告为无过错方的，其离婚请求与损害赔偿请求，应同时提出。否则，离婚之后，不得再提出损害赔偿请求。

（2）离婚诉讼的被告为无过错方，其损害赔偿请求没有在离婚之诉中主张的，可单独诉请损害赔偿。

（3）离婚诉讼的被告为无过错方，一审时被告未提出损害赔偿请求，二审期间提出的：

❶法院应当进行调解；调解不成的，告知当事人另行起诉。

❷双方当事人同意由二审法院一并审理的，二审法院可以一并裁判。

（4）当事人在婚姻登记机关办理离婚登记手续后，并不影响起诉主张提出损害赔偿请求。但当事人在协议离婚时已经明确表示放弃该项请求的，法院不予支持。

第**21**讲 ◂◂◂
收养法与继承法

专题**61**

────── 收 养 法 ──────

收养，是指送养人与收养人订立收养协议，将被收养人交收养人收养的行为。

一、收养的条件

（一）被收养人

被收养人，需为未成年人。

（二）送养人

以下个人、组织可以作为送养人：

1. 有特殊困难无力抚养子女的生父母。配偶一方死亡，另一方送养未成年子女的，死亡一方的父母有"优先抚养"的权利。

2. 生父母外的监护人。

（1）孤儿的监护人。但是，孤儿有其他抚养义务人，监护人送养孤儿的，应当征得有抚养义务的人同意。有抚养义务的人不同意送养、监护人又不愿意继续履行监护职责的，应当另行确定监护人。

（2）未成年人的父母均不具备完全民事行为能力，且可能严重危害该未成年人的，该未成年人的监护人可以将其送养。

3. 儿童福利机构。

🔖 **实例精粹**

案情：甲、乙婚后生子小甲。

问题：（1）如果甲、乙之家庭为小康之家，甲、乙能否将小甲送养予他人？

（2）如果甲、乙均患有精神病，甲父担任小甲的监护人，那么：

① 甲父能否将小甲送养予他人？

② 若甲、乙严重危害小甲的人身安全，甲父欲将小甲送养予他人，是否应征得乙母的同意？

    （3）如果甲死亡，乙因特殊困难无力抚养小甲，欲将小甲送养予丙，是否应征得
      甲父的同意？

    （4）如果甲、乙均死亡，甲父担任小甲的监护人，甲父欲将小甲送养予他人，是
      否应征得乙母的同意？

回答：（1）不能。

   （2）①不能。

     ②否。只有监护人送养孤儿，方应当征得有抚养义务的人同意。

   （3）是。甲父享有优先抚养权。

   （4）是。监护人送养孤儿，应当征得有抚养义务的人同意。

（三）收养人

收养人应当同时具备下列条件：

1. 收养能力。

（1）未患有在医学上认为不应当收养子女的疾病；

（2）无不利于被收养人健康成长的违法犯罪记录。

2. 无子女或只有 1 名子女。

3. 无子女的收养人可以收养 2 名子女，有子女的收养人只能收养 1 名子女。

4. 年满 30 周岁。

5. 无配偶者收养异性子女的，收养人与被收养人的年龄应当相差 40 周岁以上。

（四）收养条件的例外

1. 收养三代以内旁系同辈血亲的子女的，不受下列条件限制：

（1）生父母有特殊困难无力抚养；

（2）无配偶者收养异性子女年龄相差 40 周岁以上；

（3）华侨收养三代以内旁系同辈血亲的子女的，也不受"无子女或只有 1 名子女"
的限制。

2. 收养孤儿、残疾未成年人、儿童福利机构抚养的查找不到生父母的未成年人，不
受下列条件的限制：

（1）无子女或只有 1 名子女；

（2）无子女的收养人可以收养 2 名子女，有子女的收养人只能收养 1 名子女。

📖 实例精粹

案情：甲、乙婚后生子大甲、小甲。

问题：（1）如果甲兄已有 2 名子女，甲、乙能否将小甲、大甲送养予甲兄？

   （2）如果甲兄是华侨，且已有 2 名子女，甲、乙能否将小甲、大甲送养予甲兄？

   （3）如果大甲、小甲为残疾儿童，而丙已有 2 名子女，甲、乙能否将小甲、大甲
     送养予丙？

回答：（1）不能。甲兄不具备收养人条件。

   （2）不能。甲兄只能收养 1 名子女。

   （3）能。

3. 继父母收养继子女的，需经继子女的生父母同意，除此之外不受任何条件的限制。

二、收养的成立

（一）达成收养合意

收养合意，是送养人与收养人订立的，以被收养人的收养为内容的身份法律行为。收养合意的意思表示规则是：

1. 送养的决定。生父母送养子女，须双方共同送养。生父母一方不明或者查找不到的，另一方可以单方送养。

2. 收养的决定。有配偶者收养子女，须夫妻共同收养。

3. 被收养人的意见。收养年满8周岁以上未成年人的，应当征得被收养人的同意。

（二）办理收养登记

1. 程序

（1）收养应当向县级以上人民政府民政部门登记。收养关系自登记之日起成立。收养查找不到生父母的未成年人的，办理登记的民政部门应当在登记前予以公告。

> 💡 **提 示**
>
> 未办理收养登记，收养不成立。

（2）县级以上人民政府民政部门应当依法进行收养评估。

2. 收养的效力

（1）养父母与养子女间的权利义务关系，适用《民法典》关于父母子女关系的规定；

（2）养子女与养父母的近亲属间的权利义务关系，适用《民法典》关于子女与父母的近亲属关系的规定；

（3）养子女与生父母以及其他近亲属间的权利义务关系，因收养关系的成立而消除。

需要注意的是，孤儿或者生父母无力抚养的子女，可以由生父母的亲属、朋友抚养；抚养人与被抚养人的关系不适用收养制度的规定。

三、收养的解除

收养的解除，是指已经成立的收养关系归于消灭。收养的解除，涉及解除条件、解除方式以及解除后果等问题。

（一）收养解除的方式

1. 协商解除

（1）收养人、送养人可以协议解除收养关系。养子女年满8周岁以上的，应当征得本人同意。

（2）养父母与成年养子女关系恶化、无法共同生活的，可以协议解除收养关系。不能达成协议的，可以向法院起诉。

2. 解除权解除

收养人不履行抚养义务，有虐待、遗弃等侵害未成年养子女合法权益行为的，送养人有权要求解除养父母与养子女间的收养关系。送养人、收养人不能达成解除收养关系协议的，可以向法院提起诉讼。

3. 解除收养关系的登记

当事人协议解除收养关系的，应当到民政部门办理解除收养关系登记。

（二）收养关系解除的法律后果

1. 亲属法律关系后果

（1）收养关系解除后，养子女与养父母以及其他近亲属间的权利义务关系即行消除；

（2）收养关系解除后，未成年养子女与生父母以及其他近亲属间的权利义务关系自行恢复，但成年养子女与生父母以及其他近亲属间的权利义务关系是否恢复，可以协商确定。

2. 财产法律关系后果

（1）养子女未成年

❶生父母要求解除收养关系的，养父母可以要求生父母适当补偿收养期间支出的抚养费；但是，因养父母虐待、遗弃养子女而解除收养关系的除外。

❷生父母要求解除收养关系的，养父母不得请求偿付收养期间所承担的监护人责任。

（2）养子女成年

❶收养关系解除后，经养父母抚养的成年养子女，对缺乏劳动能力又缺乏生活来源的养父母，应当给付生活费；

❷因养子女成年后虐待、遗弃养父母而解除收养关系的，养父母可以要求养子女补偿收养期间支出的抚养费。

总 结 在收养解除中，收养人的抚养费请求权的成立条件

Ⓐ 养子女成年后虐待、遗弃养父母。

Ⓑ 生父母要求解除收养关系。但是，养父母虐待、遗弃养子女的除外。

专题 62

继 承 法

继承权，是指继承人所享有的、在被继承人死亡后，取得被继承人遗产的权利。在法律上，继承权涉及权利人、权利的放弃、权利的消灭等问题。

一、继承权

（一）继承人

1. 第一顺序继承人

（1）父母、配偶、子女；

（2）对公婆、岳父母尽了主要赡养义务的丧偶儿媳、丧偶女婿。

2. 第二顺序继承人

（1）祖父母、外祖父母，代位继承中的孙子女、外孙子女；

（2）兄弟姐妹。

没有第一顺序继承人的，第二顺序继承人有权继承。

（二）"养"与"继"

1. 养父母子女、兄弟姐妹

收养关系成立后，养父母子女、兄弟姐妹间相互享有继承权，生父母子女、兄弟姐妹间的继承权消灭。

2. 继父母子女、兄弟姐妹

（1）继父母子女、兄弟姐妹之间形成扶养关系的，相互享有继承权；

（2）生父母子女、兄弟姐妹之间的继承关系继续存在。

📖 实例精粹

案情： 甲、乙生子A、B、C。甲、乙将C送予丙收养，办理了收养登记，丙有子D。后甲、乙离婚，乙与丁再婚。此时，A已成年，B随乙与丁共同生活，丁有子E，也随丁与乙共同生活。

问题：（1）甲、乙将C送养给丙后：

　　　①C与丙、D之间是否存在继承权关系？

　　　②C与甲、乙、A、B之间是否存在继承权关系？

　　（2）乙与丁再婚后：

　　　①A与丁、E之间是否存在继承权关系？

　　　②B与丁、E之间是否存在继承权关系？

　　　③B与甲、乙、A之间是否存在继承权关系？

回答：（1）①是。存在养父母子女、养兄弟姐妹间的继承权关系。

　　　②否。收养关系成立，生父母子女、生兄弟姐妹间的继承权关系消灭。

　　（2）①否。A与其继父母、继兄弟姐妹之间并未形成扶养关系。

　　　②是。B与其继父母、继兄弟姐妹之间形成了扶养关系。

　　　③是。继子女对其生父母、生兄弟姐妹间的继承权关系继续存在。

（三）丧失继承权与受遗赠权

1. 丧失继承权、受遗赠权的法定事由

（1）绝对事由

❶故意杀害被继承人，丧失对被继承人的继承权。

第一，主观上，系故意为之，但不问动机为何；

第二，不问既遂还是未遂。

❷为争夺遗产而杀害其他继承人，丧失对被继承人的继承权。

第一，主观上，不仅系故意为之，而且具有争夺遗产的目的；

第二，不问既遂还是未遂。

实例精粹

案情：老甲有大甲、小甲二子，均已成家。老甲死亡后，大甲为争夺老甲的遗产，故意将小甲杀害。

问题：（1）大甲是否丧失对小甲的继承权？

（2）大甲是否丧失对老甲的继承权？

回答：（1）是。故意杀害被继承人，丧失对被继承人的继承权。

（2）是。大甲为争夺遗产杀害小甲，则大甲丧失对老甲的继承权。

（2）相对事由

❶遗弃被继承人，或者虐待被继承人，情节严重。

❷伪造、篡改、隐匿或者销毁遗嘱，情节严重。例如，侵害了缺乏劳动能力又无生活来源的继承人的利益，并造成其生活困难。

❸以欺诈、胁迫手段迫使或者妨碍被继承人设立、变更或者撤回遗嘱，情节严重。

2. 上述行为的法律后果

（1）对继承人的后果

❶继承人有绝对事由的，丧失继承权。纵然被继承人表示宽宥，或以遗嘱将遗产指定由该继承人继承，其也不得享有继承权。

❷继承人有相对事由的，原则上，丧失继承权。但是，在同时具备如下条件时，该继承人可不丧失继承权：

第一，继承人确有悔改表现；

第二，被继承人表示宽宥或者事后在遗嘱中将其列为继承人。

（2）对受遗赠人的后果

受遗赠人有上述行为的，均绝对丧失受遗赠权。

（四）放弃继承权

1. 放弃继承权的方式

继承人放弃继承应当以书面形式，向遗产管理人或者其他继承人表示。

2. 放弃继承权的限制

（1）继承人因放弃继承权，致其不能履行法定义务的，放弃继承权的行为无效。

（2）继承人放弃继承的意思表示，应当在继承开始后、遗产分割前作出。遗产分割后表示放弃的不再是继承权，而是所有权。

3. 放弃继承权后的反悔

（1）遗产处理前或者在诉讼进行中，继承人对放弃继承反悔的，由法院根据其提出的具体理由，决定是否承认；

（2）遗产处理后，继承人对放弃继承反悔的，不予承认。

4. 放弃继承权的效力

放弃继承的效力，追溯到继承开始的时间。

（五）继承权诉讼

1. 继承诉讼开始后，如继承人、受遗赠人中有既不愿参加诉讼，又不表示放弃实体权利的，应当追加为共同原告。

2. 继承人、受遗赠人放弃继承权、受遗赠权的，不再列为当事人。

二、法定继承

法定继承，又称无遗嘱继承，是指在不能根据被继承人的遗嘱来确定继承人顺序、继承份额的情况下，根据法律规定来确定继承人顺序、份额的继承方式。

（一）法定继承的适用条件

1. 存在遗嘱未处分的遗产。

2. 遗嘱继承人、受遗赠人先于立遗嘱人死亡，遗嘱无法适用。

（二）遗嘱继承人、受遗赠人先于立遗嘱人死亡

1. 先死亡的遗嘱继承人、受遗赠人依据遗嘱可得的遗产，适用法定继承。

2. 先死亡的遗嘱继承人，对立遗嘱人享有法定继承权的，由其"后人"代位继承。

📖 实例精粹

案情：甲生子大甲、小甲，均已成年。甲订立遗嘱，将40%的遗产给大甲，60%的遗产给小甲。但小甲先于甲死亡。

问题：（1）甲死亡后，大甲是否可依遗嘱继承甲40%的遗产？

（2）甲死亡后，小甲本可依遗嘱继承的甲60%的遗产，如何处理？

（3）法定继承怎么进行？

回答：（1）可以。

（2）小甲先于甲死亡，意味着小甲死亡后，甲遗嘱中"将60%的遗产给小甲"这一部分失效，故该部分遗产适用法定继承。

（3）甲的法定继承人为大甲、小甲。小甲的法定继承权由其"后人"代位继承。故大甲法定继承30%，小甲的"后人"代位继承30%。

三、代位继承

（一）结构

1. 被继承人死亡，其遗产需要法定继承。

2. 被继承人的法定继承人先于被继承人死亡，但有"后人"。

3. 其"后人"代位行使其法定继承权。

> 💡 **提 示**
>
> 代位继承思维——"椅子"与"椅子上的人"相区分
>
> Ⓐ "椅子"：被继承人死亡后，有几把"法定继承权椅子"，看生前。
>
> Ⓑ 被继承人死亡时，法定继承人活着的，即"椅子在、有人坐"，该法定继承人参与

法定继承。

ⓒ 被继承人死亡时，法定继承人已经死亡的，即"椅子在、但空着"。此时，该法定继承人的"后人"坐上去，参与法定继承，即代位继承。

（二）被继承人子女的直系晚辈血亲的代位继承

老甲②（后死）

↑ 代位继承

甲（老甲的子女）①（先死）

小甲（甲的直系晚辈血亲）

1. 当事人关系

（1）甲是老甲的"子女"，包括生子女、养子女、继子女。

（2）小甲（"后人"）是甲的"直系晚辈血亲"。

❶ 有第一代直系晚辈血亲的，由其代位继承；没有的，由下一代直系晚辈血亲代位继承，以此类推，不受辈数限制。

❷ 不包括继子女、继孙子女。

> **总 结**
> **Ⓐ** 小甲叫甲"亲爸亲妈""养爸养妈"的，可以代位继承；
> **Ⓑ** 小甲叫甲"后爸后妈"的，不得代位继承。

2. 死亡顺序

（1）老甲死亡，需要法定继承。

（2）甲已经死亡。甲本有"法定继承权"，但"椅子在，空着"。

3. 小甲代位继承。即小甲坐到甲"法定继承权"的"椅子"上，代位继承。

4. 小甲是老甲的继承人。

🔖 实例精粹

1. **案情**：老甲生子大甲、小甲。小甲生子 A。老甲死亡时，小甲已经死亡。经查，老甲未订立遗嘱。

问题：老甲的遗产如何继承？

回答：大甲法定继承 50%，A 代位继承 50%。

2. **案情**：老甲生子大甲、小甲。小甲与小丫婚后，生子 A。小丫与前夫生子 B，与小甲共同生活。老甲死亡时，小甲已经死亡。经查，老甲未订立遗嘱。

问题：（1）A 能否代位继承老甲的遗产？

（2）B 能否代位继承老甲的遗产？

（3）如果小甲死后，小丫对老甲尽到主要赡养义务，老甲死后，老甲的遗产如何继承？

回答：（1）能。A是小甲的"直系晚辈血亲"。

（2）不能。B不是小甲的"直系晚辈血亲"。

（3）大甲继承1/3；小丫继承1/3；A代位继承1/3。

3. 案情：老甲生子大甲、小甲。小甲生子A。老甲死亡时，小甲已经死亡。经查，老甲已订立遗嘱，将所有遗产给大甲。

问题：老甲的遗产如何继承？

回答：大甲遗嘱继承100%，A无位可代。

（三）被继承人兄弟姐妹的子女的代位继承

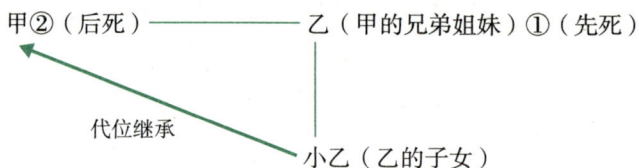

1. 当事人关系

（1）甲、乙为兄弟姐妹，包括生、养、继兄弟姐妹；

（2）小乙（"后人"）是乙的"子女"，包括生、养、继子女。

2. 死亡顺序

（1）甲死亡，需要法定继承。

（2）乙已经死亡。乙本有"法定继承权"，但"椅子在，空着"。

3. 小乙代位继承。即小乙坐到乙"法定继承权"的"椅子"上，代位继承。

4. 小乙是甲的继承人。

📋 实例精粹

1. 案情：甲、乙、丙是兄弟。丙生子A。甲死亡时，丙已经死亡。经查，甲未订立遗嘱。

问题：甲的遗产如何继承？

回答：乙法定继承50%，A代位继承50%。

2. 案情：甲、乙、丙是兄弟。丙生子A，甲娶妻B。甲死亡时，丙已经死亡。经查，甲订立遗嘱，将遗产50%给乙，50%给丙。

问题：甲的遗产如何继承？

回答：乙遗嘱继承50%；丙本可遗嘱继承的50%，因其已经死亡，适用法定继承，归B；A无位可代。

四、转继承

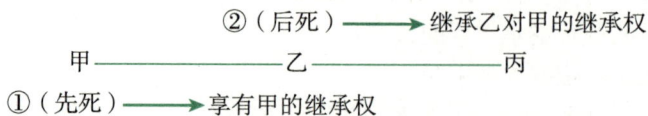

（一）当事人关系

1. 乙对甲享有继承权。

2. 丙对乙享有继承权。

（二）死亡顺序

1. 甲先死亡，故乙对甲享有了继承权。

2. 乙取得甲遗产前，也死亡，故乙对甲享有的继承权，由丙继承，此即转继承。

3. 丙是乙的继承人。

总　结 转继承的本质，是"丙继承了乙对甲的继承权"。

实例精粹

1. 案情：甲、乙为夫妻，甲有个人财产房屋 A。

   问题：甲死亡后，乙母从甲处继承房屋 A 的条件是什么？

   回答：在甲死亡后、遗产分割前，乙也死亡。具体来讲，第一，甲死亡，乙取得甲的房屋 A 的继承权；第二，遗产分割前，乙死亡，乙母即继承乙已经享有的房屋 A 的继承权；第三，乙母据此可从甲处继承房屋 A，即转继承。

2. 案情：老甲生子大甲、小甲。小甲与小丫婚后，生子 A。老甲死亡时，小甲已经死亡。经查，老甲未订立遗嘱。A 取得老甲遗产前，也死亡。

   问题：（1）老甲死亡时，A 能否继承老甲的遗产？

   （2）A 死亡后，小甲的代位继承权，怎么办？

   回答：（1）能。A 可代小甲法定继承权之位，继承老甲的遗产。

   （2）由小丫转继承。

	当事人关系	死亡顺序	继承份额	法律地位
代位继承	A：被继承人 B：被代位继承人（A 的子女、兄弟姐妹） C：代位继承人（B 的直系晚辈血亲、子女）	B 先死亡 A 后死亡	B 的法定继承份额，由 C 代位继承	C 是 A 的继承人
转继承	A：被继承人 B：被转继承人（A 的继承人） C：转继承人（B 的继承人）	A 先死亡 B 后死亡	B 的继承份额，由 C 转继承	C 是 B 的继承人

五、非继承人的适当分予权

在被继承人的遗产分配过程中，不享有继承权的非继承人，具备法定事由的，可以适当分予被继承人的遗产。

（一）享有适当分予权的非继承人范围

1. 依靠被继承人扶养的非继承人。

2. 对被继承人扶养较多的非继承人。

（二）"适当分予"的含义

可以适当分得遗产的非继承人，分给他们遗产时，按照具体情况，可多于或者少于继承人。

（三）适当分予权的消灭

适当分予权人明知继承人分割遗产，而未提出请求的，其适当分予权消灭。

六、遗嘱

（一）遗嘱的形式

遗嘱作为要式法律行为，必须具备法定的形式要件。遗嘱的形式包括：

1. 自书遗嘱，即立遗嘱人亲笔书写的遗嘱。要求立遗嘱人签名，注明立遗嘱时间。

2. 代书遗嘱，即立遗嘱人口述，代书人记录的遗嘱。要求2个以上见证人在场见证，由其中一人代书，并由遗嘱人、代书人和其他见证人签名，注明立遗嘱时间。

3. 打印遗嘱，即打印的遗嘱。要求2个以上见证人在场见证，遗嘱人和见证人在每一页签名，注明立遗嘱时间。

4. 录音录像遗嘱，即立遗嘱人以录音录像形式订立的遗嘱。要求2个以上见证人在场见证，遗嘱人和见证人应当在录音录像中记录其姓名或者肖像及立遗嘱时间。

5. 口头遗嘱，即立遗嘱人以口头形式立的遗嘱。

（1）立遗嘱人只有在生命危急的情况下，才可以立口头遗嘱；

（2）口头遗嘱应当有2个以上见证人在场见证；

（3）危急情况解除后，遗嘱人能够用其他形式立遗嘱的，所立的口头遗嘱无效。

> **• 总 结**
>
> Ⓐ 只有"自书遗嘱"不要求有见证人；
>
> Ⓑ "口头遗嘱"不仅要求有见证人，还要求"危急情况"。

（二）遗嘱见证人的消极条件

代书遗嘱、打印遗嘱、录音录像遗嘱、口头遗嘱均需要2个以上见证人见证。下列人员不能作为遗嘱见证人：

1. 无民事行为能力人、限制民事行为能力人及其他不具有见证能力的人。

2. 继承人、受遗赠人。

3. 与继承人、受遗赠人有财产上或者身份上的利害关系的人。

（三）遗嘱的不成立

遗嘱是法定要式法律行为，故不具备法定形式要件的，遗嘱不成立，在遗嘱不成立的情况下，视为没有遗嘱，适用法定继承。

> **提 示**
>
> 不具备形式要件的遗嘱，是"不成立"，而非"无效"。

(四) 遗嘱的无效

遗嘱作为一种民事法律行为，其效力瑕疵只有无效一种。

1. 遗嘱全部无效

（1）主体瑕疵，即遗嘱订立时，立遗嘱人不具备完全民事行为能力的，遗嘱全部无效；

（2）意思表示瑕疵，即遗嘱必须表示遗嘱人的真实意思，受胁迫、欺诈所立的遗嘱全部无效；

（3）口头遗嘱订立后，危急情况解除，遗嘱人能够用书面或者录音录像形式立遗嘱的，所立的口头遗嘱无效；

（4）伪造、篡改的遗嘱无效；

（5）与遗赠扶养协议抵触的遗嘱无效；

（6）继承人故意杀害被继承人，或为争夺遗产杀害其他继承人时，被继承人以遗嘱将遗产指定由该继承人继承的，可以确认遗嘱无效。

在上述遗嘱全部无效的情况下，视为没有遗嘱，适用法定继承。

2. 遗嘱部分无效

（1）遗嘱人未为缺乏劳动能力又没有生活来源的继承人保留必要的遗产份额的，遗嘱部分无效。

📋 **实例精粹**

案情：甲、乙结婚后，生子大甲、小甲。大甲4岁、小甲2岁时，甲订立自书遗嘱，指定甲个人所有的500万元财产，在其死亡后，全部由大甲继承。1年后，甲死亡。

问题：（1）甲的遗嘱效力如何？

（2）甲的遗产如何处理？

回答：（1）部分无效，即未为小甲安排继承份额的部分无效。

（2）大甲、小甲有权继承甲的遗产，但是乙依然无权继承甲的遗产。

（2）遗嘱人以遗嘱处分了属于国家、集体或他人所有的财产，遗嘱部分无效。其他部分，可参照遗嘱处理。

在上述遗嘱部分无效的情况下，视为存在遗嘱，不适用法定继承。

(五) 遗嘱的变更与撤回

遗嘱的变更、撤回，是指立遗嘱人在订立有效遗嘱之后，又变更该遗嘱的内容，或者撤回该遗嘱的行为。

1. 遗嘱的变更、撤回的方法

（1）立遗嘱人通过生前处分行为，变更、撤回遗嘱。遗嘱人生前的行为与遗嘱的意思表示相反，而使遗嘱处分的财产在继承开始前灭失、部分灭失或所有权转移、部分转移的，应视为遗嘱被撤回或部分被撤回。

（2）通过另行订立遗嘱，变更、撤回以前的遗嘱。

2. 多份遗嘱的效力认定

由上述方法以另行订立遗嘱来变更、撤回原遗嘱的规则可知，遗嘱人订立数份内容相抵触的遗嘱时，以最后的遗嘱为准。

七、遗赠、遗赠扶养协议

（一）遗赠

1. 遗嘱与遗嘱继承、遗赠的关系

（1）遗嘱，是指立遗嘱人所订立的，明确在其死亡后遗产取得人的民事行为。遗嘱在订立行为完成时成立，在立遗嘱人死亡时生效。

（2）遗嘱是遗嘱继承和遗赠的共同前提。遗嘱将遗产指定给法定继承人继承的，立遗嘱人死亡后，引起遗嘱继承。遗嘱将遗产指定给法定继承人以外的自然人、组织取得的，立遗嘱人死亡后，引起遗赠。

2. 遗赠的接受与放弃

（1）接受遗赠的意思表示，必须采取明示的方式，即以口头或书面的方式为之。否则，视为放弃受遗赠。

（2）接受遗赠的意思表示期间为受遗赠人知道受遗赠后 60 日内。

	接受与放弃	明示的期间
继承权	放弃：明示；接受：默示	明示放弃：继承开始后，遗产分割前
受遗赠权	放弃：默示；接受：明示	明示接受：主观标准 60 日

3. 受遗赠权的继承

继承开始，受遗赠人表示接受遗赠后，于遗产分割前死亡的，其接受遗赠的权利转移给他的继承人。

（二）遗赠扶养协议

遗赠扶养协议，是指扶养人与遗赠人所订立的，约定扶养人对遗赠人生养死葬，并在遗赠人死亡后，取得遗赠人特定财产的协议。

1. 扶养人资格

对遗赠人负有法定扶养义务的人，即法定继承人范围之内的近亲属，不得与遗赠人订立遗赠扶养协议。

2. 遗赠扶养协议中的遗赠义务

（1）在遗赠扶养协议中，只有在遗赠人死亡后，扶养人方能取得约定的遗赠人财产。

📖 实例精粹

案情：甲与乙订立合同，约定乙将房屋 A 赠与甲后，甲对乙承担生养死葬的义务。

问题：甲、乙的合同是否为遗赠扶养协议？

回答：否。该合同为附义务的赠与。

（2）在遗赠扶养协议中，遗赠人的遗赠义务，性质为其生前所欠的债务。故扶养人取得遗赠财产的债权，优先于继承权、受遗赠权。

实例精粹

案情：甲、乙订立遗赠扶养协议，约定甲对乙承担生养死葬的义务，乙死亡后将房屋 A、汽车 B 遗赠给甲。随后，乙订立遗嘱，将房屋 A 给其子丙继承，汽车 B 遗赠给朋友丁。现乙死亡。

问题：谁有权取得房屋 A、汽车 B？

回答：甲。甲的遗赠扶养协议债权优先于丙的遗嘱继承权和丁的受遗赠权。

八、遗产的处理

（一）死亡时间的推定

相互有继承关系的几个人在同一事件中都死亡，不能确定死亡先后时间的，其死亡时间的推定规则是：

1. 推定没有"活着的"继承人的人先死亡。

2. 死亡人各自都有"活着的"继承人的：

（1）如几个死亡人辈分不同，推定长辈先死亡；

（2）几个死亡人辈分相同，推定同时死亡，彼此不发生继承，由他们各自的继承人分别继承。

实例精粹

案情：老甲生子大甲、小甲。大乙、小乙为姐妹。小甲与小乙结婚，生子 A。一日，老甲、小甲、小乙、A 外出发生意外，均死亡，且无法查明死亡的先后顺序。经查，老甲有财产 40 万元，小甲、小乙有共有财产 30 万元，A 有财产 20 万元，且各当事人均未订立遗嘱。

问题：（1）推定谁最先死亡？

（2）A 死亡后，推定谁死亡？

（3）老甲死亡后，推定谁死亡？

回答：（1）A。A 没有"活着的"继承人，故推定 A 先死亡。A 的遗产 20 万元，由小甲、小乙继承。

（2）老甲。老甲、小甲、小乙均有"活着的"继承人，老甲为长辈，故推定老甲先死亡。老甲的 40 万元财产，20 万元由大甲继承，20 万元由小甲、小乙继承。

（3）小甲、小乙。小甲、小乙为平辈，推定其同时死亡。小甲、小乙之间不发生继承，其各自的财产，分别由大甲、大乙继承。

（二）遗产的确定

1. 土地承包收益与承包权

（1）个人承包应得的个人收益，可以作为遗产继承。

（2）个人承包经营权，依法允许由继承人继续承包的，按照承包合同办理。

（3）承包人死亡时尚未取得承包收益，且依照法律、承包合同不得由继承人继续承包的，可把死者生前对承包所投入的资金和所付出的劳动及其增值和孳息，由发包单位或者接续承包合同的人合理折价、补偿。其价额作为遗产。

2. 遗产的价值代位物

（1）遗产的价值代位物，是指遗产在分割之前受到侵害、毁损、灭失、被征收时，遗产原物价值的再现，包括遗产的赔偿金、保险金、补偿金。价值代位物具有遗产的性质。

（2）与遗产价值无关的其他赔偿或补偿，不具有遗产的性质。

📖 实例精粹

案情：甲死亡，房屋 A 为甲的遗产。甲未订立遗嘱，大甲、小甲是甲仅有的继承人。

问题：（1）房屋 A 分割前，被乙失火烧毁。现乙赔偿损失 100 万元。该 100 万元赔偿金是否为遗产？

（2）大甲找乙索赔，支出了必要费用。现乙向大甲赔偿其支出的必要费用 1 万元。该 1 万元费用是否为遗产？

回答：（1）是。其由大甲、小甲分割。

（2）否。其由大甲取得。

3. 以下基于侵权损害所获得的赔偿金，致害人向死者近亲属赔偿的财产，不属于死者的遗产：

（1）自然人因侵权行为致死，或自然人死亡后其人格或者遗体遭受侵害的情况下，死者近亲属有权主张的精神损害赔偿金；

（2）死亡赔偿金。

（三）遗产管理人

遗产管理人，是指保管、清理遗产，结清被继承人生前债权、债务，执行遗嘱并处理其他继承事务的自然人或组织。

1. 遗产管理人的确定

（1）继承开始后，遗嘱执行人为遗产管理人；

（2）没有遗嘱执行人的，继承人应当及时推选遗产管理人；

（3）继承人未推选的，由继承人共同担任遗产管理人；

（4）没有继承人或者继承人均放弃继承的，由被继承人生前住所地的民政部门或者村民委员会担任遗产管理人。

对遗产管理人的确定有争议的，利害关系人可以向法院申请指定遗产管理人。

2. 遗产管理人的权利与责任

（1）遗产管理人可以依照法律规定或者按照约定获得报酬；

（2）遗产管理人因故意或者重大过失，造成继承人、受遗赠人、债权人损害的，应当承担民事责任。

（四）被继承人生前债务的清偿

继承人清偿被继承人生前所欠债务，是遗产处理过程中的必要环节。被继承人生前债务的清偿，应当遵循如下原则：

1. 概括继承原则

遗产的继承，不仅包括被继承人积极遗产的继承，也包括其消极遗产（即债务）的继承。相应地，继承人放弃继承的，对被继承人生前所欠的债务可以不负偿还责任。

2. 限定继承原则

继承人对被继承人生前债务的清偿，以所继承的遗产实际价值为限。超过遗产实际价值部分，继承人自愿偿还的不在此限。

3. 保护继承人生存利益原则

继承人中有缺乏劳动能力又没有生活来源的人，即使遗产不足以清偿债务，也应为其保留适当遗产，然后再清偿被继承人生前所欠的债务。

4. 顺序清偿原则

遗产分割后，而债务尚未清偿的，首先由法定继承人用其所得遗产清偿债务。

（1）有 2 个或 2 个以上法定继承人，且法定继承所得的遗产额大于债务额的，各法定继承人按照各自法定继承遗产的比例偿还；

（2）法定继承的遗产不足以清偿债务的，剩余的债务由遗嘱继承人和受遗赠人按比例以所得遗产偿还。

实例精粹

案情： 甲死亡。根据甲生前订立的遗嘱，长子乙、次子丙各继承 10 万元，5 万元遗赠给侄女丁。另有 10 万元，因遗嘱未处置，由乙和丙法定继承，各得 5 万元。现甲生前的债权人请求清偿债务。

问题： （1）如果甲生前所欠债务为 8 万元，乙、丙、丁如何偿还？
（2）如果甲生前所欠债务为 30 万元，乙、丙、丁如何偿还？

回答： （1）乙、丙按照 1∶1 的比例，各偿还 4 万元。
（2）乙、丙法定继承的 10 万元偿还后，剩余的 20 万元，乙、丙、丁按照 2∶2∶1 的比例，分别偿还 8 万元、8 万元、4 万元。

（五）无人继承、受遗赠的遗产处理

1. 无人继承又无人受遗赠的遗产，归国家所有，用于公益事业；死者生前是集体所有制组织成员的，归所在集体所有制组织所有。

2. 可以分给适当遗产的人提出取得遗产的诉讼请求的，法院应当视情况适当分给遗产。

图书在版编目（ＣＩＰ）数据

民法62专题.理论卷/张翔编著.—北京：中国政法大学出版社，2023.10
ISBN 978-7-5764-1130-0

Ⅰ.①民… Ⅱ.①张… Ⅲ.①民法－中国－资格考试－自学参考资料 Ⅳ.①D923.04

中国国家版本馆CIP数据核字(2023)第192390号

出　版　者	中国政法大学出版社
地　　　址	北京市海淀区西土城路25号
邮寄地址	北京100088 信箱8034分箱　邮编100088
网　　　址	http://www.cuplpress.com（网络实名：中国政法大学出版社)
电　　　话	010-58908285(总编室) 58908433 （编辑部） 58908334(邮购部)
承　　印	三河市华润印刷有限公司
开　　本	787mm×1092mm　1/16
印　　张	25
字　　数	600千字
版　　次	2023年10月第1版
印　　次	2023年10月第1次印刷
定　　价	83.00元

HOUDAFAKAO
厚大法考
法考生备考一站式服务平台

官方微博

扫码关注官方微博@厚大法考培训官博
获取更全、更新、更多的法考资料&信息库

公众号

扫码关注微信公众号"厚大法考"
获取法考资讯、干货、备考技巧、学习方法

POPULARIZING LAW
[普法平台]

抖音
厚大教育官方

B站
厚大教育

小红书
厚大法考咨询

今日头条
厚大法考

认真是我们的底色,优质是我们的常态!
让法律学习不再晦涩难懂,每一次探索都是为了让你的学习之路更加顺畅!

面授咨询:4009-900-600-1　　　在线网课:4009-900-600-2　　　学习包咨询:4009-900-600-3

地址:北京市海淀区花园东路15号旷怡大厦10层

厚大法考（北京）2024 年客观题面授教学计划

班次名称		授课时间	标准学费(元)	阶段优惠(元)				备注
				11.10 前	12.10 前	1.10 前	2.10 前	
尊享系列	九五至尊班	3.21～主观题	168000	主客一体,协议保障,终身免费重读。私人订制,建立学习档案,专属辅导,高强度、多轮次、高效率系统学习;强力打造学习氛围,定期家访,联合督学,备考无忧。				
	尊享荣耀班	3.21～主观题	69800	主客一体,协议保障。全程享受 VIP 高端服务,量身打造个性化学习方案,让备考更科学、复习更高效、提分更轻松,全方位"轰炸式"学习,环环相扣不留死角。2024 年客观题成绩合格,凭成绩单读主观题短训班;2024 年客观题未通过,退费 30000 元;2024 年主观题未通过,退费 20000 元。				
高端系列	大成 VIP 主客一体班	3.21～主观题	39800	主客一体,无优惠。定期纠偏、抽背,布置课后作业。2024 年客观题成绩合格,凭成绩单读主观题短训班;2024 年客观题未通过,退费 20000 元。				本班次配套图书及随堂内部讲义
	大成 VIP 班	3.21～8.31	39800	26800	27800	28800	29800	
	大成特训主客一体班	4.9～主观题	35800	主客一体,无优惠。定期纠偏、抽背,布置课后作业。2024 年客观题成绩合格,凭成绩单读主观题短训班;2024 年客观题未通过,退费 18000 元。				
	大成特训班	4.9～8.31	35800	22800	23800	24800	25800	
	大成集训主客一体班	5.8～主观题	29800	主客一体,无优惠。定期纠偏、抽背,布置课后作业。2024 年客观题成绩合格,凭成绩单读主观题短训班;2024 年客观题未通过,退费 15000 元。				
	大成集训班	5.8～8.31	29800	16800	17800	18800	19800	
暑期系列	暑期主客一体班	7.5～主观题	15800	主客一体,无优惠。2024 年客观题成绩合格,凭成绩单读主观题短训班;2024 年客观题未通过,全额退费。				
	暑期全程班	7.5～8.31	13800	7300	7800	8300	8800	
冲刺系列	考前密训班 A 班	8.12～8.31	8800	2024 年客观题成绩合格,凭成绩单读主观题密训班;2024 年客观题未通过,退 8000 元。				
	考前密训班 B 班	8.12～8.31	6980		4300		4500	

其他优惠:

1. 多人报名可在优惠价格基础上再享团报优惠:2 人（含）以上报名,每人优惠 200 元;3 人（含）以上报名,每人优惠 300 元。

2. 厚大老学员在阶段优惠基础上再优惠 500 元,不再享受其他优惠,密训班和协议班除外。

【总部及北京分校】北京市海淀区花园东路 15 号旷怡大厦 10 层　　　免费咨询电话:4009-900-600-1-1

厚大法考服务号

扫码咨询客服
免费领取 2024 年备考资料

厚大法考（上海）2024年客观题面授教学计划

班次名称		授课时间	标准学费（元）	阶段优惠（元）11.10前	12.10前	1.10前	备注
至尊系列	至尊私塾班	全年招生，随报随学	199000	自报名之日至通关之时，报名后专业讲师一对一私教，学员全程、全方位享受厚大专业服务，导师全程规划，私人定制、小组辅导、大班面授、专属自习室，多轮次、高效率系统学习，主客一体，签订协议，让你法考无忧。			专属10人自习室，小组辅导，量身打造个性化学习方案
	至尊主客一体班	3.22~主观题考前	69800	主客一体，签订协议，无优惠。2024年客观成绩合格，凭客观题成绩单上2024年主观决胜VIP班；2024年客观题意外未通过，退30000元；2024年主观题意外未通过，退20000元。			
	至尊班	3.22~9.5	59800	40000		45000	
大成系列	大成长训主客一体班	3.22~主观题考前	32800	主客一体，签订协议，无优惠。2024年客观成绩合格，凭客观题成绩单上2024年主观题决胜班；2024年客观题意外未通过，退10000元。			本班配套图书及内部资料
	大成长训班	3.22~9.5	32800	23800	24800	25800	
	大成特训班	4.18~9.5	28800	18800	19800	20800	
	大成集训主客一体班	5.15~主观题考前	25800	主客一体，签订协议，无优惠。2024年客观成绩合格，凭客观题成绩单上2024年主观题决胜班；2024年客观题意外未通过，退15000元。			
	大成集训班	5.15~9.5	25800	15800	16800	17800	
	轩成集训班	6.10~9.5	18800	12800	13800	14800	
暑期系列	暑期主客一体尊享班	7.9~主观题考前	18800	主客一体，签订协议，无优惠。专业班主任跟踪辅导，个性学习规划。2024年客观成绩合格，凭客观成绩单上2024年主观题决胜班（赠送专属辅导，一对一批阅）；2024年客观题意外未通过，退10000元。			
	暑期主客一体班	7.9~主观题考前	13800	主客一体，签订协议，无优惠。2024年客观成绩合格，凭客观题成绩单上2024年主观题决胜班；2024年客观题意外未通过，退8000元。			
	暑期全程班	7.9~9.5	11800	6480	6980	7480	
	暑期特训班	8.11~9.5	7980	4980	5480	5980	
	大二长训班	7.9~9.5（2024年） 7.9~9.5（2025年）	15800	7480	7980	8480	一年学费读2年，本班次只针对在校法本大二学生
周末系列	周末主客一体班	3.16~主观题考前	13800	主客一体，签订协议，无优惠。2024年客观成绩合格，凭客观题成绩单上2024年主观题决胜班；2024年客观题意外未通过，退6000元。			本班配套图书及内部资料
	周末VIP班	3.16~9.5	16800	VIP模式无优惠，座位前三排，专业班主任跟踪辅导，个性学习规划。			
	周末全程班	3.16~9.5	11800	6480	6980	7480	
	周末精英班	3.16~8.18	7980	4980	5480	5980	
	周末强化班	3.16~6.16	5980	3280	3580	3880	
	周末特训班	6.24~9.5	7980	4180	4580	4980	
	周末长训班	3.16~6.16（周末） 7.9~9.5（脱产）	15800	7980	8480	8980	
冲刺系列	点睛冲刺班	8.26~9.5	4580	2980			本班内部资料

其他优惠：

1. 多人报名可在优惠价格基础上再享团报优惠（协议班次除外）：3人（含）以上报名，每人优惠200元；5人（含）以上报名，每人优惠300元；8人（含）以上报名，每人优惠500元。

2. 厚大面授老学员报名（2024年3月10日前）再享9折优惠（VIP班次和协议班次除外）。

备注：面授教室按照学员报名先后顺序安排座位。部分面授班次时间将根据2024年司法部公布的考试时间进行微调。

【松江教学基地】 上海市松江大学城文汇路1128弄双创集聚区三楼301室　咨询热线：021-67663517

【市区办公室】 上海市静安区汉中路158号汉中广场1204室　咨询热线：021-60730859

厚大法考APP　　厚大法考官博　　上海厚大法考官博　　上海厚大法考官微

厚大法考（广州、深圳）2024年客观题面授教学计划

班次名称		授课时间	标准学费（元）	阶段优惠（元）					配套资料
				11.10前	12.10前	1.10前	2.10前	3.10前	
至尊系列（全日制）	主客一体至尊私塾班	随报随学直至通关	177000	协议班次，无优惠；自报名之日至通关之时，学员全程、全方位享受厚大专业服务，私人定制、讲师私教、课前一对一专属辅导课、大班面授；多轮次、高效率系统学习，主客一体；送住宿二人间；当年通过法考，奖励2万元。					理论卷8本 真题卷8本 法考特训集 随堂讲义等
	主客一体至尊VIP班	4.10~9.1	157000	协议班次，无优惠；享至尊班专属辅导。若未通过2024年客观题，学费全退；若未通过2024年主观题，学费退一半。					
	至尊班	4.10~9.1	76800	50000		55000		60000	
				若未通过2024年客观题，免学费重读第二年客观题大成长训班；若通过2024年客观题，赠送2024年主观题短训班。					
大成系列（全日制）	大成长训班	4.10~9.1	38800	24800	25800	26800	28800	30800	理论卷8本 真题卷8本 随堂讲义
	主客一体长训班	4.10~9.1	38800	若未通过2024年客观题，免学费重读2025年客观题大成集训班；若通过2024年客观题，赠送2024年主观题短训班。					
	大成集训班	5.18~9.1	28800	17800	18800	19800	20800	21800	
	主客一体集训班	5.18~9.1	28800	若未通过2024年客观题，免学费重读2025年客观题大成集训班；若通过2024年客观题，赠送2024年主观题衔接班。					
暑期系列	大三先锋班	3.25~6.30	15800	3~6月每周一至周五，晚上线上授课，厚大内部精品课程，内部讲义。					理论卷8本 真题卷8本 随堂讲义
		7.8~9.1		8200	8500	8800	9300	9800	
	暑期全程班	7.8~9.1	13800	7500	7700	8000	8300	8500	
	暑期主客一体冲关班	7.8~9.1	16800	若未通过2024年客观题，免学费重读2025年客观题暑期全程班；若通过2024年客观题，赠送2024年主观题密训营。					
				14300	14800	15300	15800	16300	
	私塾班	3.16~6.30 / 7.8~9.1	18800	13000	13300	13500	13800	14000	
周末系列	周末精英班	3.16~8.18	8980	7580	7880	8180	8580	8780	
	周末精英班（深圳）	3.30~8.18	7980	6580	6880	7180	7580	7880	
	周末全程班	3.16~9.1	15800	9300	9600	9800	10200	10500	
	周末全程班（深圳）	3.30~9.5	14800	8300	8600	8800	9300	9800	
	周末主客一体冲关班	3.16~9.1	16800	若未通过2024年客观题，免学费重读2025年客观题周末精英班；若通过2024年客观题，赠送2024年主观题密训营。					
冲刺系列	点睛冲刺班	8.24~9.1	4980	4080					随堂讲义

其他优惠： 详询工作人员

【广州分校】广东省广州市海珠区新港东路1088号中洲交易中心六元素体验天地1207室
　　　　　　咨询热线：020-87595663／020-85588201

【深圳分校】广东省深圳市罗湖区滨河路1011号深城投中心7楼717室　　咨询热线：0755-22231961

厚大法考APP　　　厚大法考官博　　　广州厚大法考官微　　　深圳厚大法考官微

厚大法考（郑州）2024 年客观题面授教学计划

班次名称		授课模式	授课时间	标准学费（元）	阶段优惠（元）				备注
					11.10 前	12.10 前	1.10 前	2.10 前	
尊享系列	尊享一班（180+108）	全日制集训	3.28～主观题	39800	主客一体、协议保障。报班即可享受班主任监督学习服务、教辅答疑服务；正课开始一对一抽背纠偏，知识点梳理讲解，名辅辅导、作业检查，主观化思维训练；心理疏导，定期班会，指纹打卡记录考勤。2024年客观题未通过，退25800元；主观题未通过，退10800元。				本班次配套图书及随堂讲义
	尊享二班（180+108）	全日制集训	5.12～主观题	36800	主客一体、协议保障。报班即可享受班主任监督学习服务、教辅答疑服务；正课开始一对一抽背纠偏，知识点梳理讲解，名辅辅导、作业检查，主观化思维训练；心理疏导，定期班会，指纹打卡记录考勤。2024年客观题未通过，退24800元；主观题未通过，退10800元。				
高端系列	大成 VIP 班 A 班（视频+面授）	全日制集训	3.28～主观题	29800	主客一体、协议保障。小组辅导，指纹打卡记录考勤，量身打造个性化学习方案；高强度、多轮次、全方位消除疑难，环环相扣不留死角。2024年客观题成绩合格，凭成绩单上主观题短训班；客观题未通过，退20000元。				
	大成 VIP 班 B 班（视频+面授）	全日制集训	3.28～8.31	15800	10300	10800	11300	11800	
	大成集训班 A 班（视频+面授）	全日制集训	5.12～主观题	28800	主客一体、协议保障。小组辅导，指纹打卡记录考勤，身打造个性化学习方案；高强度、多轮次、全方位消除疑难，环环相扣不留死角。2024年客观题成绩合格，凭成绩单上主观题短训班；客观题未通过，退20000元。				
	大成集训班 B 班（视频+面授）	全日制集训	5.12～8.31	14800	9300	9800	10300	10800	
周末系列	周末长训班 A 班（视频+面授）	周末+暑期集训	3.23～主观题	13800	主客一体、无优惠。2024年客观题成绩合格，凭成绩单上主观题短训班（1月1号前报名）；客观题未通过，退6800元。				
	周末长训班 B 班（视频+面授）	周末+暑期集训	3.23～8.31	13800	8300	8800	9300	9800	
轩成系列	轩成集训班 A 班（视频+面授）	全日制集训	6.18～主观题	12800	主客一体、无优惠。2024年客观题成绩合格，凭成绩单上主观题短训班。				
	轩成集训班 B 班（视频+面授）	全日制集训	6.18～8.31	12800	7800	8300	8800	9300	
暑期系列	暑期主客一体班（面授）	全日制集训	7.10～主观题	11800	主客一体、无优惠。2024年客观题成绩合格，凭成绩单上主观题短训班。				
	暑期全程班 A 班（面授）	暑期	7.10～主观题	18800	主客一体、无优惠。指纹打卡记录考勤，座位前三排、督促辅导、定期抽背纠偏、心理疏导。2024年客观题成绩合格，凭成绩单上主观题短训班；客观题未通过，退12000元。				
	暑期全程班 B 班（面授）	暑期	7.10～8.31	11800	7300	7800	8300	8800	
冲刺系列	考前密训冲刺 A 班	集训	8.22～8.31	6680	2024年客观题成绩合格，凭成绩单上主观题密训班；客观题未通过，退6000元。				
	考前密训冲刺 B 班	集训	8.22～8.31	4580		3600		4100	

其他优惠：

1. 多人报名可在优惠价格基础上再享团报优惠：2 人（含）以上报名，每人优惠 200 元；3 人（含）以上报名，每人优惠 300 元。
2. 厚大面授老学员在阶段优惠价格基础上再优惠 600 元（冲刺班次和协议班次除外），不再享受其他优惠。

【郑州分校地址】河南省郑州市龙湖镇（南大学城）泰山路与107国道交叉口向东50米路南厚大教学
咨询电话：杨老师 17303862226　李老师 19939507026

厚大法考 APP

厚大法考官微

厚大法考官博

郑州厚大法考 QQ 服务群

郑州厚大法考面授分校官博

郑州厚大法考面授分校官微

厚大法考（南京）2024年客观题面授教学计划

班次名称		授课时间	标准学费（元）	阶段优惠（元）			备注
				11.10前	12.10前	1.10前	
双考系列	集训联考A班	7.9~9.5（法考客观题）+9.25~12.10（法硕秋季集训班）	32800	22800	23800	24800	本班配套图书及内部资料
	集训联考B班	7.9~主观题考前+10.23~12.10（法硕接力班）	26800	16800	17800	18800	
大成系列	大成集训主客一体班	5.18~主观题考前	25800	主客一体，签订协议，无优惠。2024年客观成绩合格，凭客观成绩单上2024年主观题决胜班；2024年客观题意外未通过，退15000元。			
	大成集训班	5.18~9.5	25800	13800	14800	15800	
暑期系列	暑期主客一体尊享班	7.9~主观题考前	21800	无优惠，座位前三排，主客一体，签订协议，专属辅导。2024年客观成绩合格，凭客观成绩单上2024年主观题决胜班（赠送专属辅导，一对一批阅）；2024年客观题意外未通过，退10000元；2024年主观题意外未通过，免学费重读2025年主观题决胜班。			
	暑期主客一体班	7.9~主观题考前	13800	主客一体，签订协议，无优惠。2024年客观成绩合格，凭客观成绩单上2024年主观题决胜班；2024年客观题意外未通过，退8000元。			
	暑期VIP班	7.9~9.5	13800	无优惠，座位前三排，专属辅导。2024年客观题意外未通过，退10000元。			
	暑期全程班	7.9~9.5	11800	5980	6480	6980	
	大二长训班	7.9~9.5（2024年）	15800	8480	8980	9480	一年学费读2年，本班次只针对在校法本大二学生
		7.9~9.5（2025年）					
周末系列	周末通关班	3.30~9.5	15800	协议模式，无优惠。2024年客观题意外未通过，免学费重读2025年客观题周末全程班。			本班配套图书及内部资料
	周末主客一体班	3.30~主观题考前	13800	主客一体，签订协议，无优惠。2024年客观成绩合格，凭成绩单上2024年主观题点睛冲刺班；2024年客观题意外未通过，退6000元。			
	周末全程班	3.30~9.5	11800	5980	6480	6980	
	周末精英班	3.30~8.25	7980	4480	4980	5480	
	周末特训班	7.6~9.5	8980	4180	4580	4980	
	系统强化班	3.30~6.30	5980	3280	3580	3880	
	周末长训班	3.30~6.30（周末）	15800	7480	7980	8480	
		7.9~9.5（脱产）					
	周末长训主客一体班	3.30~6.30（周末）	13800	主客一体，签订协议，无优惠。2024年客观成绩合格，凭成绩单上2024年主观题决胜班。			
		7.9~主观题考前（脱产）					
冲刺系列	点睛冲刺班	8.26~9.5	4580	2980			本班内部资料

其他优惠：

1. 多人报名可在优惠价格基础上再享团报优惠（协议班次除外）：3人（含）以上报名，每人优惠200元；5人（含）以上报名，每人优惠300元；8人（含）以上报名，每人优惠500元。
2. 厚大面授老学员报名（2024年3月10日前）再享9折优惠（VIP班次和协议班次除外）。

备注：面授教室按照学员报名先后顺序安排座位。部分面授班次时间将根据2024年司法部公布的考试时间进行微调。

【南京分校】南京市江宁区宏运大道1890号厚大法考南京教学基地

咨询热线：025-84721211

厚大法考APP

厚大法考官博

南京厚大法考官博

厚大法考（成都）2024 年客观题面授教学计划

班次名称		授课模式	授课时间	标准学费（元）	阶段优惠（元）			配套资料
					11.10 前	12.10 前	1.10 前	
大成系列	尊享班	线下视频+面授	3.30~10.7	28800	主客一体、协议保障；座位优先,全程享受 VIP 高端服务；量身打造个性化学习方案,一对一抽背,学科个性化规划,让备考更科学、复习更高效、提分更轻松。2024 年客观题成绩合格,凭成绩单免学费读主观题短训班;2024 年客观题意外未通过,免学费重读 2025 年大成集训班;2024 年主观题意外未通过,免学费重读 2025 年主观题短训班。限招 10 人!			理论卷 真题卷 随堂内部讲义
	大成集训班	线上直播+面授	5.18~9.1	19800	12080	12280	12580	
	主客一体集训班	线上直播+面授	5.18~10.7	22800	主客一体、协议保障、无优惠。2024 年客观题成绩合格,赠送 2024 年主观题短训班;2024 年客观题意外未通过,免学费重读 2025 年客观题大成集训班。限招 20 人!			
暑期系列	大三先锋班	线上视频+面授	3.25~9.1	15800	3~6 月每周一至周五,晚上线上授课,厚大内部精品课程,内部讲义。			
					7900	8500	8700	
	暑期全程班	面授	7.11~9.1	12800	7280	7580	7780	
	暑期主客一体冲关班	面授	7.11~9.1	15800	主客一体、协议保障、无优惠。2024 年客观题成绩合格,凭成绩单免学费读主观题短训班;2024 年客观题意外未通过,免学费重读 2025 年暑期全程班。限招 30 人!			
			9.19~10.7					
	私塾班	线下视频+面授	3.30~6.30(周末)	14800	8580	8780	8980	
			7.11~9.1(全日制)					
周末系列	周末长训班 A 模式	线下视频+面授	3.30~9.1	11800	7280	7580	7780	
	周末长训班 B 模式	线下视频+面授	3.30~10.7	15800	主客一体、协议保障、无优惠。2024 年客观题成绩合格,凭成绩单免学费读主观题短训班;2024 年客观题意外未通过,免学费重读 2025 年周末长训班 A 模式。限招 30 人!			

其他优惠：

1. 3 人以上报名,每人优惠 200 元；5 人以上报名,每人优惠 300 元；8 人以上报名,每人优惠 400 元。

2. 厚大老学员（直属面授）报名享 9 折优惠,协议班除外；厚大老学员（非直属面授）报名优惠 200 元。

3. 公、检、法工作人员凭工作证报名享阶段性优惠 500 元。

【成都分校地址】四川省成都市成华区锦绣大道 5547 号梦魔方广场 1 栋 1318 室

咨询热线：028-83533213

厚大法考 APP　　　　厚大法考官博　　　　成都厚大法考官微

厚大法考(西安)2024 年客观题面授教学计划

班次名称			授课模式	授课时间	标准学费(元)	阶段优惠(元)		
						11.10 前	12.10 前	1.10 前
尊享系列	尊享一班(视频+面授)		全日制	4.2～主观题(主客一体)	39800	主客一体、协议保障,全程享受 VIP 高端服务;座位优先,量身打造个性化学习方案,一对一抽背,学科个性化规划,让备考更科学、复习更高效,提分更轻松。2024 年客观题意外未通过,退 28800 元;主观题意外未通过,退 13800 元。限招 10 人!		
	尊享二班(视频+面授)		全日制	5.8～主观题(主客一体)	36800	主客一体、协议保障,全程享受 VIP 高端服务;座位优先,量身打造个性化学习方案,一对一抽背,学科个性化规划,让备考更科学、复习更高效,提分更轻松。2024 年客观题意外未通过,退 26800 元;主观题意外未通过,退 13800 元。		
周末系列	周末长训班(视频+面授)	A 模式	周末+暑期	3.25～主观题(主客一体)	16800	主客一体、协议保障、无优惠;座位前三排、督促辅导、定期抽背纠偏、心理疏导。2024 年客观题成绩合格,凭成绩单上主观题短训班;客观题意外未通过,退 10000 元。限招 10 人!		
		B 模式	周末+暑期	3.25～主观题(主客一体)	13800	主客一体、协议保障。2024 年客观题成绩合格,凭成绩单上主观题短训班。		
		C 模式	周末+暑期	3.25～8.31	13800	8380	8880	9380
大成系列	大成 VIP 班(视频+面授)	A 模式	全日制	4.2～主观题(主客一体)	28800	主客一体、协议保障;小组辅导,量身打造个性化学习方案;高强度、多轮次、全方位消除疑难,环环相扣不留死角。2024 年客观题成绩合格,凭成绩单上主观题短训班;客观题意外未通过,免学费重读 2025 年大成 VIP 班 B 模式。		
		B 模式	全日制	4.2～8.31	16800	10380	10880	11380
	大成集训班(视频+面授)	A 模式	全日制	5.8～主观题(主客一体)	26800	主客一体、协议保障;小组辅导,量身打造个性化学习方案;高强度、多轮次、全方位消除疑难,环环相扣不留死角。2024 年客观题成绩合格,凭成绩单上主观题短训班;客观题意外未通过,免学费重读 2025 年大成集训班 B 模式。		
		B 模式	全日制	5.8～8.31	16800	9380	9880	10380
暑期系列	暑期主客一体班(面授)		全日制	7.10～主观题(主客一体)	11800	主客一体、无优惠。2024 年客观题成绩合格,凭成绩单上主观短训班。		
	暑期全程班(面授)	A 模式	暑期	7.10～8.31	18800	主客一体、协议保障;座位前三排、督促辅导、定期抽背纠偏、心理疏导。2024 年客观题成绩合格,凭成绩单上主观题短训班;客观题意外未通过,退 12000 元。		
		B 模式	暑期	7.10～8.31	11800	7380	7880	8380
冲刺系列	考前密训冲刺班		全日制	8.22～8.31	4680	3680		3980

其他优惠:

1. 多人报名可在优惠价格基础上再享团报优惠:3 人(含)以上报名,每人优惠 180 元;5 人(含)以上报名,每人优惠 280 元;8 人(含)以上报名,每人优惠 380 元。

2. 厚大面授老学员在阶段优惠价格基础上再优惠 500 元(冲刺班次和协议班次除外),不再享受其他优惠。

备注:因不可抗力因素而造成不能进行线下教学而改用线上教学(含录播和直播课)时,线上教学课程等同于线下教学课程。

【西安分校地址】陕西省西安市雁塔区长安南路 449 号丽融大厦 1802 室(西北政法大学北校区对面)

联系方式:18691857706 李老师　18066532593 田老师　18192337083 李老师　18192337067 王老师

厚大法考 APP　　厚大法考官博　　西安厚大法考官微　　西安厚大法考 QQ 服务群　　西安厚大法考官博

厚大法考（杭州）2024 年客观题面授教学计划

班次名称		授课时间	标准学费（元）	阶段优惠（元）			备 注
				11.10 前	12.10 前	1.10 前	
大成系列	大成集训班（加密视频+暑期面授）	5.8~8.28	13800	6980	7480	7980	本班配套图书及内部资料
	大成集训主客一体班（加密视频+面授）	5.8~主观题考前	19800	主客一体，协议保障，无优惠。2024 年客观成绩合格，凭客观题成绩单上 2024 年主观题决胜班；2024 年客观题意外未通过，退 15800 元。			
暑期系列	暑期主客一体尊享班	7.9~主观题考前	19800	无优惠，座位前三排，主客一体，签订协议，专属辅导。2024 年客观成绩合格，凭客观题成绩单上 2024 年主观题决胜班（赠送专属辅导，一对一批阅）；2024 年客观题意外未通过，学费全退；2024 年主观题意外未通过，免学费重读 2025 年主观题决胜班。			本班配套图书及内部资料
	暑期主客一体班	7.9~主观题考前	12800	主客一体，签订协议，无优惠。2024 年客观成绩合格，凭客观题成绩单上 2024 年主观题决胜班；2024 年客观题意外未通过，退 8000 元。			
	暑期 VIP 班	7.9~8.28	9800	无优惠，签订协议，专属辅导。2024 年客观题意外未通过，学费全退。			
	暑期全程班	7.9~8.28	9800	4980	5480	5980	
	大二长训班	7.9~8.28（2024 年）	13800	6980	7480	7980	一年学费读 2 年，本班次只针对在校法本大二学生
		7.9~8.28（2025 年）					
周末系列	周末主客一体班（加密视频+点睛面授）	4.4~主观题考前	9800	主客一体，协议保障，无优惠。2024 年客观成绩合格，凭客观题成绩单上 2024 年主观题点睛冲刺班；2024 年客观题意外未通过，退 8000 元。			本班配套图书及内部资料
	周末全程班（加密视频+点睛面授）	4.4~8.28	6980	4080	4380	4680	
	周末精英班（加密视频）	4.4~8.18	4980	2580	2880	3180	
	周末长训班（加密视频+暑期面授）	4.4~6.23（周末）	13800	6980	7480	7980	
		7.9~8.28（脱产）					
冲刺系列	点睛冲刺班	8.19~8.28	4580	2980			本班内部资料

其他优惠：

1.多人报名可在优惠价格基础上再享团报优惠(协议班次除外)：3 人(含)以上报名，每人优惠 200 元；5 人(含)以上报名，每人优惠 300 元；8 人(含)以上报名，每人优惠 500 元。

2.厚大面授老学员报名(2024 年 3 月 10 日前)再享 9 折优惠(VIP 班次和协议班次除外)。

备注：面授教室按照学员报名先后顺序安排座位。部分面授班次时间将根据 2024 年司法部公布的考试时间进行微调。

【杭州分校】浙江省杭州市钱塘区二号大街 515 号智慧谷 1009 室　　咨询热线：0571-28187005

厚大法考 APP　　　　厚大法考官博　　　　杭州厚大法考官博

2024年主客一体至尊班

*12月中旬~主观题考前　*适用于2024年所有法考生

厚大网授

◎ 课程全　◎ 开课早
◎ 有保障　◎ 服务精

至尊服务

八科答疑 八科专业讲师进群答疑，及时解决学习中的困惑

小组抽背 各科专业讲师不定期抽查，检测学员学习效果

进阶主观 提前安排主观小案例训练，熟悉主观作答思路

人工批改 专业讲师1V1人工精细化批改，及时纠正，从容应考

厚大法考

2024年·主客一体·

至尊班

开课早 · 服务精 · 课程全

开课时间：12月中旬~主观题考前

- 入学问诊
- 全程规划
- 专属小群
- 陪伴督学
- 多元测试
- 小灶梳理
- 周期回访
- 定期班会

客观题至尊班
扫码购买了解详情

主客一体退费模式
扫码购买了解详情

主客一体重读模式
扫码购买了解详情

班型	客观题至尊班	主客一体至尊班	
定价	13800	59800	18800
课程阶段	客观	客观＋主观	
学习模式	普通模式	退费模式	重读模式
		若2024年客观题未通过，全额退款 若2024年主观题未通过，退款3万元整	若2024年客观题考试未通过，可免费重读2025年客观题在职先锋班
备注	具体要求与细则，详见相关协议		

在职周末主客一体直播班

(仅需5980元,不过重读)

在职考生
体系不完整,没有固定学习时间,做题训练少

零基础考生
对考试不了解莫名恐惧无从下手,没有方向

屡考不过
难突破瓶颈、缺乏应试技巧想成功上岸的考生

全职妈妈
时间碎片化,学习效率低,学习动力欠缺

初入职场
缺少一纸证书,抓不住心仪的工作机会

在校学生
毕业事情多,准备多个考试,需要最大化有效备考

课程包含

客观阶段	时间	学习效果
基础导学	报名~3月初	三实两诉夯实基础,细致梳理,让专业的知识通俗化、简单化;专业的指导以及学习习惯的养成,让备考有计划、有底气
系统精讲	3月中旬~7月初	搭建知识框架,名师直播授课与答疑,抽丝剥茧、重点突出;真题训练,即时检测学习成果
刷题强训	7月初~8月中旬	名师亲编黄金模拟题,将知识转化为分数,让你会做题,做对题
点睛押题	8月底~9月初	学院派名师精心打造,考前临门一脚,快速提分50+

主观阶段	时间	学习效果
主观三位一体阶段	出成绩后2天	主观重要科目考点梳理,帮助考生从客观到主观答题思维与答题方法的转变
主观考前密训阶段	10月1~10月7日	高质量模拟大案例的讲解,让考生掌握主观考试重点的同时,锻炼主观答题逻辑思维,有效掌握答题技巧
主观民事融合课程	10月8日	讲授民事融合的高频考点,训练答题技巧,定向突破民法、商法、民诉50多分的案例综合题,有效提高综合性题目得分

课程服务

- 入学调查
- 专业答疑
- 学科导学
- 名师直播
- 布置任务
- 跟踪督学
- 阶段班会
- 考前抽背

扫码即可报名

2024年厚大学习包私教课

专为使用学习包+免费课件的考生量身定制

有书有免费课程

但是，不会学、不自律、记不住、做不对

怎么办?

报名私教课

有专人为你制订学习计划+帮你管理时间，让你无负担、高效学

有名师授课+讲师指导，让你听得懂、学得会

有人带你多轮记忆+刷足够的题，让你记得住、做得对

应试有方法、有套路、有人管、有效果

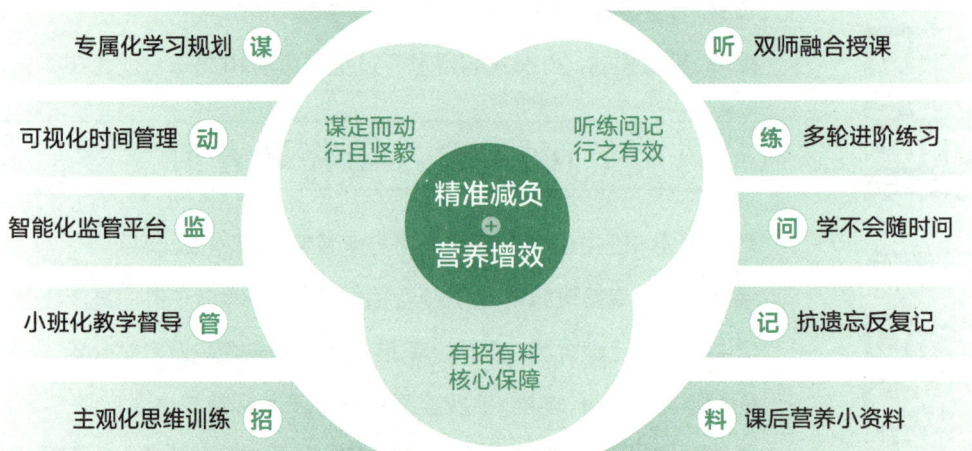

专属化学习规划 谋

可视化时间管理 动

智能化监管平台 监

小班化教学督导 管

主观化思维训练 招

谋定而动
行且坚毅

听练问记
行之有效

精准减负
+
营养增效

有招有料
核心保障

听 双师融合授课

练 多轮进阶练习

问 学不会随时问

记 抗遗忘反复记

料 课后营养小资料

2023年私教课客观题通过率：全职备考高达88%、在职法学76%、在职非法学65%

2024年课程设置

📖 主客一体学习包私教课

📖 主客一体学习包私教课
（不过退费模式）

📖 客观题学习包私教课

报了班，除了学习，你什么都不用管!

2024赛季我们带你1年，让你成为真正的"过儿"

扫码咨询客服，免费领取2024年备考资料

电话咨询4009-900-600-转1-再转1

阶段	教学内容	教学目标	课程安排						配套资料	上传时间
			部门法	授课教师	课时	部门法	授课教师	课时		
系统强化阶段（☆夯实基础——主讲各科主要内容，全面学习和掌握各科知识点）	系统讲解各科的考试主要内容及核心内容。围绕各学科的框架体系，将基本理论进行详细讲解，结合案例分析帮助大家理解并掌握知识。	让学生领悟各学科的精髓，掌握重点难点，具备应试能力。	民法	张翔	8天	民诉法	刘鹏飞	4天	理论卷	2023 年 10 月底开始陆续上传
			刑法	罗翔	6天	刑诉法	向高甲	5天		
			行政法	魏建新	5天	三国法	殷敏	4天		
			商经知	鄢梦萱	6天	理论法	白斌	5天		
真题破译阶段（☆重者恒重——法考客观题怎么考，通过剖析真题来掌握客观题真谛）	对历年经典真题进行归类讲解，归纳考试重点，一方面巩固课程内容，掌握法考方向等，另一方面使学生领悟法考真谛。	使学生深刻领悟法考考什么、怎么考，培养法考真题解题技巧，领会命题思路，领悟法考真谛。	民法	张翔	3天	民诉法	刘鹏飞	2天	真题卷	2024 年 5 月初开始陆续上传
			刑法	罗翔	2天	刑诉法	向高甲	2天		
			行政法	魏建新	2天	三国法	殷敏	2天		
			商经知	鄢梦萱	2天	理论法	白斌	2天		
119 必背阶段（☆浓缩精华——客观题考前必背的精华考点总结）	临考之前，将各科进行精华总结，提炼各科核心，将"重中之重""2024 年浓缩版必背考点"进行总结提炼与讲授。	在客观题临考之前，帮学生归纳总结，去粗取精，提高核心内容学习效果，提升应试能力。	民法	张翔	4天	民诉法	刘鹏飞	3天	背诵卷	2024 年 7 月初开始陆续上传
			刑法	罗翔	4天	刑诉法	向高甲	3天		
			行政法	魏建新	3天	三国法	殷敏	3天		
			商经知	鄢梦萱	4天	理论法	白斌	3天		
冲刺 100 题阶段（☆模拟训练——考前冲刺，轻松应战客观题）	带领学生进行高仿真模拟训练，提升应试能力。	迅速对知识查漏补缺，以题带面，适应法考命题趋势，提升客观题应试破题能力。	民法	张翔	2天	民诉法	刘鹏飞	1.5 天	金题卷	2024 年 8 月上旬开始陆续上传
			刑法	罗翔	2天	刑诉法	向高甲	1.5 天		
			行政法	魏建新	1.5 天	三国法	殷敏	1.5 天		
			商经知	鄢梦萱	1.5 天	理论法	白斌	1.5 天		

2024厚大法考客观题学习包

专属学习平台
学习中心——学情监控,记录你的学习进度

全名师阵容
厚大学院派名师领衔授课,凝聚智慧力量,倾情传授知识

32册图书700+课时
独家精编图书覆盖全程,免费高清视频,教学精准减负,营养增效

专业答疑服务
高分导学师,专业答疑解惑

更多过关学员选择
备受法考小白零基础及在校/在职考生信赖

贴心带学服务
学习包学员专享,全程带学,不负每一位学员

八大名师

民法|张翔

刑法|罗翔

民诉|刘鹏飞

刑诉|向高甲

行政|魏建新

商经|鄢梦萱

三国|殷敏

理论|白斌

全套图书

《理论卷》
8本

《真题卷》
8本

《背诵卷》
8本

《金题卷》
8本

请打开手机淘宝扫一扫
厚大教育旗舰店

扫码下载官方APP
即可立即听课